KB274790

원효 철학 에세이

원효 철학 에세이

원효 철학 에세이

신오현

The Humanities

12

민음사

머리말

　이 책은 필자가 지난 20여 년에 걸쳐 발표한 원효 철학 에세이를 한데 모은 것이다. 총 다섯 편의 논문 가운데 두 편은 한국정신문화연구원에서 기획한 공동 연구를 위해 단행본의 일부로 위촉된 것이며, 다른 두 편은 별개의 학술 재단에 독자 논문으로 연구 위촉된 것이고, 나머지 한 편은 원효국제학술대회에서 발표된 세 편의 주제 논문 가운데 하나다. 발표된 논문의 두 배 분량으로 개작해 표제까지 바꾼 최근의 논문을 예외로 한다면, 여기 수록된 논문들은 당초에 학술지에 발표한 내용을 크게 바꾸지 않은 채, 약간의 자구 수정과 오식 교열을 한 후 이해를 돕기 위한 설명 주석을 첨가했을 뿐이다.

　이 책이 논문 모음임은 분명하지만, 통상적인 의미의 논문집에 불과한 것은 결코 아니다. 이것이 그때그때 산발적으로 작성해 여기저기에 발표한 단편적 업적을 추후에 편의에 따라 묶은 것이라기보다는, 원효를 통해 불교를 증득(證得)하고, 나아가 불교를 철학적으로, 그리고 결국 철학 자체를 철학적으로 증득하려는 한결같은 구도행이 문외한에서 입문으로, 다시 입문에서 입실(入室)로 나아가는 길고 긴 여정에서 체인(體認)한 경이로운 경험을 어설프게나마 스케치해 놓

은 기행 비망록이라면, 이 역시 자기 과시욕에서 비롯된 망발이나
아닐지. 원효 대사가 불교 삼장(三藏, tripitaka)을 통달해 견성성불
(見性成佛)하고 그 경이로운 깨달음을 자리이타(自利利他)의 자비심
에 못 이겨 완벽한 구문으로 언표(言表)해 방대한 저술로 남긴 만고
의 스승이라면, 그가 지시한 길을 따라 그의 뜻을 증득하고, 불가의
가르침인 불학이 문자 그대로 '깨침의 학문'임을, 그리고 그런 의미
의 불학이 서양 학문의 근원적이고 보편적인 이념으로서의 '철학'에
정확히 일치하는 학문 이념임을 사무치게 깨달은 사람 역시 자리이
타의 자비심에다 선각자와 선지식(善知識)에 대한 보은의 심정을 더
해, 그가 남긴 학문을 서양 철학의 결정판인 현대 철학의 언어로 해
석해 보이기를 필생의 소명으로 삼는다면, 그는 과연 무엇으로 자처
해야 마땅할 것인지.

원효의 논문은 예사 논문이 아니라 각별한 논문, 이를테면 불학
논문이요 철학 논문이다. 그는 어떤 사물이나 사실에 관한 표상, 지
각, 이론을 구성하고 실증하려 한 것도 아니며, 어떤 개념, 언어 또
는 수리, 논리에 관한 분석, 논증, 사변을 추론하고 개진한 것도 아
니다. 그는 사실이나 개념의 세계에 관한 표상적 지식을 추구한 과
학자가 아니며, 논증도 실증도 불가능한 한갓 사변과 사구(思搆)에
종사하는 '사이비 과학자 = 사이비 형이상학자'도 아니다. 그의 모든
저술은 깨달음을 지시하는 '으뜸 말〔原語, Urwort〕', 곧 참말〔眞言〕
의 전형이자 결집인 불경을 논(論)·소(疏)한 것이다. 어느 누구라도
불어(佛語)와 불설(佛說)에 관해 표상하거나 논변할 수는 없으며, 오
직 스스로 깨침을 통해서만 남이 깨침에 이르도록 바꾸어 말할 수
있을 뿐이다. 마찬가지로 불어와 불설에 관한 도움말인 논·소의 문
언(文言) 역시 이 문언의 지시를 따라 스스로 깨치는 방식을 통해서
만 참말의 참뜻을 깨치고 또다시 남을 깨치게 할 수 있을 뿐이다.
따라서 깨침의 말도 깨침 그 자체도 어느 누구의 것일 수는 없으며,

결국 깨침의 말도 깨침 자체도 없는 것이요, 오직 한 마음이 스스로 알아보는 경이가 있을 뿐이다. 그러기에 불교도 없고, 중국 불교나 신라 불교도 없으며, 대승 불교나 선불교도 없고, 물론 원효 불학이나 원효 철학도 없는 것이다. 하물며 '신오현의 원효 해석' 따위야 말해 무엇하랴. 그렇지 않다면, 도대체 왜 불립문자(不立文字), 문언도단(文言道斷), 이언절려(離言絕慮), 심행처멸(心行處滅), 불가사의(不可思議)를 그처럼 되풀이 강조해 마지않았겠는가.

끝으로 이와 같이 말할 수 없는 말을 억지로 말하는 불설(佛說)·불학(佛學)에 대한 두서없는 말들을 밝은 세상을 향해 널리 발설할 수 있도록 도와주신 민음사에 감사드린다.

2003년 초가을
낙도재(樂道齋)에서 신오현

차례

자전적 방법서설

서양 근세 철학의 대문을 활짝 열어젖힌 데카르트 R. Descartes는 새로운 학문 방법으로 '방법적 회의'를 제창했는데, 이러한 방법에 따라 그가 최초로 초안한 철학 문건이 바로 철학사에 길이 빛날 만고의 걸작 『제1철학을 위한 성찰 *Meditationes de prima philosophia*』(1641)이다. 그리고 일반적으로 데카르트의 '방법적 회의'를 철학 일반의 보편적 방법 이념으로 이해해 이를 '데카르트적 회의'라 일컫는데, 그 전형적 사례가 후설 E. Husserl의 불후의 명저 『데카르트적 성찰 *Cartesianische Meditationen*』(1931, 1950)이다. 데카르트는 이 본격적인 철학 저술을 발간하기에 앞서, 그가 이러한 방법 이념을 증득하기까지 거쳐 왔던 '고독한 사유 실험'의 길고 긴 여정을 자전적 이야기체로, 게다가 학문서는 라틴어로 저술해야 하는 당시의 관례를 벗어나 자신의 모국어인 프랑스어로 술회한 바 있다. 이 저술이 바로 누구나 쉽게 읽을 수 있는 그의 처녀작 『방법서설 *Discours de la mé thode*』(1637)이다.[1]

---

1) 『방법서설』과 괄호 안의 프랑스어 표기는 생략된 표현이다. 이 책의 온전한 표제는 "이성(理性)을 적절히 행사하고 학문에서 진리를 추구하기 위한 방법론과,

우리는 앞서 「머리말」을 본문의 격과 맞추느라 너무 압축적이고 형이상학적으로 쓰기는 했으나, 본문의 올바른 이해를 위해 좀 더 자상하고 구체적인 이야기를 여담 삼아 덧붙이려 하다 보니, 필자가 체인한 구도 여정을 스케치해 보이는 것이 그런대로 도움이 될 것 같아 어설프게 '자전적 방법서설'이라 표제하여 데카르트의 『방법서설』에 비유해 보았다.

'방법'이란, 말할 필요도 없이, 어떤 목표에 도달하는 매개 과정이다. '방법'에 해당하는 영어, 독어, 프랑스어인 'method', 'Methode', 'mé-thode' 등은 모두 그리스어 'methodos'에서 유래하고 있으며, 이는 'meta(after)'와 'hodos(way)'의 합성어로서 '길을 따라감'을 의미하는 말이다. 한자어 '방법(方法)'이나 '방도(方道)' 또는 '방도(方途)' 역시 모두 "'법, 규칙, 도리, 길'을 '향함[方]'"을 의미하는 것으로서 그리스어 'methodos'와 같다. 즉 목표 지향성(목표＋지향성)을 의미하는 것으로, 삶과 행위의 여행적 은유를 상징하는 것이다. 마찬가지로 구도행과 수도행도 도를 찾고 도를 닦는 행위(行爲)와 행정(行程)을 동시에 의미하는 것이기에, 우리의 구도 기행을 데카르트적 의미의 '방법서설'을 빗대어 '자전적 방법서설'이라 불러도 크게 잘못된 일은 아닐 것이다.

필자는 원효 연구를 시작하기 전에 유식(唯識) 철학 연구로 불교 철학 공부를 향한 고독한 성찰의 대장정을 감행하게 되었다. 미시간 대학교에서 영미 분석 철학 박사 학위를 취득함으로써 서양 철학에 대한 기초 공부가 아쉬운 대로나마 일단 마무리된 것으로 여기고, 이것을 토대 삼아 이른바 '동양 철학'에 본격적으로 입문하기로 작심했다. 먼저 동양 철학, 특히 중국 고전 철학이 어떻게 연구되고 있는지를 견학하고자 극동어문학과 석사 과정에 다시 입학해 '현대 중국',

---

이 방법으로 시도된 굴절 광학, 대기 현상 및 기하학"이다. 철학적으로 문제되는 것은 물론 세 편의 과학 논문을 제외한 『방법서설』이다.

'중국 불교' 과정에 발을 들여놓았다. 그러나 불행하게도(?) 겨울 학기가 한창 진행되던 중에 계명대학교로부터 교수직을 제의받아 서둘러 귀국하게 되었고, 결국 학위 과정은 미수로 끝나게 되었다. 그럼에도 미시간 대학교에서 받은 짧은 기간의 동양학 수업이 이전 6년간의 철학 수업에 접목되면서, 그 후 한국에 돌아와 동양 철학을 연구할 때 필자의 자세와 방향에 결정적인 영향을 미쳤다.

1976년 3월 중순 계명대학교에 부임해, 그해 봄여름을 동화사, 해인사, 통도사를 전전하며 무비(無比), 경봉(鏡峰), 일타(日陀), 성철(性徹) 스님을 차례로 예방했다. 주말마다 통도사에 들러 강주(講主)이신 무비 스님과 함께 『초발심자경문(初發心自警文)』, 『선원제전집도서(禪源諸全集都序)』를 차례로 강독하고, 여름 방학에는 아예 통도사 입구 객사에 달포가량 묵으면서 자주 극락암으로 찾아가 경봉 스님을 뵙고 많은 이야기를 나누곤 했다. 그리고 그 한여름 어느 주말에 등산복 차림으로 백련암에 올라, 동행한 동료 교수가 합석한 가운데 두 시간이 넘게 성철 큰스님과 진지한 대담을 나누기도 했다. 주제는 당시 필자의 관심 영역이었던 심리 철학이었는데, 아직 불교계나 불교학에 문외한이었던 필자가 마주한 스님이 누구신지도 모른 채, 미국에서 심리 철학을 연구하면서 품어온 숱한 의문점들을 숨 돌릴 틈도 없이 마구 토설해 내던 그때를 지금도 생생하게 기억하거니와, 오늘의 자신을 생각하면 격세지감이 새롭다. 나의 질문이 한 고비를 넘기고, 평상의 대화로 내려왔을 때, 스님께서는 아직도 상기되어 있는 나를 건너보시면서 은근하게 "여기 산에 있어야 할 사람이 왜 거기 있어."라고 힐문하시고, 나를 본채 건너편 산기슭에 자리한 장경각으로 안내한 뒤 전각에 가득 찬 진귀본들을 열람하게 하셨다.

이날의 만남이 인연이 되어 성철 스님은 우정백수(宇井伯壽)의 『선종사연구(禪宗史研究)』와 함께 『회본성유식론술기삼개소(會本成唯識論述記三箇疏)』 전 네 권을 당신의 거래선을 통해 일본으로부터 구입해 주셨다. 지금 그 제1권 책갈피에 끼여 있는 영수증에서 "1976년 10월 21일, 해인사 귀하, 동진출판무역 주식회사, 28000 × 1.80 = 50400(원)"이라는 기록을 보니 신기한 느낌마저 들게 된다. 그날로부터 두어 달가량 지났을 무렵, 아마도 성철 스님의 시자(侍者)였을 원택 스님의 연락을 받고, 단풍이 유난히도 곱게 물들었던 만추에 백련암에 들러 스님으로부터 보전(寶典)을 인수해 오던 감명은 가슴 깊이 새겨져, 이후 나의 불학 연찬에 신선한 청량제가 되었다. 그러나 심리 철학의 오랜 숙제를 풀어줄 절대 필독서로 간직해 온 『성유식론(成唯識論) 회본』은 오늘까지도 그날 받은 그대로 손때 하나 묻지 않은 채 서재에 잠들어 있다는 사실이 필자가 걸어온 불교 공부의 일단을 드러내 보이고 있는 것이라고나 할까.

물론 나는 그 후에도 상당 기간 유식 철학의 기초를 다지기 위해 팔방으로 길을 모색하고 자료 수집에도 열을 올리곤 했다. 그러나 예컨대 1976년 어렵사리 거금을 들여 외국에서 주문해 온 푸생 Louis de la Vallée Poussin의 프랑스어 번역본 『성유식론』(1928)이나 위달(韋達)의 한영대조 『성유식론』(1973)도 중도이폐한 채 오늘에 이른 실정이다. 그러면서도 필자는 틈만 나면 유식 철학 전적을 들추어보고, 때마다 지기(知己)들에게 유식 철학 연구의 원대한 포부를 들먹이며 마치 '무슨 일을 저지르고야' 말듯이 행세하곤 했었다.(여기서 '일을 저지르다'라는 표현은 서강대학교 엄정식 교수가 어느 날 서울역전에서 야간열차를 기다리는 나를 배웅하던 중에 한 말인데, 나는 지금도 그때의 그 이상한 기분을 잊을 수 없거니와, 그가 "우리 꼭 무슨 일을 저지를 것 같지 않느냐?"고 내게 확인하듯 물은 말은 바로 이런 뜻이었으리라.)

이를테면 유식학의 대가 원의범 교수의 한국철학회 발표 논문을 논평까지 한 적도 있고, 심리 철학을 주제로 한 철학연구회 발표회에서 '자아 동일성'의 문제를 주제 발표하면서 유식·법상종(法相宗)

이 '실체론과 현상론을 회통(會通)한 현상학적 패러다임의 최적정 모형'임을 강조하기도 했다. 뿐만 아니라, 시인이자 불교학 박사이면서 평생을 참선 수행에 정진하시는 백담사 선방 자명 스님의 권유에 따라, 성철 스님 문하에서 문제의 그『성유식론 회본』을 정독할 수 있는 절호의 기회를 찾기도 했다. 그러던 중에 스님께서 건강이 나빠져 경북대학교 병원에서 진료를 받았다는 안타까운 소식을 접하게 되었다. 조바심에 쫓긴 나머지 평생 한 번뿐일 이 절체절명의 기회를 놓치지 않으려고 황급히 통도사 파견 연구 휴가를 신청한 적도 있었으나, 인연이 닿지 않았음인지 얼마 후 스님은 열반하시고 나는 그 원대한 뜻을 접을 수밖에 없었다.

혼자서 읽는 유식 불교는 어딘지 모르게, 이를테면 스콜라 철학의 냄새를 풍기는 것 같아 유식을 체인한 달인으로부터 직접 이심전심으로 전수받으려던 간절한 소망을 이제는 포기할 수밖에 없었다. 그래도 미련을 완전히 버리지는 못했던 나는 직지사로 유식의 대가이신 조실(祖室) 관응(觀應) 스님을 찾아 뵙고 몇 차례 대담할 기회를 가졌으며, '불교와 철학의 대화'에 모종의 기대와 사명감을 품은 자명(慈明) 스님이 관응 스님의 속세 따님이며『유식강요(唯識綱要)』의 저자이신 명성 스님을 천거하셔서, 어느 봄날 그분의 친구와 함께 운문사를 찾았다. 그러나 하필이면 상경하고 부재중이시라 난생처음으로 여승이 수도하는 절간에서 하룻밤을 묵고 오게 되었다.

결국 성철, 관응, 명성 스님들을 통해 유식 철학을 매개로 시도하려 했던 '불교와 철학의 대화'는 모두가 미완의 기획으로 끝나 버린 셈이기는 하지만, 지금 생각해 보면 여간 다행한 일이 아니었던 것 같다. 이 모든 일들이 나로 하여금 원효 연구로 불교 철학 공부를 대신하게 만들었던 것이다. 이제는 확신하거니와, 원효가 유식종이나 삼론종을 회통해 기신론, 화엄학,『금강삼매경(金剛三昧經)』을 표장(標章)한 것은 나의 불도 수행에 진실로 결정적인 계기를 만들어주

었다. 원효가 대변하는 불학이 그대로 서양 철학 이념을 완벽하게
실현한 것임을 거듭 확인하면서, 나는 이제 서양 철학으로부터는 물
론이요 불교학으로부터도 완전히 자유로워질 수 있게 되었음을 기꺼
이 고백하는 바다. 나의 천직과 소명은 예나 지금이나 변함없이 지
혜사랑(철학)일 뿐이기에 말이다. 그러기에 나는 지금까지 철학의 정
체 해명에 나의 모든 학문과 수행을 아낌없이 헌납해 온 것이리라.

유식 불교로부터 벗어나는 결정적인 전기가 된 것은 조명기 편,
『원효대사전집』(1979)과의 조우였다. 1980년 한국정신문화연구원이
'한국 철학 사상 연구의 방법론적 반성'이라는 공동 연구 주제를 발제
하면서 필자에게 고·중세를 담당하도록 제의했던 것이 4반세기를 넘
어가는 나의 원효 철학 연구의 출발점이 되었다. 당시 기존의 고·중
세 한국 철학 사상 연구 문건을 검토하면서 아직 초학자에 불과했던
나에게마저 너무나 절실하게 아쉬웠던 것은, 기존 연구의 대부분이
'사상', 특히 '철학 사상'의 개념조차 제대로 파악하고 있지 못한, 우
리 학계의 절망적인 철학 극빈 상태였다. 특히 동양 철학 풍토를 지
배하고 있는 것은 역시 한마디로 철학의 빈곤, 풍요 속의 빈곤, 절대
빈곤 그 자체인 것처럼 보였다. 그것은 유학 시절 나를 뼈저리게 각
성하게 만들었고 서양 지성인의 표상, 즉 '지적 성실성 intellectual
integrity'에 대한 철저한 헌신과 '지적 야만주의 intellectual vandalism'
에 대한 단호한 거부를 이제 나의 절박한 화두로 받들게 했던 것이
었다.

이러한 반성을 전제로 우선 철학 사상 연구 방법을 서설적으로 진
술한 다음, 한국 철학 사상 연구의 한 전례로 제시한 것이 바로 원
효의 철학 사상 연구이고, 이것이 우리가 원효 연구로 학계에 발표
한 최초의 철학 에세이다. 말하자면 원효 사상을 심리 철학의 관점
에서 해석한 것이라고 할 수 있다. 이 논문 전반부의 방법론적 반성
은 당초의 연구 제목 그대로 심재룡 교수가 편집한 『한국에서 철학

하는 자세들——철학 연구 방법론의 한국적 모색』(1986)에 실려 있고, 후반부는 원로 정신 의학자 이동식 선생의 화갑 기념 논문집 『도(道)와 인간 과학』(1981)에 「원효의 심리 철학——일심의 자기 동일성의 개념을 중심으로」라는 표제로 개작해 발표되었던 바, 이것이 이 책에 수록된 첫째 에세이다.

원효 연구 철학 에세이의 두 번째 전기(轉機) 역시 한국정신문화연구원의 공동 연구 프로젝트로부터 발단되었다. 그 이전의 정문연 발의 공동 연구는 몇몇 연구자의 태만으로 연구 논문집이 당초의 기획대로 출판되지 못하고 시간이 지나서야 『한국 철학사상 연구』(1982)로 출간되었지만, 이번의 공동 연구는 '한국사상가대계' 1, 『원효의 사상과 그 현대적 의미』(1994)라는 표제 아래 제때 출간되었다. 그리고 지난번의 공동 연구는 시대별 분담으로 기획되었으나, 이번에는 논리학, 철학, 불교학, 불교 윤리학, 문학의 분과별로 분담되었다. 필자의 몫은 철학의 입장에서 원효 사상을 현대적으로 조명하는 것이었다.

아주 드문 일이기는 하지만 이런 종류의 연구가 필자에게 제의될 때면 항상 그러하듯, 이번에도 마감이 얼마 남지 않는 촉박한 시점에 연구 제의를 받았다. 하지만 초학자의 처지에 군소리 없이 마지막까지 최선을 다해 주어진 시간과 분량에 맞추어 마무리할 수밖에 없었다. 그만큼 부실하고 불만스러운 연구 결과였다는 말이다. 하기 쉬운 과제였다면 어찌 무명의 시골 학교 은둔자에게까지 그런 과제가 돌아왔겠는가.

필자는 이 논문집에 실린 공동 연구자 김형효 교수의 논문을 여러 번 정독하면서, 함께 철학을 공부하고 원효 철학에 헌신하는 입장에서 본질적으로, 또는 우리의 의미에서 철학적으로 그와는 아주 다르게 원효 철학 이해에 공헌할 수 있는 독자 연구의 가능성을 정밀하게 타진해 보았다. 이러한 자기반성은 지금까지 내가 원효를 연구하는 데 더할 나위 없는 자신감과 사명감을 고취시켰다. 어쨌든 이 연구가 원효 철학 연구 무대에 본격적으로 선보인 나의 데뷔작이다.

여기에 한 가지 덧붙이고 싶은 것은 송광사 방장 스님이신 구산 선사와의 인연이다. 필자는 이미 언급한 대로 1976년 이래 통도사와 해인사를 자주 드나들며 통도사 극락암의 경봉 대선사와 강원의 무비 스님, 해인사 백련암의 성철 스님과 지족암의 일타 스님으로부터 불도의 진리에 대한 수승한 가르침을 체득할 행운을 가져왔다. 그러던 중 우연하게도 삼보(三寶) 사찰의 남은 하나인 승보 사찰(송광사)을 방문할 기회가 주어졌다. 어느 청명한 가을날 진주에 있는 한 대학교에서 요청받은 강연을 마치고, 대학 친구인 하일민 교수를 벗해 송광사를 찾게 된 것이다. 송광사 입구의 덩그러니 휑한 객사들, 산속으로 꾸불꾸불하게 곡예를 펼치듯 흘러가는 아스팔트 위로 신선처럼 중추의 교교한 밝은 달빛을 타고 내려가면서 조용히 나누던 정담들이 지금도 기억에 선명한 밤이다.

객사에서 하룻밤을 보내고 열 시경에 송광사로 산책을 나갔다가 어느 수행자에게 법정 스님의 안부를 물었는데, 그분이 마침 서울에 출타하셨다기에 우리가 머뭇거리며 귓속말을 나누자 그 행자는 구산 스님이 지척에 계시다며 우리를 처소로 인도해 주었다. 뜻밖에도 스님은 우리를 반가이 맞아주셨고, 언제나처럼 나는 친구가 지켜보고 있는 자리에서 불교에 대한 질문들을 봇물처럼 터뜨렸다. 공양을 얻어들면서 몇 시간에 걸쳐 나의 무례한 질문과 스님의 온화한 가르침이 오고갔다.

경봉 스님이 그러셨던 것처럼 구산 스님도 성철 스님과는 달리 대화를 녹취할 수 있도록 허락하시고, 작별할 때에는 기념 촬영에도 적극적으로 함께하셨을 뿐만 아니라, "학교에 돌아가면 학생들을 많이 보내달라."고 간곡히 당부하기까지 하셨다. 이렇게 우연히 고명하신 스님으로부터 고마운 법공양, 음식 공양을 받게 되자 정말 부처님의 자비하신 은덕을 입은 듯 여겨졌다. 삼보 사찰과 세 분의 방장 스님을 알현한 후 내가 받은 인상은 승속이 다를 바 없이 스님도 사람 나름으로 각자의 개성과 인성을 타고난다는 것이었다. 그렇다. 나는 한국 사람이고, 자연과 함께 자연처럼 자라난 20년의 역사를 가진 시골 사람이다. 그러기에 만약 내가 진정한 깨달음을 이룬다면, 서양 철학이건 동방 불학이건 그것도 필경 한국적이고 목가적인 것이리라.

송광사와 맺은 두 번째 인연은 불교를 한국적이면서도 세계 철학적인 것으로 증득하고 체인할 수밖에 없다는 사실을 절감하게 만들었다. 1990년 10월 송광사에서 2박 3일 일정으로 개최된 '돈오 vs 점수'라는 주제의 국제학술대회에 참가할 기회가 있었다. 나는 이를 국내외 불교 학자들의 논문 발표와 논평 및 토론 과정을 조용히 지켜보면서 '학문으로서의 불교'의 성격과 위상에 대해 깊이 성찰할 수 있는 절호의 기회로 겸손히 인수하고, 필생의 과제를 마음속으로 점검하면서 결연한 소명 의식에 숙연해지곤 했다. 특히 인상적이었던 것은 미국인 불교 학자 버스웰 R. Buswell 교수의 수준 높은 불교 이해와, 마지막 날 종합 토론에서 어느 선(禪) 수행자가 저명한 불교 학자를 향해 지적 오만을 질타하며 날렸던 대성일갈이었다. 과연 불립문자, 언어도단의 불가사의가 그 수행자의 만용에 가까운 발언처럼 문자 그대로 불립문자인지는 그때나 지금이나 나에게는 석연치 않게, 아니 심지어는 공허하게 들리기는 마찬가지며, 이것이 바로 내가 지금까지 불학을 철학으로 이해하며 불학을 철학적으로 해명하는 데 남다른 소명 의식을 불태우고 있는 이유기도 하다.

또 한 가지 이 모임에서 얻은 수확은 송광사 보조사상연구원의 존재와 여기서 『보조사상(普照思想)』을 출간한다는 사실을 처음으로 알게 된 것이었다. 그때 선물로 받은 『보조전서(普照全書)』(1989)와 『보조사상』 제4집은 이후 '보조 철학' 연구에 결정적인 계기가 되었다. 이후 대학원 세미나에서 원효와 보조를 같은 비중으로 각각 두 학기에 걸쳐 다루었고, 1997년 겨울 학기에는 버펄로 소재 뉴욕 대학에서 보조를 한국 철학 특강의 골격으로 삼기도 했다. 나는 원효와 보조를 가장 좋아하지만, 철학에 관한 한 원효를 압도적으로 지지하는 편이다. 원효 사상을 불교와 동일시하고, 불교를 철학으로 이해하며, 그리하여 '원효 사상 = 불교 = 철학'이라는 등식을 나의 철학 공부의 화두로 삼고 있을 정도로 말이다.

1990년대 초쯤 한국은 물론 불교학의 세계 무대라 할 일본 학계에도 널리 알려져 있는 한 저명한 불교 학자가 국제화엄학회를 주관하면서, 세계적으로 알려진 미국과 일본 학자에 대국(對局)할 한국 측 발표자로 나를 여러 번 천거했던 일이 있다. 그러나 당시나 지금이나 화엄학에 문외한인 나로서는 단호히 사양할 수밖에 없었던 터라 참으로 난처해졌다. 아마 내가 사람에 따라 청을 가려 받는다고 오해해 무척 서운해했던 것은 아닌가 싶어 못내 송구한 마음이 두고두고 가시지 않았다. 많은 세월이 흘러 필자가 그때 그 고마운 분의 연세에 이른 지금, 다시 한번 변명하지만 그때 사양한 것은 의례적으로 그런 것이 아니라 정말 수행 불가능한 과제였기 때문에 그런 것이다. 이것은 사소한 개인적 한담처럼 들릴지라도, 참으로 중요한 문제라 생각하기에 이 자리에서 언급한 것이다.

이와 비슷한 일이 그로부터 10년이 지난 2000년 벽두에 또 한번 있었다. 불교신문사가 주최하고 동북아평화센터가 주관하며, 문화관광부, 조계종 총무원, 그리고 그 외 여러 단체가 후원하는 '원효와 21세기' 국제학술대회가 '원효로 돌아가자'라는 슬로건으로 프레스센터 국제회의장에서 열린 것이다. 문제는 필자가 거기에 미국, 일본 학자와 함께 발제자로 참여하게 되었다는 사실이다. 가산불교문화연구원장 지관 스님의 기조 발제 「21세기 새벽을 비추는 동방의 대승행자 원효 스님」에 이어, 뉴욕 주립대 교수의 「원효 사상의 화두」, 동경대

명예 교수의 「7세기 동아시아에서의 원효의 위치」와 함께 필자의 「현대 철학의 한계와 원효 사상」이라는 발제문이 발표되었고, 나의 발제에는 예외적으로 두 개의 논평이 제시되기도 했다.

다음 날 우리는 신라 불교의 영원한 본향 경주로 내려가 현대호텔 컨벤션홀에서 여섯 시부터 홀을 가득 채운 승속청중(僧俗聽衆)에게 강연을 했는데, 필자의 주제는 '원효·불교·철학'의 삼위일체성이었다. 강연 후 바로 그 자리에서 경북지사가 주최하는 만찬이 이어졌고, 만찬장에는 음식 냄새가 진동하고 말〔言〕이 홍수를 이루었지만, 과연 주인공 원효 대사는 어디에 왕림하셨는지 찾을 길이 묘연했다. 확연히 보이는 것은 어제의 학술 발표, 오늘 저녁의 강연과 공양이라는 이 모든 행사가 적어도 원효의 철학과는 전혀 무관할 것이라는 절망감과 허무함이었다.

내가 증득한 원효의 불학은 철두철미하게 지혜사랑과 반야수순(般若隨順)의 철학이었고, 그것은 동서고금의 모든 순정(純正) 철학과 형이상학이 증시(證示)하듯, 천상천하 유아독존의 고독한 명상이며 처절한 수행이었다. 그것은 원효가 갈파한 대로 구경(究竟)·명증(明證)·보편(普遍)의 절대지(絶對智)·반야지(般若智)이며, 실상(實相)과 관조(觀照)가 여일(如一)하고, 정법계(淨法界)와 무구식(無垢識)이 일여(一如)한 무상법(無相法)·무생행(無生行)의 평등정각(平等正覺)이다. 참으로 '사람들이 원효가 위대한 스승〔大師〕이라는 것을 어떻게 인지하며, 그들이 그것을 인지한다는 것은 과연 무엇을 의미하는가' 하는 탄성이 절로 나오며, '그들이 무엇을 어떻게 알고 우리 같은 문외한에게 이러한 거창한 행사의 일역을 맡기는 것인가?' 하는 탄식을 하게 된다.

어쨌든 이 행사를 통해 원효에 관한 두 편의 글을 발표하게 되었고, 이것이 인연이 되어 마침내 이 책을 내놓게 된 것이다. 여기에 수록된 「현대 철학의 한계와 원효의 화쟁 논리」는 국제학술대회 발표문을 학회지에 맞게 개작해 ≪철학연구≫(2001. 5)에 발표한 것이고, 경주 강연 '원효·불교·철학'은 그 주제를 심화하고 확대해 '선험 현상학적 해명'이라는 부제를 달아 원효학연구원의 공모 논문으로 ≪원효학연구≫(2001. 12)에 발표한 후 이를 충분하게 논구해 「원효 불학(철학)의 현상학적 해석」으로 이 책에 실었다.

이제 남은 논문은 원효의 안목에서 스피노자의 신(神) 개념을 풀이한 것이다. 나는 1980년대를 스피노자 연구에 몰두하면서 그것을 대학원 세미나 주제로 여러 차례 논구했으며, 그 결과를 기획 연작 논문 「근세 철학에 있어서 신(神)의 문제」의 첫 번째 논문 「데카르트의 경우」에 이은, 그리고 세 번째 논문 「라이프니츠의 경우」에 앞서는 두 번째 논문 「스피노자에 있어서 신(神)의 문제 ── 원효 철학적 관점에서 본 형이상학적 해명」으로 ≪성곡논총≫(1995)에 발표한 바 있다. 이것은 스피노자와 원효의 비교 연구라기보다는, 서구적 안목에서 보면 유별나게 이국적일 스피노자 철학의 난해성을 그의 이른바 '기하학적' 정신으로 해명하기 위한 하나의 방편이다. 즉 원효 철학의 관점에 가탁(假託)해 스피노자의 『윤리학』을 형이상학적으로 해명하려는 시도로서 명증하게 해석하기에는 아직 소략한 스케치에 불과하다.

나는 일찍이 단국대학교 동양학연구소의 요청으로 비교 철학 연구 논문 「자유의 현상학 ── 노자와 하이데거를 중심으로」(1989)를 발표했는데, 이 논문의 마지막 분절에서 '신(神)·즉(卽)·자(自)·연(然) ── 스피노자의 자유론'을 첨부한 바 있다. 우리는 자주 스피노자를 "서피노자(西彼老子)"로 애칭해 서양의 '저 노자'를 동양의 '이노자(李老子)'와 대비하곤 했다. 그리고 마찬가지로 스피노자와 대비를 이루는 비트겐슈타인과 비교해 「비트겐슈타인과 스피노자의 비교 연구 ── 성(聖)·선(善)·미(美)의 개념을 중심으로」라는 논문을 한국철학회의 ≪철학≫(1989)에 게재하기도 했다.

비트겐슈타인과 스피노자 그리고 니체라는 서양 철학 '삼총사'의 철학 정신이 아주 각별하게 철학적이기는 하지만 역시 어딘가 모르게 이른바 '서철(西哲)' 냄새를 지울 수 없음에 비해, 원효 철학은 '동철'의 잔재를 말끔히 청산해 버린 듯 산뜻하고 시원하게 철학적이다. 동양 철학의 골격이라는 유가(儒家)의 입장에서 볼 때, 도가와 불가 철학은 유가적 용어로 '방외지학(方外之學)', 그리고 불가 언어로 '상외지리(象外之理)', 즉 서양 철학의 '형이상학'에 해당하는 것으로 차별화될 수 있을지 몰라도, 원효 철학은 이마저 넘어서 '초출방외(超出方外)'를 표방하는 것이다. 극단적으로 표현하면, 원효 불학은 불가의 일체 의종(義宗)을 총섭(總攝)할 뿐 아니라, 유·불·도가의 철학을 회통하며, 현대 후기까지의 서양 철학 전개 과정을 이미 7세기부터 앞서 기다리고 있었던 순정 철학의 전형이요 원형 형이상학 proto-metaphysics의 완성이라 불러도 손색없는 것이라 하겠다.

요컨대 지금까지 그 연원을 어설프게나마 스케치해 보인 다섯 편의 논문은 철학의 최대 과제인 자기 정체성 해명 문제가 불학을 통해 완전히 해소된다는 사실을 체인해 가는 사유 여정에 띄엄띄엄 표시되어 있는 이정표에 비유될 수 있다. 우선 원효를 통해 불교에 접근한 후 거기서 불교학이 2,500년 서양 철학의 역사를 통해 증시된 철학 이념에 완벽하게 부합된다는 것을 증득할 것이다. 그러기에 우리는 단순히 논문의 출처를 밝히는 관례를 따르는 대신, 데카르트적 『방법서설』에 유비적인 '자전적 소묘'의 방식으로 앞의 「머리말」을 보완하는 전략을 택한 것이다. 이 논문에서 가장 중요하게 평가되어야 할 것은 현대 분석 철학에서 중시하는 논리적 간결성이나 설득력도 아니고, 전통 형이상학이 자부하는 풍요로움이나 심오함도 아니다. 우리가 이 논문들을 통해 체인하고 증득하고자 하는 것은, 오로지 저 고색창연한 고전적 '철학 이념이란 곧 대승적 불학 이념'이고, 후자가 존숭하는 학덕(學德, theoretic virtues)은 교화와 계몽에 의한 자각

(自覺)·각타(覺他)의 관행(觀行)이요 수행(修行)이라는 것이다.

첫째 논문은 현대 영미의 심리 철학을 기신론적인 일심(一心) 이론에 투영해 전자의 문제성과 한계성을 부각시키는 동시에 후자를 현대적 시각에서 새롭게 조명함으로써, 철학의 영원한 화두인 '마음의 문제'를 상호 보완적으로 비교하고 음미할 수 있는 가능성을 예시한다. 그리고 마지막 논문은 불교와 현상학의 대비 연구로서, 철학에 대한 진정한 철학적 반성이 현대에 와서야 현상학으로 드러났듯이 불교에 대한 가장 불교적인 이해가 이미 7세기의 원효 불학에서 역시 현상학으로 드러났음을 보여준다. 이로써 불학과 철학이 동일한 이념인 것은 후자가 '서양적 불학'이요 전자는 '동양적 현상학'이기 때문이라는 나의 오랜 주장을 학문적으로 치밀하고 치열하게 증시한 것이다. 대승 불학 일반이나 원효 불학을 후설과 핑크 E. Fink의 선험 현상학과 대비해서 연구한다면, 상호 이행, 상호 침투, 상호 보강의 방식으로 양자를 증득하는 데 짐작조차 할 수 없을 만큼 커다란 도움이 될 것임을 단언할 수 있다. 대승 불교학과 선험 현상학의 교차 이해 역시 자리이타(自利利他)의 원리에 따라 실현되고, 자리이타의 덕목으로 존숭될 수 있는 것이다.

그 다음으로 둘째 논문은 원효 철학을 현대 철학적으로 조명한 것이며, 셋째 논문은 반대로 현대 철학을 원효 철학적으로 조명한 것으로 역시 상호 보완적이라 하겠다. 그리고 마지막으로 스피노자 논문은 스피노자 철학의 핵심이라 할 지신(至神)의 문제를 형이상학적으로 해명함에 있어서 원효의 일심(一心) 개념을 실마리로 삼으려는 아주 색다른 시도다. 그러나 이것은 단순히 스피노자의 일신(一神) 개념을 원효의 일심 개념과 대비하려는 것이 아니라, 스피노자 철학의 총지(摠持)라 할 『윤리학』의 표제에 현혹되어 동문서답하는 스피노자 연구에, 그것이 어떤 의미에서 '기하학적 방식으로 논증된 윤리학'인가를 외형상 아주 판이한 시각에서 관조할 수 있는 단서로서 원효의 일심 개념을 예시한 것이다.

다음으로 「보론」에 관해 몇 마디 언급해야겠다. 「보론 1」은 '깨달음'의 개념을 철학적으로 풀어 쓴 것이다. 철학적인 인식도 앎이라면, 그것은 무엇보다도 먼저 '깨달음'으로 이해되어야 할 터이다. 따라서 깨달음이 어떤 성질의 앎인가를 이해하는 것은 곧 철학이 어떤 종류의 학문인가를 이해하는 것과 같다. 그리고 너무나 당연하게도, '불학'이 '깨달음의 학문'이라면, 깨달음이 무엇인가를 증득하는 것은 바로 불학이 어떤 학문인가를 증득하는 것에 다름 아니게 된다. 다시 말해 '철학이란 무엇인가?' 또는 같은 물음이지만 '불교 또는 불학 또는 불교학이란 무엇인가?'라는 거창한 물음 대신, 우리는 그저 평범하게 '깨달음, 그것은 무엇을 의미하는가?'라고 물을 수 있다는 말이다.

이 글은 필자가 그 학문적 자질에 기대를 걸고 있는 제자 하나가 더 나은 자리로 옮겨 간 것을 축하하는 뜻에서, 그가 주선한 강연 요청을 기꺼이 받아들여 그 초고로 작성되었다. 그런데 대학 주최 측에서 강연의 제목을 물어왔을 때, 마땅한 주제가 떠오르지 않아 얼떨결에 답한 것이 '깨달음이란 무엇인가?'로 정해진 것이다. 그러나 이 세상에서 내가 부끄럽지 않게 대중 앞에서 이야기할 수 있는 유일한 것이 바로 '지혜사랑'이니, 결국 내가 이야기한 것은 '깨달음의 철학'이 되어버린 셈이라고나 할까?

2002년 5월 학생과 교수 수십 명이 둘러앉은 세미나에서, 나는 배포된 원고를 읽는 대신 시간을 절약하고 청중의 권태를 덜기 위해 순간순간 밀고나오는 생각을 매우 직설적으로 빠르게 토설해 냈다. 발표 후 불교학과 종교학을 전공한 두 분 교수의 정성 어린 논평과 좌중의 질문을 받으면서 나는 또 한번 고독한 절망을 가슴속에 묻어야 했다. 그래서 여기에 이 강연 원고를 부록으로 넣어 깨침의 학문인 불학과 철학의 정체성 해명에 일조함으로써, 불학과 철학의 표본인 원효 철학을 철학적으로 이해하는 매우 난해한 이론적 작업에 실마리를 제공하고자 한다.

「보론 2」는 자못 특별한 인연으로 태어난 것이다. 2002년 3월 어느 날 중앙승가대학교로부터 원고 청탁이 들어왔다. 그해로 두 번째를 맞게 되는 인문학 학술 세미나에서 철학 분야를 발표해 달라는 것이었다. 얼마 후 발표 의뢰서와 함께 보내온 학술 세미나 계획안을 보니, '근대 이후 인문학에 나타난 불교관'이라는 주제 아래 역사학, 어문학, 종교학, 철학, 미술사학의 순서로 발표하는 세미나였다.

그런데 필자가 과문한 탓인지는 몰라도, 근대 이후 철학에서 불교가 주제로 논의된 경우는, 그것도 지금 이 시점에서 우리의 현실에 부합하는 "승가학 정립을 위해" 철학적으로 논의된 경우는 그때까지 거의 없었다. 나아가 불교를 진정한 의미에서 '철학적으로' 해석한 불교학이나 철학의 사례를 우리는 한번도 만난 적이 없었다. 나는 지난 4반세기 동안 철학의 새로운 패러다임을 모색하며 외롭게 섭렵한 불교학에서 마침내 나름으로 불교의 철학적 성격을 증득했고, 불학 이념의 핵심이 철두철미하게 철학적임을 변증하고자 하는 간절한 소망을 품어왔다. 그러니 이제 역으로 서양의 정통 철학 이념이 철저히 불교적, 불학적임을 어떠한 방식으로든 적극 변증하는 데 주저할 이유가 있겠는가. 바꾸어 말하면, 근대 이후의 서양 철학에서 불학 이념이 어떻게 실현되고 현시되었는가를 변증하는 것이 간접적으로나마 그 불교관을 거론하는 일에 해당된다고 볼 수 있다는 것이다.

이런 취지에서 우리가 '근대 이후 철학에 나타난 불학 이념'을 논의할 수 있게 한 또 하나의 근거는 근대 이후의 서양 철학의 전개 과정을 현상학 이념의 전개 과정으로 이해하는 후설의 철학사관에 대한 전적인 동의에 있었다. 동양의 불교학을 서양의 현상학과 동일시해 온 우리가 현상학의 전개 과정에 해당하는 근대 이후의 서양 철학에서 불교학 이념의 전개 과정을 짚어보려 하는 것은 너무나 당연한 일이겠다. 그 결과 근대 이후 서양 철학의 흐름을 일관되게 모던 철학으로 확인한 후설과 함께, 「모던 철학에 나타난 불학 이념」[2]을 고찰하게 된 것이다. 여하튼 이 두 편의 보론은 본론을 이해하는 데 그리고 필자의 각행·관행·철학을 이해하는 데 큰 도움이 될 것으로 생각되어 본론에 앞서 읽는 것도 좋은 방법일 것으로 적극 권장한다.

자전적 서설을 마감하면서, 끝으로 한 번 더 강조해 두고 싶은 것은, 이 책은 예사 논문들을 예사롭게 모아 놓은 예사로운 논문집이 결단코 아니라는 점이다. 철학의 문제에 접근하는 통로가 다기(多岐)하기는 해도, 결국에는 필연적으로 단 하나의 영원한 문제에 마주칠 수밖에 없다. 철학은 전문 과학이 아니기에, 과학 문제처럼 그것대로 해결되는 수다한 문제들로 구성되는 것이 아니다. 거기에는 전제도 없고, 전제로부터 추론되는 완결된 결론도 없다. 그리고 관찰이나 지각을 통해 실증되거나 반증될 수 있는 어떠한 사실도 철학과는 원리적으로 무관하다. 여기서 제시한 하나하나의 논문은 엄밀한 의미에서 그 정체성이 증득된 철학 논문이지만, 그것들이 모두 각각 독자적인 문제의 완결된 해명인 것은 아니다. 도리어 이들은 모두 하나의 문제를 각기 다른 방식으로 해명한 하나의 철학 논문일 수밖에 없다. 그러기에 이는 단순히 원효에 관한 논문이 아니라, 오히려 원효의 어법을 통해 드러난 불교에 관한 논문이며, 역사적 불교에 관한 논문이라기보다는 일체 학문의 원초적인 문제인 앎 그 자체, 앎으로서 삶 그 자체, 깨달음 그 자체에 관한 논문이라 해야겠다.

앎과 삶과 깨침은 사람의 문제, 모든 사람의 영원 보편적인 근본 문제에 다름 아닌 불학의 문제요 철학의 문제이다. 다시 말해 이 사람 저 사람의 이러저러한 문제가 아니라, '사람 자체의 이데아' 문제이자 '이데아적인 사람'의 문제다. 바로 그 때문에 철학적 문제와 진

---

2) 이 논문은 ≪철학연구≫, 제84집(2002. 11)에 게재된 바 있다.

리, 인식, 깨침에서는 현실의 사람, 사람의 현실이 문제되지 않는다. 원효 불교에서 원효가 문제가 아니라면, 원효 철학 해명에서 신오현 이라는 인간이 그 무슨 문제일 수가 있겠는가. 그러기에 이러한 철학 논문에는 논리 타령이나 지식 타박 같은 것은 도대체 문제조차 될 수 없으며, 중요한 것은 오로지 자각(自覺)과 각타(覺他)일 뿐이다. 실상과 진리는 "부처가 만든 것이 아니기에 부처가 있건 없건 그 자체의 본성이 그저 그러한 것일 뿐"이라 하지 않았던가? '부처 Buddha'를 '깨달음'으로 바르게 해석한들 무엇이 달라지겠는가? 단적으로 말하면, 혜능(惠能) 조사의 설법대로 "본래무일물(本來無一物)"이라고 할밖에 달리 어떻게 언표할 수 있겠는가.

원효의 심리 철학

일심의 자기 동일성

서론

본론을 시작하기 전에 우선 '심리 철학'이라는 개념 또는 그 이념
에 관해 간단히 언급해 두고자 한다. 심리 철학은 아마 심리 과학에
대비되는 개념일 터이고 그렇다면 심리 과학 즉 심리학을 심리 철학
으로부터 구별하는 일은 결국 과학과 철학을 구별하는 작업에 대응
할 것이다. 심리학이 심리 현상을 과학적으로 다루는 것이라면 심리
철학은 도대체 '무엇을' 철학적으로 탐구하는 것인가? 철학은 결코
어떤 존재자를 경험적인 현상의 측면에서 다룰 능력이 없으니, 심리
철학을 심리 현상의 이해라고 볼 수는 없다. 물론 심리학의 연구 방
법이나 언어 사용에 철학적인 반성을 가할 수 있으며 이를 '심리학
의 철학 philosophy of psychology'이라 불러 과학 철학의 한 분야에
귀속시킨다. 그러나 우리가 여기서 문제로 삼고 있는 심리 철학은
심리 과학처럼 심리 현상을 다루는 것이 아니라 심(心) 그 자체를
연구하기 때문에 '마음의 철학 philosophy of mind'이다.

도대체 '마음, 정신, 심리[1]'를 과학적이지 않은 어떤 방법으로 다루

어 이에 관한 보편적인 이해에 도달할 수 있다는 말인가? 철학이 어떻게 마음의 실재를 경험적이지 않은 방법으로 탐구할 수 있다는 말인가? 도대체 심리 철학은 학문으로, 철학으로 존재하기나 하는 것인가? 그러나 이러한 질문은 그대로 심리 과학에도 적용될 수 있다. 과학이 어떻게 정신, 심리, 의식을 탐구할 수 있는가 또는 과학이 탐구한 정신, 심리, 의식이 진정 본질적인 의미에서 정신, 심리, 의식인가라고 물었을 때 이는 분명히 '과학이 어떻게 지구를 탐구할 수 있는가'라고 묻는 것과는 그 성격이 다르다고 보지 않을 수 없다. 사람은 지구와 같은 방식으로 존재하지는 않지만 여전히 정신이요 마음이며 의식으로 존재하기 때문이다. 정신의 자기 이해는 실증주의적 의미에서 대상적이고 객관적인 지식이 아니라는 이유만으로, 즉 좁은 의미에서 '과학적'이지 않다는 이유만으로 '비학문적 unscientific'이라고 배격될 수는 없다. 왜냐하면 과학적 탐구의 대상이 아니더라도 마음 자체는 엄연히 존재하는 실재성이며, 경우에 따라서는 마음이 자신의 존재를 명증적으로 이해하고 있다는 점에서 가장 탁월한 실재성이기 때문이다.

인간은 마음을 갖고 있는 존재자가 아니라, 어떤 의미에서 "인간 자체가 곧 마음"이다. 정신과 신체를 분리하는 이원론적 망상에서 벗어나기만 한다면, "나의 존재는 곧 나의 마음"이라고 확인한 데카르트의 주장에는 조금도 비난할 바가 없다. 대상으로 물화(物化)되기 이전의 인간, 인간으로서의 인간의 존재 방식을 추구하는 것을 기본 임무로 하는 철학은 결국 마음의 존재 방식을 탐구하는 것을 주무(主務)로 부여받는 셈이다. 이런 의미에서 마음의 철학인 '심리 철학'은 '사회 과학의 철학' 중 한 분야를 차지하는 '심리학의 철학'으로부터 엄연히 구별되어야 한다. 후자가 '과학 철학'의 이상에서 생겨난

---

1) 여기서는 '마음', '정신', '심리', '의식'이 상호 교환해서 사용될 수 있는 동의 개념(同意槪念)으로 전제되어 있다.

현대 철학의 한 분과라면, 전자는 '영원한 철학', '제1철학', '정통 철학'의 핵심과 주류를 이루고 있는 것임을 강조해 두고자 한다.

우리는 '마음'을 인식 주관 앞에 고정된 하나의 심리적 사건, 현상이나 객체, 실체가 아니라, 오히려 인식 주관의 존재 근원을 이루고 있는 '주체성의 존재 방식'으로 규정한다. 그리고 주관이 객관에 대해 보편적 인식을 도모하듯, 주체성의 존재 방식은 이미 그 자체가 자기 이해(원효의 용어로, 자신해(自神解))기 때문에, 마음의 자기 이해도 보편성을 가질 수 있다고 주장한다. 더 나아가 이러한 마음의 자기 이해는 모든 증명의 원천이 되는 절대 명증성, 즉 자명성을 가지며 이 보편성은 모든 대상적 인식이 갖는 보편성 일반의 근거가 되는 선험적 보편성이라고 주장한다. 이러한 이념에서 출발한 현대 철학의 한 주류가 다름 아닌 현상학이며, 불교 철학 곧 불교의 심리 철학[2]은 적어도 그것이 학문으로서의 철학인 한에서는 현상학적 방법론에 부합한다는 것이 우리의 주장이다. 그리고 바로 이러한 주장을 정당화할 수 있는 하나의 실례를 제공하는 것이 우리가 논의하고자 하는 원효의 심리 철학이다.

마음의 구조

마음이란 본래 깨달음이다. 사물처럼 하나의 밋밋한 덩어리 또는 질량으로 존재하는 것이 아니라, 이를테면 자기 자신을 훤히 들여다보면서 존재한다. 이러한 존재 방식을 철학자들은 여러 개념으로 표

---

2) 우리는 불교의 철학적 측면을 '마음'과 '의식'에 관한 선험적, 출세간적인 해명에서 찾는다. 불교 철학을 심리 철학과 동일시할 때, '심리'는 성리학적인 의미에서 '심(心) = 이(理)' 또는 '심(心) = 성(性)', 결국 '심(心) = 이(理) = 성(性)'의 뜻으로 해석해도 무방할 것이다.

현하고 있다. '자기 관계', '자기 반조(返照)', '근원적 반성', '의식', '정신' 등의 개념들은 플라톤, 아리스토텔레스, 아우구스티누스, 데카르트, 로크, 칸트, 헤겔, 후설, 하이데거, 사르트르, 메를로퐁티 등등의 서양 철학자들에 의해 다양하게 사용되어 왔다. 불가에서는 '본각(本覺)', '자신해(自神解)', '진여(眞如)', '자재(自在)' 등의 표현들을 애용해 왔으며, '영소명각(靈昭明覺)', '양심(良心)', '양지(良知)', '허영(虛靈)', '영지(靈知)' 등의 개념들은 신(新)유학이 즐겨 쓰는 것들이다.

특히 근래에 와서 '현상학적 존재론' 또는 '현상학적 실존 철학'이 이러한 마음의 자기 관계를 강조해 '대자(對自)', '실존(實存)', '탈자(脫自)', '초월(超越)'의 논리를 해명하기에 고심해 왔다는 사실은 주목할 만한 현상이다. 현상학적 존재론은 그리스 철학의 전통에 충실하지만, 결국 서양 철학의 기조이자 한계인 '인식론적 관조 theoria'의 수준을 넘어서지 않고는 그 교착 상태를 벗어날 수 없겠고, 그 한계를 벗어난다면 아마도 불교 식의 존재론적이고 실천적인 '선(禪, dhyāna)', 즉 수도행(修道行)으로서 '지(止)·관(觀)' 또는 '정(定)·혜(慧)'의 방식을 취할 수밖에 없을 것이기 때문이다. 이런 뜻에서 우리는 불교의 심성론을 현상학적 존재론의 의식론과 대비하면서 다루고자 하며, 기실 양자 간에는 밀착된 유형적 대비 parallelism가 성립되어 있음을 발견할 수 있다. 다시 말해 우리가 불교의 심성론을 분석하고 해명하는 입장은 현상학을 최대한 극복하는 데 그 초점을 맞추고 있다는 것이다. 또한 불교가 의미하는 마음〔心〕이란, '사람이라는 실체가 기계를 조작하듯 마음을 사용하는 방식'의 심리 작용만을 의미하는 것이 아니라 '사람이 곧 마음'이라는 뜻에서 이해한 마음이다. 그리하여 원효는 '신해(神解)'와 '심신(心神)'이라는 개념을 사용하고 있으며,[3] 이는 어

____

3) 조명기 엮음, 『원효대사전집』(보련각, 1979), 409쪽 참조. 앞으로 이 장에서 언급되는 원효 저술은 모두 이 책에서 인용되며, 편의상 『전집』으로 생략하여 쪽

떤 의미에서는 '영혼'이나 '혼'이라는 그리스적 개념인 'psychē = ψυχή'
와도 유사하다. 우리가 원효의 심성론이라고 부르는 것은 사실 원효의
창작이 아니라 '원효가 이해하고 있는 불교의 심성론' 또는 '원효의 저
술을 통해 본 불교의 심성론'을 뜻함은 물론이다.

  마음의 원형을 '진여심(眞如心)', '진심(眞心)', '본심(本心)', '근본
심(根本心)'이라 부르며, 이 본심이 자명성을 상실해 원형으로부터
이탈한 것을 '망심(妄心)' 또는 '염심(染心)'으로 이해한다. 이렇듯 물
든 마음을 정화하기 위해 각성하는 것을 '시각(始覺)'이라 부르고, 시
각 이전의 상태를 '불각(不覺)'이라 하며, 자명성을 완전히 회복한 상
태를 '구경각(究竟覺)'이라 하고, 이 구경각이 도달한 상태가 마음의
원상(原相)이라는 뜻에서 원형으로서의 진여심을 '본각(本覺)'이라
부른다. 따라서 불교의 심성론은 마음이 원형에서 출발하여 자진상
(自眞相)[4]을 상실하고 염심(染心)으로 전락하는 '유전문(流轉門)'과
불각의 염심이 자각을 통해 염상(染相)을 정화, 소멸해 자진상을 회
복하면서 심원(心源)으로 복귀해 가는 '환멸문(還滅門)'의 이중 구조
를 갖는다. 그리고 마음을 각(覺)의 방향이나 불각(不覺)의 방향으로
전전(展轉), 변화시키는 힘을 훈습(熏習)이라 하고, 염훈습(染熏習)
이거나 정훈습(淨熏習)이거나 이러한 행업(行業)에는 원인과 기연
(機緣)이 있을 것이므로, 염훈습의 인연생기(因緣生起)를 '유전연기
(流轉緣起)'라 부르며, 정훈습의 인연생기를 '환멸연기(還滅緣起)'라
한다. 따라서 자체 내부의 원인에 의한 마음의 변화는 인과적 설명
으로, 자체 외부의 조건에 의한 심상(心相)의 변화는 상황 분석으로
설명될 수 있다. 비유해 보자면, 마음은 한 그루의 나무에, 인(因)은

수와 함께 표기한다. '국역원효성사전서'(1987~), 전 6권이 출간된 후에 씌어진
이하 다른 장들은 독자의 편의를 위해 가급적 번역본인 이 전서에서 인용하고,
특별한 경우에는 은정희 역주본이나 '한국불교전서'에서 인용하는 경우도 있음
을 밝혀둔다.
4) 『전집』, 409쪽 참조.

종자에, 그리고 연(緣)은 일광, 습도, 토양, 배양 등의 환경적 조건에 비할 수 있다.

『대승기신론(大乘起信論)』에 의해 대변되는 불가의 심성론은, 마음을 이와 같이 본체(本體)적인 측면과 무명훈습(無明熏習)에 의한 변화의 측면, 즉 자진상과 생멸상(生滅相)의 이중 구조에서 설명할 뿐만 아니라, 생멸상 자체 내에서 또 하나의 이중 구조를 밝혀낸다. 마음이 유전 활동[5]을 시작하면, 이를 '심상'이라 하지 않고 '식상(識相)'이라 부르는데, 우선 식상을 그 자체상(自體相)의 측면에서 보면 '본식(本識)'이라 할 수 있고, 식외(識外)의 경계(대상)와 관계하는 측면에서 보면 '분별사식(分別事識)'이라 할 수 있다. 즉 마음은 진여심과 생멸심(生滅心)의 이중 구조를, 그리고 생멸심은 다시 본식과 분별사식의 이중 구조를 갖고 있어서, 심식(心·識)의 전체적인 측면에서 보면 이중의 이중 구조를 이루고 있는 셈이다.

본식도 생멸인(生滅因)을 자기 내에 밀장하고 있는 잠재력의 측면에서 통칭하면 장식(藏識) 또는 산스크리트 표현으로 '아리야(阿梨耶 또는 阿賴耶, alaya)식(識)'이라 부른다. 이러한 장식이 무명훈습으로 현행(現行)하면[6] 자기 분열을 일으켜 '전식(轉識)'과 '현식(現識)'이 상대(相待(對·望))하게 된다. 자명하게 자기 반조하던 마음속에 모종의 어두움이 스며들어, 주관이 객체를 관조하듯 마음은 자기 자신을 대면해 자신을 대상적으로 확인하려 한다. 이때 주관의 역할을 담당하는 부분을 '견분(見分)'이라 하며, 이 견분에 조명된 마음의 자기 모습이 '상분(相分)'이라 불린다. 그리고 전자를 '전식' 또는 '전상(轉相)'이라 하고 후자를 '현식' 또는 '현상(現相)'이라 한다. 또한 이러한 전상·현상의 상대·상망을 산출하는 의식 활동을 '업식(業識)'

---

5) 심리 현상을 의미한다.
6) '현행'이란 마치 종자가 발아하듯 가능성, 잠재력으로서의 식(識)이 활동을 개시해 현실태로 변모한다는 뜻이다.

또는 '업상(業相)'이라 한다. 이와 같은 업(業)·전(轉)·현(現)의 세 측면은 장식 내의 자기 관계에 국한되며, 이 단계에서는 아직 식외(識外)의 대상 경계는 고려되지 않고 있음에 주의할 필요가 있다.

그러나 전식이 자기 자신을 대면했을 때, 전식이 대면하고 있는 현식에는 경외상(境外相)이 투영되어 있음을 발견하게 된다.[7] 즉 상분(相分)은 결국 경계상(境界相)으로 전락되고 만다. 진여심이 망동(妄動)해 망념(妄念)을 일으키기 때문에, 이미 상분이 된 마음에 투영된 영상은 법(法)[8]의 진여자상(眞如自相)이 아니라, 때 묻은 거울이나 출렁이는 수면에 의해 왜곡된 망경계(妄境界)이며, 이러한 망경계를 실상(實相)으로 취하는 견분은 본식 내의 〔제8〕전식이 아니라, 이 전식에서 한 번 더 전락한 전식, 즉 제7전식이다. 무명풍(無明風)에 의해 제8식(識) 내에 내분, 즉 자(見)·상(相)의 분리가 발생했을 때 인식 주관으로 전락한 견분(見分)을 제8전식이라 한다면, 현식에 나타난 경계(현식소현경(現識所現境))를 대상으로 간취(看取)하는 견식(見識)은 '제7식', '말나(末那, manas)식', '지식(智識)' 또는 '전식(轉識)'이라 하며, 제8식 내의 전식과 구분하기 위해 이를 제7전식이라 부르기도 한다.

원효는 마명(馬鳴)의 『대승기신론』을 주석하는 자리에서 전식의 이러한 두 가지 의미를 간과하지 않고 분명하게 적시하고 있거니와,[9] 이는 심(心)의 본성에 대한 원효의 탁월한 통찰력을 증시해 주고 있다. 실증주의적인 인식론이 '인식 주관'이라 부르는 것이나, 경험 심

---

7) "此境界 不離現識 猶如影像 不離鏡面." 『전집』, 421쪽.

8) 불가에서 '법(法)'이라 함은 '존재'나 '대상'을 의미하나, 사전적으로 말하면 ① 임지자성(任持自性(자체 존재)), ② 궤생물해(軌生物解(법칙·원리)) 및 ③ 대의(對意(의식의 대상 또는 개념))를 뜻한다. 『전집』, 144, 145, 402, 405쪽 참조.

9) "然轉識有二. 若就無明所動 轉成能見者 是在本識. 如其境界所動 轉成能見者 是謂七識." 『전집』, 425쪽. 여기서 '7식(七識)'이라 함은 물론 '제7식'을 뜻한다.

리학이 말하는 '자아 ego'는 모두 제2전식 또는 제7식에 해당된다. 그러기에 제7식은 지식이나 지상(智相)으로 불리며, 아(我)·아소(我所)를 조작해 인아집(人我執)을 일으킨다고 설명했을 것이다.[10] 마치 제1전식이 현식을 상대하듯, 제2전식은 제6식 곧 상속식(相續識)을 상대하고 있다고 볼 수 있다.[11] 제6식은 제8식이 취한 경계에 관해서 염념상속(念念相續)해 제7식의 상분 역할을 하는 것으로 해석할 수 있을 것이다. 제8식의 업·전·현 3식과 제7지식 및 제6상속식을 총괄하여 '의(意)' 또는 '5의(五意)' 혹은 '5식(五識)'이라 부른다.[12] 여기에 전(前) 5식(안(眼)·이(耳)·비(鼻)·설(舌)·신(身))이라 불리는 5종(種) 감각까지 도합 8식이 된다. 그리고 정화된 식으로서 '무구식(無垢識)', '청정식(淸淨識)' 또는 '암마라(唵摩羅, amala)식'이라 불리는 제9식을 더하여, 인간의 마음을 모두 9종 식상으로 분류할 수 있다. 그리고 원효의 심성론은 이러한 9종식설에 일관된 견해를 보이고 있다는 것이 특징이다.

마음의 자기 동일성

이미 앞서 간단히 언급한 바와 같이 마음은 사물적인 즉자존재(卽自存在, être-en-soi)처럼 질량적인 동일자가 아니라 대자(對自)적인 자기 동일성이다. 하나의 마음 속에 반조(返照)와 반영(反影)이라는 이중성이 자리 잡고 있지만, 그것은 병존하는 두 개의 사물이 아니라 마음의 자기 이해라는 신묘한 관계다. 하나의 사물이 아니라는

---

10) "緣於本識 計以爲我. 緣所現境 計爲我所." 『전집』, 421쪽.
11) 본식 내의 전식을 '제1전식', 분별사식의 전식을 '제2전식'으로 명명한 것은 불교나 원효의 용어가 아니라 우리가 편의상 잠정적으로 사용하는 약정 용어이다.
12) 오고산, 『대승기신론강의(大乘起信論講義)』(보련각, 1977), 154~163쪽, 『기신론』 본문 참조. 이후부터는 『기신론』으로 언급한다.

뜻에서 이중성이지만 두 개의 사물이 아니라는 점에서는 차라리 통일성이다. 일즉이(一卽二)며 이즉일(二卽一)이요, 불일이불이(不一而不二)이자 비이이비일(非二而非一)이다. 마음은, 거울이 대상을 비출 때 거울의 표면에 사물의 영상이 반영되는 것과는 달리, 마음이라는 작용 자체 내에 반영, 반조의 이중적인 관계를 갖추고 있다. 바꾸어 말하면 마음은 거울처럼 외부 대상을 영사(影射)하는 실체나 외부 지각을 수용하는 용기가 아니라, 스스로 자기를 이해하는 자기 관계인 것이다.

그런 뜻에서 마음은 '아무것'도 아니며,[13] 그 안에 '아무것'도 내포하고 있는 않은 공(空)이요 무(無)다. 중국 불교 선종의 제5조(祖) 홍인(弘忍)의 수제자였던 신수(神秀)가

몸은 보리수요 마음은 명경대와 같으니 때때로 부지런히 털어내어 때가 끼지 않게 할지어다.[14]

라고 읊었을 때, 그는 아직도 마음을 모종의 실체로 파악했던 것에 반해, 이에 대해

보리는 본래 나무가 없고, 명경 역시 대가 없어, 불성이 항상 청정하니, 때낄 곳이 어디메뇨.[15]

---

13) 시간, 공간 규정에 의한 동일성 spatio-temporal identity을 가진 실체 continuum 가 아니라는 뜻이다.
14) "身是菩提樹 心如明鏡臺 時時勤拂式 莫使有塵埃." 『南宗頓敎最上大乘摩訶般若波羅密經, 六祖惠能大師於韶州大梵寺施法壇經』 一卷. P. B. Yampolski, *The Platform Sutra of the Sisth Patriarch*(New York: Columbia University Press, 1967), 「부록」 원문, 3쪽.
15) "菩提本無樹 明鏡亦無臺 佛性常淸淨 何處有塵埃." 같은 글, 4쪽.

라고 반박한 6조 혜능(惠能)은 마음의 본성을 한층 더 정확히 파악하고 있었다고 하겠다. 마음은 실체나 존재자가 아니라 차라리 공(空)이며 무(無)이기 때문에, 유(有)를 기술하는 언어로 묘사할 수 없다는 뜻에서 이언절려이며 언어도단이고 불가사의하다고 했던 것이다. 사르트르가 심리적인 자아와 구별해 순수 자기(純粹自己)를 무내용적, 무규정적인 자기 초월이며, 절대 명증적인 절대 자유라고 규정한 것은 그대로 불교의 진여심을 해석하는 데도 적용될 수 있을 것이다.

원효는 '진여'를 '무견무립(無遣無立)'으로 파악했거니와,[16] 이는 버릴 것도 세울 것도 없이 자상(自相) 그대로가 자진(自眞)이며 자연(自然)이므로 불구(不垢), 부정(不淨), 부증(不增), 불감(不減), 불변(不變)하며 진실(眞實), 무망(無妄), 원만(圓滿), 구족(具足)하다. '아무것'도 아닌 것, 즉 공(空)이면서 모든 것을 갖추고 있는 것이 마음이라면, 그것은 결국 모든 것과 동일해야 하면서도 어느 것과도 동일하지 않아야 한다. 일체(一切)의 '법(法)'과 동일한 자기 자신을 이해하고 자증(自證)하는 자기 초월적(탈자적)인 점에서 진여심은 어떠한 '법'과도 동일할 수 없다. 즉 일체 법은 마음의 자상(自相)이며, 자신의 자상을 아무런 거리나 단절 없이 직접적, 명증적으로 자해(自解)하는 것이 진여심이다. 그리하여 『대승기신론』은 "심진여(心眞如)란 존재자 전체의 기체(基體)"[17]라고 규정했으며, "자체상(自體相)이 곧 대지혜광명(大智慧光明)이며, 법계를 편조(徧照)하는 조명"[18]이라 했을 것이다. 모든 것을 투시할 수 있다〔交撤融攝〕는 뜻에서 『화엄경』은 마음을 '법계(法界)'로 해석했고, 질량 없는 우주라는 뜻에서 『원각경(圓覺經)』은 '총지(總持)'로 풀이했으며, 존재에 질

---

16) "無遣曰眞 無立曰如."『전집』, 359쪽.
17) "心眞如者 卽是一法界大總相法門體."『기신론』, 82쪽.
18) "眞如自體相者〔…〕自體有大智慧光明義故. 徧照法界義故." 같은 책, 225쪽.

서를 부여해 비로소 세계를 있게 한다는 뜻에서 『요의경(了義經)』은
'원각(圓覺)'이라 불렀다.

　　요컨대 마음은 우주를 비추는 광명이면서 동시에 이 광명 속에 조
명된 우주를 이해하는 불일이불이의 자기 관계다. 원효는 마음의 이
와 같은 자기 이해를 '성자신해(性自神解)'로 표현했고,[19] 이렇듯 신
비한 자기 이해의 본성을 '심지(心智)'[20] 또는 '심신(心神)'[21]으로 표
현했다. 그리고 마음은 바로 이러한 자기 이해의 방식으로 자기 동
일성을 보유하며, 마음의 이러한 존재 방식은, 마음 이외의 어떠한
존재자와의 관계도 정립함이 없이 스스로 자재(自在)하는 본성, 즉
'성자이(性自爾, 본성이 스스로 그러하다)'다.[22]

아리야식의 자기 동일성

　　지금까지 일심진여(一心眞如)의 자기 동일성을 논의했고, 여기서
는 일식생멸(一識生滅)의 자기 동일성을 고찰하고자 한다. 불교의
심성론에서는 '심(心)', '의(意)', '식(識)'이 때로는 동일한 의미로 상
호 교환적으로 사용되기도 하고, 때로는 서로 구별해서 쓰이기도 한
다. 예컨대 『금강삼매경』을 보면, 한편으로는 '심'과 '의'와 '의식(意
識)' 외에 다시 '말나'와 '아리야'를 운위하는가 하면,[23] 다른 한편으
로는 '의'와 '식'과 '심'을 별개의 것으로 논의하기도 한다.[24] 원효는

---

19) 『전집』, 404, 409, 417, 472쪽 참조.

20) "神解之性 名爲心智." 같은 책, 435쪽.

21) 같은 책, 409쪽.

22) "是實法相 非佛所作. 有佛無佛 性自爾." 같은 책, 141쪽 ; "眞如性 不可破
　　壞 性自爾故." 같은 책, 185쪽.

23) "耳鼻舌身 心意意識, 及以末那 阿梨耶." 같은 책, 177쪽.

24) "眼無處所 淸淨無見 〔…〕 心無處所 淸淨無上 〔…〕 識無處所 淸淨無動."
　　같은 책, 186쪽.

전자의 용법에서 '심'과 '의'와 '의식'을 모두 제6식을 뜻하는 것으로 해석하고, 다만 시간적인 차이에 따라 과거형을 '의', 미래형을 '심', 그리고 그 현재형을 '의식'이라 부른다는 창의적인 주석을 붙이고 있다.[25] 그리고 후자의 용법에서는 '의'를 제7식으로, '심'을 제8식으로 해석한다.[26]

원효는 『대승기신론』을 해석하는 자리에서, '심'에는 진여(眞如)와 생멸(生滅)의 이중문이 있고, 생멸문 내에서 보면 '식'에 각(覺)과 불각(不覺)이라는 두 가지 종류의 의(義)가 있으므로 '심'은 넓은 뜻으로, '식'은 좁은 뜻으로 사용되고 있다고 하여 '심관식협(心寬識狹)' 또는 '문관의협(門寬義狹)'이라 했다. 따라서 이체(理體)나 진여상에 언급할 때에는 '일심(一心)'이라는 표현을, 생멸인연상(生滅因緣相) 또는 심신 작용에 언급할 때에는 '일식(一識)'이라는 표현을 사용한다. 일심이 지해(智解)의 이중성을 불일이불이하게 통일하고 있는 상태를 '신해(神解)'라 부른다면, 일심수연문(一心隨緣門) 내의 이사무이성(理事無二性) 또는 체상용일체성(體相用一體性)은 일식의 '신려(神慮)'라 부를 수 있다.[27] 각과 불각, 심체(心體)와 심상용(心相用), 일심진여와 수연생멸(隨緣生滅)의 화합을 '아리야식'이라 하거니와, 이제 우리는 이 아리야식의 자기 동일성, 즉 진여체(眞如體)와 생멸상(生滅相)의 화합이 비일비이(非一非異)함을 논의하려 한다.[28]

아리야식을 '여래장(如來藏)' 또는 '장식(藏識)'이라 하는데, 여기서 '장(藏)'이란 대체로 다섯 가지의 뜻을 갖고 있다고 한다.[29] 첫째,

---

25) "心意意識者 是第六識. 未來名心 過去名意 現名意識." 같은 책, 177쪽.

26) "此中意者 是第七識. 此中心者 是第八識." 같은 책, 187쪽.

27) "上就理體 名爲一心. 體含絶相隨緣二義門故 言一心有二種門. 〔…〕今此中識者 但就一心隨緣門內 理事無二 唯一神慮 名爲一識. 體含覺與不覺二義故." 같은 책, 474쪽.

28) "心生滅者 依如來藏故 有生滅心. 所謂不生不滅與生滅 和合非一非異 名爲阿梨耶識." 『대승기신론』, 99쪽 참조.

장(藏)은 '종류', '체류(體類)' 또는는 '자성(自性)'을 뜻하는 것으로 종자와 같이 생명체를 숨겨진 채 보장하고 있음을 의미한다. 둘째, 장성(藏性)은 인(因) 또는 원인(原因)의 뜻으로 사용되어 생멸을 야기할 수 있는 힘을 의미한다. 셋째, 종자가 생명체를 나게 하듯 여래장이 원인이 되어 생멸상을 낳는다는 의미에서 장(藏)은 생(生)의 뜻을 갖는다. 넷째, 여래장은 비록 잠재적인 원인이나 힘이기는 하지만 그 여래성(如來性)이 변하지 않으니 바로 이 불변(不變), 불개(不改)의 성질을 장성이라 한다. 마지막으로 여래장은 황석(黃石) 중에 진금(眞金)이 숨어 있듯, 그리고 깊은 바다 속에 보물이 감추어져 있듯, 진여를 비장(密藏)하고 있음을 뜻한다.

여래장은 능히 숨긴다[能隱]는 뜻에서 '공여래장(空如來藏)'이며, 숨겨져 있다는 뜻[所隱義]에서는 '불공여래장(不空如來藏)'이라 한다. 그런데 이 여래장이 무명(無明)에 의해 훈습되었을 때, 마음의 자기 이해는, 고요한 바다에 물결이 일고 맑은 거울에 때가 끼듯, 자연업(自然業)에 의한 자조(自照)·자명(自明)·자신해(自神解)의 자진상을 상실한다. 그리고 부자연스럽고 부자유스럽게 자기의 모습을, 마치 자기 외의 대상을 이해하고 검토하고 확인하듯, 물화하며 대상화한다.

그렇다면 장식의 자상(自相), 즉 진여는 무명과 어떤 관계에 있는가? "식자상(識自相)은 한결같이 염(染)을 연(緣)으로 해 생기는 것인가, 또는 연을 따르지 않는 것인가? 만약 전자의 경우라면, 염법(染法)이 멸진될 때 자상도 공멸할 것이요, 만약 후자의 경우라면, 염의 유무에 관계없이 불멸할 것이다. 그런데 만약 자상이 염에 수응(隨應)해 생멸한다고 하면 단견(斷見)에 빠지게 되고, 자상이 불멸이라 하면, 상견(常見)의 오류에 빠진다."[30] 이러한 딜레마를 어떻게

---

29) 『전집』, 155쪽 참조

30) 같은 책, 435, 501쪽 참조. 그리고 '단견', '상견'의 개념과 그 철학적 문제성에

피할 수 있을 것인가? 원효는 이 딜레마(양도 논법)[31]를 구성하고 있는 두 개의 선언 판단 가운데 전자를 유가론(瑜伽論)의 입장으로, 후자를 기신론(起信論)의 입장으로 확인하고, 이 양자를 다 수용하면서 '일심'의 개념을 심화시킨다.

먼저 유가론의 입장에 따르면 아리야식의 본체는 이숙법(異熟法) 또는 이숙과(異熟果), 즉 선업(善業)과 악업(惡業)의 결과다. 바꾸어 말하면, 업혹(業惑)이 다하면 본식(本識)도 함께 도진(都盡)되고, 불과(佛果)에 이르면 본각으로서의 청정무구식(淸淨無垢識)으로 변형된다는 것이다. 그러나 본식이 없어진다는 것은 본식 내의 염법이 정화된다는 뜻이지, 진여심체(眞如心體)가 소멸되는 것은 아니라는 것이 원효의 해석이다. 아리야식 자체가 멸진되는 것이 아니라 아리야를 움직이는 무명이 없어지면서 이 무명풍(無明風)에 의해 동요된 식상(識相)과 식랑(識浪)도 소멸되어 적멸(寂滅)에 이르는 것일 뿐이다. 혹자는 여래장을 진여로, 장식을 아리야로 파악해, 전자는 정식(淨識)으로, 후자는 염·정 혼합으로 이해한다. 이러한 구별에서는 여래식(如來識)은 불생불멸이지만, 아리야는 무명이 소멸할 때 공멸한다는 결론이 나온다. 원효는 이러한 해석에 반대해 여래장과 아리야의 개념을 동일시한다는 데 그의 탁견이 나타나고 있다.[32]

여래장은 물론 자성이 청정한 마음이라는 뜻에서 여래장이지만, 염심(染心)도 동시에 산출한다는 점에서 보면, 생멸심의 소의(所依)

관해서는 결론 부분을 참조할 것.

31) '양도(兩刀) 논법'이란 변론술에 자주 동원되는 것이지만, 논리학의 상식으로 설명한다면, 대전제는 선언 관계에 있는 두 개의 가언 판단으로 구성되고, 소전제는 대전제에 채택된 두 개의 선언 판단 중 두 개의 전건을 긍정하거나 또는 두 개의 후건을 부정하는 선언 판단으로 구성되어, 결론에서는 후건을 긍정하거나 전건을 부정하는 선언 판단을 하나의 강요된 길로 제시하는 정언 판단으로서 변형 논법이다.

32) "如來藏卽 阿梨耶識."『전집』, 409, 475쪽 ; "阿梨耶識 名如來藏." 같은 책, 475쪽 참조.

가 되고 선악과(善惡果)의 인(因)이 되는 것이니, 그 자신은 선도 악도 아닌 '무기(無記)'다.[33] 아리야식만이 선악업(善惡業)의 이숙과로서 선악업의 인(因)이 되는 것이 아니라, 『능가경』에 따르면 여래장도 선악업의 결과이며 또한 선악업의 원인이 된다.[34] 여래장과 아리야는 다 같이 일심진여지만, 이 진여를 그 활동상(活動相), 즉 생멸문에서 보았을 때, 그것은 생멸의 결과이자 원인이 되는 잠재력이다. 그러기에 여래장은 진여문(眞如門) 중의 진여가 아니라, 생멸문 중의 진여라 불리며,[35] 일심을 일정한 역사적 발전 단계에서 고찰하면 그것은 언제나 생멸문 중에 있는 셈이며, 전 단계에 비하면 선악, 생멸의 결과지만, 후 단계에 비하면 선악과 생멸의 원인이고, 이 전후 단계의 접점에서 보면 선악의 무기(無記)라 할 수밖에 없겠다. 그리고 바로 이러한 생멸의 잠재력은 역시 청정자성(清淨自性)이라 부를 수밖에 없지 않겠는가. 이렇게 아리야는 전전생멸(展轉生滅)하는 가운데서도 청정한 자상을 잃지 않고, 과(果)가 되고 인(因)이 되면서 유전(流轉) 반복된다.[36]

『대승기신론』의 입장에 따르면 자상심체(自相心體)는 적멸이나 무명에 의해 동(動)·정(靜) 및 생·멸이 있게 되므로 업상(業相)이 생겨나고, 바로 이 업에 의해 전상(轉相)과 현상(現相)의 상대(相待)가 성립된다. 그러나 이 "마음의 움직임〔心之動〕"에도 불구하고, "움직이는 마음〔動之心〕"은 자유상생(自類相生)하면서 불멸의 자기 동일성을 보유하게 된다. 따라서 무명이 영진(永盡)될 때 동상(動相)과 염법(染法)도 소멸하고, 이 움직이는 마음이 청정본각(清淨本覺)의

---

33) "言'依如來藏故 有生滅心'者. 自性清淨心 名爲如來藏." 같은 책, 408쪽.
34) "如來藏爲 無始惡習所熏 名爲識藏." 같은 책, 408쪽 ; "如來藏者 是善不善 因." 같은 책, 404쪽 참조.
35) "生滅門內 性淨本覺 說名眞如 故有熏義. 非謂眞如門中眞如. 以其眞如門 中 不說能生義." 같은 책, 436쪽 참조.
36) "先是果報 後反成因 而恒展轉 因果皆無始." 같은 책, 473쪽 참조.

일심본원(一心本源)으로 환귀(還歸)한다는 것이다.

이제 유가와 기신의 두 가지 입장을 비교하면, 전자는 현료문(顯了門)으로, 그리고 후자는 은밀문(隱密門)으로 여래장의 전변상(轉變相)을 설명한 것이다. 따라서 이 두 입장은 일심의 개념에 비추어 보면 모두 옳은 것이지만, 진여와 생멸을 유(有)·무(無) 또는 단(斷)·상(常)의 이분법에 의존해 설명하면 양도 논법에 걸리고 만다. 마음은 유나 무가 아니라 차라리 공(空)이며, 심진여(心眞如)와 심생멸(心生滅)은 일(一)·이(異)의 관계가 아니라 차라리 비일비이(非一非二) 또는 불일불이(不一不二)의 일심 내적 자기 관계이다. 따라서 형식 논리의 법칙에 준하면, 유도 무도 아니면서 유이기도 무이기도 하다든가, 일(一)도 이(異)도 아니면서 일이기도 이이기도 하다는 주장은 동일율과 모순율에 위배되어 희론(戲論)이 되고 말지만, 공(空)의 논리에 따르면 자명한 진리로 증득된다. 그러므로 "두 가지 뜻은 모두 언설로 표현할 수 없다. 그러나 언설로 표현할 수 없으면서 또한 표현할 수 있다고 말하지 않을 수 없으니, 이는 그렇지 않으면서도 그렇지 않은 것이 아닌"[37] 언어도단, 이언절려의 불가사의 지평에 속하기 때문이다.

아리야식의 자기 동일성의 문제와 관련해 원효는 또 다른 곳에서 이렇게 논의하고 있다.[38] 기신론은 불생불멸의 진여심이 생멸과 화합해 비일비이(非一非異)함을 아리야식이라고 정의하고 있다. 바꾸어 말하면, 생멸은 불생멸(不生滅)의 심체(心體)가 동(動)한 업상(業相)이라는 점에서, 심(心)과 생멸이 상이한 것이라 할 수 없고, 생멸상(生滅相) 중에서도 불멸심체(不滅心體)가 공존하고 있으니, 생멸과 불생멸이 동일하다고 할 수도 없다. 그런데 만약 불생멸과 생멸이

---

37) "當知二義 皆不可說. 雖不可說 而亦可說. 以雖非然 而非不然故." 같은 책, 435쪽 참조.
38) 같은 책, 409쪽 참조.

상이하지 않다는 뜻에서 양자를 동일시하면, 생멸식상(生滅識相)이 멸진될 때 이에 따라 심신(心神)의 본체도 함께 소멸한다는 주장이 되어 단견(斷見)에 빠지고 만다. 이러한 난점을 피하기 위해 불생멸과 생멸이 동일하지 않다는 뜻에서 양자가 상이하다고 주장하면, 무명훈습이 심체에 미칠 수 없다고 주장하는 셈이 되어, 심체가 상주(常住)한다는 상견(常見)의 오류를 범하게 된다. 따라서 단견이나 상견의 과오를 면하려면, 심불생멸(心不生滅)과 생멸은 비일비이(非一非二)라고 주장하지 않을 수 없어, 형식 논리학의 동일률과 모순율을 범하게 된다.

『대승기신론』에서 물과 물결이 동일자이면서 상이하다고 주장하듯,[39] 『사권능가경(四卷楞伽經)』에서 진흙 덩이와 진흙 먼지를 동일하다 할 수도 상이하다 할 수도 없다고 피력하듯,[40] 그리고 『열반경(涅槃經)』에서 일미지약수(一味之藥水)가 흐르는 곳에 따라 맛이 다르나 이는 결국 일미(一味)의 변미(變味)일 뿐이라고 주장하듯,[41] 장식(藏識)과 전식(轉識)도 불일불이인 것이다. 비록 무명이 영멸(永滅)해 업상이 멸진되어도, 식장의 자진상은 불생불멸하다. 따라서 자상이 무명에 의존하지 않고 자신해(自神解)하고, 자성이 자이(自爾)하다는 점은 '불일의문(不一義門)'에 의한 해명이며, 자상의 신해지성(神解之性)이 상이하다고 할 수 없다는 주장은 '불이의문(不異義門)'에서 해명한 것이다.

그렇다면 결국 마음은 상주하면서도 동시에 생멸한다고 보아야 할 터인데, 다음에 제기될 수 있는 문제는 심체는 상주하고 심상만 생멸하는가 아니면 심체가 상주하면서 동시에 생멸하는가 하는 것이다. 또한 만약 심체가 상주하고 심상만 생멸한다면, 일심의 변혁을 어떻

---

39) 같은 책, 408~409쪽, 417, 474쪽 참조.
40) 같은 책, 409, 468쪽 참조.
41) 같은 책, 473쪽 참조.

게 설명할 것이며, 만약 마음의 본체도 생멸한다면, 없던 마음이 생겨나고 있던 마음이 없어진다는 결론을 또 어떻게 피할 수 있으며, 만약 심체가 연(緣)을 따라 변신한다면, 일심이 다심(多心)이 되니 이 '다심성(多心性, multipersonality)'을 어떻게 일심의 개념과 조화시킬 수 있을 것인가. 이제 이들 네 개의 문제에 관한 원효의 해명을 들어보자.

첫째 문제는 심체는 상주하고 심상만 변전하는 것인가 또는 심체도 동시에 생멸하는 것인가 하는 물음이다. 원효의 화쟁론이 늘 그렇듯, 여기서도 그는 제시된 양도 논법이나 선언 또는 모순 명제를 어느 것도 버리지 않고 더 높은 관점에서 다 포섭해, 결국 개별적으로는 그 모든 것을 다 부정해 버리는 논파법을 적용하고 있다. 우선 그는 심체는 상주하고 심상만 생멸한다는 주장을 받아들인다. '체(體)'를 '상주불수타성(常住不隨他成)'으로 규정하고 '상(相)'을 '무상수타생멸(無常隨他生滅)'로 정의한다면 '체상상무상(體常相無常)'이 되어 단견과 상견이 공존할 수 있다고 해석할 수 있다.[42] 쉽게 말해, 결국 심체가 동시에 상주하고 생멸한다는 주장이 된다. 왜냐하면 "심체가 생멸한다."라고 할 때, 이 생멸은 단순히 '생지생(生之生)'이나 '멸지멸(滅之滅)'의 뜻이 아니라, 동일한 일심이 "생하고 멸한다."는 뜻이 되기 때문이다.

여기서 바로 둘째 문제에 대한 해명을 유도해 낼 수 있다. 마음이 상주한다고 해서, 이것이 '범부의 마음은 범부의 마음대로 성인의 마음은 성인의 마음대로 고정되어 있다'는 뜻은 아니다. 마치 끊임없이 물결이 일고 없어진다 하더라도, 이들이 모두 한 바다의 물일 수밖에 없듯, 이 한 마음의 모습이 생멸변전(生滅變轉)할 때, 그 본체는 늘 같은 마음으로 일여(一如) 평등하여 범(凡)·성(聖)의 차별이 있

---

42) 같은 글 참조.

을 수 없는 것이다. 처음부터 범부나 성인의 구별이 없었다면, 범부에서 성인으로 변혁된다는 생각 자체가 무의미하게 된다. 범·성의 차이는 심체의 차이가 아니라 심상의 차별일 뿐이다.

셋째 문제는 곧 마음의 생사에 관한 것이다. 비록 심체가 생멸한다 하더라도, 그것은 시작과 종말이 없는 무시(無始) 이래의 업(業)이기 때문에 이 업이 자연업(自然業) 또는 정업(淨業)이냐 아니면 무명업(無明業) 또는 염업(染業)이냐의 차이가 있을 뿐, 심체는 생멸하면서 생사를 초출(超出)할 수 있다. 마지막으로 다심성의 문제는 위의 세 가지 문제를 해명하는 과정에서 이미 해소된 것이나 다름없다. "상심(常心)이 무명을 쫓아 무상지심(無常之心)을 조작한다 하더라도 그 상자성(常自性)은 항상 불변하며, 일심이 무명연(無名緣)을 따라 다중성심(多衆性心)을 조작한다 하더라도 일심이 상자(常自)하여 불이(無二)함"은, 마치 『열반경』의 비유에서 "일미지약수(一味之藥水)가 그 흐르는 곳에 따라 서로 다른 맛을 만들어내더라도 그 진미(眞味)는 산(山)에 유재(留在)한 것"과 마찬가지다.

말나식의 자기 동일성

아리야식이 전락해 말나식이 탄생하는 경위와 이 양자 간의 관계를 다시 한번 검토해 보자. 『대승기신론』에 따르면, 진여법(眞如法)이 있기 때문에 무명이 이를 훈습할 수 있으며, 무명에 훈습된 망심(妄心)이 있기 때문에 망경계(妄境界)를 현전(現前)시키고, 이 망경계에 집착하는 마음을 다름 아닌 제7전식 또는 말나식이라 부른다.[43]

---

43) "云何熏習 起染法不斷? 所謂以依眞如法故 有於無明. 以有無明染法因故 卽熏習眞如. 以熏習故 卽有妄心.以有妄心 卽熏習無明. 不了眞如法故 不覺 念起 現妄境界. 以有妄境界 染法緣故 卽熏習妄心. 令其念着 造種種業 受

우리는 이미 전락한 마음의 두 가지 차원에 관해 언급했거니와, 본식 내의 주관심(主觀心)을 전식이라 부르는 반면, 본식 외의 대상에 대한 주관심을 말나식이라 부른다. 전자를 제8식의 전식 또는 제1차적 전식이라 한다면, 후자는 제7식의 전식 또는 제2차적 전식이라 불러도 좋을 것이다.

그러나 이러한 두 가지 의미의 전식은 이중의 의식이 아니라, 다만 동일한 의식이 자명성을 상실하고 무명에 의해 불투명해지는 정도, 즉 사물처럼 스스로 집착하는 의식의 물화(物化) 정도를 의미하는 데 불과하다. 마음은 자기 명증성을 자성으로 하고 있기 때문에, 이 자명성의 상실 정도는 곧 물화의 정도이자 자기 상실의 정도다. "'심(心)이 그 반대인 물(物)의 속성에 의해 침투당한다"는 것은 곧 "심(心)의 전락"을 의미한다' 함은 분석적인 진리이다. 마음은 자기 조명(自己照明)으로서 일체 법을 편조(偏照)하기 때문에, 자기 속에 무명이 틈입하면 온전한 자기를 자신해(自神解)하지 못하고, 능견(能見)과 소견(所見)의 분리(주객 분리)에 빠질 수밖에 없다. 여기서 능견분(能見分)이 전식이 되고 소견상(所現相), 즉 능현분(能現分)이 현식(現識)이 되어, 주·객의 상대(相待)가 이루어진다.

본식 내의 주객 분리는 곧 주관과 대상의 분리로 연결된다. 우선 전식의 자기 반영인 현식에 경계상이 투영된다.[44] 이제 자신을 바라보던 전식은 현식에 투영된 대상을 일물(一物)로 고정시켜 관조하게 되고, 따라서 이 고정된 대상을 관망하는 자신을 대상과 상대(相對)하고 있는 또 하나의 사물, 즉 주관으로 고정시킨다. 이때 견분을 대상이 아닌 자기 자신이라고 고집하는 반성식(反省識)을 '의근(意根)' 또는 말나식이라 부르는 셈이다. 그렇다면 본식 내의 전식은 일심진여 속에 무명을 틈타 생긴 것이요, 대상과 상대하는 전식은 무명심

於一切身心等苦."『기신론』, 196~197쪽.
44) "此境界 不離現識 猶影像 不離鏡面."『전집』, 421쪽.

에 의해 망집(妄執)된 대상, 즉 망경계(妄境界) 때문에 생겨난 아집(我執)이다. 이리하여 대상화가 시작되면 주관화가 뒤따르며, 법집(法執)과 아집(我執), 또는 법아견(法我見)과 인아견(人我見)은 동시에 발생하는 하이데거적 의미의 '존재 망각'이라 할 수 있다. 원효도 이 점을 간과하지 않고 전식의 두 가지 의(義)를 구별했음은 물론, 제2전식, 즉 말나식의 이중적인 활동을 예리하게 간파하고 있다. 즉 제1전식의 자기 응고를 '심왕(心王)' 또는 '아(我)'로 파악하고, 대상에 대한 집착을 '아소(我所)'로 이해했다.[45] '아'나 '심왕'이 제7식의 본체라면 '아소(我所)'는 제7식의 상용(相用)이라 볼 수도 있을 것이다.

그런데 말나식이 견분을 자아로 집착한다 함은 의식의 반성 현상에서 자명하지만, 소현경(所現境)을 연(緣)해 아소(我所)를 계탁(計度)한다 함은 주의를 요한다. 이해를 돕기 위해 예를 들어 설명해 보자. 이제 막 내 눈앞에 한 여인이 지나갔다면, 그 여인의 모습은 거울에 비친 영상처럼 나의 현식에 투영되었을 것이다. 이 현식을 대면하고 있는 전식을 자아라고 고집하면, 이 자아에 포착된 여인상은, 거울에 비친 여인상과는 달리 '나의 것〔我所〕'이라는 염심(染心)에 의해 감염되게 마련이다. 이때 내가 느끼는 모든 마음의 변양은 아소가 되는 셈이다. 마치 시각에는 안근(眼根)이, 촉각에는 신근(身根)이 대응하듯, 의식에는 의근(意根)이 대응한다. 그리고 바로 이 의근을 대승적 심성론은 말나식이라 부른다.[46]

제6식인 의식은 6진(塵)과 직접 관계하면서 염념상속(念念相續)함으로써 제7식의 대상을 간접적으로 확보해 주는 셈이다. 즉 경계가 있음으로써 제7전식이 있지만, 바로 이 전식에 의지해 제6식은 제7식이 확보한 경계에 관해 염념상속할 수 있고, 또한 이 제6식의 활동에 의해 제7식의 가구물(架構物)이 타성화(惰性化)하며 지속될 수 있는

---

45) "緣於本識 計以爲我. 緣所現境 計爲我所."『전집』, 421쪽.
46) "大乘意根 卽是末那 故知遍緣一切法也." 같은 책, 422쪽.

것이다. 바꾸어 말하면, 제6식은 현재식(現在識)이고, 제7식은 과거식(過去識)이며 잠재식(潛在識)이다. 이런 뜻에서 제7식이 자기 자신을 대상화시키는 반성적 의식에 불과하다는 주장과,[47] 제7식이 제6식의 소의근(所依根)이라는 주장을 모순 없이 이해할 수 있을 것이다. 즉 제7식은 일차적으로 자기 자신만을 대상화하지만, 이차적으로 제6식을 통해서는 자기 밖의 대상과도 관계하는 셈이다.

결론

우리는 지금까지 원효의 심성론을 주로 일심의 개념을 중심으로 고찰해 왔다. "마음이란 무엇인가." 하는 질문은 철학의 시작 이래 지금까지 철학의 근본 문제였으며, 이러한 문제를 현대 철학의 용어를 빌어 다시 표현하면, "마음의 자기 동일성은 어떻게 성립하는가?"가 된다. '본성'이니, '본질'이니 하는 전통적인 형이상학의 개념은 한 존재가 다른 존재와 구별되는 '존재론적 신분', 즉 '자기 정체성 self-identity'의 개념으로 대체될 수 있고, 이는 다시 실증주의의 영향 아래 '존재적 신분 ontic identity'[48] 또는 '인격 동일성 personal indentity'의 개념으로 변모되었다. 실증주의적인 관점에서, 이미 알려진 바 있는 어떤 존재자를 일정한 시간이 지나간 후에 '재확인하다 reidneitfy'라는 뜻에서 현대 영미 철학이 문제시하고 있는 '자기 동일성'의 개념은, 여기 우리가 문제시한 자기 동일성의 개념과는 본질적으로 다르다. 우리의 관점은 실증주의적인 의미에서 '경험적 증명'이 아니라

---

47) "此第七識 直爾內向 計我我所 而不別計 心外有塵." 같은 책, 421쪽.
48) 여기서 우리가 구별하는 '존재적'과 '존재론적'의 개념적 차이는 '과학'과 '철학'의 차이만큼이나 본질적이고 난감한 문제 aporia, scandalon로서, 이를테면 하이데거의 '존재자'와 '존재'의 '존재론적 차이'에 유비될 수 있는 성질의 것이다.

초실증주의적인 차원에서 '선험적인 증득'이며, 존재자의 관점이 아니라 존재자로부터는 단적으로 초월적인 존재의 관점이다.

우리는 심리 과학의 입장에서 심리 현상을 분석하는 것이 아니라, 심리 철학의 관점에서 마음의 존재를 현상학적으로 해명하고자 원효의 심성론을 다루었다. 특히 원효의 심성론은 '일심'의 개념으로 특징지어지거니와, 바로 이 '일심'을 '심일성(心一性)', 즉 '마음의 하나임', '마음의 자기 동일성'의 개념으로 파악해 이를 해명해 보려 했다. 우선 마음의 자상(自相)이라는 측면에서, 다음에는 자상이 생멸과 화합한다는 측면에서, 그리고 자아 의식의 측면에서 마음의 하나임, 즉 마음의 자기 동일성을 해명했으나, 이것은 다만 유전문에서 다루어진 것이고, 환멸문의 측면은 의도적으로 생략했다. 후자의 경우는 정신 치료와 밀접한 관련을 맺는 수도(修道)의 이론이어서 아직은 우리의 철학 개념 속에 수용할 단계에 이르지 못했기 때문이다.

이제 결론적으로 원효의 심성론은, 마음의 자기 동일성의 문제에서 단견(斷見)과 상견(常見)을 모두 포용하는 일심 이론임을 현대 철학의 관점에서 강조하고자 한다. '상견'을 현대적 개념으로 표현하면 '실체론substantialism'으로 해석할 수 있다. 실체론이란 존재가 현상의 생멸에도 불구하고 그 본체를 지속적으로 보존하고 있다는 견해로서, 마음을 정신적 실체로 파악한 심성론은 모두 이 부류에 속한다. '단견'이라 함은 현대적 용어로 '현상론 phenomenalism'이라 부를 수 있다. 현상론이란 생멸하는 현상은 서로 단절되어 아무런 연속성과 지속성을 가지고 있지 않으며, 존재는 이러한 현상 외에 아무런 실체성도 갖고 있지 않다는 주장으로서, 영국 철학자 흄을 위시해 현대 실증주의 심리 철학자들이 대체로 이러한 주장을 옹호한다.

이러한 실체론의 신화적인 성격과 실증주의의 이른바 '형이상학적인' 성격을 배격하면서도 현상론의 기계론적, 물량론적[49] 경향을 받

아들일 수 없어, 제3의 입장을 취하는 '마음의 철학'을 '현상학 phe-
nomenology'이라 부른다. 후설, 하이데거, 사르트르, 메를로퐁티 같
은 이들이 대표적인 현상학자 또는 현상학적 존재론(실존 철학)자들
이다. 그러나 우리는 '현상학'이라는 모호한 개념 대신 '실체론' 및
'현상론'에 대비하여 '초현상론 transphenomenalism'이란 개념을 사용
할 것을 제의한다. 이런 뜻에서 원효의 심성론을 보면 진여심의 자
기 동일성은 실체론으로, 자아 의식(제7식)의 자기 동일성은 현상론
으로, 그리고 이 양자를 종합하는 본식의 자기 동일성은 초현상론으
로 분류할 수 있다. 그러나 불교의 심성론 일반이나 원효의 심성론
은 단순히 초현상론의 입장, 즉 존재 구조를 관조적으로 분석하는 존
재론의 차원에 머물러 있는 것이 아니라, 의식의 변형에 관한 실천
론을 포괄하고 있다는 점에서, 서양의 현상학이 제시하는 의식 이론
을 극복할 가능성이 보인다는 것을 강조하면서 우리의 논의를 일단
마무리하고자 한다.

49) '물량론'이란 통칭 '유물론' 또는 '물질주의'로 불리는 'materialism'의 번역어이다.

원효 철학의 현대적 조명

철학적 해명 과제

우리에게 주어진 과제는 원효의 사상을 철학적으로 해명하고 그 현대적 의의를 숙고하는 일이다. 상식적으로 가름한다면, 원효의 사상은 불교 사상이고, 따라서 우선적으로 종교 사상이며, 부차적으로는 윤리 사상으로 볼 수 있을 것이다. 그리고 '종교적이고 윤리적인 불교 사상'을 그대로 '철학 사상'으로 간주할 수도 있다. 그러기에 우리가 여기서 원효 사상의 '철학적 측면'이라거나 그것의 '철학적 해명'이라고 언표할 때, 또는 '원효의 철학 사상'이나 '원효 철학'을 표방할 때, '철학적' 또는 '철학'이라는 개념에 별다른 주의를 하지 않거나, 기껏해야 현학적인 표현 정도로 묵인하는 데 그칠는지도 모르겠다. 더구나 '현대적 조명'이니 '현대적 의의'니 하는 진부한 표현들을 의고풍의 수사학적 문구 정도로 무시해 버릴지도 모른다.

그러나 우리는 주제에 충실하고 엄밀하게 논의를 전개해 나갈 것이다. 우리는 '철학', '사상', '현대적', '조명', '의의' 같은 개념들을 적어도 우리 나름으로는 철두철미하게 '철학적'으로 이해하며, 이러한 자기 명증적인 이해를 수미일관하게 견지할 것이다. 비록 이들 주제 개념들을, 그리고 이 주제 개념들을 해명하는 과정에서 등장하는 일체의 개념들을 그때그때마다 형식적, 명시적으로 규정하고 정의하지는 않는다 하더라도, 내용적, 묵시적으로는 엄밀하고도 자기 명증적인 개념, 즉 철학적인 개념으로 일관되게 이해하고 사용할 것이다. 다시 말해, 그 주제 자료subject matter가 무엇이든 그것을 해명하는 방식과 사용하는 언어는 철저히 철학적이고자 한다는 뜻이다. 우리에게 중요한 것은 주제 자료도 아니고, 그것에 관한 우리 자신의 소견도 아니다. 주제 자료나 자료 해석이 아니라 철학적인 해명 방식 또는 철학적인 인식 자체가 결정적인 것이다. 이를테면 우리에게 ‘철학적인 것’은 ‘선천적인 것’이며, 철학적으로 해명되어야 할 주제 자료는 선천적인 철학 이념을 구체적으로 예시하는 하나의 사례에 불과하다고까지 극언할 수 있다.

우리는 먼저 원효 사상의 정체부터 확인할 것이다. 구체적으로 말하면, ‘원효 사상’의 담지체일 터인 원효의 저술에서부터 명실상부한 ‘사상’을 확인해 낼identify 수 있는지를 검토할 것이다. 그 결과 만약 ‘원효 사상’이 확인된다면, 그 속에 ‘철학적인 것’, 즉 ‘철학 사상’이 내포되어 있는지, 또는 그것 자체가 철학 사상인지를 확인할 것이다. 만약 ‘원효의 철학 사상’으로 간주할 수 있는 철학 사상이 확인된다면, 우리는 오직 그것만을 해명할 것이고, 그것도 엄밀하게 철학적인 방식으로 해명할 것이다. 그리고 원효의 철학 사상을 철학적으로 해명함에 있어서, 우리는 너무나도 당연히 현대 철학적인 안목을 가지고 임할 것이다. ‘현대 철학적’이란 “현대’의 철학적 성격’을 뜻하는 동시에 “현대 철학’의 현대적 성격’을 의미하는 개념임을 감안할 때, ‘원효 철학의 현대적 조명’이라는 주제 개념 자체가 개별적, 전체적으로 철저히 철학적임을 간파할 수 있을 것이다. 그리고 우리가 여기서 ‘의의’라고 지칭하는 것도 물론 ‘철학적인 의의’를 의미한다.

이제 우리가 지칭하는 '철학'이 무엇을 의미하는가를 예비적으로 규정한 다음, 원효 사상이 근본적으로 철학 사상이며, 그것도 '본래적으로 철학적인' 아주 전형적이고 탁월한 철학 사상임을 확인할 것이다. 즉 원효의 사유 대상이 철학적인 주제 자료(경·율·논)일 뿐만 아니라, 이 주제 자료를 해명하는 원효의 인식, 진술 방식이 또한 '근본적으로 철학적'임을 규명할 것이다. 그리고 우리는 그 다음 과제로 원효 철학 사상의 기본 구조를 해명하는 데 착수할 것이다. 그것은 곧 상대(相對)의 모순 개념인 '절대(絶對)', 즉 '형이상자(形而上者)'가 불가 삼장(佛家三藏)에 기탁해 어떻게 구조적으로 해명되고 있는가를 분석하고 재구성하는 작업이다. 그것은 두 가지 측면에서 수행될 수 있는 바, 우선은 절대의 실재(實在)를 무엇으로 규정하는가를 해명하는 일이며, 다음은 그가 이 절대 실재를 어떻게 언표하는가를, 또는 절대 실재에 대한 가설적, 방편적 언표들을 그가 어떻게 이해하는가를 규명하는 일이다.

실재 자체, 자체 실재, 절대 실재는 진여, 실제, 실상, 일심, 일법, 열반 등등의 다양한 이름으로 불리지만, 본래의 실재와 당래(當來)의 실재를 다 같이 '열반(涅槃)'으로 부른다는 점에 착안해 열반의 성격 구조를 밝히는 것을 절대 실재의 해명으로 간주할 것이다. 이른바 열반의 3사(事)·3법(法)·3덕(德)이라 할 법신(法身)·반야(般若)·해탈(解脫)의 삼위일체를 실재, 진리, 자유의 삼위일체로 이해할 것이다. 이 경우 우리는 '존재, 진리, 자유'를 '존재와 존재의 진리 및 진리의 자유'라는 삼위일체로 이해하는 하이데거의 존재론 또는 '존재 사유Denken des Seins'를 염두에 두면서도, 원효 철학을 원효 언어에 의거해 이해하고 기술할 것이다. 그리고 실재, 진리, 자유의 문제야말로 '영구 철학philosophia perennis'의 영원한 근본 문제이며, 철학의 성격이나 어떤 철학의 철학다움은 바로 이 근본 문제를 어떻게 이해하고 해명하는가에 따라 결정된다는 점을 부각시킬 것이다.

절대 실재는, 그것이 바로 절대적이고 실재적이라는 의미에서, 언설로 규정, 기술, 설명될 수 없는 자체 존재다. 그럼에도 불구하고 언어에 기탁해 이 절대 실재를 지시하는 것이 바로 철학의 임무이기 때문에, 절대는 어떠한 선교(善巧) 방편으로 지시되어야 한다. 우리는 불가언설의 진여를 언설적으로 지시하는 문제와 연관해 두 가지 측면에서 이 문제를 고찰할 것이다. 우선은 그것이 '말할 수 없는 신비', 불가의 상투적 표현으로는 '불가사의'라는 것을 부정적으로 언표하는 방법(차전법(遮詮法))에 관해 살펴보고, 그 다음에 이러한 방편적 언설들이 모두 그 의미상으로는 일리(一理(一義))가 있음을 설득하는 이른바 '화쟁론'을 해명할 것이다.

불가언설적인 신비나 비장(秘藏)은 어떠한 말로도 온전히 언설할 수 없고 그때그때의 상황에 따라 가장 적절한 방편으로 지시할 수밖에 없지만, 역설적으로 보면 그것이 바로 문제의 신비를 지시하고 있는 한 어떠한 말로도 그 신비를 말할 수 있다고 볼 수 있다. 이것이 이른바 '대기설법(對機說法)'의 존재 근거이다. 이런 뜻에서 절대를 지시하는 다양한 언설들은, 문자나 언명 등에 의해서가 아니라 그것들이 절대를 지시하는 의미에 따라 해석하면, 모두가 일리 있는 것으로 밝혀낼 수 있는 것이다.

원효의 철학 사상을 철학적으로 해명한 다음, 우리는 그 결과를 현대 철학적으로 조명해 그것의 의의를 모색할 것이다. 언제나 그러하듯, 현대 철학의 경우에도 그것의 근본 주제와 근본 난제는 실재, 진리, 자유의 문제다. 실재론과 상대론의 대립은 마침내 극단적인 상대주의나 회의주의, 즉 아나키즘과 니힐리즘으로 기울어 가고 있는 실정이다. 이러한 부정적인 경향에 대응해 균형을 잡기 위해 등장한 대안이 신실용주의, 비실재론이라 하지만, 그것은 허무주의와 무법주의를 극복하기에는 너무나 실용주의적이고 방편주의적이며 속물적이다. 실용주의는 일종의 피상적, 상식적 형이상학, 형이하학적 형이상학, 즉 사이비 형이상학, 자기 패배적인 형이상학이기 때문이다. 현대 철학의 실재론은 불가 철학의 유론적 상견변(有論的 常見邊)에 해당하고, 허무론과 무법론은 무론적 단견변(無論的 斷見邊)에 해당하며, 양자의 중간에 걸쳐 있는 상대론(相對論)은 비유비무(非有非無)의 우치론(愚癡論)에 해당해, 모두가 진여를 보지 못하는 희론(戲論)으로 평가될 수 있다.

경험주의적인 의미의 유(有)·무견(無見)을 넘어 유론도 무론도 아님은 물론, 이 양 극단의 중간을 취하는 제3자적인 입장도 아닌 선험적인 입장을 중도론(中道論)이라 부를 수 있다면, 현대 철학의 현상학적 존재론이야말로 현대판 중도론이라 할 수 있을 것이다. 현상학적 존재론 가운데도, 의식의 선험성에서부터 의식과 존재의 관계를 해명하는 후설 식의 선험적 현상학이 있고, 존재의 초월성에 착안해 의식 현상을 도외시해 버리는 하이데거류의 존재론적 현상학이 있다. 우리는 일심화쟁론(一心和諍論)의 입장에서 의식과 존재를 동일한 것의 두 가지 이름으로 간주함으로써, 이 두 가지 입장을 함께 넘어서는 한층 더 근원적으로 철학적인 현상학적 존재론을 원효 철학에서 발견한다. 그리하여 우리는 현대 철학과 탈현대 철학, 분석철학과 유럽 철학, 의식의 철학과 존재의 철학이 원효의 철학에서 하나로 회통되고 있음을 증시할 것이다.

원효 사상의 철학적 성격

역사적 인물 원효가 사유한 것 가운데 '누구라도 다시 사유할 만한 것'으로 전승된 것을 우리는 '원효의 사상'이라 부를 수 있다. 구체적으로 적시한다면, 『원효전집』에 수록된 문언들이 함축하고 있는 의취(義趣)를 총칭해 '원효 사상'으로 확인할 수 있다. 이 원문은 원본적(原本的)이고 시원적(始源的)인 것에 관한 소식(消息)을 담지하고 있는 한에서 '사상'이라 불릴 수 있다. 명백하게도 '사상(思想)'은 '상상(想像)'이 아니다. 전자가 원본적이고 시원적인 생각이라면, 후자는 바로 이러한 원본적이고 시원적인 생각의 영상, 즉 사본적이고 파생적인 생각이라 할 수 있기 때문이다. 그러기에 사상은 '문혜(聞慧)'가 아니라 '사혜(思慧)'(또는 그 결실)이며,[1] '문견(聞見)'이 아니라 '안견(眼見)'이나 '증견(證見)'(또는 그 산물)[2]이라 하겠다. 즉 사상〔에 담지되어 있는 것〕은 견문각지(見聞覺知)의 대상이 아니라 직관·사혜의 '소관(所觀)'이라는 말이다.

모든 문제의 근원이 되고 본질이 되는 문제, 문제 중의 문제, 절대 문제, 문제 자체 또는 선험적 문제는 '존재와 인식', '실상(實相)과 지관(智觀)' 또는는 '법상(法相)과 심식(心識)'의 문제다. 그리고 '존재와 인식'의 문제는 동시에 '존재의 인식'의 문제이자 '인식의 존재'의 문제이기도 하다. 서양 학문은 바로 이러한 근본 문제로부터 '철학'의 형식으로 시작되었다. 플라톤Platon 철학의 핵심은 '존재와 인식의 상관적 4단계설'에서 확인되고, 이것은 스피노자Spinoza의 '인식 4단계설' 또는 '3종지설(三種知說)'에 이르기까지 면면히 전승되었다. 그리고 '후기 현대' 또는 '현대 후기'의 해체 철학은 바로 이러한 단계설을 부정하고, 존재와 인식 간의 일즉이(一卽二), 이즉일(二卽一)의 긴장성을 해체하는 데서 성립된 것으로 볼 수 있을 것이다.

---

1) 원효, 『금강삼매경론』, '국역원효성사전서'(보련각, 1987), 권2, 719~722쪽 참조. 여기서 우리는 원효의 저서를 인용할 때 '한국불교전서'를 사용하는 관례를 따르지 않고 국역 전서를 사용하기로 한다. 물론 국역 전서의 '원문'에 의존하지만, 번역 및 역주가 독자에게 참고가 될 것으로 생각해 이 대본에서 인용하기로 한 것이다. 단, 『대승기신론소·별기』에 한해서는 은정희의 역주본을 사용한다. 앞으로 국역 전서의 인용은 권수와 쪽수를 로마 문자와 아라비아 숫자로 표시하기로 한다. 예컨대 '권2의 719~722쪽'은 'II: 719~722'로 표시한다. 그리고 우리말 번역은 번역본을 참고해 편의대로 적절히 번역한다.
2) 『열반경종요(涅槃經宗要)』, II: 398 참조.

이러한 인식론에서 전제하고 있는 인식 기능 또는 심식 양태는 대체로 3종(種) 또는 4종으로 분류된다. 상상, 추리, 직관 또는 상상, 지각, 추리, 사유가 그것이며, 스피노자는 전자를, 플라톤은 후자를 표방한다. 우리가 여기서 '사상'이라 부르는 것은 '사유나 직관의 활동 및 그 결과'를 지칭하는 것임을 강조하고자 한다. 이를테면, 지각은 현상의 인식이고, 사유나 직관은 실재와 본질의 인식이라면, 상상은 자유 연상이며, 추리는 보편적이고 법칙적인 연상이라 할 수 있다. 스피노자는 지각과 상상을 동일한 수준에서 주관적이고 자의적인 것으로 취급하기도 했다. 그리고 추리는 실재나 사실과 무관하게 순전히 논리적, 개념적이고 형식적인 인식 양태로 볼 수 있다. 그렇다면 실재를 여실히 인식하는 것은 직관이나 사유뿐이라 할 수 있다. 실재 자체를 '바로 봄', '직관(直觀) 또는 사혜소관(思慧所觀)', '제 눈으로 봄[眼見]', '똑바로 봄[證見]' 등이 사상을 '형성'한다는 앞의 주장도 이런 뜻에서 이해해야겠다.

실상 자체를 진여하게 본다는 것은 상상이나 추리하는 것이 아니라 직접적으로 여실히 본다는 것이며, 그것은 명증성과 동시에 보편성을 함축하고 있는 것이다. 따라서 여기서 '누가 보았는가', 그리고 '몇 사람이 보았는가'는 그리 중요하지 않다. 실상관조, 실상 반야에서는 지각, 상상, 추리의 주관성과 임의성이 배제되어 있고, 주·객[能·所]의 분별이 지양되어 있기 때문이다. 중요한 것은 오직 실재, 존재, 실상, 진여 자체일 뿐이다. 상상과 지각, 추리에서는 오직 상상이나 추리만이 도출될 수 있을 뿐이고, 직관과 증견은 오직 직관과 증견에서만 증득될 수 있을 뿐이기 때문이다. 존재 자체를 직관한 사람만이 자신이 직관한 존재 자체를 증시할 수 있고, 이러한 증언, 증시를 통해서만 존재 자체가 증득될 수 있을 뿐이다. 즉 존재 자체를 증지하고 있는 사람은 방법이 적절할 경우에 자신이 본 것을 타인에게 지시할 수 있겠지만, 실상을 직접 보지 못한 사람은 아무리

교묘한 방법을 동원하더라도 자신이 증지하고 있지 않는 실상을 증시할 수 없다는 말이다.

이제 '사상 일반'의 개념에서부터 '원효 사상의 해석' 문제로 돌아가보자. 우리는 원효가 지각을 통한 현상 인식이나, 상상을 통한 창작 활동 또는 심미적, 실천적 활동의 결과로 남긴 문언들을 '원효 사상'으로 간주하지 않는다. 현상의 모사, 상상의 구상, 정감의 언표, 의지의 투영 등이 실상의 관조나 그것의 지시와 혼동될 수는 없기 때문이다. 관조 자체에서는 관조가 곧 실상이지만, 이 실상관조는 모사되거나 언표될 수 없고, 다만 직접적으로 지시될 수 있을 뿐이다. 이러한 사실이 의미하는 바는 사혜관조(思慧觀照)나 개념 인식의 초월성과 선험성〔出世間性〕을 특징짓는 데 결정적이다. '원효의 사상'은 자연인, 사회인, 문화인으로서 '원효'의 인격이나 교양과 하등의 사실적, 필연적 연관성을 가질 수 없다는 뜻이다. 그것은 원효의 위대성, 도덕성, 종교성과는 아무런 직접적 연관성을 가지지 않는다. 문제는 원효의 인물됨이 아니라, '개념으로 포착되거나 지시되어 있는 진여실상' 자체일 뿐이다.

사상은 물론 철학적, 윤리적, 종교적, 문학적, 심미적인 언어로 표현될 수 있다. 이러한 의미에서 우리는 '윤리 사상', '종교 사상', '문학 사상', '미학 사상'을 거론할 수 있다. 그러나 만일 이러한 사상들이 개인이나 집단의 신념이나 정의(情意) 또는 취향을 표현하는 것이라면, 이러한 사상은 '개념화된 실상'이 아니라 '타성화된 상상'으로 불러 마땅할 것이다. 더 나아가 '철학' 또는 '철학 사상'도 자주 이런 의미의 사상으로 오해되고 있음을 볼 수 있다. 마치 운명 철학이 운명을 체계적인 관념으로 읽어내듯, 인생, 세계, 진리, 정의 등등에 관해 체계적인 관념을 형성하는 것을 철학적인 인식이나 안목이라고 생각하는 전도된 '철학관'이 존재하기에 말이다.

사상은 철학적으로 인식될 수 있는 것과 마찬가지로 종교적으로 신앙되고, 윤리적으로 실천되며, 문학적, 미학적으로 음미될 수는 있다. 그러나 신앙, 정의, 감정, 추리, 지각, 평가, 실천, 음미를 통해 사상이 형성되거나 획득될 수는 없다. 사상은 어떤 객체적 존재자에 관한 주관적 모사, 설명, 음미, 평가, 기술이 아니며, 공무(空無)로부터의 창출도 아니기 때문이다. 사상은 '이미 있는 것으로 상정된 것'에 관한 생각도 아니며(즉 존재자 표상이 아니며), '아직 없는 것'에 관한 허구 표상도 아니다. 그것은 '생각되는 대로 있음'이며, '있는 대로 생각됨'이다. 즉 '존재와 그것의 인식'이 동시적인 원초적 인식이며, '관조가 실상'이고 '실상이 곧 관조'인 무분별지(無分別智)다.[3]

현존하는 원효 저술은 불경에 대한 종요(宗要), 논(論), 소(疏)와 논에 대한 소·별기(別記) 및 특별 주제에 관한 논[4]으로 그 대종을 이루고 있다. 원효에 따르면

'경(經)'이라고 말하는 것은 상(常)이며 법(法)이다. 상은 본성을 소유하고 있지 않아서, 선현(先賢)과 후성(後聖)의 상궤(常軌)이며, 법은 그 상이 필경 공(空)하기에 흐름을 거슬러 근원으로 돌아감의 참된 법칙[眞則]이 된다.[5]

'경(經)'이라고 말하는 것은 대성(大聖)의 격언(格言)으로서, 십방(十方)을 관통하는 동일한 법규이고, 천대(千代)를 지내어도 동일한 법(法)이자 또한 상(常)이다.[6]

---

3) "無智而非實相 無實相而非智."『대혜도경종요(大慧度經宗要)』, II: 65.
4) 예컨대『판비량론(判比量論)』,『십문화쟁론(十門和諍論)』,『이장의(二障義)』등.
5) "所言經者 常也法也 常性無所有故, 先賢後聖之常軌也 法相畢竟空故 反流歸源之眞則也."『대혜도경종요』, II: 38.
6) "所言經者 大聖格言 貫十方而一揆 千代而莫二 法而且常."『열반경종요』, I: 139~140.

‘경(經)’이라고 말하는 것은 원만한 법륜이 온 세계에 두루 들르고, 모든 시간의 가없는 중생들에게 고루 굴러서, 지극한 궤(軌)와 궁극적인 상(常)이 되기 때문에 경이라 부른다.[7]

‘보살계(菩薩戒)’라는 것은 흐름을 거슬러 근원으로 돌아가는 큰 나루터이며, 사(邪)를 제거하고 정(正)을 취택(就擇)하는 주요 관문이다.[8]

‘논(論)’이라는 것은 확연하게 이해된 궤범이 될 만한 문언을 건립하여, 매우 깊은 법상도리를 판결하는 것인데, 확연하게 판설(判說)한다는 의미로 ‘논’이라 부른다.[9]

위에 인용한 경(經)·율(律)·논(論)에 대한 원효의 정의(定義)를 통해, 우리는 그가 경장, 율장, 논장의 삼장(三藏)을 어떻게 이해하고 있는가를 분명히 읽을 수 있다. 현존하는 그의 저술은 대부분 삼장에 관한 판설과 해석〔釋義〕으로 구성되어 있다. 그렇다면 그가 삼장을 어떻게 파악하고 있는지를 아는 것은 바로 원효 저술의 근본 성격을 아는 것이나 마찬가지다. 그 방대한 저술을 통해 원효가 성취하고자 한 것은 무엇이었으며, 원효 자신은 자기의 과제를 어떻게 이해하고 있었는가를 묻는 것은 원효 사상 연구의 기초 과제다.

원효는 주요 경전의 종요나 주소(注疏)를 저술하고, 주요 경전의 논, 소에 대한 주소를 저술하기도 했거니와, 그 중의 어떤 것은 소의

---

7) “所言經者 圓滿法輪 周聞十方 無餘世界 偏轉三世 無際有情 極軌窮常 故名曰經.”『진역화엄경소서(晋譯華嚴經疏序)』, II: 339.

8) “菩薩戒者 返流歸源之大津 去邪就正之要門之.”『보살계본지범요기(菩薩戒本持犯要記)』, VI: 455.

9) “所言論者 建立決了可軌文言 判說甚深 法相道理 依判決義 名之爲論.”은 정희 역주,『대승기신론소·별기』(일지사, 1991), 41쪽. 번역문은 그대로 따르지 않았다. 앞으로 이 책은 ‘은정희: 41’의 방식으로 인용한다.

등급을 넘어서는 논으로 표장되기도 한다. 이와 같은 작업을 통해 그는 결국 무엇을 이루고자 했는가? 그리고 그의 연구 대상인 삼장은 결국 무엇을 말하는 것인가? 그는 '경(經)'을 법(法), 상(常), 법상(法常), 상궤(常軌), 진칙(眞則), 극궤(極軌), 궁상(窮常), 격언(格言), 일규(一揆) 등으로 규정한다. 여기서 법(法)·궤(軌)·칙(則)·규(揆)·격(格)은 물론 생사·생멸·유전을 반전(返轉)하여, 불생불멸의 일심궁원(一心窮源)으로 회귀(迴歸)하는 도정, 궤도, 궤범, 규칙, 법규다. 문제는 '상(常)'의 의미다. '상'은 우선 '무상(無常)'이 아니고 생멸이 아니기에 불생불멸하고 영원하다. 그런데 범부들은 무아(無我)인 것을 아(我)로, 무상인 것을 상으로 전도(顚倒)하는 데 반해, 이승(二乘)들은 아집과 상견을 대치하기 위해 무아와 무상을 역설한다. 그러나 이 무아·무상관은 상견의 사견(邪見)은 벗어나지만 다시 단견(斷見)의 과오에 빠져드는 것이다. 생멸의 간단(間斷)을 상상력에 의해 지속적 일체(一體)로 보는 것도 단견(短見)이지만, 생멸의 간단성만 보고 그 생멸이 '불생멸의 생멸'임을 보지 못하는 것도 변견(邊見)이다.

열반·법신 4덕의 하나인 '상'은 '무상'의 모순 개념인 '상'이 아니라는 의미에서는 오히려 '비상(非常)'이다. 즉 '비유상(非有常)'인 것이다. '유상(有常)'의 의미에서 상(常)이 아니기에, '유상'의 부정인 '무상'도 아니다. 유상도 아니고 무상도 아니라면, 이미 유·무를 벗어난 것이고, 유무의 논리에 구애받지 않는다. 내재(內在)가 아니라 초월(超越)의 의미에서, 세간(世間)이 아니라 출세간(出世間)의 차원에서, 현상이 아니라 본질의 측면에서, 사계(事界)가 아니라 이계(理界)의 지평에서 조관(照觀)된 진실재(眞實在(際))는 유·무상을 넘어서는 진상(眞常)이요 궁상(窮常)이다. 유·무 양변을 멀리 떠난 절대적인 상은 바로 그 때문에 상대적인 상과 별개의 상이 아니라, 상대·상관(相關)의 관점을 떠나버린 상자체(常自體) 또는 자체상(自體常)일 뿐이다. 그러므로 진상은 내재와 초월, 세간과 출세간, 현상과 본질, 속

(俗)과 진(眞), 사(事)와 이(理)가 무이불일(無二不一)한 것이다.

우리는 일반적으로 일체 존재를 주관과 객관으로 나누어 본다. 일체 법(法)이 능관(能觀)과 소관(所觀)으로 총섭(總攝)된다는 뜻이다. 이(理)·사(事), 심(心)·법(法), 지(智)·경(境), 불(佛)·법(法)이니 하는 이분법도 동일한 논리에 따른다. 유론상견(有論常見)에 따르면 아유(我有)·법유(法有)지만, 무론단견(無論斷見)에 따르면 아공(我空)·법공(法空)이다. 그러나 이제 중도정견(中道正見)에 준하면 불상(佛常)·법상(法常)이며, 인아(人我)·법아(法我)가 된다. 상(常)과 아(我)는 유(有)에 집착하는 견지에서는 속제 4도(俗諦四倒) 중의 2도(二倒)이며, 무(無)에 체지(滯止)하는 입장에서는 소승 4과(小乘四過) 중의 2과(二過)이나, 착유체무(着有滯無)[10]의 2변견(二邊見)을 넘어서는 관점에서는 열반 4덕의 2덕이 된다. 이러한 승의(勝義)에서 보면 상(常)과 아(我)는 각각 2의(義)와 2종(種)으로 나누어 고찰될 수 있다. 즉

상덕(常德)의 두 가지 뜻은 〔…〕 유위생사(有爲生死)를 버리지 않으니, 이는 생사를 열반과 다르게 보지 않기 때문이며, 무위열반(無爲涅槃)을 취하지 않으니, 이는 열반을 생사와 다르게 보지 않기 때문이다. 이 두 가지 뜻에 의해 단견(斷見)과 상견(常見)을 벗어나기에 법신상덕(法身常德)의 뜻이 된다.[11]

아덕(我德)의 두 가지 뜻은 아견변(我見邊)과 무아견변(無我見邊)을 떠난 것을 이름인데, 이는 아(我)도 아니고 무아(無我)도 아닌 것이 곧 대아(大我)가 될 수 있기 때문이다.[12]

---

10) 『영락불업경소서(瓔珞本業經疏序)』, III: 415.

11) "常德二義者〔…〕不捨有爲生死 以不見生死異涅槃故 不取無爲涅槃 以不見涅槃異生死故 依是二義 離斷常 乃法身常德也." 『열반경종요(涅槃經宗要)』I: 293.

12) "我德二義者 謂離我見邊 及無我見邊 非我非無我 乃得大我故." 같은 책,

두 가지 종류의 상(常)이라는 것은 법상(法常)과 불상(佛常)을 지칭한다. 법상의 뜻은 생멸이 없는 상신(常身)의 뜻이고, 불상의 뜻은 노사(老死)가 없는 상수(常壽)의 뜻이다. 〔…〕 법상이기 때문에 제불(諸佛)도 또한 상(常)이다.[13]

두 가지 종류의 아(我)라는 것은 법아(法我)와 인아(人我)인데 '법아'라고 말하는 것은 체실(體實)의 뜻이고 〔…〕 '인아'라고 말하는 것은 자재(自在)의 뜻이다.[14]

이리하여 법상(法常)과 상신(常身), 법아(法我)와 체실아(體實我)는 객관〔所觀〕에 속하고, 불상(佛常)과 상명(常命(壽)), 인아(人我)와 자재아(自在我)는 주관〔能觀〕에 속한다. 그러나 주·객과 능(能)·소(所)의 불이문(不二門)에서 본다면, 다 같이 자성적정(自性寂靜), 무생무멸의 대열반(大涅槃)으로 이해될 수 있다.

만약 구별해서 본다면, 상명은 보리덕(菩提德)이며, 상신은 열반덕(涅槃德)이지만, 공통적인 면에서 본다면, 상신과 상명이 다 같은 열반이다. 〔…〕 구별해서 본다면, 진실아(眞實我)는 열반아이며 자재아(自在我)는 보리아지만, 실제적인 면에서 전체로 보면, 각별한 차이가 없다.[15]

296~297쪽.

13) "二種常者 法常佛常 法常義者 無生無滅 是常身義 佛常義者 不老不死 是常壽義 〔…〕 以法常故 諸佛亦常." 같은 책, 312쪽. 2종의 상에 관해서는 또한 『금강삼매경론』, III: 175~180쪽 참조.

14) "二種我者 法我人我 言法我者 是體實義 〔…〕 言人我者 是自在義." 같은 책, 326~327쪽.

15) "若依別門 常命是菩提德 常身是涅槃德 就通相門 常身常命 皆是涅槃 〔…〕 別門而言 眞實我者 是涅槃我 自在我者 是菩提我 就實通論卽無別異." 『열반경종요』, I: 321~329.

그런데 보리는 능증덕(能證德)인 데 비해 열반은 소증법(所證法)을 뜻하는 것으로 구별하면[16] '아(我)와 법(法)'의 '아성(我性)과 상성(常性)'이 상이하게 파악되지만, 능·소를 불이문(不二門)에서 보면 인아와 법아가 대아(大我)일 뿐 아니라 불상과 법상도 대아가 되며, 통합하여 대열반이라 칭할 수 있게 된다.[17]

'상(常)'의 뜻을 풀이하는 일탈에서 벗어나 '경(經)'의 뜻풀이로 돌아가보자. '경'이란 상궤(常軌)이며 궁상극궤(窮常極軌)다. 상궤는 무생무멸하고 불로불사하는 궤범(軌範)이며 법규다. 그것은 결코 생성 변화 중인 현상계에 관한 주관적 표상으로서의 개별적이고 경험적인 법칙이 아니다. 현상계의 지속성 또는 지속적인 규칙성과는 아무런 연관도 없는 것이다. 공간성, 시간성, 인과성, 수량성에 관계하는 실재성이 아니고, 주관이 주관 안에서나 주관 밖의 객체 속에서 발견하는 성질의 법칙성일 수가 없기 때문이다. 그러나 그렇다고 해서 저러한 상궤가 순전히 형식적, 약정적인 법칙성도 아니며, 현상계 밖의 어떤 세계, 이를테면 본질의 세계에 관해 객관적, 대상적으로 귀속시킬 수 있는 특수한 법칙성도 아니다. 그것은 어떠한 객관적 법칙도 (내재적이거나 또는 초월적이거나 간에) 아니며, 오히려 주·객과 능·소 및 지(智)·경(境)이 작동할 수 있는 원초적 조건으로서의 법칙성이다. 이를테면 '인식과 존재의 동시 가능성'의 선천적 조건이라 할 법칙성이다. 그러기에 상궤는 궁상극궤이며, 달리 말해서 궁극적인 상궤라 불리는 것이다. 문자 그대로 무상최의(無上最意)의 법칙이며, 제1절대의 궤범이라 하겠다.

원효의 저술, 그 가운데서도 특히 원효풍의 저술, 이를테면 종요와 논·소의 서문이나 대의(大意)에서 도가적 표현을 자주 발견할 수

---

16) 같은 책, 200쪽 참조.
17) 같은 책, 329쪽. 참조. "總諸之言 如是大我名大涅槃." 이것이 우리가 '상(常)'을 거론하는 자리에서 '아(我)'를 함께 논의하게 된 이유다.

있거니와, 원효의 '상(常)'은 노자의 '상(常)'과 크게 다를 것 같지 않다. 『도덕경(道德經)』 제16장에는 '상'의 근원적인 뜻이 현시되어 있다. 즉 "뿌리로 돌아가는 것을 정(靜)이라 하고, 정은 복명(復命)을 뜻하며, 복명을 상(常)이라 부른다."는 것이다.[18] 여기서 귀근(歸根)과 복명은 원효의 귀원(歸源) 및 상명(常命)과 크게 다르지 않은 것으로 볼 수 있다. 뿐만 아니라 더욱 결정적으로, '불가도(不可道)의 상도(常道)'는 '절문이언(絶文離言)의 상법(常法)'과 절묘한 대비를 이루고 있음을 볼 수 있다.

'경(經)'에 대한 개념과 더불어 '논(論)'에 대한 원효의 개념에서도 우리는 '궤(軌)'라는 개념을 발견한다. 그가 말한 '결료가궤(決了可軌)'는 '결정적으로 궤(軌)가 될 수 있는' 또는 '필증성을 띠고 있는 궤(軌)가 될 수 있는'을 의미한다. 그리하여 '논'은 '필증적인 궤(軌)가 될 수 있는 명제를 정립해 심오한 존재의 진리를 비판적으로 논의하는 것'으로 정의되는 셈이다. '경'이 궁극적 진리, 절대적 진리의 인식이라면, '논'은 이러한 진리에 등가(等價)할 수 있는 명제의 형식 아래 절대 진리를 비판적으로 논의하는 것으로 이해할 수 있다. 즉 '경'은 철학적 진리(인식)이며, '논'은 철학적 진리에 대한 철학적인 논의를 뜻한다는 말이다. 그리고 이러한 논의의 방식을 원효는 종(宗)·요(要), 개(開)·합(合), 입(立)·파(破), 표(表)·차(遮), 여(與)·탈(奪) 등의 모순 대립을 변증법적으로 지양(止揚)하는 '화쟁론'으로 이해하고 있다.

화쟁론의 방법론적 성격과 절차 및 그 계기로서의 종·요, 개·합, 입·파 등에 관해서는 본론에서 자세히 해명하겠지만, 그것이 어떤 의미에서 철학적 논의의 방식인가를 예비적으로나마 간략히 언급해 둔다. 화쟁론은 변론술도, 이견들을 조정하는 단순한 화해 화술도 아니며, 아주 중요한 의미에서 철학적 논의의 고유한 방식이라는 것

---

18) "歸根曰靜 靜曰復命 復命曰常."

이 우리의 주장이다. 단견(短見)과 변견(邊見)에 대한 화해의 원리적인 가능성은 '상법(常法)이 유·무 양변(兩邊)을 넘어서 있다.'는 원초적 사실에서 유래하기에 말이다. 그렇지 않고서야 어떻게 종·요와 개·합이 부증불감(不增不減)일 수 있으며, 여·탈이 자재(自在)할 수 있을 것인가? 이러한 원리적인 가능성은 사안이 절대에 관한 철학적 진리 인식이거나 그것에 관한 철학적 논의일 경우에만 국한되는 것이다. 분석해 전개해 보면 무량무변의 뜻이 '종(宗)'이 되고, 종합해 환원해 보면 이문일심(二門一心)의 법이 '요(要)'가 되면서, "개합(開合)이 자재(自在)하고 입파(立破)가 무애(無礙)하며, 열어도 번거롭지 않고 합해도 좁아지지 않으며, 정립해도 얻음이 없고 논파해도 잃음이 없다."[19]는 것은 오직 '하나가 전체이자 전체가 하나인'[20] 경우, 즉 '절대'의 경우에만 적용될 수 있기 때문이다. '종요(宗要)'란 이를테면 '갈래를 열어 제쳐 가닥을 잡고 훑어서 하나로 꼬아버리는 것', 이를테면 '이망섭목(以網攝目)'의 방법인데,[21] 이러한 방법은 선험적, 필증적인 진리, 즉 철학적 인식에만 적용될 수 있다.

이상에서 우리는 경, 논에 관한 원효 자신의 이해와, 이러한 대상을 사유하면서 그가 사용한 방법인 화쟁론의 성격을 원효 자신의 규정에 따라 간략히 소묘했다. 앞으로 해명할 것을 미리 말한다면, 원효는 실제로 주요 경전과 논전(論典)을 자신의 규정에 충실하게 이해하고 있으며, 경·논을 논·소하며 그가 사용한 종요개합(宗要開合), 이망섭목의 방법은 화쟁론적 정신에 투철하다는 것이 그의 전서(全書)를 통해 확연히 증시되어 있다. 한마디로, 『원효전서』에 현시된 원효 사상은 철두철미하게 '철학적 주제에 대한 철학적 인식'으

---

19) "開合自在 立破無礙 開而不繁 合而不狹 立而無礙 破而無失." 『대승기신론소』, 은정희: 23. 번역은 필자의 것이다.

20) "一卽一切 一切卽一." 『열반경종요』, I: 335.

21) 『범망경보살계본사기(梵網經菩薩戒本私記)』, IV: 167~170. 특히 168쪽의 "一法而無非一如 此義卽當於網以攝目 目而無非網" 참조.

로 일관하고 있다는 것이 우리의 주장이다. 따라서 원효 사상의 정체를 해명하는 것은 철학적인 경우에만 명실상부한 것일 수 있다는 결론이 나오는 셈이다.

그렇다면 이제 우리가 분명히 천명해야 하는 것은 '철학적 진리', '철학적 인식' 또는 '철학적 해명' 등의 개념 규정이다. 도대체 어떤 것이 '철학적'인 것이며, '철학'이란 무엇을 의미하는 것인가? 역설적으로 조잡하게 말하자면, 원효가 다루고 있는 진리가 철학적 진리이며, 원효의 인식 방식이 철학적 인식이고, 우리가 이 논의에서 시도하고 있는 원효 사상의 해명 사례가 철학적 해명이라 할 수도 있다. 그러나 다소나마 더 분명하게 '철학'의 개념을 증시하기 위해 간단한 예비적 설명을 첨언해 둔다.

우리가 여기서 각별히 강조하는 '철학'은 철학의 그리스적 건학 이념에 충실한, '제1철학'이라 불리는 것을 말한다. 예컨대, '제1철학'을 '제2철학'에 대비해 그 의미를 최초로 규정한 아리스토텔레스의 철학(학문, 인식)은 자연학, 윤리학, 논리학 및 형이상학으로 분류된다. 그로부터 2,000여 년이 지난 후 로크J. Locke에서도 볼 수 있듯, 학문은 자연(실재)학과 윤리(실천)학으로 이분되고 이 양자에 공통적인 기호학(논리학, 의미론, 어의학)이 제3의 학문으로 첨가되어, 결국 자연학, 윤리학, 논리학의 3분법이 학문 분류의 전형으로 인정되어 왔다. 그런데 아리스토텔레스의 저서를 편집한 후대인이 이 3가지 부류에 속하지 않는 제4의 내용을 자연학 다음에 배치했으니, 이것이 이른바 '자연학 다음'을 뜻하는 '초자연학'의 이명(異名)인 바 '형이상학'의 역사적 전래다. 그러나 중요한 것은 '자연학 다음'에 배치된 저서 내용이 바로 '제1철학'으로 규정되어 있다는 '사실'이다.

이제 우리는 '제1철학'을 '형이상학'으로 대체해 우리가 의미하는 '철학'의 개념을 규정해 보고자 한다. '형이상학'에 대한 서양 철학사적인 개념 규정은 접어두고,[22] 이 논의에 적합하게 동양 철학적인

'형이상학' 개념에서부터 시작해 보자. 한자 개념인 '형이상학'은 '형이상자에 관한 학문'을 뜻하고, "형이상자'는 '도(道)'를 말한다."[23]는 것은 잘 알려진 사실이다. 우리는 원효가 불교의 중심 개념인 '불(佛)'이나 '법(法)', 심지어는 '심(心)'까지도 '도'로 이해하고 있다는 점을 강조하고자 한다. '도학(道學)'이 '형이상학'이라면, '불·법·심학'도 '형이상학'일 터이기 때문이다. 물론 문제의 '형이상자'는 『주역(周易)』의 「계사(繫辭)」에 등장하는 개념이지만, 그리고 우리가 앞서 언급했듯 원효가 자주 사용하는 '도(道)'는 도가적인 '도'에 가까운 것이겠으나, 우선 간명하게 다음 구절을 음미해 볼 수 있다. 『중용(中庸)』은 이렇게 시작된다.

정자(程子) 선생이 말한다. "치우치지 않는 것〔不偏〕을 '중(中)'이라 하고, 변하지 않는 것〔不易〕을 '용(庸)'이라 한다. '중(中)'은 천하의 정도(正道)이며, '용(庸)'은 천하의 정리(定理)다. 이 책은 바로 공문(孔門)이 전수한 심법(心法)으로서 〔…〕 이 글은 처음에 일리(一理)를 말하고, 중간에 흩어져서〔散〕 만사(萬事)가 되며, 마침내 다시 합하여〔合〕 일리가 된다. 이것을 펼치면〔放〕 우주에 가득 차지만, 이것을 말아버리면〔券〕 은밀한 것으로 되돌아가 감추어진다."[24]

여기서 우리가 읽어내고자 하는 뜻은 간단하다. 여기서 말하는 도(道)·이(理)는, 저기서 말하는 도·이와 마찬가지로, 본래적이고 시

---

22) 이 문제에 관한 필자의 견해는 신오현, 「하이데거와 형이상학의 문제」, 『절대의 철학 —— 제일철학의 임무와 목표』(문학과지성사, 1993), 66~162쪽 참조.

23) 『주역(周易)』, 「계사(繫辭)」에 "形而上者 謂之道"로 규정되어 있는 명제를 한글로 풀어쓴 것이다.

24) "子程子曰 不偏之謂中 不易之謂庸 中者天下之正道 庸者天下之定理 此篇乃孔門傳授心法 〔…〕 其書始言一理 中散爲萬事 末復合爲一理 放之則彌六合 券之則退藏於密."

원적인 형이상자이며, '불편(不偏)의 중(中)'은 '이변(離邊)의 중(中)'
에 대비되고, '불역(不易)의 용(庸)'은 '불생불멸 불생불사의 상(常)'
에 대비되며,[25] '산(散)·합(合)'은 '개(開)·합(合)'에 대비되고, '방
(放)·권(券)'은 '종(宗)·요(要)'에 대비되는 것으로 해석해도 크게
무리가 없을 것이다. 그리고 『도덕경』은 '도(道)'를 '중(中)·일(一)·
박(樸)' 등으로 특징짓고, "박(樸)이 흩어지면 기(器)가 된다."고 기
술하고 있다.[26] 이것으로 분명해지는 것은 일즉일체(一卽一切), 일즉
전체(一卽全體)인 형이상자에 관한 한 유·불·도에 근본적인 차이
는 존재하지 않는다는 점이다. 더구나 바로 형이상자에 관한 언표이
기 때문에, 그리고 형이상자는 불립문자요 이언절려의 실재성이기
때문에 표현의 차이는 거의 문제되지 않는다는 점을 유념하면 더욱
그러하다. 형이상자에 관한 일체의 언설과 문언이 결국 불가설(不可
說)·불가념(不可念), 불능설(不能說)·불능념(不能念)의 형이상자를
지시하는 '지월(指月)'에 다름 아니기에 말이다.

그렇다면 이제 원효가 '불도(佛道)'에 관해 언급한 대표적인 글들
을 살펴보자.

원래 불도의 도 됨됨이는 깊이가 심오하고, 신비하되 틈 없이 신비
하고, 크기가 넓고 멀되 가없이 멀다. 그리하여 유위(有爲)와 무위(無
爲)는 허깨비 같아서 둘이 아니고, 무생(無生)과 무상(無相)은 내외
(內外)를 묶어서 모두 없애버린다.[27]

---

25) 실제로 주자(朱子)는 '용(庸)'을 '평상(平常)'으로 주석하고 있다.

26) 제28장(復歸於樸 樸散則爲器) 참조. 노자의 형이상학에 관해서는 신오현, 「자
    유의 현상학 —— 노자와 하이데거를 중심으로」, 『동양학』, 제19집(단국대학교 동
    양학연구소, 1989), 373~397쪽 참조. 신오현, 「절대와 자유 —— 노자와 하이데
    거의 비교 연구」, 『절대의 철학』에 재수록.

27) "原夫佛道之爲道也 湛爾沖玄 玄於無間 泰然廣遠 遠於無邊 爾乃有爲無爲 如
    幻化而無二 無生無相 括內外而偕泯." 『해심밀경소서(解深密經疏序)』, III: 393.

무릇 '지혜'의 지도(至道) 됨됨이는 도(道)다 도 아니다 할 것이 없고, 지(至)다 지가 아니다 할 것도 없다. 텅 비어서 고요하지 않는 바가 없고, 태연하여 크지 않는 바가 없다. 이로써 알 수 있는 것은, 실상이 상이 없기 때문에 상 아닌 바가 없고, 진조(眞照)가 밝음이 없기 때문에 밝음 아님이 없다는 것이다.[28]

무릇 열반의 도 됨됨이는 도가 없으면서 도가 아님이 없고, 머무름이 없으면서도 머물지 아니함이 없다. 이리하여 이 도는 지극히 가깝고도 지극히 멀고, 이 도를 증득한 사람은 조용하면 할수록 더욱 떠들썩한가 보다.[29]

무릇 양 극단적 진리의 중도(中道)라는 것은 도라 할 수 있는 율(律)이 없고, 거듭 신비한 법문(法門)은 더욱이 문(門)이라 할 만한 이(理)가 없다. 도라 할 것이 없기 때문에 유심(有心)으로 다가갈 수 없고, 문이라 할 것이 없기 때문에 유행(有行)으로 들어갈 수 없는 것이다. 〔…〕 이로써 알게 되는 것은, 길 없는 길은 길 아닌 것이 없고, 문 없는 문은 문 아닌 것이 없다는 점이다. 문 아닌 것이 없기 때문에 일마다 현문(玄門)에 들어감이 되는 것이며, 길 없는 길이기에 도처가 모두 이 '귀원'의 길인 것이다.[30]

---

28) "夫波若爲至道也 無道非道 無至不至焉 無所不寂 泰然無所不蕩 是知實相無相故 無所不相 眞照無明故 無不爲明."『대혜도경종요(大慧度經宗要)』, II: 32.
29) "原夫涅槃之爲道也 無道而無非道 無住而無不住 是知其道 至近至遠 證斯道者 彌寂彌喧."『열반경종요』, I: 129.
30) "原夫二諦中道 乃無可道之律 重玄法門 兪無可門之理 無可道故不可以有心行 無可門故 不可以有行入 〔…〕 是知無道之道 斯無不道 無門之門 則無非門 無非門故 事事皆爲入玄之門 無不道故處處咸是歸源之路."『영락본업경소』,「서(序)」, III: 415.

무릇 불도의 도 됨됨이는 고요하여 공적하고 깊어서 그윽하다. 그윽하고 또 그윽하나 어찌 만상의 외표(外表)를 벗어나겠으며, 고요하고 또 고요하나 오히려 백가(百家)의 담론 가운데 있는 것이다. 만상의 외표를 벗어나지 않았음에도 5안(五眼)으로 그 몸을 볼 수 없으며, 백가의 말 속에 있지만 4변(四辯)으로써 그 모양을 말할 수 없다. 크다고 말하고 싶지만 안이 없는 것에 들어가도 남김이 없고, 작다고 말하고 싶으나 밖이 없는 것을 싸고도 남음이 있네. 유(有)라 할까? 하나같이 이것으로 말미암아 공(空)이 되니 〔그럴 수도 없겠고〕, 무(無)라고나 할 것인가? 만물이 이것을 써서 생겨나니 〔그럴 수도 없는 일이다〕, 어떻게 이것을 말로 표현할까 알지 못하여 할 수 없이 도(道)라고 이름해 두겠다.[31]

이상의 인용문에서 해명된 원효의 '도(道)'는 노자(老子)의 『도덕경』「도(道)」 장(章)에서 조명된 '도', 즉 '상도(常道)'의 개념과 완전히 일치하는 것으로 결론지을 수 있다.

유·무 불이(不二)의 중도(中道), 진(眞)·속(俗) 무애(無礙)의 상도(常道)는, 존재와 진리가 구별되는 차원에서 본 '존재'도 아니고 '진리'도 아니다. 주·객이나 지·경이 분별되지 않는 경우 '실재'와 '언어'는 '실재가 곧 언어'이고, '언어가 곧 실재'인 것이다. 실재와 언어가 별개의 것이 아니기 때문에, '실재의 진리성'이나 '언어의 실재

---

31) "然夫佛道之爲道也簫焉空寂 堪爾沖玄 玄之又玄之 〔豈〕出萬像之表 寂之又寂之 猶在百家之談 非像表也 五眼不能見其軀 在言裏也 四辯不能談其狀 慾言大矣 入無內而莫遺 欲言微矣 苟無外而有余 將謂有耶 一如由之而空 將謂無耶 萬物用之而生 不知何以言之 强爲道." 「대승기신론별기」, 『한국불교전서』 제1책, 신라시대 편1(동국대학교출판부, 1979), 677쪽. 이 부분은 은정희 역주본에서 빠져 있으므로 『한국불교전서』에서 인용했다. 『한국불교전서』 제1책의 677~698쪽 및 은정희: 19 참조. 여기서 '簫'는 '蕭'의 그리고 '堪'은 '湛'의 잘못된 표기로 생각된다.

성'이 문제되지 않는다. 언어는 주관이 객체를 포착하고 파악하기 위해 사용되는 도구가 아니다. 그러한 존재, 그것 자체로 어디엔가 있다가 언어에 의해 비로소 파악되어야 할 존재는, 결국 표상된 존재로서 가유(假有)에 불과하고, 그것은 노자의 '가도지도(可道之道)'에 다름 아니다. 반대로 존재자를 언표하는 한갓된 관념으로서 파악된 언어는 노자의 '가명지명(可名之名)'에 비유될 수 있는 것이다. 존재와 진리, 상도(常道)와 상명(常名), 상법(常法)과 상심(常心)이 일여평등(一如平等)한 바 그 당체(當體)를 지시하는 것이 인언견언(因言遣言), 의언이언(依言離言)하는 형이상학의 언어 사용이다.

원효 철학의 기본 구조

1 절대의 실재 —— 열반 3사(涅槃三事)

도대체 무엇이 있으며, 있는 것은 도대체 무엇인가? 이것이 인간이 제기할 수 있는 가장 근원적이며 시원적인 물음이다. 이른바 실재성의 문제요 존재의 물음이며, 이러한 물음에 대한 답변이 실재론이며 존재론이다. 그리고 실재는 어떻게 무엇으로 구성되어 있으며, 그 성질, 상태, 관계는 어떠한 것인가? 그것은 그 자체로 존재하는 것인가 아니면 이것에 관해 묻고 있는 물음에 따라 상대적, 상관적으로 구성되는 것인가? 이와 같이 실재의 구조, 구성, 성질을 묻는 형이상학적 물음은 필연적으로 인식론의 물음과 연관될 수밖에 없다. 실재의 인식은 인식의 진리와 상관이 있고, 인식의 진리성은 '진리 인식의 가능성'의 문제와 연관이 있다. 그리고 진리 인식이 가능할 수 있는 조건으로서 실재와 인식의 자체성(自體性), 자재성(自在性), 자유성(自由性)이 문제될 수 있다. 여기서 진리, 논리, 윤리의 삼위일체성 또는 원효의 표현대로 법신(法身), 반야(般若), 해탈(解脫)의 열반 3사성(涅槃三事性)을 볼 수 있다.[32]

상대적 실재의 경우 실재는 인식의 대상으로서 '저기'에 놓여 있는 그 무엇, 이른바 '주관에 상대적인' 객체로서 존재하는 것으로 상정되고 표상되어 있다. 그것의 가장 확실한 성격은 '있다'는 것이며, 그것도 관념이 아닌 '물자체 das Ding an sich'로 있다는 것이다. 그러기에 그것은 무(無)가 아니며, 의식이 아니고 정신이 아니며, 인식이 아니고 평가가 아니다. 주객, 심물, 유무의 대립은 요지부동으로 확정되어 있는 것이다. 이러한 대립에 전적인 찬성을 표시하면 그것은 '실재론'이 되고, 반신반의하면 상대론이 되며, 부정적인 태도를 취하면 회의론이나 허무론 nihilism 또는 무법론 anarchism으로 분류되곤 한다.

최근까지는 실재의 문제, 진리의 문제를 윤리, 가치의 문제나 언어, 논리의 문제로부터 엄격히 분리함으로써, 실재, 진리의 문제를 모든 문제의 전제 조건이나 토대로 간주하는 경향이 지배적이었다. 사실과 가치, 존재와 당위의 엄격한 이분법 아래서 논리와 윤리의 문제는 가설적, 약정적이고 부차적인 것으로까지 취급되어 왔다. 논리, 윤리, 당위, 가치의 문제는 어떠한 경우에도 실재성의 문제와 실재 인식의 문제처럼 객관적이고 보편적인 현실적 토대를 가질 수 없는 것으로 체념되기까지 했다. 그렇다면, 만일 이 실재의 문제가, 더욱이 실재 인식의 문제가 의심할 여지없이 확실한 토대 구조를 가지고 있지 않다면, 실재와 실재 인식의 토대 위에 기생하는 윤리, 논리, 가치, 당위, 언어의 문제는 더욱더 근거를 가지지 못하고 절망적이게 회의적으로 될 수밖에 없을 것이다.

우리는 '이치에 맞는' 것을 '합리적이다' 또는 '논리적이다'라고 표

---

32) 『열반경종요』, I: 266~290 참조.

현한다. 그리고 합리적이거나 논리적이기 위해서는 우리의 사고가 준거해야 할 법칙, 규칙, 약정 같은 것이 존재하고, 이런 것을 체계적으로 논구하는 학문도 존재해야 한다. '논리학'이나 '논리 철학'이 그 대표적인 것들이다. 그리고 이성을 인식, 판단, 추리, 사유의 기능이나 도구로 생각해, 이성의 올바른 사용을 위한 각종 처방이 마련되어 있으며, 근자에는 '합리성(이성)'의 개념을 규정하고 본성을 해명하는 것을 철학의 근본 과제로까지 인식하기에 이르렀다. '인간은 이성적 동물'이고, '이성의 구사 능력'이 바로 인간임을 규정하는 척도로도 이해되곤 한다. 언어 사용 능력의 문제도 동일한 차원에서 논의되고 있음은 물론이다. 사실 인식의 차원과는 전혀 무관하게 언어, 이성, 논리의 질서가 문제되고, 경험적 진리와 대비되는 이른바 언어·이성·개념·논리적 진리가 합법적인 개념으로 통용되고 있는 실정이다.

윤리, 도덕, 가치, 당위의 문제도 사실의 문제와 별도로 논의되기는 마찬가지다. 윤리적 법칙 또는 도덕적 덕목은 당위의 명령으로서 그 자체로는 경험적 실재성과 하등의 관련이 없는 것으로 자부되고 있다. 그것은 이른바 사람의 길, 의미의 질서이기 때문에, 사물의 질서와는 전혀 다른 차원에 속한다는 것이다. '규범 윤리학'이니 '도덕 법칙의 보편타당성'이니 하는 것들도 그 나름의 학문성, 법칙성을 가지고 있는 독자적 영역으로 인정될 것을 주장한다. 동기론이건 결과론이건, 법칙주의건 목적주의건 간에, 객관적인 보편타당성을 주장하는 모든 윤리가 실재와 실재 인식으로부터 동떨어진 차원에서 문제되는 한, 그것은 근본적으로 타율(他律)이며, 자유의 제한일지언정 결코 자유자재(自由自在)한 '자기 존재 = 자기 실현'이라 할 수는 없을 것이다. '윤리, 강상(綱常)이 문란해졌다'든가 '도의, 도덕이 땅에 떨어졌다'고 표현될 수 있는, 즉 지켜질 수도 지켜지지 않을 수도 있는, 그래서 우리 자신의 존재 자체와 동일하지 않을 수도 있는 그러한 윤리는 설사 객관적이고 보편타당할 수는 있어도 결코 진정한 의미의 '도(道)', '도리(道理)', '상(常)', '상도(常道)'일 수는 없다.

그렇다면 진리, 논리, 윤리가 삼위일체일 수 있는 바 진정한 실재, 현실은, '현실과 현실 인식이 하나'인 도, 도리, 상도는 과연 무엇이며, 대체 어떻게 있는 것이고, 또 어떻게 설명되고 인식될 수 있는 것인가? 인간의 마음, 욕망, 언어, 관념, 평가, 망념에 의해 혼잡, 왜곡, 오염, 조작, 배비되지 않는 자연 자체, 실재 자체, 도리 자체는 무엇이며, 그것은 어떻게 존재하고 인식되는 것인가? 주·객, 능·소, 지·경의 상관성 속에 들어와 있지 않은, 그러기에 일체의 상대성과 상관성으로부터 벗어나 있는 단적인 존재, 절대적인 존재는 도대체 무엇으로 어떻게 존재하는 것일까? 객관화, 언어화, 상대화하지 않은 채로는 아무것도 인식할 수 없고 언급할 수 없는 인간은, 과연 이러한 존재 자체, 단적인 실재, 절대적 실상을 확인할 수 있을 것이며, 아니 도대체 이러한 물음마저 제기할 수는 있을 것인가? 일체 언설을 떠난 실재 자체는, 그것이 절대적이라는 사실만으로도 규정될 수 없고 설명될 수 없으며 상념(想念)될 수 없다. 그렇다면 그것은 어떤 의미로도 인식조차 될 수 없는 것인가? 이러한 문제들은 더 자세하고 분석적인 해명을 필요로 한다.

1) 실재성의 문제 —— 법성론(法性論)

'있는 것은 있고 없는 것은 없다'는 주장은 그리스의 프로타고라스 Protagoras에 의해 대변되는 가장 단순하고 상식적인 실재론이다. 누가 '있는 것을 없다거나 없는 것을 있다'고 주장한다면 그와는 처음부터 대화가 불가능한 셈이다. 있는 것에 관해, 그리고 그것의 성질, 구조, 상태 등을 서로 다르게 지각할 경우에만, 의미 있는 논의가 가능할 것이기 때문이다. 그러나 우리가 이 사안을 조금만 더 생각해 보면, 문제가 그리 단순하지 않음을 짐작할 수 있다. 있는 것은 단순히 어떻게 있는가뿐만 아니라, 우선 무엇이 있는가부터가 문제이기 때문이다. '무엇'이란 존재하는 것의 실체, 본질, 전체를 표현하는 것이기 때문에, 그 '무엇'에 관해 언급한다는 것은 필연적으로 그 '무엇'의 존재를 이해하고 있다는 것을 전제로 한다. 헛소리를 토설하거나, 의미를 알지 못하는 문자를 지시하는 것이 아닌 한, 일체의 '존재자 언급'은 그 존재자의 존재해를 함축하고 있는 것이다. 즉 존재 이해를 떠나서는 어떤 존재자도 의미 있게 지시, 거론될 수 없다는 뜻이다.

몇 가지 예를 들어 생각해 보자. 우선 비트겐슈타인 L. Wittgenstein 의 예를 들면,[33] 양탄자의 견본을 지시하는 경우 우리는 대체로 의사소통에 별 문제를 가지지 않지만, 실제로 우리가 정확히 무엇을 지시하는지는 그 지시 자체만으로는 분명하지 않다. 채색인지, 모양인지, 재료인지, 또는 다른 무엇을 지적하는지는 정확히 알 수 없다. 또한 콰인 W. V. Quine의 예를 든다면,[34] 우리가 한국어를 알지 못하는 사람에게 어떤 동물을 두고 '토끼'라고 지칭했을 경우, 정확히 무엇을 또는 어느 범위까지를 가리켜 '토끼'로 지칭하는지는 결코 분명하지 않다. 그리고 『금강삼매경』과 「논(論)」의 화성(火性) 비유에서도

비록 화성이 나무 가운데에 있다 하더라도, 그 있는 곳이 없음이 필연성이므로, 이름과 글자만이 있을 뿐 성품은 찾을 수 없으며, 그 이치를 말로 표현하고자 가설(假說)로 이름을 삼지만, 이름마저도 포착할 수 없다.[35]

---

33) L. Wittgenstein, *Philosophische Untersuchungen*(New York: The MacMillan Comp., 1953), 1~60쪽, 특히 33쪽 참조.

34) W. V. Quine, "Ontological Relativity", *Ontological Relativity and Other Essays*(New York: Columbia University Press, 1969), 26~68쪽 참조. 콰인은 존재의 상대성을 부각시키려 하지만, 이러한 입장을 극단화하는 데이비드슨은 존재의 지시 가능성 자체를 부정하고 있다.

35) 『금강삼매경론』, II: 462. 또한 I: 250~251 참조.

고 했다. 이것을 풀어 원효가 말하기를

> 화성이란 이름 아래서는 뜻을 파악할 수 없다. 〔…〕 이러한 이름을
> 미루어 분석한다 해도 단지 글자만이 있을 뿐이며, 이들 글자들을 뒤
> 적여 구해 보더라도 아무런 소득이 없다.[36]

고 했다. 물론 이러한 비유는 목(木) 중에 화성이 있듯, 법(法) 중에
심성(心性)이 있음을 시사하기 위해 고안된 것이기는 하지만, 또한
실재성〔法性〕이 명칭이나 기호 속에서 발견되지는 않음을 시사하기
도 한다. 양탄자, 토끼, 불이라는 명칭이나 문자 속에서 저들의 존재
가 발견될 수 없듯, 명칭과 문자의 지시물인 실물 속에서도 존재는
발견되지 않기 때문이다.

　다시 말하거니와, 우리는 일반적으로 '있는 것은 있고 없는 것은
없다'는 주장을 자명한 것으로 받아들인다. 뛰어다니는 토끼나 유리
상자 속의 박제된 토끼를 보고 '저것이 토끼다'라고 말할 때, 일견
모든 것이 분명해지는 것 같기도 하다. 그러나 '토끼'라는 명칭이나
글자가 그대로 토끼라고 할 수 없다면, 박제된 토끼를 어떤 의미에
서 토끼라고 지칭할 수 있을 것이며, 심지어는 뛰어다니는 토끼의
'무엇'이 정확한 토끼를 지칭하는 것인가? 화성이 비록 나무 가운데
있다 하더라도 "그 나무 가운데 있는 여러 요소들을 취해 보아도 그
가운데에서 도무지 화성이 있는 곳을 찾지 못하며," 따라서 "나무
가운데 있는 화대성(火大性)은 분석하며 찾아보아도 화상(火相)을
얻을 수는 없는"[37] 것이라면, 존재나 실재는 명자(名字)나 물상객체

---

36) "火性名下義不可得 〔…〕 推析此名 但有諸字 轉求諸字 皆無所得." 『금강
　　삼매경론』, II: 465.
37) "就此木中有諸極微 於中都無火性所在." 『금강삼매경론』, II: 465 ; III: 251.
　　이와 비슷한 견해를 사르트르, "木中火大性 分析求之 不得火相." 『존재와
　　무』, 「서론」, II쪽에서도 찾아볼 수 있다.

(物象客體) 속에서 발견되지 않는다고 주장할 수 있다.

그렇다면 존재자의 존재 또는 제법(諸法)의 자성(自性)과 실상(實相)은 어디서 발견되는 것인가? 그것은 존재자 속에 내포되어 있는 구성적 존재자나 형식적 법칙성이 아니며, 주관의 심체(心體) 내에 이데아나 개념의 형식으로 존재하는 모종의 이법(理法)이나 영상도 아니다. 그리고 존재가 존재자가 아니라고 해서 문자 그대로 '아무것도 아닌 것(도무(都無), 공무(空無), 악취공(惡取空))으로 해석해서도 안 된다. 존재가 존재자가 아니라는 것은 곧 존재자가 표상체나 언설상(言說相), 명자상(名字相)에 다름 아니라는 뜻이다. 그러나 누가 '참으로 존재하는 것', 진실재(眞實在), 진여자상(眞如自相)을 언설상 또는 명자상과 동일시한다 했던가. 오히려 반대로 사람들은 관념이 아닌 객관적이고 독자적인 사물, 사태, 실재, 실체 자체를 추구하는 것이 아니던가? 문제는 그것을 무(無)에 대립되는 유(有)로 파악하는 것으로부터 발단되는 셈이다. 무반성적, 직접적으로 확인하고 정립하는 유(有)가 관념과 표상의 구성물이 아니라는 보장이 없기 때문이다.

단순 긍정 또는 단순 정립의 의미에서 '유'나, 단순 부정 또는 단순 반정립의 의미에서 '무'는 실재에 관한 가장 직접적이고 일차적인 한계 개념이다. 그것은 공간성, 시간성과 인과성의 관점, 즉 생멸문의 관점에서 정립된 것이다. 생멸문 현상의 유무는 본질, 본체의 실상과는 하등의 상응성도 가지고 있지 않다. 즉 '존재성'이나 '실재성' 따위는 실재 자체의 속성이 아니라는 뜻이다. 이때의 유무는, 마치 지각 주체가 객체를 주목하는가 않는가의 차이에 비유될 수 있을 만큼, 진실재의 진상과는 하등의 본질적 연관성도 가지고 있지 않다. 그러므로 진여실상에 대한 진관(眞觀)은 우선적으로 유무의 변견(邊見)으로부터 벗어나는 것이다. 유무 자체가 편견의 소치라면, 유견(有見)에서 주장하는 일체의 언설상이 망념상(妄念相)에 불과하다는 것은 자명한 이치며, 그러기에 이러한 유상(有相)을 부정하는 것도 기실은 망견(妄見)과 환상 말고는 다른 어떤 것도 부정하거나 정립하지 않는 것에 다름 아니다. 이러한 무견(無見), 공견(空見)을 단견(斷見)이나 손감변(損減邊) 등으로 부르는 이유가 여기에 있다.

불가에서는 '존재'나 '실재'를 '법(法)'이라 부른다. 일체 존재를 일체 법(一切法)이나 일법계(一法界)로 칭하고, 존재 자체를 정법(淨法)이니, 불법(佛法)이니, 진여법(眞如法)이니 상법(常法) 등으로 부른다. 그렇다면 불가의 존재론, 실재론[38]은 '법론(法論)', '법상론(法相論)' 또는 '법성론(法性論)'으로 간주해도 무방할 것이다. '존재'나 '실재(實在)'가 철학의 근본 개념이자 궁극 문제이듯, '법', '법성', '법계', '법상'의 개념군도 불가 철학의 핵심 개념이며 근본 문제일 것이다. 불(佛)·법(法)·심(心)의 삼위일체가 불법(佛法), 법불(法佛), 불심(佛心), 심법(心法) 등의 개념들로 사용되기에, 그것도 자성(自性)·수염(隨染), 무위(無爲)·유위(有爲), 무루(無漏)·유루(有漏), 세간(世間)·출세간(出世間), 진제(眞諦)·속제(俗諦) 등의 불이불일문(不二不一門)에서 거론되기에, 법성론은 가히 불가학의 종요, 간요이며 핵심, 백미라 할 수 있다. 그러면 지금부터 법성론의 해명을 통해 불가의 존재론, 실재론을 약설할 것이다.

우선 '법'이란 무엇을 의미하는가? 불가 철학은 '법'을 대체로 세 가지 뜻으로 이해하고 있다. 자체, 자성, 존재의 뜻과 진리, 법칙, 정의의 뜻과 '의식의 상관자' 또는 현상학적인 용어로 '지향적(志向的) 대상'의 의미가 그것들이다. 우리는 여기서 이러한 법의 다의성을 일

---

38) '존재론'과 동의어로서 사용되는 '실재론'은 실재에 관한 논의에서 실재의 독자성을 인정하는 '실재론 realism'을 의미하는 것이 아니고, 단순히 '실재에 관한 논의', 이를테면 'reology'를 의미하는 것이며, 결국 '존재론 ontology'과 같은 것이다. 다만 전자가 라틴어적 표현인 데 비해 후자는 그리스어적 표현이라는 차이가 있을 뿐이다.

일이 자세하게 해설하지 않고, 다만 불가의 존재론, 실재론을 해명하는 전체 구도에 상응하게 그것의 통일적인 참뜻을 지적해 내는 데 그치고자 한다. 그러기 위해서는 자체 존재, 존재자성이 진리, 정의 및 의식의 상관성 내지는 지향적 대상성의 의미를 포괄할 수 있도록, 존재의 의미를 넓고 깊게 천명하지 않을 수 없다. 즉 법의 다양성을 존재의 일의일미(一義一味)로 회통하지 않을 수 없다.

우선 '법의 자체성(또는 자성(自性))' 즉 '법성'의 개념부터 살펴보기로 하자. 『대승기신론소』에서는 "자체를 법이라 이름한다."[39]고 규정하고 있다. 그리고 『대승기신론』에서도

일체의 여러 법이 오직 망념에 의해 차별되어 있기 때문에, 심념(心念)을 떠나면 일체의 대상상도 존재하지 않게 된다. 그러므로 일체 법은 본래부터 언설상, 명자상, 심연상으로부터 독립하여, 필경 평등하고 변이가 없으며 파괴할 수 없다. 〔…〕 일체 법은 모두 진실하여, 긍정하여 정립할 것도 없으며, 일체 법이 모두 한결같이 그 자체이기 때문에, 일체법은 말할 수도 생각할 수도 없다.[40]

고 해명하고 있다. 언설, 명자, 이론, 망념에 의해 표상된 법은 염법(染法)이며 비법(非法)이고 불상법(不常法)이다. 자연스러운 태도와 소박한 견지, 습속적이고 세간적인 입장에서 단도직입적으로 확인한 법, 그것은 제법(諸法) 자체, 존재 자체, 순수실재를 추호의 굴절이나 왜곡도 없이 포착한 것이 아니라, 기실은 때 묻은 마음, 오염된 시선으로 잘못 파악한 가상일 수밖에 없다. 그리고 이러한 단순 긍

---

39) 은정희: 80.

40) "一切諸法 唯依妄念而有差別 若離心念則無一切境界之相 是故 一切法從本已來 離言說相 離名字相 離心緣相 畢竟平等 無有變異 不可破壞 〔…〕 以一切法 悉皆眞故 亦無可立 以一切法 皆同如故 〔…〕 一切法 不可說 不可念故." 은정희: 103, 108.

정적, 단도직입적 존재 포착은 진정한 존재 자체의 이해가 아니라, 존재자 표상이라는 의미에서 불가 용어로 유집(有執), 착유(着有) 또는 상견(常見)이나 증익견(增益見)이라 부른다. 따라서 이러한 시각에서는 유견(有見), 상견(常見), 증익변견(增益邊見)의 단순 부정인 바 무견(無見), 단견(斷見), 손감변견(損減邊見)도 동일한 수준에 머물러 있음은 말할 필요도 없을 것이다.

가끔 우리는 특수한 존재자를, 이를테면 정신적 존재, 이념적 존재, 절대자 등을 언표나 규정 불가능한 '신비' 또는 '불가사의'로 규정하는 것을 볼 수 있다. 그런데 여기서는 일체 법을 불가언불가념(不可言不可念)의 부사의(不思議)로 이해하고 있음을 더 놀라워할는지도 모르겠다. '절대적 존재'란 상대적 존재자 계위상의 최고, 최선, 최상의 존재자를 지칭하는 것이 아니라, 존재의 자체성 또는 자성의 절대성을 지시하는 아주 단적인 표현에 불과하다. 존재는 그 자체로 절대적이라는 말이다. 언어에 계박되지 않고, 표상에 의해 대변되지 않는 존재 자체가 일체의 언설, 명자상을 초월해 있다는 사실을 단적으로 '절대적'이라 부르는 셈이다.

지혜를 사랑하는 자가 지혜를 수행할 때 일체 존재의 참모습을 추구하건만, 이것은 아(我)나 무아(無我), 상(常)이나 무상(無常), 생성이나 소멸, 실유(實有)나 공무(空無) 같아서, 이처럼 전혀 얻을 것이 없다. 어떠한 인식 대상도 얻을 수 없고, 하등의 인식 주관도 생겨나지 않는다. 이때서야 일체 인식 대상, 인식 주관을 멀리 벗어나, 제법실상(諸法實相)을 확연히 이해하게 되거니와, 그것은 둘도 아니고 하나도 아니며, 시작도 없고 종말도 없으며, 생겨나지도 않고 없어지지도 않으니, 있는 것이라 할 수도, 없는 것이라 할 수도 없이, 모든 말의 길이 초과되고, 모든 마음 갈 곳이 영원히 끊어졌구나 〔…〕 다만 모든 존재가 자기 동일성을 유지하고 있으니, 억지로 이것을 이름하

여 '모든 존재의 참모습'이라 부른다.[41]

　여기서 '제법실상'이라는 표현은 부득이하게 만들어진 것이다. 존재, 실재 자체가 이미 언어의 표현을 초월하고, 마음으로 더듬을 수 없다면, '실상'이라는 언어도 가당할 수 없을 것이기 때문이다. 실로 제법의 '실상'은 '유상(有相)'이 아니라, 차라리 '무상(無相)'이어야 하겠기 때문이다. 그러기에 참으로 언어를 초월한 '실제'는 성(性)도 없고 상(相)도 없어서, 자상(自相)이니 자성(自性)이니 하는 말들도 억지로 만들어 낸 표현(강호(强號), 강위(强謂), 강명지(强名之))에 불과하다고 자백하지 않을 수 없다. 그 무엇이라 할 수 없기 때문에 있는 것도 아니고, 그렇다고 없는 것도 아니어서, '묘유(妙有)'이니 '진공(眞空)'이니 하는 표현까지 동원하지 않을 수 없게 된 것이다. 또한 그것은 존재자가 아니라 단적인 초월이며, 억지로 표현해 '존재자나 허무(虛無)가 아니라 존재'라고 별칭하기도 한다.

　"일체 존재가 말할 수도 생각할 수도 없어서 '진여(眞如)'로 이름한다."[42]고도 했다. '무견(無遣)'이 '진(眞)'이요 '무립(無立)'이 '여(如)'라 하여, '무견무립'을 '진여'라 한 것은 곧 부정할 것도 긍정할 것도 없는, 즉 의미 있는 발언이나 판단이 불가능한 경우를 지칭한다. 너무도 진실한 존재를, 그리하여 언어에 의해 오염되지도 않고 포착될 수도 없는 자체 존재를 억지로 이름해 '진여'로 불렀던 것이다. 법의 개념이 존재, 실재, 실상을 의미하면서 어떻게 동시에 진리, 정의, 법칙을 의미할 수 있는가 하는 문제는, '실재의 문제'와 연관해 다음에

---

41) "菩薩修行般若之時　推求一切諸法性相　若我　若無我　若常　若無常　若生若滅　若有若空　如是一切　都無所得　不得一切所取相　不起一切能取之見　是時遠離一切相見　平等證會諸法實相　無二無別　無始無終　無生無滅　非有非空超過一切語言之路　永絶一切心行之處〔…〕但一切諸法無不同然　是故强名諸法實相."『대혜도경종요』, II: 65.
42) "一切法　不可說　不可念故　名爲眞如."『대승기신론』, 은정희: 108.

논의하게 될 '진리의 문제'에서 자세히 해명하기로 하고, 여기서는 '의식의 상관자', '지향의 상대자'라는 의미를 가지는 법의 개념에 관해 간략히 언급해 보기로 하겠다.

『대승기신론』의 「삼계유심(三界唯心)」 절(節)에 보면,

> 이러므로 삼계는 거짓된 것이요, 오직 마음의 지은 바이니, 마음을 떠난다면 대상 세계도 없는 것이다. 왜냐하면 일체 존재자가 모두 마음을 좇아서 일어나고 허망하게 생각해서 생긴 것이며 모든 분별은 곧 자기 마음을 분별하는 것인데, 마음이 마음을 보지 못하니 아무 모양도 얻을 수 없기 때문이다. 마땅히 알아야 할 것은, 세간 일체 대상계가 모두 중생의 무명망심에 의지해서 머물게 된다는 사실이다. 그러기에 모든 존재자는 거울 가운데 투영된 상(像)과 같아서, 실체를 얻을 수 없고, 오직 마음일 뿐 허망한 것이다. 마음이 생기면 각종 존재자가 생기고 마음이 없어지면 각종 존재자도 소멸되기 때문이다.[43]

라는 아주 중요한 구절을 읽을 수 있거니와 강조된 두 구절이 특히 인상적이다. 이 구절은 원효의 대각득도(大覺得道) 일화에 연관해 자주 인용되고, 원효의 명언으로 인구에 회자되곤 하지만, 분명히 마명(馬鳴)의 발언임을 알 수 있다. '삼계유심소조(三界唯心所造)'라는 유식 학파 또는 유가 학파의 근본 종지(宗旨)가 『기신론』에도 그대로 수용된 것이다. 심·법, 지·경, 심·경, 아·법의 상관성에 관해서는 다음에 논의될 '인식의 문제'에서 더욱 자세히 언급하겠으나,

---

43) "是故 三界虛僞 唯心所作 離心卽無六塵境界 此義云何 以一切法 皆從心起 妄念而生 一切分別 卽分別自心 心不見心 無相可得 當知世界一切境界 皆依衆生無明妄心而得住持 是故一切法 如鏡中像 無體可得 唯心虛妄 以心生則 種種法生 心滅則 種種法滅故." 같은 책, 은정희: 218. 강조는 첨가된 것이다.

실재의 문제와 연관해 법성을 해명하기 위해서는 이러한 상관성의 문제가 최소한으로나마 해명되지 않을 수 없다. 만약, 위의 인용문에서 말하듯, 삼계가 오직 마음이 지은 바[唯心所作]일 뿐이고 일체 법이 허망한 것이라면, 이러한 주장은 앞서 말한 법의 자성·자상과는 거리가 먼 것이 된다. 동일한 법성에 대한 일견 서로 어긋나는[相違] 듯한 견해는 조금만 생각해 보면 쉽게 해소될 수 있을 것이다.

같은 책에서 마명은 "법은 중생심(衆生心)을 말하며 이 중생심이 일체의 세간·출세간법을 총섭한다."고 했으며, 심진여문(心眞如門)과 심생멸문(心生滅門)이라는 "두 가지 종류의 문이 모두 각기 일체 법을 총섭한다."고 했고, 불생불멸과 생멸이 비일비이(非一非異)로 화합한 아리야식이 또한 "능히 일체 법을 포섭하고 일체 법을 생성한다."고 했다.[44] 그리고 원효는 「법장문(法章門)」을 주석하면서, 『능가경』의 "적멸한 것을 '일심(一心)'이라 이름하고, '일심'을 '여래장(如來藏)'이라 이름한다."는 구절을 인용해, 『대승기신론』의 '일심이문설(一心二門說)'을 매우 독창적으로 해석하고 있다. 즉

『기신론』의 '심진여문'은 『능가경』의 "적멸한 것을 일심이라 이름한다."는 것을 해석한 것이고, 『기신론』의 '심생멸문'은 『능가경』의 "일심이란 것을 여래장이라 이름한다."는 것을 해석한 것이다. 〔…〕 왜냐하면 모든 법이 생멸하지 않고 본래부터 적정하여 오직 이 한 마음〔一心〕이기 때문이다. 〔…〕 또한 한 마음의 본체는 본래 깨달음이나 무명(無明)에 따라 움직여서 생멸을 짓기 때문이다. 〔…〕 두 문이 이러하거늘 어찌하여 '한 마음'이 되는가? 모두가 그 본성이 둘이 아니며 진문(眞門)과 망문(妄門)이 다를 수가 없다 하기에 '하나'라고 이름한다. 이와 같이 둘이 아닌 곳에 모든 법의 진실이 있는 것이며, 허

____

44) 같은 책, 은정희: 79, 86, 133.

공(虛空)과 같지 아니하고, 본성이 스스로 신통하게 이해하기 때문에 '마음'이라 이름한 것이다. 그러나 이미 '둘'이 없는 터에 어찌 '하나'가 있을손가. '하나'가 없는데 무엇을 가지고 '마음'이라 이를 것인가. 이와 같은 도리는 말을 떠나고 생각이 끊어지는 것인 바, 이것을 어떻게 지목할지 몰라서 할 수 없이 '한 마음'이라 부르기로 한 것이다.[45]

이들 인용문에서 분명한 것은, 일체 존재가 무생무멸하고 본래적정(本來寂靜)하지만, 한결같이 하나처럼 그 본성이 신묘하게 드러나 있어서 '일심'이라 부른다는 점이다. 그러므로 여기서 말하는 제법일법(諸法一法)은 심적(心的) 주관에, 또는 주관적 심(心)에 대립되는 물적(物的) 객체나 객관적 사물로 여겨서는 안 된다. 그러한 심은 생멸염망심(生滅染妄心)이며, 그러한 법은 생멸염망법이다. 중생심은 일심 여래장(一心如來藏)의 생멸상(生滅相)이므로 일체의 세간·출세간법, 염정(染淨)·진망법(眞妄法)을 총섭한다고 말할 수 있다. 중생심은 일심원(一心源)에서 유래하기 때문에 결국 일심원으로 복귀하게 마련이며, 따라서 일체법도 일법계·일심원으로 귀섭(歸攝)된다고 할 수 있는 것이다. 일즉일체(一卽一切)요 일체즉일(一切卽一)이기 때문이다. "일법(一法)이 일체 법이요 일체 법이 일법이며,"[46] 온 우주가 허공 밖으로 벗어나갈 수 없듯, "일체의 무한 경계가 모두 한 마음 안에 들어간다"[47]고 할 수 있다.

---

45) "此言心眞如門者 卽釋彼經寂滅者名爲一心也 心生滅門者 是釋經中 一心者名如來藏也〔…〕所以然者 以一切法 無生無滅 本來寂靜 唯是一心〔…〕又此一心體 是本覺而隨無明動作生滅〔…〕二門如是 何爲一心謂染淨諸法 其性無二 眞妄二門 不得有異 故名爲一 此無二處 諸法中實 不同虛空 性自神解 故名爲心 然就無二 何得有一 一無所有 就誰曰心 如是道理 離言絶慮 不知何以目之 强號爲一心." 같은 책, 은정희: 86~89.

46) "一法是一切法 一切法是一法." 『진역화엄경소서』, IV: 328.

47) "萬境無限 咸入一心之內." 『양권무량수경종요(兩卷無量壽經宗要)』, I: 683. 동일한 구절이 『유심안락도(遊心安樂道)』, VI: 683에도 나온다.

법의 비인과성, 무시간성, 초공간성으로도 우리는 법이 단순한 존재자가 아님을 이해할 수 있다. 법의 무생멸, 무변이, 무증감은 법의 비인과성을 의미한다. 그것은 곧 법의 본래적정성을 의미하며, 적멸이 곧 일심성(一心性)이며, 적정이 곧 열반성(涅槃性)이다. "법성이라고 말하는 것은 이른바 열반이며, 법의 본성이기에 법성이라 부르고",[48] 『대지도론(大智度論)』에서도[49] 용수(龍樹)는 "법은 열반이라 이름하고 [⋯] 모든 법 가운데 열반성이 있기 때문에 법성이라 말하는 것이다."라고 기록하고 있다. 법의 본래청정(本來淸淨), 자성적정(自性寂靜)은 진여법성(眞如法性)이요, "진여법성의 본래무염(本來無染)을 [⋯] 또한 본래청정열반(本來淸淨涅槃)이라 하며 [⋯] 범부와 성현이 평등하여 또한 동상열반(同相涅槃)이라 부른다."[50] 중생이 모두 일심 여래장을 함장하고 있어서 중생심이 본래 열반인 것처럼, 중생심소섭(衆生心所攝)의 일체법도 열반성을 내포하고 있다는 뜻이다. 물론 이 본래청정한 자성열반은 인연생멸(因緣生滅)로 말미암아 염망유전(染妄流轉)하다가 반류귀원(返流歸源)해 복원된 것을 '방편괴열반(方便壞涅槃)'이라 하는 것으로서, 이러한 열반은 오직 보불(報佛)만이 증득하는 것이기는 하다.

법은 시공을 초월하기에 '일즉일체 일체즉일'이 될 수 있다. 일순간에 삼세(三世)를 포함할 수 있고, 일거에 전체가 일찰(一刹)에 들어가며, 이 무장무애법문(無障無礙法門)은 불과 일념(一念)에 보현무변삼세(普現無邊三世)할 수 있고, 온 우주를 모두 한 티끌 속에 들게 할 수 있으니 참으로 불가사의한 것이다.[51] 무시무종(無始無終)

---

48) "言法性者 所謂涅槃 法之本性 故名法性."『대승기신론소』, 은정희: 51.

49) "法名涅槃 [⋯] 如是 一切法中有涅槃性 故言法性."『대정장(大正藏)』, 제25권, No. 1509. 권제32, 298쪽.

50) 『열반경종요』, I: 236.

51) "無障無礙法界法門 [⋯] 能含三世劫波 [⋯] 擧體入一刹 [⋯] 一法是一切法 一切法是一法 [⋯] 若人得入是法門者 卽能不過一念普現無邊三世 復以

하여 3세시(三世時)를 벗어나고, 무중무변(無中無邊)하여 6방소(六方所)를 벗어나 있다면,[52] 이미 일체의 수량 표상을 벗어나 있고, 계량적 사고인 존재자 표상을 넘어서 있다. 스피노자는 '신즉자연(神卽自然)'의 사상을 정치하게 전개한 바 있거니와, 그의 신(神)은 곧 일심이며, 그의 자연은 곧 일법계다. 일심과 일법이 상응하고, 일심이 일체 심(心)이며, 일법이 곧 일체 법인 것이다. 그는 물체도 양적인 표상을 떠나면 '실체'로 이해될 수 있다고 했다. 정신이나 심식(心識)도, 생멸심(生滅心)이나 의욕 등속의 인격(인집·아집) 따위를 벗어날 경우에는 곧 신이며 자연이요 자유이며 필연(결정성)인 것이다. 그의 이른바 '지속, 상상의 관점'은 수연생멸문(隨緣生滅門)에 해당되고, '영원, 지성의 관점'은 자성진여문(自性眞如門)에 해당한다고 볼 수 있다. 오직 '영원의 상' 아래서만 '신은 자연이요 자재존재(自在存在)가 곧 진리실상(眞理實相)'임을 증득할 수 있다. 이런 의미에서 "수멸(數滅)이 곧 때 없는 진여"라 한 것은 너무나 자명한 진리이다.[53]

이제 다시 심·법 상응성에 입각하는 『대승기신론』으로 되돌아가 법성론을 일단 마무리하기로 하자. "법이라는 것은 중생심을 이름이다"라는 구절을 해석하면서 원효는 이렇게 쓰고 있다.

'자체'를 '법'이라 이름한다. 이제 대승에서는 일체 제법이 모두 별체가 없기에, 다만 일심을 써서 그 자체로 삼는 까닭으로, '법이란 것은 중생심을 이름이다'라고 말하는 것이다. 그리고 '이 마음이 일체를 포섭한다'고 말하는 것은 대승법이 소승법과 다름을 나타내는 것이다.

十方世界 咸入一微塵內 〔…〕 不可思議." 「진역화엄경소서」, III: 325~330.

52) 『금강삼매경론』, II: 707 참조.

53) "卽說眞如 名爲數滅 數滅卽是無垢眞如." 『열반경종요』, I: 200. 물론 '수멸'의 '수'를 '심수(心數)', 곧 '심소(心所)'로 해석할 수 있겠으나, 그럴 경우에도 근본 취지에는 하등의 변화가 없다.

이 마음이 실로 제법을 통섭하기에, 제법 자체가 오직 이 일심에 불과하게 되어, 이는 소승에서 '일체 법이 각기 자체를 가지고 있다'는 주장과는 다른 것이 된다.[54]

일심은 일법에, 중생심은 제법에, 생멸심은 생멸법에, 무생무멸심(無生無滅心)은 무생무멸법에, 보리(菩提)는 열반에, 무구식(無垢識)은 정법계(淨法界)에 각각 상응한다.[55] 실로 "현상적 존재자는 모두가 표상적 존재자요, 이와 같은 존재자는 오직 표상 작용의 산물이며, 따라서 표상 작용이 없으면 표상된 존재자(또는 '존재자 표상', '표상으로서 존재자', '존재자로서 표상된 것')도 없으며, 그 역도 사실이다."[56] 무심무경(無心無境)이지만 일체제법에는 필경 일심이 상응하고 있다. 이를테면, 나무 가운데 화성(火性)이 있다 하더라도 이 목중화성(木中火性)을 찾아내기 위해 나무의 원소까지 뒤져 보아도 화상(火相)을 찾을 수 없으며 '화성'이라는 이름과 글자를 아무리 분석해도 화성의 뜻을 해득할 수 없지만 나무를 뚫어서 구하면 불이 반드시 나타나듯이, 제법 중에도 일심이 있지만, "여러 상을 분석해서는 심성(心性)을 얻을 수 없으나, 수도하면서 이를 구한다면 일심이 나타날 것이기 때문이다."[57]

아(我)와 법(法), 심과 법, 지와 경의 상관성 또는 무이평등성(無二

---

54) "自體名法 今大乘中 一切諸法 皆無別體 唯用一心爲其自體 故言法者謂衆生心也 言是心卽攝一切者 顯大乘法異小乘法 良由是心通攝諸法 諸法自體 唯是一心 不同小乘一切諸法各有自體."『대승기신론소』, 은정희: 80.

55) "九識轉顯 顯無垢識 爲淨法界."『금강삼매경론』, II: 243.

56) "諸有爲之事 皆爲名色所攝 如是諸法 唯心所作 離心無境 離境無心."『금강삼매경론』, III: 181. 여기서 '명(名)'은 수상행식(受想行識)을 지칭하며, 따라서 명(名)·색(色)은 5온(蘊)을 의미한다.

57) "謂如木中有火大性 分析求之 不得火相 而實不無木中火性 鑽而求之 火必現故 一心亦爾 分析諸相 不得心性 而實不無諸法中心 修道求之 一心顯故."『금강삼매경론』, III: 251. 또한 II: 462~465 참조.

平等性)에 관해 다시 한번 설명해 보자. 일반적으로 '아'는 인격체, 정신적 주체, 의식 주체로, '심'은 심리 현상으로, '지'는 인식 기능의 하나, 아마도 심리 현상 중에 포섭되는 인지 기능 정도로, '경'은 경계 또는 대상 세계로, 그리고 '법'은 심리, 물리 현상계뿐만 아니라, 명제, 판단, 추리로 구성되는 이념체, 관념 구성체 정도로 생각할 것이다. 그리하여 심신 이원론이나 주객 이분법을 당연하게 생각한다. 그러나 불가 철학은 바로 이러한 이분법을 철저히 지양해, 무이평등일여(無二平等一如)를 증득하고 증시하고자 하는 곳에 그 최고의 목표 이념을 표방하고 있는 것이다. 즉 심과 법이 근원에서는 무이동여 평등평등(無二同如 平等平等)함을 종당에는 증지할 수 있다는 것이다.

일체 정법(淨法)이 무생무멸이고 본래적정이었으므로, 일체 염법은 모두 마음의 조작물인 것이다. "마음은 제법(諸法)의 소의주(所依主)이고,"[58] 상관적으로 "법계(法界)는 소주지(所住地)가 되며. […] 법계가 소주지라면 능주자(能主者)는 중생심이 된다."[59] 불각심(不覺心)이 삼계(三界)를 변작(變作)할 때, "소작제법(所作諸法)은 『화엄경』의 말대로 마음의 그림에 불과하며, 일체 분별(分別)이 자신의 마음을 분별하는 데 불과하다."[60] 그러나 이러한 마음의 조작이 공(空)임을 알고, 공한 마음의 조작인 법이 또한 공임을 안다면, "마음을 떠나서는 경(境)이 없고, 경을 떠나서는 마음이 없으며",[61] 이와 같은 "두 가지 떠남이 일시에 성취되기 때문에"[62] 능취(能取)·소취(所取)의 분별도 사라진다. "오직 마음이 허망하게 보기 때문에 경계를 변

---

58) "心是諸法所依主故." 같은 책, II: 320.

59) "以法界爲所住地 […] 皆爲法界爲所住地 能住者 衆生心也." 『범망경보살계본사기』, VI: 174.

60) "以一切法 皆從心起 妄念而生 一切分別 卽 分別自心." 『대승기신론』, 은정희: 218.

61) "離心無境 離境無心." IV: 181.

62) "所以二離一時成就." II: 320.

작하지만, 마음의 허망이 없어질 때 경계를 짓지 않으며, 경계가 없기 때문에 마음을 내지 않게"[63] 되기 때문이다. 그리하여 만일 일심이 무명망념(無明妄念)을 영원히 단절하고, 일심 근원으로 돌아가 그 본성을 볼 수 있게 되면, '심불견심(心不見心)'이 '각지자심(覺知自心)' 또는 '자견심성(自見心性)'이 되고, 중생심·생멸심은 "유전을 멈추고 고요히 쉬는 것도 없어지며, 항상 스스로 한 마음으로 한결같은 모양을 지니게 된다."[64] 즉 무상심(無常心)이 상주일심(常住一心)이 된다는 것이다. 일심의 근본으로 되돌아간 일심을 불각(佛覺)·묘각위(妙覺位)의 심지(心地)로서 제9식 '암마라식'으로 지칭하거니와, 이러한 경지에서는 마음의 본질이 완전히 조명되어, 온갖 영상상(影像相)이 멸진되고, 마음은 자견(自見)·자상(自相)이 완전히 합일되어, 더 이상 잘못 보게 되는 일이 없어지게 된다.[65]

이와 같이 상대문(相待門)에서 보면, 염심(染心)도 자상(自相)이 없고, 정심(淨心)도 자상이 없으며, 그에 상관적인 염법(染法)·정법(淨法)도 자상이 없게 된다. 생사와 열반, 공(空)과 불공(不空), 아(我)와 무아(無我)의 상대(相待), 심지어는 '무대(無待)와 상대(相待)'의 상대마저 모두 자상이 없게 된다.[66] 그러므로 마땅히 알아야 할 것은 일체의

염법·정법이 모두 다 상대이기에 자상을 말할 수 없으며, 따라서 일체 법이 본래부터 물질도 아니요 정신도 아니며, 지(智)도 아니요

---

63) "唯心妄見 變作境界 心無妄時 則不作境 境界無故 不生心也." II: 664.
64) "本無流轉 今無靜息 常自一心 住一如狀."『대승기신론소』, 은정희: 164.
65)『열반경종요』, I: 223 참조.
66) "平等覺位 猶生滅未盡心源故在八識 今到永離生滅 窮歸本覺一心之源 故入第九識中明淨 又前因位有仰緣義 所以其心影像相現 今歸心源體 彼本質由是諸影一切相盡."『금강삼매경』, III: 88, 89. 그리고 제9식의 의미에 관해서는 II: 243, 536, 749 ; III: 88, 89, 94 참조.

식(識)도 아니며, 유도 아니고 무도 아니기에 끝내 그 상(相)을 설명할 수 없다. 그러기에 이것을 설명한다는 것은, 여래가 훌륭한 방편으로 언설에 거짓 의지함으로써 중생을 인도함이니, 그 취지는 모두 망념을 버리고 진여 내로 돌아가게 하기 위함이요, 만약 망념으로써 일체 법을 생각하면, 마음은 생멸하여 참된 지혜에 들어갈 수 없다.[67]

는 사실이다. 심과 법이 유·무가 아닌데, 어찌 물·심이 별개 존재자일 수가 있겠는가. 이는 실증론, 무법론은 물론 유물론, 유심론의 양변을 멀리 초월해 있음을 볼 수 있다. 그러기에 '나무에도 마음이 있고 돌에도 불성이 있다'고 말하더라도 전혀 이상하게 들리지 않는다.[68] 이러한 이원론의 양변을 초월해 그것들의 근원으로 복귀할 때, 진정한 심과 법, 즉 궁극적이고 통일적인 실재성과 진리성을 발견할 수 있다. 그것이 곧 상심(常心)·상법(常法)이며, 심상(心常)·불상(佛常)이고, 법상(法常)·신상(身常)이다. 주객 합일, 심경일여(心境一如)에 관한 자세한 논의를 위해, 우리는 이제 실재성의 인식, 즉 진리성의 문제로 옮겨 간다.

2) 진리성의 문제 —— 반야론(般若論)

상식에 따르면 실재를 있는 그대로 인지한 상태를 '진리'라 한다. 이러한 정태적 견해에 따르면, 인식의 대상은 우리의 인식 작용이나 활동에서 분리되어 그 자체로 존재하는 이른바 사물자체, 사태 자체

---

67) "染法淨法皆悉相待 無有自相可說 是故一切法從本已來 非色非心 非智非識 非有非無 畢竟 不可說相 而有言說者 當知如來善巧方便 假以言說引導衆生 其旨趣者 皆爲離念 歸於眞如 以念 一切法令心生滅 不入實智故." 『대승기신론』, 은정희: 323.

68) "若依有情無情異門 瓦石等物 不名佛性 若就唯識所變現門 內外無二 合爲佛性."『열반경종요』, I: 468. 그리고 제법 속에 심(心)이 있다는 견해에 관해서는『전서』III: 251 참조.

이며, 인식의 목표는 이 사물과 사태 자체를 가장 근사(近似)하게 인식하는 것이다. 이러한 견해가 '진리 대응설', 즉 '사실과 관념, 세계와 언어의 대등, 대응에서 진리가 성립된다'는 견해다. 그리고 이 경우 우리의 관념이 사실을 그대로 대변, 복사, 재현한다는 의미에서 이러한 견해를 '모사설(模寫說)'이라고도 부른다. 그러나 이와 같이 일견 자명한 듯한 견해도 조금만 깊이 생각해 보면 어불성설임이 드러난다. 문제는 우리의 모사, 인지가 사실에 근거하는가가 아니라, 도대체 그러한 인지나 모사가 가능하기나 한 것인가에 있다. 왜냐하면 인지나 모사의 원형, 원본이 무엇인지, 그것의 자체적 실재성을 당초에 어떻게 확인하여 인지와 모방의 대상으로 확정할 수 있는지라는, 더 근원적인 문제, 즉 존재의 문제, 실재성의 문제가 먼저 해결되어야 하기 때문이다. 원본 자체가 인식에 의해 왜곡, 오염되지 않은 채로 독자성을 확보할 수 있을 것인지가 문제이기 때문이다.

　인식 주체와 대상이 처음부터 별개로 존재한다고 상정되는 한, 양자 간의 합일·대응 관계는 고사하고, 관계 자체의 성격과 가능성이 우선 문제될 수밖에 없게 된다. 과연 실재가 무엇이며, 그것을 어떻게 하는 것이 인지와 모사인가. 우리가 모사, 복사라고 부르는 것은 원본의 복사 자체가 아니라, 원본과의 동일성을 확인하는 우리의 인지 작용이다. 그렇다면 '원본은 실물, 사실, 존재이고 사본만이 우리의 관념'이라는 주장이 어떻게 정당화될 수 있을 것인가? 우리가 이미 앞서 살펴본 대로 모사의 대상 자체가 의식 작용의 소산이고, 따라서 대상과 모상을 비교한다는 것은, 혹은 대상을 모사한다는 것은 다만 의식이 영상을 만들어내는 것에 불과한 것은 아닐까?

　혹은 헤겔 G. W. Hegel이 그의 『정신현상학 *Phänomenologie des Geistes*』「서론」에서 절묘하게 묘사하고 있듯, 우리가 물자체, 절대자에게 접근해 그것을 있는 그대로 포착하는 과정에서 모종의 매개 수단을 사용하는 것이 왜곡이나 차질을 수반하게 된다면, 그 왜곡된 부분을 결과된 인식으로부터 제거, 교정함으로써 종당에는 절대자를 온전히 파악할 수 있을 것으로 추정할 수도 있다. 그러나 문제는 여전히 남아 있고, 결정적인 장애는 아직도 극복되지 않고 있다. 왜냐하면 '절대 자체'와 '그것의 인식'을 비교한다는 일이 선결 문제 오류를 범하는 것이 되기 때문이다. 절대자 자체의 인식 획득이 문제인데, 그것의 성취를 어떤 경우에도 전제로 삼을 수 없다는 것이다. 문제는 여전히 절대자를 '맨 처음에' 어떻게 확인하고, 어떻게 모사, 인지할 수 있을 것인가에 있다.

이러한 인식의 아포리아에 직면해 색다른 묘수를 찾아낸 사람이 흄 D. Hume이다. 그는 인식의 대상은 당초부터 관념, 지각에 대립되는 별개의 독자적 실체인 사물자체가 아니라고 과감하게 선언했다. 우리의 인식이나 지식 및 언어의 범위 안에서는 도대체 사물, 객체 자체라는 것이 의미 있게 거론조차 될 수 없는 것이다. 우리가 소박하게 '사물'이라 하는 것은 다만 '관념의 체계'에 불과한 것이다. 예컨대 황금이나 나무, 토끼나 사람, 시계나 국가와 같은 것은 어떤 물체, 물건, 사태가 아니라, 모두가 예외 없이 관념들의 집합, 체계에 불과하다. 그러기에 이들 대상을 인식한다는 것은 비관념적인 것을 관념의 형태로 포착하는 것이 아니라, 이미 인간의 관념적 산물인 신념 체계를 다른 관념이나 다른 신념 체계로 변형시키는 것 외의 다른 어떤 행위도 아닌 것이 된다. 그러기에 여기서 문제가 되는 것은 실재와 관념의 상응, 일치가 아니라, 관념 상호 간의 일관성 coherence과 그것을 야기하는 신념의 생동성이다. 이러한 유형의 인식론을 '진리 일관설'이라 부른다.

진리 대응설과 진리 일관설은 가장 통속적이고 보편적인 진리설이다. 전자는 실재의 문제에 걸려 넘어지고, 후자는 '실재'라는 관념 자체를 처음부터 제거해 버린다는 의미에서, 양자는 모두 실재를 포기하지 않으면 안 된다. 실재를 포기했을 경우, 실재에 관한 관념으로서 상정된 진리의 진리성, 진리 관념의 실재성은 아마도 그 유용성 또는 실용성에 달려 있다고 볼 수 있을 것이다. 관념의 진리성을 그것의 실용성에서 찾는 견해가 바로 '실용주의' 또는 '실용론 pragmatism'이라 불리는 것이다. 우리가 원리적으로 보더라도 알 수 없는 이른바 '실재'라는 것이 무용한 표상에 불과하다면, 관념의 진리성을 더 이상 그것의 객관성에서 찾을 것이 아니라, 그것이 우리에게 개인적, 집단적으로 제공하는 효용성에서 찾는 것이 마땅하다는 주장이다.

그런데 여기서 한 가지 주의할 것이 있다. 그것은 로크 식의 대응설에 대한 대안으로 제시된 흄의 일관설에서 실용론으로 나아가지 않고, 흄의 선구자인 버클리 G. Berkeley에게로 돌아가보는 일이다. 실로 흄의 현상론적 일관설은 버클리의 지각 이론에서 유래하는 것이다. 버클리에 따르면 '물체' 또는 '물질적 실체'라는 개념은 '개념상 모순'이며, 인명론(因明論)적 용어를 빌리면, '자어상위과(自語相違過)'에 걸려 있는 것이다. 언어에 의해 지각되지 않는, 도무지 관념이 아닌 물질은 실체로, 그것 자체로 존재하지 않는다는 것이다. 여기까지는 대체로 버클리와 흄이 같은 생각을 하고 있는 셈이다. 그러나 흄이 사물자체를 신만이 인식할 수 있는 그 무엇으로 추정해 인식의 범위에서 제외하는 극단적 회의주의를 견지하고 있는 데 반해, 버클리는 '물자체'를 '신의 지각'으로 확신하고 있다는 점에서 둘의 견해가 완전히 달라진다. 실재란 바로 신의 인식이며, 이 경우 '실재'와 '인식'은 동일한 것으로 이해된다. 그러나 '신'이라는 관념을 자신의 개념으로 증득하고 있지 못했던 흄에게는, 진리란 다만 '불가지(不可知)의 실재가 우리의 지각 능력에 부여한 것'을 상상력을 통해 적합하게 재구성한 신념에 불과한 것이었다.

우리가 원효 불교의 존재론, 실재론을 해명하면서 편의상 실재의 문제를 우선 거론하고, 진리의 문제, 실재 인식의 문제를 별도로 해명하려는 차제에, 서양 철학사의 인식론을 언급하는 것은 모형적인 대비를 통해 원효 불교의 진리론을 한층 더 분명하게 부각시키려는 데 그 참뜻이 있다. 이를테면 생멸문, 유위·무위·무루문에서 보면 불교 인식론은 버클리의 참뜻에 더욱 가까운 것으로 볼 수 있기 때문이다. 그리고 진리 인식이 불교의 경우에는 자리이타, 요익중생, 하화중생하는 실천성과 실용성을 더할 나위 없이 강조하고 있기 때문이다. 다만 불교에서는 세간적이고 속물적인 실용성이 아니라, 출세간적이고 제1의제(第一義諦)적인 실리성을 본래적, 근본적인 실리성이라는 뜻에서 '본리(本利)'라고 부른다.[69] 이제 우리는 이러한 예비적 고찰을 염두에 두고 원효 불교의 인식론, 진리관을 요약해서 소개할 것이다.

무엇을 '알고자 하는 것'은 '참으로 알고자 하는 것'이며, '참으로 알고자 하는 것'은 '참인 것 또는 참을 알고자 하는 것'이요, '참으로 참인 것을 알고자 하는 것'은 결국 '참으로 있는 것을 참으로 알고자 하는 것'을 뜻한다. 즉 인식의 최고 형식을 참인 것을 참으로 아는 것, 궁극적으로 참인 것을 참으로 아는 것, 궁극적인 것에 관한 궁극적인 인식, 즉 절대적인 것에 관한 절대 인식, 또는 '자재 = 자연 = 진여(自在卽自然卽眞如)'에 관한 자유로운 자증일 것이다. 단적으로 말해 진여의 진관(眞觀)이라 할 수 있다. 따라서 불교의 인식론은 '진여의 진관' 내지는 '실상 반야(實相般若)'의 개념(또는 이념)을 해명하는 것에 다름 아니다. 뿐만 아니라 진관이나 반야는 대상을 관상적으로 관망하는 것이 아니라, 즉 주·객 상대적인 상망(相望) 관계가 아니라, 이를테면 제법실상(諸法實相) 속에 동시(同時), 동연(同延), 동등(同等), 동여(同如)적으로 입장(立場)하는 것, 현장(現場)하는 것을 말한다. 그리고 이와 같은 심경무이(心境無二), 지경불이(智境不二),

---

69) "無相之法 順成本利 利旣是本利而無得." 『금강삼매경론』, II: 243.

심지혼동(心智渾同), 능소무애(能所無礙), 원지자용(圓智自用)의 사태를 ‘입실제(入實際)’라 부른다.

　비심비색(非心非色), 비심비영(非心非影)의 법이청정(法爾淸淨)한 상황은 어떠한 경지를 이르는 것인가?[70] 심과 색은 심리적인 것과 물리적인 것의 상대이며, 심과 영은 심적 작용의 주체와 그 소산, 이를테면 데카르트의 코기토 cogito와 코기타타 cogitata의 상대이며, 후설의 노에시스 noesis와 노에마 noema, 유식론의 심왕(心王)과 심소(心所)의 상대다. 그렇다면 심리적인 것도, 물리적인 것도, 심(心)의 소산물(이를테면 이념, 허구)도 아닌 것, 일체의 것으로부터 오염되지도 혼잡되지도 않은 순수하고 청정한 법 자체는 무엇인가? 유위(有爲)의 견지에서 법의 3성(性)을 이야기할 수 있다. 예컨대 마(麻)는 원성실성(圓成實性), 본래진여성이요, 노끈은 인연 소생, 인과 산물의 의타기성(依他起性)이요, 노끈을 뱀으로 오인한 환상〔影〕은 변계소집성(徧計所執性)이다. 마도 있고, 노끈도 있고, 뱀도 있으나 ‘노끈을 뱀으로 본 환상’이나 ‘노끈인 뱀’은 있지 않다. 그러나 무위법의 관점에서 본다면 뱀의 상도, 노끈의 생겨남도, 심지어는 마의 자성도 그것 자체로는 없는 것이다. 생이 없고 상이 없으면 성도 없는 것은, 이 모두가 분별심의 소산이고 명색소섭(名色所攝)임을 면치 못하기 때문이다. 토끼 뿔은 분명 허구이지만, ‘토끼 뿔’이라는 명상(名相)에 집착하지 않으면 ‘토끼 뿔이 없다는 것’ 자체도 없는 것이며, 따라서 토끼 뿔이 없다는 것에 상대적인 집착인 ‘쇠뿔이 있다는 것’ 자체도 없는 것이다. 이러한 유무변(有無邊)을 넘어서야 비로소 실재와 인식이, 실상(實相)과 실지(實智)가, 실상 반야와 관조 반야(觀照般若)가 내외무이(內外無二)한 지평에서 진실재의 진인식이 입실(入實)할 수 있게 된다.[71]

---

70) “經曰大力菩薩言 云何非心非影 法爾淸淨.” 『금강삼매경론』, II: 679.
71) “不無自體者 謂離無自體邊 如牛角故〔…〕不有不無者 不有卽是不無 不

불교 인식론의 전형은 반야관(般若觀)에서 발견된다. 따라서 우리
는 『마하반야바라밀경(摩訶般若波羅蜜經)』에 대한 원효의 주석인
『대혜도경종요(大慧度經宗要)』로부터 주관(실지 또는 관조 반야)과
객관(실상 또는 실상 반야)의 관계를 그가 어떻게 해명하는가를 살펴
보겠다. 우리는 여기서 우선 실상 반야를 먼저 설명하지 않을 수 없
지만, 앞에서 실상 또는 제법실상을 다루면서 비교적 자세히 거론한
바 있기에 여기서는 간단히 언급하는 것으로 충분할 것이다. 그러나
우리가 유념해야 할 것은, 지금 우리가 문제 삼는 개념은 단순히 '실
상'이 아니라 '실상 반야'라는 점이다. 즉 존재론적 개념에 인식론적
함의가 부가되어 있다는 것이다. 그리고 존재론에서 '실상' 개념을
다룰 때에도 이미 '반야'의 개념이 함축적으로 생략되어 있었음은 물
론이다. 불교의 실상론(實相論)은 존재론, 인식론, 논리학, 윤리학의
통일체이기 때문이다. 그러므로 여기서는 '실상'의 개념 중 특히 인
식론적 함축 의미, 즉 반야의 의미를 해석해 내는 것이 중요하다.

원효는 우선 제법실상에 대한 4종의 학설을 차례대로 거론한다.
제1설은 의타기자성(依他起自性) 상의 변계소집성에 의해 나타나는
'진여'를 제법실상으로 보는 견해이며, 제2설은 '의타기성(依他起性)
도 공(空)이며, 진여도 또한 공이듯 제법실상도 공이라고 보는' 견해
이다. 이것은 5온(蘊)도 법성실제(法性實際)도 무소불가득(無所不可
得)으로 규정하는 공견(空見)인 셈이다. 제3설은 의타기성이 유(有)
이기도 하고 공(空)이기도 하다는 견해다. 세제(世諦)로 보면 유(有)
이고 승의(勝義)로 보면 공(空)이기 때문이다. 그리고 제4설은 "2제
법문(二諦法門)은 다만 가설이어서 실상이 아니기 때문에, 진(眞)도
아니고 속(俗)도 아니며, 유도 아니고 공도 아닌 것을 이에 제법실상
이라 부른다."는 주장이다.[72] 과연 이 4종설 중에 어느 것이 사실 또

無卽是不有 〔…〕 如一心法 不有不無 如如智理 亦同是說." 『금강삼매경론』,
II: 701 ; "牛角非有兎角不無故如汝所取 但是名言. 『십문화쟁론』, V: 792.

는 진리인가에 대해 원효는 우선 4종설을 『석론(釋論)』에 따라 일체실(一切實), 일체비실(一切非實), 일체실역비실(一切實亦非實) 및 일체비실비부실(一切非實非不實)의 4구(句)로 요약한 다음,

> 여기 말한 4구가 이 실상이라 한 것은 앞의 4설(說)에 배당할 수 있으며, 집착을 버리고 이야기하면 부당함이 없겠지만, 만일 집착을 내어 말대로 취하면, 서로 파괴되지 않음이 없기에 실상이 아니고, 4구를 버려야 파괴할 수 없기에 제법실상이라 부른다.[73]

고 단안을 내린다. 4설은 문제의 4구에 대한 예시로서 의도적으로 고안된 것이리라. 원효는 『판비량론(判比量論)』을 저술했을 만큼 인명논리(因明論理)에 정통했고, 이러한 논리를 모든 종요와 논소에 명시적, 묵시적으로 적용해 치밀하고 정치하게 개념을 분석하고 논리를 전개하고 있다.[74]

우리는 잠시 저 4구에 관해 간단하게나마 언급하고 지나가려 한다. 이것은 이 문제의 4구가 실재의 문제나 실재 인식의 문제, 진리의 문제나 자유의 문제를 해명하는 데 긍정적으로나 부정적으로 아주 중요한 역할을 수행하고 있다는 점 때문이다. 절대의 논리는 4구의 논리를 초월하는 것이지만, 화쟁의 논리는 역설적으로 이 4구의 논리를 화해시키는 것이기도 하다. 4구의 논리는 형식 논리의 기본

---

72) "或有說者 二諦法門 但是假說 而非實相 非眞非俗 非有非空 如是乃名 諸法實相." 『대혜도경종요』, II: 46.

73) "案云 此說四句 是實相者 是具次第 許前四說 離著而說 無不當故 若有著者 如言而取 無不破壞故非實相 離絶四句 不可破壞 如是乃名 諸法實相." 같은 책, 47쪽.

74) 원의범, 「판비량론의 인명 논리적 분석」, ≪불교학보≫(동국대학교 불교문화연구원, 1984), 11~25쪽 ; 신현숙, 『원효의 인식과 논리 ── 판비량론의 연구』(민음사, 1988) ; 『판비량론』, VI: 21~55 참조.

도식이면서도, 단순 긍정과 단순 부정의 형식 논리학적 오류 법칙과도 연관이 있다. 그러므로 4구를 초월한다는 것은 유무(有無)의 형식 논리학적 구도를 넘어선다는 뜻이 되며, 4구를 화해한다는 것은 초월과 내재, 출세간과 세간, 진여와 생멸, 본질과 현상, 선험적인 세계와 현상적인 경험계를 비일비이(非一非異), 불일불이(不一不二)의 논리로 무애자재(無礙自在)하게 융화시킨다는 뜻이 되기도 한다.

그렇다면 4구를 요약 정리해 보자. 제1구는 단순 긍정 또는 단순 정립이요, 제2구는 단순 부정 또는 단순 반정립이며, 제3구는 제1구와 제2구를 동시 정립하는 긍정 종합이요, 제4구는 제1구와 제2구를 동시 부정하는 부정 종합이다. 대표적인 4구는 유·무 및 일(一)·이(異)의 모순 개념으로 구성되는 것으로서, 이러한 4구에 의해 적어도 형식 논리학적으로 가능한 모든 주장(종(宗) 또는 법(法))이 총섭되는 셈이다. 우선 형식 논리학적으로 판단하면, 제1구는 동일성의 원리요, 제2구는 차이성의 원리이므로, 결국 제1구와 제2구는 동일성의 긍정과 부정이라 할 수 있다. 그리고 제3구는 모순율에 걸리는 것이며, 제4구는 배중률을 위배하는 것이다. 그러나 불가의 논리로 보면, 제1구도 단순 긍정의 오류, 불가의 이른바 '상견(常見)'의 오류 또는 '증익변(增益邊)'의 오류이고, 제2구도 제1구의 반대 오류 즉 단순 부정의 오류 또는 불가의 이른바 '단견(斷見)'의 오류 혹은 '손감변(損感邊)'의 오류이며, 제3구는 '상위과(相違過)'로, 그리고 제4구는 '희론과(戲論過)' 또는 '우치론과(愚癡論過)'로 명명되는 것들이다. 4구의 4대 오류는 '4방(謗)'이라 불리며, 모든 주장, 정립〔宗·法〕은 우선적으로 이 4방을 모면할 수 있어야 함은 물론이다. 이 4구와 4방에 대한 자세한 설명은 절대의 지시 문제를 다룰 때 보충하기로 하고, 이제 본론으로 돌아가자.

우리는 이제 막 반야 개념을 통해 인식의 문제를 해명하는 데서, 인식의 주·객 또는 능·소 관계 중 객체 또는 소취법(所取法)으로서 우선 실상 반야 개념을 해명하는 하나의 방편으로, 4종의 실상설(實相說)을 4구 개념과 연관시켜 보았다. 그리하여 실상은 ① 유이거나 ② 공이어야 하지만, 상견(常見)과 단견(斷見) 또는 단순 긍정(정립)과 단순 부정의 오류를 피하기 위해 ③ 유이기도 하고 공이기도 하다고 주장할 수밖에 없었다. 그러나 모순 개념을 동시에 긍정하면 모순율에 위배되는 상위과를 범하기 때문에, 부득이 ④ 유도 아니고 무도 아니라는 희론(戲論)을 택해 배중률에 위배되는 과실을 범할 수밖에 없었다. 우리가 유변(有邊)에 집착하는 한, 어떠한 주장도 이 4과(過)의 비방을 모면할 수 없다. 『광백론(廣百論)』의 송(頌)과 같이 "유(有)·비유(非有(無·空))·구(俱)·구비(俱非)의 4구, 4방은 모든 주장을 침묵시키기 때문에, 이를 통해 논란을 일으키려 한다면 종당에는 아무것도 주장할 수 없게 된다."[75] 그러므로 제법실상, 즉 진여법상(眞如法相)은 4구를 초출하는 불립문자요 언어도단이며 이언절려다. 다시 말해 4구의 속박에서 벗어날 수 있을 때 진여실상을 정관(正觀)할 수 있게 되고, 이러한 진관(眞觀)의 소조경(所照境)이 바로 제법실상이며, 또한 그것 자체가 반야이기도 하다.

실상 반야의 상대는 관조 반야다. 제법실상이 대혜(大慧), 대지광명(大智光明) 가운데 온전하게 빛나고 있는 상태를 '실상 반야'라 부른다면, 관조 반야는 관조하는 반야, 즉 '행자(行者)가 자심(自心)을 회광반조(回光返照)하고 자조(自照)하여 자기견성(自己見性)하는 반야'를 의미한다. 비록 밝은 태양 아래 삼라만상이 약연하다 하더라도, 이 실상을 여실히 관조할 수 있는 능증지덕(能證智德)을 구비하고 있지 못하면 만사가 무실(無實)이겠기에, 실상 반야는 필연적으로 관조 반야를 수반한다. 플라톤의 '동굴 우화'만 보더라도 오랫동안 동굴 안에 익숙해져 있던 편견의 포로들은 동굴을 탈출해 태양이 작열

____

75) "有非有俱非 諸宗皆寂滅 於中欲興難 畢竟不能申." 『대혜도경종요』, II: 47. 번역 인용문 중 괄호 안의 내용은 첨가한 것이다.

하고 만상이 삼연한 대명천지를 대하고서도 처음에는 이것을 바로 볼 수 없지 않던가. 따라서 제법실상을 진관할 수 있도록 정견 능력을 개발하는 수도행이 일미관행(一味觀行)이며, '실상을 조금은 볼 수 있는 수준'에서 '완전히 볼 수 있는 일체 종지(種智), 여리(如理)·여실지(如實智)의 수준' 사이에 있는 지혜를 '관조 반야'라 이름할 수 있다. 원효는 관조 반야의 성격 규정에 관해서도, 앞의 실상 반야와 같이, 4구에 해당하는 4종설을 소개한 다음, 이 4설을 모두 일리(一理) 있는 것으로 평가한다. 여기서 주목해야 할 것은, 4구 4방을 초출한 제4설을 극구칭찬하면서도, 그것마저 다만 '일리(一理)'로 간주해 여타 3설 모두를 버리지 않는 원효의 화쟁 안목이다.[76]

아·법, 심·경을 능·소로 나누어 보는 방편상의 분석에 따라 실상 반야와 관조 반야를 가설(假設)해 보았지만, 반야의 실상은 불이불일(不二不一)의 일심, 일미(一味)일 뿐이다. 보살이 반야바라밀을 수행할 때, 일체의 제법실상이 유무, 단상, 생멸, 능소 일체를 도무지 얻을 수 없고, 일체의 견상(見相)을 멀리 벗어나 제법실상을 증회(證會)함이 언어도단, 심행처멸인데, 어떻게 실상과 관조의 2반야를 분별할 수 있겠는가. 말을 떠난 진여를 말에 의해 말로 말미암아 말을 버릴 목적으로 부득이 '실상 반야'나 '무분별지'라고 부르지만, 기실은 실상과 실지가 완전하게 합일되어 있는 것이다.[77] 어디 그뿐이겠는가. 우리가 『반야심경』에서 읽을 수 있듯, 유·무, 생·멸, 아·무아, 상·비상, 상(相)·견(見)을 멀리 떠난 이언절려의 경지라면, 관조도 존재하지 않으며, 관조한다는 생각마저 끊어진다. 실상도 없고, 관조도 없고, 반야도 없을 뿐만 아니라, 실상, 관조, 반야가 없다는

---

76) "第四義者 唯顯地上 無分別智 證會實相 絶諸戲論 超過四句 遠離五相 〔…〕 而非盡攝一切智慧故 言諸說皆有道理." 같은 책, 62쪽.
77) "云亦於中有二般若 但一切諸法 無不同然 是故 强名諸法實相 一切分別 無所不離 是故 亦名無分別智 無智而非實相 無實相而非智." 같은 책, 65쪽.

것조차 없을 경우에만, 유무 양변을 멀리 벗어난 것이 아니겠는가.

원효는 『대혜도경(大慧度經)』을 종요 해설하는 서두에서 다음과 같이 그 대의를 서술하고 있거니와, 이는 그가 반야 개념을 여실히 증지하고 있음을 역연하게 증시한다. 즉

무릇 반야의 지극한 도(道)는 도라거나 도가 아니라거나 할 것이 없고, 지극하다거나 지극하지 않다거나 할 것도 없다. 숙연하여 적정하지 않음이 없고, 태연하여 호탕하지 않음도 없는 것이다. 이로써 우리가 알게 되는 것은, 실상(實相)이 곧 무상(無相)이기에 상(相) 아닌 바가 없고, 진조(眞照)가 무명(無明)이기 때문에 명(明)이 되지 않음이 없다는 점이다. 무명이면서 명 아님이 없는 것이라면, 그 누가 치암(痴暗)을 없애고 혜명(慧明)을 얻을 것이며, 무상이면서 상 아님이 없는 것이라면, 그 어찌 가명(假名)을 부수고 실상(實相)을 설하겠는가. 그러기에 가명과 망상(妄相)이 진성(眞性) 아님이 없는데도, 온갖 달변으로도 그 상(相)을 설명할 수 없으니, 실상 반야는 신비하고도 또 신비하도다. 탐염(貪染)과 치암(痴闇)이 모두 다 혜명이거늘, 온갖 안목으로써도 그 조(照)를 볼 수 없으니, 관조 반야는 비우고 또 비우는 것이 아니겠는가.[78]

라고 응변했을 때, 관조 반야와 실상 반야의 현묘한 도리(道理)가 시처럼 묘사되어 있다. 특히 "어리석고 어두움을 제거하고 누가 지혜의 밝음을 얻겠으며, 가명을 부수고 어찌 실상을 이야기할 수 있는

---

78) "夫波若爲至道也 無道非道 無至不至 蕭焉無所不寂 泰然無所不蕩 是知實相無相故 無所不相 眞照無明故 無不爲明 無明無不明者 誰滅痴暗而得慧明 無相無非相者 豈壞假名而說實相, 斯則 假名妄相 無非眞性而四辯不能說其相 實相般若 玄之又玄之也 貪染痴闇 皆是慧明而五眼不能見其照 觀照般若 損之又損之也." 같은 책, 32~33쪽. 또한 『대승기신론소』, 「제1표종체자(第一標宗體者)」, 은정희: 19 참조.

가?"라고 반문하고, 가명망상(假名妄相)을 무비진성(無非眞性)으로, 그리고 탐염치암(貪染痴闇)을 개시혜명(皆是慧明)으로 선언하는 웅대한 기상은 노장(老莊)을 방불케 한다. 실로 십문화쟁(十門和諍)하고 무애자재(無礙自在)하는 원효 사상의 진면모가 극명하게 증시되어 있다고 하겠다.

능·소 평등, 주·객 미분(未分)인 불교 인식론의 또 다른 면모를 소개하기 위해 이번에는 '법상즉불상(法常卽佛常)'의 개념을 간략히 해명하고자 한다. '법'과 '불'은 대략 객관과 주관에 대비되고, '상'은 '정체성'을 의미한다. 여기서 말하는 상은 물론 유위속견(有爲俗見)에서 본 상, 즉 '무상(無常)의 모순 개념'인 상이 아니라, 유·무 양변을 멀리 초월한 진상(眞常), 즉 무위정관(無爲正觀)에서 본 상이다. 지속성과 실체성을 함의하지만, 변화나 수량의 관점이 아닌, 스피노자의 이른바 '영원상 하(永遠相下, sub specie aeternitatis)'의 견지에서 본 실재성이며 상주성(常住性)이라 하겠다.[79] 유견(有見)에서 '인아(人我)·법아(法我)'를 주장하고 공견(空見)에서는 인공·법공(法空)을 주장하지만, 유무견(有無見)을 초출한 절대(絶對)·이대(離待)의 견지에서 인아·인공, 아(我)·무아(無我)의 상대는 자재아(自在我)로 지양되고, 법유(法有)·법공(法空)의 상대는 진실아(眞實我)로 지양되어, 결국 자재아·진실아는 대아(大我)·대열반(大涅槃)이 되는 것이다. 이 자재대아(自在大我)의 상덕(常德)을 '불상(佛常)'이라 하고 진실대아(眞實大我)의 상덕을 '법상(法常)'이라 부를 수 있다.

상덕(常德)·아덕(我德)의 각개(各個) 2의(義)와 3종(種)의 구별에 관해서는 이미 언급한 바 있기에, 여기서는 다만 법상과 불상의 불일불이, 비일비이성을 약술하고자 한다. 법이 불생불멸하기 때문에 유무 양변을 떠나 있으며, 생멸이 없으니 무상(無常)이 아니어서 단

---

79) 신오현, 「절대와 윤리 ── 비트겐슈타인과 스피노자 비교연구」, 『절대의 철학』, 203, 233쪽 참조.

견(斷見)을 벗어나며, 상주(常住)하는 처소가 없으므로 상견(常見)을 벗어나 있다.[80] 그런데 법상이 이루어지면 동시에 불상도 이루어지게 마련이다. 법성의 체(體)가 일심이듯, "불성(佛性)의 체도 바로 일심"이기 때문이다.[81] '법성의 체가 일심이라는 것'이 법성의 개념 규정에 대한 최종 결론이듯, '불성의 체가 일심임'은 불성에 관한 6종설(說)을 검토한 후 원효가 내린 최후 단안이다. 그렇다면 법성과 불성의 상(常)을 논한다는 것은 결국 일심의 상, 즉 심상(心常)을 해명하는 것에 다름 아니게 되는 셈이다. 능증심(能證心)이 적멸해 심상이 된다면, 소증법(所證法)이 또한 여상(如常)이라는 것은 너무나 당연한 것이다.

『금강삼매경』에서는 '심상' 대신 '식상(識常)'을 법상과 상대시키고 있으며, 원효는 또한 이 '식상'을 '불상'과 동일시하고 있다. 「경(經)」에 이르기를,

　　상법(常法)은 상법(常法)이 아니며, 설(說)도 아니고 자(字)도 아니며, 제(諦)도 아니고 해탈도 아니며, 무(無)도 아니고 경계(境界)도 아니기에 일체의 망단(妄斷) 경계를 벗어나고, 이 법은 무상(無常)도 아니므로 모든 상견(常見)·단견(斷見)을 벗어나 있음을 확연히 알게 되면, 식(識)은 상(常)이 되고 적멸하며, 적멸 또한 적멸한다.[82]

하였고, 또 「논(論)」에서는 불상(佛常)을 주석하면서 이렇게 쓰고 있다.

　　이미 법상(法常)을 해명하였으니, 다음에는 불상(佛常)을 현시하리

---

80) "是法 非無常 離諸常斷見者 非無常故 離諸斷見 而是法故 離諸常見 常見所取 非是法故."『금강삼매경론』, III: 176.
81) "佛性之體 正是一心."『열반경종요』, I: 376.
82) "常法非常法 非說非字 非諦非解脫 非無 非境界 離諸忘斷際, 是法非無常故 離諸常斷見 了見識爲常 是識常寂滅 寂滅亦寂滅." III: 175.

라. 〔경(經)에서〕 '역연히 알게 되면 식(識)은 상(常)이 된다' 함은
'저 상법(常法)을 궁극적으로 확연히 알게 되면 그때에 모든 식이 상
이 된다'는 뜻이다. 왜냐하면 상법을 확연하게 알기 이전에는 무명을
따라 본래 정심(靜心)이 동요를 일으켰으나, 〔상법을 깨달은〕 이제
와서는 확연한 깨달음을 따라 본래 정심으로 돌아갔기 때문이다. '이
식(識)이 항상 적멸한다'는 것은 '모든 식이 본래 생멸이 없고, 생멸
이 없기에 식성(識性)이 항상 적멸한다.'는 것을 뜻한다. 그리고 이제
〔상법을〕 확연히 알게 되어, 이러한 적멸식도 영구히 멸하기 때문에,
'적멸 또한 적멸한다'고 한 것이다.[83]

즉 법이 유무, 상단, 생멸, 언어, 경계 등을 초월한 것임을 진관(眞
觀), 요견(了見)하는 식(識)은 필연적으로 상적(常寂)하게 된다. 이미
경계가 없는데, 즉 경계를 반연하게 하는 무명이 없는데, 본식(本識)
이 상적하지 않을 수 없는 것이다. 법이 적멸한다는 것은 법 자체가
대지(大智)의 조명(照明) 아래 적조(寂照)하다는 뜻이며, 이른바 실
상 반야의 상태에 있다는 뜻이다. 이것은 또한 무명을 전제한 것이
요, 무명은 다름 아닌 본식의 본래청정, 즉 관조 반야의 상태를 함의
하는 것이기 때문이다.

이와 같이 관조 반야와 실상 반야가 가설적으로만 2종(種)일 뿐
실제로는 다를 바가 없어 제법실상이 곧 무분별지이며, 실지(實智)
없는 실상(實相) 없고 실상 없는 실지 없어, 능·소와 지·경이 동시,
동연, 동등적으로 일여(一如)하다면, 그리고 원래 무생무멸했고 이제
불생불멸하게 된 상법(常法)과 상식(常識)이 역시 동시 수반적이라

---

83) "已明法常 次顯佛常 了見識爲常者 於彼常法 究竟了見 了見之時 諸識爲
　　常 所以然者 前隨無明 動本靜心 今隨了見 歸本靜故 是識常寂滅者 諸識本
　　來 無生無滅 無生滅故 性常寂滅 今了見時 永滅如是寂滅之識 故言寂滅永
　　寂滅也."『금강삼매경론』, III: 176.

면, 이것은 일심과 일법계가 상즉상입(相卽相入)하게 된 '실제무제(實際無際)'의 경지다. 그렇다면 '심(心)과 법(法)이 무제(無際)가 되어 실제(實際)에 들어가는 것'은 어떻게 가능한가?『금강삼매경』「입실제품(入實際品)」에서 "대력(大力) 보살이 '실제의 본각이익(本覺利益)은 출입(出入)이 없거늘 하등의 법과 심으로 실제에 들어갑니까'하고 물었을 때 불(佛)이 대답하기를 '실제의 법은 법이 유제(有際)가 없고, 심이 무제(無際)하게 되면 실제에 들어가게 된다'고 하였다."[84] 이 구절을 해석하면서 원효는 입실제(入實際)를 위한 4대 조건을 제시하고 있다.

법이 가이 없으니, 종으로는 전후가 없고 시(始)·종(終)이 없어서 〔과(過)·현(現)·미(未)〕 3세시(世時)를 떠나 있기 때문이며, 횡으로는 피차가 없고 중(中)·변(邊)이 없어서 〔동서남북상하〕 6방소(方所)가 없기 때문이고, 깊고 깊은 무제가 무변불이(無邊不離)하기 때문이며, 넓고 큰 무제(無際)가 무소불편(無所不遍)하기 때문이다.[85]

즉 시간과 공간의 한계를 초월해 '종횡무진'하되, 시간과 공간 전체를 간격 없이 편만해 있는 법이 바로 무제이며 실제라는 뜻이다. "실제에 들어가는 주체인 마음의 경우에도 역시 4가지 조건을 구비하기 때문에 실제에 들어가지 못할 바가 없는 것이다."[86] 실제에 들어가는 법과 심이 이러한 조건을 구비한다는 것은 곧 "실제가 능(能)·소변(所邊)을 떠나고, 마음 역시 능·소제(際)를 떠나기에, 들어가지 아니함이 곧 들어갈 수 있음이며, 그러기에 이를 불가사의한

---

84) "大力菩薩言 實際實利 無有出入 何等法心 得入實際 佛言 實際之法 法無有際 無際之心 則入實際."『금강삼매경론』, II: 707.
85) "法爾無際 縱無前後際 無始無終 故離三世時故 橫無此彼際 無中無邊故 離六方所故 甚深無際 無邊不離故 廣大無際 無所不遍故." 같은 글.
86) "能入之心亦具四義 故於實際無所不入." 같은 글.

뜻이라 이른다."[87] 이것은 종으로 인·과가 불이(不離)하며, 횡으로 경·지가 불이하고, 결국 통합적으로 인과와 경지가 불이하게 되는 이른바 종횡무진 무장무애(無障無礙)의 지평을 이른다.[88]

3) 자유의 문제 —— 해탈론(解脫論)

일심진여실상(一心眞如實相)이 본래부터 자유자재함에도 무명무지(無明無智)로 말미암아 인연생멸에 계박되고 결사되어 자유를 상실하지만, 본래일심으로 복귀해 열반정적을 복원하면 다시 자유를 획득한다. 지금까지 우리가 법신(法身)·반야를 해명하면서 마침내 입실제에까지 이른 것은, 다름 아닌 자유자재와 자유 상실 및 자유 복원의 유래에 관한 해명 과정이었다. 물론 우리의 논의는 철두철미하게 철학적이고자 하기 때문에 연기론을 취급할 수 없었고, 따라서 자유를 상실하고 회복하는 과정을 발생적, 인과적으로 규명할 수 없었다. 그것은 사실의 문제이며 수도의 문제로서, 철학적 분석과 해명의 한계를 벗어나 있기 때문이다. 아마도 그것은 분석 심리학이나 여타 심리 과학의 영역에 귀속되는 것이리라.

우리가 이미 누차 언급했듯, 실제, 실재, 존재 자체의 해명에는 인식·진리의 문제와 윤리·자유의 문제는 물론 논리·언어의 문제도 총체적으로 포함되어 있음에도 불구하고, 해명의 편의상 실제의 문제와 인식의 문제를 별도로 취급해 온 것처럼, 이제 자유의 문제에 관해 간략히 해명하고자 한다. 여기서 말하는 자유는 유위적, 실증적 의미에서의 자유가 아니다. 그것은 이를테면 '형이상학적 자유'이며, '선험적 자유'라 할 수 있을 것이다. 물리적, 사회적 제약으로부터의 자유가 아니라, 자기 자신으로부터의 자유, 자기 분열과 자기 소외로

---

87) "實際離能所邊　心亦如是　離能所際　卽無其入乃能得入　是謂不可思議義也." 같은 글.

88) 『금강삼매경론』, II: 242~243쪽 참조.

부터의 자유다. 자유롭지 못한 것, 그것은 집착이고 계박이며, 자유롭다는 것, 그것은 그러한 집착이나 계박으로부터 벗어나고 풀려남을 의미한다. 이러한 자유가 원초적, 근원적, 본래적인 것이라면, 그것을 상실하는 것은 존재 자체를 상실하는 것과 다름없다. 불가 철학의 목표와 임무가 근원적인 깨달음이고 근원의 깨달음, 본래의 깨달음〔本覺〕이라면, 이러한 깨달음은 또한 인간이 원래 자유자재하지만 무명 때문에 자유를 상실했으며 지혜를 닦음으로써 자유를 찾을 수 있다는 것을 깨닫는 것이다.

자기 자신을 있는 그대로(진여(眞如)하게) 취하고, 일체의 법을 또한 그 자체로 (평등하게) 대한다면, 그것이 바로 자유자재다. 능소가 평등하고 지경이 무이(無二)하다는 것은 아무런 망념, 망상이 없다는 뜻이며, 아공(我空), 법공(法空)하여 청정적정(淸淨寂靜)한데, 의혹, 무명, 결사(結使)가 있을 수 없으며, 하등의 소외도 개재하지 않기에 자유자재할 수밖에 없다. 이러한 상태를 불생불멸이라 하며, 불생불멸, 즉 적멸이 곧 열반이다. 원래 그것 자체가 열반인 것을 '성정(性淨) 열반'이라 하며, 수도를 통해 증득한 열반을 '방편괴(方便壞) 열반'이라 한다. 후자는 노력을 통해 전자를 회복한 것이다. 그러기에 『기신론』이 '법성'이라 한 것을 원효는 '열반성'이라고 해석할 수 있었을 것이며, 『지도론(智度論)』에서도 "일체 법 가운데에 열반성이 있다."고 했을 것이다.[89] 열반은 법신, 반야, 해탈의 삼위일체로서 이해되는 만큼, 특히 자유의 개념에 직결되는 해탈의 의미를 이해하기 위해서도 우선 이 열반 3사(事)부터 살펴보기로 하자.

법신체라는 것은 〔…〕 그 체(體)가 둘이 없으며 오직 하나의 법계(法界)일 뿐이다. 〔…〕 자법(自法)이 원만하고 자체가 적집(積集)해

---

89) 『대승기신론소』, 은정희: 51 참조.

110

있기 때문에 법신이라 부른다. […] 반야체라는 것은 곧 이 법신의 성이 스스로 밝게 통달하여 비치지 않는 바가 없기 때문에 반야라고 부른다. 해탈체는 곧 이 법신이 모든 얽매임을 벗어 장애받는 것이 없기 때문에 해탈이라 부른다. 이 세 가지 덕이 실로 특수하기에 하나라고 말할 수 없지만, 세 가지 모습이 한 맛이기에 다르다고도 할 수 없어 여래의 밀장이라 부른다.[90)]

이와 같이 열반은 법신, 반야, 해탈의 3요소(3법)로 구성되어 있다. 그리고 원효는 3법이 열반을 구성하는 조건으로 세 가지를 들고 있다. 첫째는 이 3법이 등원(等圓)이 되어야 하고, 둘째는 3법이 일시에 구족(具足)되어야 하며, 셋째는 3법이 동체(同體)를 이루어야 한다는 것이다. 현대 철학적 언어로 표현하면, 열반의 성립 요건은 법신, 반야, 해탈이 동시, 동연, 동가(同價)적이어야 한다는 뜻이다.[91)]

그러나 원효는 이러한 설명으로도 다소 미진함을 발견하고는 다음과 같이 보충한다.

하나의 성품으로 보면 그러하다 하더라도 재론해 보면 반드시 그러하다고만은 할 수 없다. 왜냐하면 이치를 끝까지 상고해 보니 〔열반, 법신, 반야, 해탈〕 4종 공덕(功德)이 모두 총체가 되고 모두 별체가 될 수 있겠기 때문이다. 별체의 뜻으로 말하자면, 열반은 적정(寂靜)의 뜻이고, 법신은 적집(積集)의 뜻이며, 반야는 조달(照達)의 뜻이고, 해탈(解脫)은 이박(離縛)의 뜻이기에, 4종이 별개가 아님이 없다는 것을 알 수 있다.[92)]

---

90) "法身體者 〔…〕 具體無二 唯一法界 〔…〕 自法圓滿 自體積集 故名法身 〔…〕 般若體者 卽此 法身性自明達 無所不照 故名般若 解脫體者 卽此法身 離諸繫縛 無所障礙故名解脫 三德實殊 不可說一 三相一味 不可說異 以之故名 如來密藏."『열반경종요』, I: 266~267.
91) 같은 책, 270~271쪽 참조.

법신, 반야, 해탈이 열반의 구성 요소이면서, 또 한편으로는 법신, 반야, 해탈에 열반까지 포함해 4법을 별개로 논의할 수도 있고, 전체적으로 논의할 수도 있다는 것이다. 법신, 반야, 해탈 없이 열반이 성립될 수 없듯, 열반, 반야, 해탈 없이 법신이 성립할 수 없고, 열반, 법신, 반야 없이 해탈이 성립될 수 없으며, 열반, 법신, 해탈 없이 반야가 성립될 수 없다고 한다면, 이것은 전체적인 고찰이 되며, 위의 인용문처럼 4종 덕(德)을 개별적으로 논의하면 개별적인 숙고가 되는 셈이다. 그리하여 위의 4종 덕을 총(總)·별(別)로 논의할 수 있듯, "일체 공덕(功德)도 다 이와 같아서 일즉일체(一卽一切)요 일체즉일(一切卽一)이기 때문에, 총·별이 장애가 되지 않는다.[93]

열반, 반야, 법신, 해탈이 총이 되기도 하고 별이 되기도 하며 일즉일체이며 일체즉일이기 때문에 무장무애하다는 것은 결국 무엇을 의미하는 것인가? 예컨대 해탈이 열반이기도 하고, 반야가 해탈이기도 하다는 뜻이다. 반야를 해명하는 과정에서 반야 개념과 3분설(三分說) 간의 관계를 다루면서 원효는 이렇게 쓰고 있다.

이 평등한 가운데 상(相) 없는 것으로 상을 삼고, 견(見) 없는 것으로 견을 삼으면, 자증(自證)이 따로 없으나 자증이 아닌 것도 없다. 이와 같이 자증은 증득하지 않는 바가 없으니, 제법실상이 자(自) 아닌 것이 없기 때문이다. 그러므로 이 자증은 곧 이 견(見)이 아닌 것이 없으며, 실상을 견하는 것은 견하는 바가 없고, 견하는 바가 있는 것은 실로 견하지 못하기 때문이다. 그러므로 이 견분(見分)은 실상 아닌 것이 없으며, 이와 같은 3분(分)은 다만 일미(一味)일 뿐이다.

---

92) "一性雖然 再論未必然 所以然者 盡理而言 四種功德 皆總皆別 皆別義者 涅槃是寂靜義 法身是積集義 般若是照達義 解脫是離縛義 故知四種無非別也." 같은 책, 274쪽.

93) "一切功德 皆亦如是 一卽一切 一切卽一 是故總別 無所障礙." 『열반경종요』, I: 274.

만일 이처럼 견이 있거나 없거나 무장무애하다고 말한다면, 이것이
곧 해탈이다.[94]

이것은 이미 진여법성(眞如法性), 실상 반야를 해명할 때 거듭 강
조했던 사실이다. 지·경이 무이(無二)하고 능·소가 평등한데, 견
(見)·상(相)이 별유(別有)할 리 없을 것이거늘, 하물며 견의 견인
자증이 무슨 소용이 있겠는가. 견분(見分)·상분(相分)·자증분(自證
分)의 3분설(三分說)을 무이불일(無二不一)한 일미관행으로 회통시
켜 버리고, 유견(有見)·불견(不見)이 무장무애한 상태를 해탈이라
규정한 것은 너무나 당연한 도리지만, 그럼에도 불구하고 역시 탁월
한 통찰로 인정하지 않을 수 없는 것이다.

그렇다면 해탈은 좁은 의미의 자유를, 그리고 열반은 넓은 의미의
자유를 의미하는 것으로 해석될 수 있을 것이다. 마찬가지로 열반 3법
에서 해탈법을 독립시켜 별도로 지목할 때 그것을 '대해탈(大解脫)'
로 부를 수 있는 것은, '보리와 열반'을 총괄하는 '열반'을 '대열반'으
로 부를 수 있는 것과 같은 논리다. 제법의 자성에 따라 일법(一法)
이 일법계(一法界) 전체와 하나가 되듯 만법이 일법계로 귀일하며,
중생심이 일심으로 귀원하는 것과 같은 논리로 열반, 법신, 반야, 해
탈뿐만 아니라 진여, 실제, 불심 등등의 일체 법도 일즉일체요 일체
즉일일 수밖에 없다. 그중 어느 하나를 거론하면 다른 모든 것이 다
연관되게 마련이다. 예컨대 수많은 그물눈이 곧 그물망일 뿐만 아니
라 하나의 그물망이 수많은 그물눈을 포섭하듯,[95] 결국 일체 법과 중
생심은 모두 일심과 일법계에 포섭되고 마는 것이다. 그런 의미에서

---

94) "謂卽於此平等之中 無相爲相 無見爲見 無別自證 非不自證 如是自證 無
所不證 諸法實相 無非自故 故此自證 無非是見 見實相者 是無所見 有所見
者 不見實故 故此見分 無非實相 如是三分 只是一味 若如是說 有見不見
無障無礙 卽是解脫." 『대혜도경종요』, II: 68.
95) "目雖非無差別 而以網攝目者 目而無非綱義." 『범강경보살계본사기』, VI: 169.

일체 법이 해탈 아님이 없겠으나, 특히 해탈만을 강조해 거론할 때
우리는 자유의 문제를 논의하고 있는 셈이다.

융통무애자재(融通無礙自在)를 유난히 강조하는 원효 철학은 실
로 자유의 철학이며, 해탈의 형이상학(도학)이라 하겠다. 이러한 그
의 사상은 주요 경전이나 논전을 종요하고 논소하는 그의 저술에서
「대의」나 「서문」의 형식으로 유창하게 표현되어 있다. 예컨대 『양권
무량수경종요(兩券無量壽經宗要)』의 「대의」에서는,

　　대저 중생심성은 융통무애하여, 크기는 허공 같고 잠잠하기는 거해
　(巨海) 같도다. 허공 같기에 그 체가 평등하여 차별성을 얻을 수 없
　거늘, 맑고 더러운 곳이 〔따로〕 있겠으며, 거해 같기에 그 성(性)이
　윤활(潤滑)하여 연을 좇아 거스를 수 없거늘, 어찌 움직일 때와 고요
　할 때가 없겠는가.[96]

라고 중생심의 해탈성을 갈파하고, 『대혜도경종요』의 「대의」에서는,

　　무릇 반야의 지극한 도(道)는 도라거나 도가 아니라거나 할 것이
　없고, 지극하다거나 지극하지 않다거나 할 것도 없다. 숙연하여 적정
　하지 않음이 없고, 태연하여 호탕하지 않음도 없는 것이다. 이로써 우
　리가 알게 되는 것은, 실상(實相)이 곧 무상(無相)이기에 상(相) 아
　닌 바가 없고, 진조(眞照)가 무명(無明)이기 때문에 명(明)이 되지
　않음이 없다는 점이다. 무명이면서 명 아님이 없는 것이라면, 그 누가
　치암(痴暗)을 없애고 혜명(慧明)을 얻을 것이며, 무상이면서 상 아님
　이 없는 것이라면, 그 어찌 가명(假名)을 부수고 실상(實相)을 설하
　겠는가. 그러기에 가명과 망상(妄相)이 진성(眞性) 아님이 없는데도,

------

96) "然夫衆生心性 融通無礙 泰若虛空 湛猶巨海 若虛空故 其體平等 無別相而可
　　得 何有淨穢之處 猶巨海 其性潤滑 能隨緣而不逆 豈無動靜之時." I: 544.

온갖 달변으로도 그 상(相)을 설명할 수 없으니, 실상 반야는 신비하고도 또 신비하도다. 탐염(貪染)과 치암(痴闇)이 모두 다 혜명이거늘, 온갖 안목으로써도 그 조(照)를 볼 수 없으니, 관조 반야는 비우고 또 비우는 것이 아니겠는가.[97]

라고 읊고 있다. 어디 그뿐이겠는가. 미륵보살의 위인(爲人)을 지인지현(至人之玄)으로 묘사한 『미륵상생경종요(彌勒上生經宗要)』의 「대의」며,[98] 『금강삼매경론』의 「대의」에서 일심지원(一心之源)의 '유무(有無)를 떠난 독정(獨淨), 이변이비중(離邊而非中) 비중이무변(非中而無邊) 및 불이이융이(不二而融二) 융이이불일(融二而不一)'한 경지를 묘사한 것[99]이라든가, 무장무애법계법문(無障無礙法界法門)의 '무법이무불법(無法而無不法) 비문이무불문(非門而無不門)'성을 갈파한 「화엄경소서(華嚴經疏序)」도[100] 대해탈과 대열반의 진면모를 여실하게 지시하고 있다.[101]

이제 대열반에 관한 언설 중에 전형적인 두 구절을 소개하면서 원효의 자유론을 마무리하고자 한다.

모든 부처가 비장(秘藏)하고 있는 둘이 아닌 실성(實性)으로써 〔열반〕경의 종(宗)을 삼는다. 이 같은 실성(實性)은 상(相)과 성(性)을 떠난 것이어서, 여러 문(門)에 장애가 되지 않는다. 상을 떠난 것이기에 구정(垢淨), 인과, 일이(一異), 유무와 무관하며, 성을 떠난 것

---

97) II: 32. 앞에서 인용한 바 있다.
98) 『미륵상생경종요』, II: 138 참조.
99) II: 239~240 참조.
100) II: 325~340 참조.
101) 그 외에도 『영낙본업경소서(瓔珞本業經疏序)』, III: 415~424 ; 『불설아미타경소(佛說阿彌陀經疏)』, 「대의」, IV: 29~351 ; 『열반경종요』, 「대의」, I: 129~136 ; 『대승기신론소』, 상권, 「제1표종체자(第一標宗體者)」, '한국불교전서', 제1책, 698쪽 ; 및 『대승기신론별기』, 「대의」, 앞의 책, 677~678쪽.

이기에 염정(染淨), 인과, 일이, 유무 양자가 다 허용되기도 한다. 염정이 상통하기 때문에 중생, 생사, 여래, 법신으로 불리고, 인과가 다 될 수 있기 때문에 불성(佛性), 여래장(如來藏), 보리(菩提), 대열반으로 불리며 […] 유도 되고 무도 되기에 2제(諦)라 이름하고, 유무가 아니기에 중도(中道)라 이름하며, 일(一)이 아닌 까닭으로 능히 여러 문에 해당되고, 이(異)가 아님으로 말미암아 여러 문이 일미(一味)라 할 수 있다.[102]

실로 대열반, 대해탈의 대도(大道)이며, 무장무애, 융통자재(融通自在)의 대문(大門)인 바, 대자유(大自由)의 이념이 치밀하게 ── 논리적이면서 웅대하게 ── 서사적인 필치로 묘사되어 있는 명문이라 하지 않을 수 없겠다. 또한

대열반은 상(相)도 성(性)도 떠나 있어 공(空)·불공(不空)이 아니고, 아(我)·무아(無我)가 아니다. 왜냐하면 무성(無性)을 떠나 있기에 공이 아니며, 유상(有相)을 떠나 있기에 불공도 아니고, 또한 유상(有相)을 떠나 있기에 아가 아니라 말하고, 무상(無相)을 떠나 있기에 무아가 아니라고 설하며, 무아가 아니기에 대아(大我)라 할 수 있지만, 아도 아니기에 또한 무아라고도 말할 수 있다. 또한 공이 아니므로 실유(實有)라 말할 수 있으며, 불공이 아니므로 허공(虛空)이라 설할 수도 있는 것이다.[103]

---

102) "諸佛密藏 無二實性 以爲經宗 如是實性 離相離性 故於諸門 無障無礙 以離相故 不垢不淨 非因非果 不一不異 非有非無 以離性故 亦染亦淨 爲因爲果 亦一亦異 爲有爲無 爲染淨故 或名衆生 或名生死 亦名如來 亦名法身 爲因果故 或名佛性 或名如來藏 或名菩提 或名大涅槃 […] 乃至爲有無故 名爲二諦 非有無故 名爲中道 由非一故 能當諸門 由非異故 諸門一味." 『열반경종요』, I: 160∼161.
103) "大涅槃 離相離性 非空非不空 非我非無我 何故非空 離無性故 何故非不

실로 "불도(佛道)는 넓고 넓어서 장애도 방소도 없으며, 영영 의거할 곳도 없으니"[104] 어찌 무애자재하며 열반해탈이라 하지 않을 수 있겠는가.

2 절대의 지시 —— 인언견언(因言遣言)

지금까지 우리는 절대실재의 실재성을 법신, 반야, 해탈, 열반의 개념을 통해 존재와 존재자의 차이, 존재의 진리 및 진리와 자유의 문제들을 분석하는 방식으로 개략적으로 해명했다. 이들 개념들이 모두 언설상을 넘어선 이언절려, 초과언어(超過言語), 심행처멸의 경지임을 부단히 강조하면서도, 역설적으로 이 불가설의 법신진여에 관해 여러 언설을 시설해 왔다. 그러나 이러한 언설들은 경험적인 현상계를 기술하는 것이 아니라, 초경험적인 본질계, 예지계를 지시하는 것이었다. 이것은 비트겐슈타인의 이른바 '신비는 진술될 수는 없지만 지시될 수는 있다'는 형이상학적 진술에 관한 형이상학적 통찰에 비견될 수 있는 '인언견언'의 해법이라 할 수 있는 것이다. 그것은 마치 비트겐슈타인이 '말할 수 있는 것은 분명하게 말하고, 분명하게 말할 수 없는 것에 관해서는 침묵하라'고 권고하면서도 동시에 '침묵하라'는 언설을 발설하지 않을 수 없듯, 원효의 이른바 "소리로써 소리를 제지하는 것〔因言遣言〕"과 같은 것이다.[105]

이른바 '이언절려'나 '언어도단'이라는 개념을 발설하는 것 자체가 자해 행위에 해당되기 때문에, 이언진여(離言眞如)는 결국 의언진여(依言眞如)일 수밖에 없다. 원효는 이 점에 세심한 주의를 기울여

空 離有相故 又離有相故 說非我 離無相故 說非無我 非無我故 得說大我 而非我故 亦說無我 又非空故 得言實有 非不空故 得說虛空." 같은 책, 223.
104) "佛道廣蕩 無礙無方 永無所據."『보살계본대범요기(菩薩戒本待犯要記)』, IV: 490.
105) "所謂因言遣言 猶如以聲止聲也."『대승기신론소』, 은정희: 108.

치밀한 논리를 전개한다. 즉

　　그런데 만약 말로써 '이(理)가 실로 말을 끊었음을 설명할 수 있다'고 언설한다면, 이러한 주장은 '자기모순 self-contradiction'의 오류에 빠지는 것인데, 이것은 먼저 '말을 끊었다'는 말은 끊어진 것이 아닌데도, 이(理)가 사실상 말을 끊은 것이기 때문이다. 그리고 만약 '말을 끊었다'는 말이 또한 '끊음을 말함'이 되게 한다면, '개념상의 모순 contradiction in terms'을 범하는 것이 되는데, 이는 먼저 '말을 끊었다는 말 또한 끊어졌다'고 하면서 이것을 말로써 설하고 있기 때문이다.[106]

라고 주장하면서, 이언진여설의 자기모순성과 의언진여설의 불가피성을 변증하고 있다. 그래서 우리는 '절대의 지시' 문제를 우선은 제법실상의 언어적 이해 불가능성이라는 부정적(차전적(遮詮的)) 측면에서 해명한 다음, 이러한 전제 위에서 또한 그것의 이해 가능성을 긍정적(표전적(表詮的)) 측면에서 해명해 보이고자 한다. 물론 이 두

---

106) "若言得說　理實絶言者　則墮自宗相違過　先以絶言之言不絶而理實絶言故　若使絶言之言亦言絶者　則墮自語相違過　先以絶言之言亦絶而言得說言故." 『대승기신론별기』, 은정희: 101. 여기서 '자종상위과(自宗相違過)'라는 것은 '자기 주장에 배치, 모순, 당착되는 주장을 스스로 제기하는 과오'를 뜻하는 인명논리학적 개념이다. 예컨대 '모순(矛盾)'이라는 개념 자체의 역사적 유래담에서 보듯, 자신의 창을 가리켜 '이 창은 어떠한 방패도 뚫을 수 있다'고 주장한 다음, 역시 자신의 방패를 가리켜 '이 방패는 어떠한 창이라도 막을 수 있다'고 주장한 초(楚) 나라의 무기상은 '자종상위과'를 범한 것이다. 이와는 대비적으로, '자어상위과(自語相違過)'라는 것은 '자기가 사용하는 언어 자체 내에서 자기모순을 함의하는 과오'를 의미하는 개념이다. 예를 들어, 만일 내가 '나의 어머니는 아이를 낳을 수 없는 여자다'라고 말한다면, 이 말 자체가 자기 당착을 포함하고 있으므로 '자어상위과'를 범하게 되는 셈이다. 전자는 주장 또는 명제 사이의 상호 모순이 문제되고 있기 때문에, '명제상의 모순' 또는 '자기모순'으로 지칭할 수 있으며, 후자는 문구나 문절 내에 서로 당착되는 개념들이 문제되기 때문에, '개념상의 모순'이라 할 수 있다.

가지 측면은 하나의 실상이며, 오직 분석의 편의상 두 가지 측면으로 나누어 고찰하는 데 불과하다.

1) 불가사의성의 문제 —— 방편론(方便論)

'불가사의하다'는 것은 흔히 생각하듯, '알 수 없음'을 의미하지는 않는다. 마치 '신비한 것 das Mystische'이 그대로 '신화적인 것 das Mythische'을 의미하지는 않는 것처럼 말이다. '불가사의'란 문자 그대로 '사량(思量)으로 논의할 수 없음'을, 즉 현상지(現象知)·분별지(分別知)의 대상이 아님을 뜻하는 부정적 표현(차전(遮詮))일 뿐이다. "언어의 길이 단절되고, '길이 단절되어 있다'는 말마저 언어에 기탁할 수 없기 때문에, 또한 '불가사의'라고 설언하는 것이다."[107] 언어로 표현하기 위해서는 언표의 대상이 전제되어야 하며, 언표의 대상은 일단 언명되어야 하고, 언명된 것은 지시[有義]될 수 있는 것이어야 한다. 그럼에도 불구하고, "이와 같이 명의(名義)가 있지 않으면서 없지도 않기 때문에 불가사의라 부른다."[108] 즉 경험적 언표가 불가능하다는 의미에서는 명의가 있다 할 수 없지만, 그럼에도 여전히 외형상으로 명의가 있으니, 이러한 도리를 불가사의라 지칭한다는 것이다.

앞서 언급한 바 있는 '4구 문별(四句文別)'을 통해 '불가사의'의 개념을 분석해 보기로 하자. 그 무엇에 관해 진술하더라도 우리는 형식 논리학적으로 다음 네 가지 경우만을 상정할 수 있을 뿐이다. 즉 ① 그것은 x이다, ② 그것은 x가 아니다, ③ 그것은 x이기도 하고 또한 x가 아니기도 하다, 그리고 ④ 그것은 x도 아니고 x 아닌 것도 아니다. ①은 동일률의 긍정적 표현이고, ②는 동일률의 부정적 표현, 즉 차이성의 원리이며, ③은 모순 관계이기 때문에 부정되어야 ①,

---

107) "言語道斷 道斷之言 亦不可寄 故亦說言 不可思議."『금강삼매경론』, II: 647.
108) "如是 不有名義而不無名義 由是道理不可思議也." 같은 책, 652쪽.

②와 양립할 수 있으며, ④는 ①과 ②의 선언 관계를 부정하기 때문에 ①, ②와 양립하기 위해서는 역시 부정되어야 한다. 즉 동일률이 사고의 제1법칙이기 때문에 ③은 모순을 통해 동일률을 어긴 것이 되며, ④는 배중률을 어김으로써 역시 간접적으로 동일률을 어긴 것이 된다. 이때 ③의 오류를 '상위과(相違過)'라 칭하며, ④의 오류는 '희론과(戲論過)' 또는 '우치론(愚癡論)'이라 부른다.

경험주의, 실증주의, 형식 논리의 입장에 서는 한 ①과 ②의 언설 양식 이외의 다른 진술 양식은 인정되지 않는다. 그리고 그것들의 진리성은, 실증적인 것과 경험적인 것의 경우에는 '경험적 검증 가능성'에 의해 그 진위성이 검증되고, 형식적인 것과 논리적인 것의 경우에는 '논리적 함의 관계'를 해명함으로써 그 진위가 판명된다. 그런데 선험적이고 초월적인 본질과 실상, 진여, 일심의 영역에서는 ①과 ②의 양식에 의한 긍정적, 부정적 진술이 무의미하게 된다는 점에서 일체의 선험적, 형이상학적 문제가 시작된다. 형이상자는 '있다'고 할 수도 없고, 그렇다고 '아무것도 없는 것'이라고 말할 수도 없기 때문이다. 그리하여 '있다'고 고집하면서 '없다'는 측면을 부정하거나, 역으로 '없다'는 데 집착해 '있다'는 측면을 부정하는 것은 모두가 형이상자를 형이하자와 동일시하는 '범주 착오 category mistake'에 빠지는 것이 된다. 전자의 오류를 '상견변(常見邊)' 또는 '증익변과(增益邊過)'라 부르며, 후자의 오류를 '단견변(斷見邊)' 또는 '손감변과(損減邊過)'라 부른다는 것은 누차 지적된 바 있다. 이제는 ③과 ④의 진술 양식은 물론이고, ①과 ②의 진술 양식마저 과오로 배척되기에 이르렀으니, 결국 일체의 진술 가능성이 부정되는 셈이다.

증익변에 사로잡힌 사람은 실증적인 것에 집착해 박물다식을 학문의 이상으로 삼는 자다. 그는 "존재자에 관한 해박한 지식을 습득하는 데 골몰한 나머지, '일체 존재가 언설을 떠나 있다'는 진리를 이해하지 못하고, 존재자에 집착해 마치 존재자 자체가 본성적으로 차

별이 있는 것처럼 말하는데, 이는 명리(名利)를 얻기 위함인 것이
다."[109] 그러나 더욱 나쁜 것은 손감견을 고집하는 자들이다.

품성이 협소하고 열악하여 […] 학문을 널리 구하지 않고 한 부분
만을 편벽되게 익힌 나머지, 매우 깊은 경론의 숨은 뜻을 요해(了解)
하지 못하고 다만 말을 뜻으로 오해해서, 제법의 의타성에 의한 진리
를 비방하고 […] 오로지 자신의 견해만을 믿고, 다른 사람의 말을
수용하려 들지 않는다. […] 저들은 견문이 적어서 좁은 생각에 사로
잡혀, 자신과 동견(同見)인 자는 옳다 하고, 자신에 이견(異見)인 자
는 그르다 하니 […] 이는 마치 관을 통해 하늘을 보는 자가 '그 관
을 통해 보지 않는 이들은 모두 저 푸른 하늘을 보지 않는 것'이라고
말하는 것과 같다.[110]

이것은 증익견이나 손감견이 다 같이 존재자에 관한 표상에 의해
존재의 진상과 진리를 규정하고 진술하려는 편견이라는 이야기다.
이와 같이 4구 문별로는 진여실상을 진술할 수 없다는 의미에서,
진여실상이 일체의 언설상과 명자상을 넘어서는 이언절려, 언어도단
의 경지라고 억지로 이름하는 셈이다. "진리는 4구를 절(絶)하고 시
비(是非)를 떠나 있어, 분별심으로는 접근할 수 없는 것이기" 때문이
다.[111] 유(有)를 파(破)하기 위해 공(空)을 설하지만, '공'이라는 말이
공성(空性)이 있다는 것을 의미하지는 않기 때문에 공은 다시 부정

---

109) "廣習諸論 不解諸法皆離言說 執有如言 自性差別 爲得名利."『보살계본대
　　범요기』, IV: 479.
110) "由損減者 […] 稟性狹劣 […] 不廣學問 偏習一分 甚深經論 不解密意 如
　　言取義 誹撥諸法 依他道理 […] 由是獨恃自見 不受他言 […] 彼自所聞 專
　　其狹見 同其見者 乃爲是得 異其見者 咸謂脫失 猶如有人 謂管窺天 謂諸不
　　窺其管內者皆是不見蒼天者矣." 같은 책, 482~491쪽.
111) "理絶四句 離諸是非 非分別心之所行處也."『열반경종요』, II: 385.

되어 불공(不空)이 된다. 그러나 진리는 공도 아니고 불공도 아니다.[112] 실상진여의 불가사의성은 '이절사구(離絶四句)' 또는 '초과사구(超過四句)'로 표현되거니와,[113] 이러한 표현의 전형을 『기신론』에서 발견할 수 있다.

    '공(空)'이라고 말하는 것은 본래부터 일체의 염법과 상응하지 않기 때문인데, 이는 일체 법의 차별상을 떠나 있음을 이름이다. 거기에는 허망한 심념이 없기에 말이다. 그러므로 마땅히 알아야 할 것은 진여의 자성은 유상(有相)도, 무상(無相)도, 유상이 아닌 것도, 무상이 아닌 것도, 유무구상(有無俱相)도 모두 아니며, 일상(一相)도, 이상(異相)도, 일상이 아닌 것도, 이상이 아닌 것도, 일(一)과 이(異)의 구상(俱相)도 모두 아니라는 점이다.[114]

4구 분별의 대표적인 것이 유무와 일이에 관한 것인데, 위의 문단에서 이러한 2종의 4구4과(四句四過)를 멀리 초월해 있는 진여자상이 완벽한 논리로 언술되어 있다. 즉 비유상(非有相), 비일상(非一相)은 제1구를 부정하고, 비무상(非無相), 비이상(非異相)은 제2구를 초월하며, 비유무구상(非有無俱相), 비일이구상(非一異俱相)은 제3구를 부정하고, 비비유상(非非有相), 비비무상(非非無相) 및 비비일상(非非一相), 비비이상(非非異相)은 제4구를 부정하는 것이다. 그리하여 일체 언설이 부정되어, 상견(常見), 단견(斷見), 상위견(相違見) 및 우치견(愚癡見)의 4방(謗)을 벗어난다. 이것은 어떠한 단정적 주장도

---

112) "理實非空不空 但爲破有 强說爲空 非空言下 存空性也." 『금강삼매경론』, III: 247.

113) 『대혜도경종요』 II: 47~62.

114) "所言空者 從本已來 一切染法 不相應故 謂離一切法差別之相 以無虛妄心念故 當知 眞如自性 非有相 非無相 非非有相 非非無相 非有無俱相 非一相 非異相 非非一相 非非異相 非一異俱相." 은정희: 111.

허용하지 않으려는 것이며, 곧 진술적인 언설 가능성 자체를 부정하는 것에 다름 아니다. 일심, 일법, 진여, 자성은 인간의 욕망과 의도, 언설과는 별개의 "자체 필연성이기 때문에, 또한 일이(一異), 단상(斷常), 입출(入出), 생멸(生滅)이 아니기 때문에, 4방을 떠나 있고 언어의 길이 끊어져 있는 것이다."[115] 이것이 이른바 '8불중도(八不中道)'라 하거니와, 원효는 이 '8불(八不)'이 어떻게 4방을 벗어나 있는지를 선명하게 분석해 보이고 있다.

  입출(入出)이 아니기에 불생(不生)이며, 상단(常斷)이 아니기에 불멸(不滅)이고, 불멸이기에 무(無)라 할 수 없으며, 불생이기에 유(有)라 할 수 없고, 〔유무〕 2변(邊)을 떠나 있기에 유무를 동시에 긍정할 수 없으며, 어떤 중간자에 해당되지 않는다는 점에서 유무를 모두 부정할 수 없기 때문에, 4방을 벗어나 언어의 길이 끊어져 있다고 말하는 것이다.[116]

그러므로 진여실상에 대한 일체의 언설은 그것이 진술인 한 모두가 오류를 범하는 것이다. 그렇다면 다름 아닌 진여실상에 관한 일체의 불설(佛說)과 불법(佛法)도, 진술인 한 무의미하다고 보지 않을 수 없다. 그러나 그럼에도 그러한 언설이 불가피한 것은 불가설(不可說)을 언설하는 역설이 인간 언어의 한계이기 때문이고, 게다가 그러한 역설이 필요한 것은 그것이 진여실상을 진술할 수는 없으나 지시할 수는 있기 때문이다. 따라서 중요한 것은 언어 자체, 언설 그대로의 의미에 집착하지 않고 그것이 지시하는 뜻을 해독해, 그것이

---

115) "經曰 是決定性 亦不一不異 不斷不常 不入不出 不生不滅 離諸四謗 言語 道斷." 『금강삼매경론』, II: 471.

116) "不入不出故不生 不常不斷故不滅 不滅故 不可說無 不生故不可說有 遠離 二邊故不可說 爲亦有亦無 不當一中故 不可說 非有非無故 言離諸四訪 言 語道斷." 『금강삼매경론』, II: 472.

지시하는 당체(當體)를 직견(直見)하고 진관(眞觀)하여 증지(證知)하는 일이다. 그러므로 진여법에 관한 일체 언설이 무엇을 지시하기 위해 시설, 고안된 방편인가를 올바로 이해하기 위해 문의(文義)를 투시하고, 문언(文言)과 명구(名句)가 다르고 심지어 문맥이 모순되거나(상위과) 무의미할 경우(희론·우치론)에도, 같은 뜻을 찾아내어 서로 회통시키는 작업이 필요하다. 이러한 긍정적이고 소통적인 방편론이 바로 '화쟁론'이다.

2) 이해 가능성의 문제 —— 화쟁론(和諍論)

'진여실상이 불립문자'라 하는 것은 문자에 의해 진여실상을 잘못 파악하는 오류를 면하려는 것이다. '유도 아니고 무도 아니며, 유 아닌 것도 아니고 무 아닌 것도 아니며, 유무도 아니'라고 일체를 부정하는 것은 결국 '유와 무, 긍정과 부정의 이분법을 넘어서야 실상을 볼 수 있다는 것'을 지시하기 위함이다. 즉 부정을 위한 부정이 아니라, 긍정과 부정 그 너머에 약여하게 실재하는 진여실상을 지시하려는 긍정적이고 적극적인 의미, 즉 대긍정(大肯定)의 의미를 가지는 것이다. 형식 논리에 집착하는 한, 모순율과 배중률을 범하지 않기 위해 유집이나 무집에 떨어질 수밖에 없다.

누가 의심을 내어 말하기를, '마치 물건을 달아보는 데 무거우면 저울대가 내려가고 가벼우면 반드시 올라가야 하거늘, 만약 가벼운데도 저울대가 올라가지 않고 무거운데도 내려가지 않는다고 말한다면, 이는 말만 있을 뿐 뜻은 없는 것이다. 인연따라 생기는 것도 이와 마찬가지'라고 한다면[117]

---

117) "生疑而言 如今見稱量 物重則低 物輕必擧 若言輕而不擧 重而不低 如是
　　　說者 有言無義 因緣生法 當知亦爾."『유심안락도(遊心安樂道)』, VI: 126.

무가 아니라고 하면 유변(有邊)에 떨어지고, 유가 아니라고 하면 무
변(無邊)에 떨어지며, 속유(俗有)와 진공(眞空)을 주장하면 상위변에
떨어지고, 유도 아니고 무도 아니어서 중변에 집착하면 우치론에 빠
지고 말게 된다.[118]

이와 같이 문자 그대로의 의미에 집착해, 상호 모순되는 두 주장
을 다 긍정하면 모순론에 빠져 의미를 상실하고, 두 주장을 다 부정
하면 우치론을 범하게 되어 모순론과 우치론을 범한 이 두 주장도
모두가 부정되지 않으면 안 된다. 그러나 문자의 말뜻에 집착하지
않고 그 문자에 의해 표현된 의리를 생각하면, 상위과도 우치론도
면할 수 있게 되어 두 주장이 모두 인정될 수 있다.[119] 실로 "집착을
벗어나면 타당하지 않음이 없겠으나, 집착하는 자는 말대로 취해 모
조리 파괴해 버린다."[120] 그런데 불언(佛言)은 뜻말이지 글자말이 아
니다. 문어(文語)는 뜻이 없고, 뜻 없는 말은 모두 허망한 말일 뿐
실이 없지만, 의어(義語)는 공(空)·불공(不空), 실(實)·부실(不實)
의 2상(相)을 떠나고 양극의 중간을 취하는 중상(中相)도 떠나기에
문자 속에서는 찾아볼 수 없는 것이다.[121]

의언진여(依言眞如)는 이언진여(離言眞如)의 반대로 설명하면 간
단하다. 유·무, 공·불공을 단단유무(單單有無), 단단공(單單空)·
불공(不空)의 의미로 파악하지 않고 진여실상을 지시하는 의어로 해
석한다면, 유(有)는 공(空)과 다르지 않아서 무(無)와 대립하지 않고,
무는 불공과 다르지 않아서 유와 대립하지 않는다. 따라서 유를 주

---

118) 같은 책, 128쪽 참조.
119) "若如言取 二說皆失 互相異諍 失佛意故 若非定執 二說俱得." 『열반경종
　　요』, I: 221 ; "定取一邊 二說皆失 若非實執 二義俱得." 같은 책, 287쪽.
120) "離著而說 無不當故 若有著者 如言而取 無不破壞." 『대혜도경종요』, II: 47.
121) "我所說者 義語非文 衆生說者 文語非義 非義語者 皆悉空無 空無之言 無
　　言於義 文言義者 皆是妄語 如義語者 實空不空 空實不實 離於二相 中間不
　　中 不中之法 離於三相 不見處所." 『금강삼매경론』, III: 48.

장해도 유집(有執)이 아니며, 무를 언설해도 무집(無執)이 아닐 뿐만
아니라, 유무를 동시 긍정해도 상위가 아니며, 유무를 동시 부정해도
우치론이 아니게 된다. 그리하여 이제 이언진여와는 반대로, 진여는
유이기도 하고 무이기도 하며, 유가 아니기도 하고 무가 아니기도
하며, 유무 함께이기도 하고, 유도 아니고 무도 아닌 것이기도 하다
고 말할 수 있게 된다. 모순율과 배중률의 지배를 받지 않게 되어,
어떠한 주장이라도 그 주장의 문의(文意)만으로 부정되거나 긍정될
수 없고, 그것이 지시하는 진여실상과의 방편적 적합성에 따라 득실
을 가릴 수 있을 뿐이다. 문자 그대로 긍정과 부정이 자유자재하고,
긍정한다고 해서 얻을 것 없고 부정한다고 잃을 것 없으며, 개진한
다고 번거롭거나 늘어난 것이 없고, 종합한다고 해서 좁아지거나 줄
어든 것이 없게 된다.[122]

　이언진여는 4구 분별의 비방을 면하기 위해 4구를 넘어서지만, 의
언진여는 4구를 수용해도 4구에 구애받지 않게 되어 전에 부정한 모
든 것을 되찾게 되는 셈이다.

　반야바라밀은 〔…〕 유위(有爲)도 아니고 무위(無爲)도 아니며, 법
(法)도 아니고 비법(非法)도 아니며, 취(取)하지도 않고 버리지도 않
으며, 생하지도 않고 멸하지도 않아서, 유무 4구를 초출하여 〔…〕 모
든 희론을 끊어서 4구를 초과하고 〔…〕 반야성품은 4구를 멀리하고
끊어버린 제1의(義)의 법(法)이다.[123]

　4구를 벗어났다는 것은 일체의 언설, 일체의 종법(宗法)을 그것의

---

122) "開合自在 立破無礙 開而不繁 合而不狹 立而無得 破而無失." 『대승기신론
　　소』, 은정희: 27.
123) "波若波羅密 〔…〕 非有爲 非無爲 非法 非非法 不取不捨 不生不滅 出有無
　　四句 〔…〕 絕諸戱論 超過四句 〔…〕 般若氣分 離絕四句 第一義法." 『대혜도
　　경종요』, II: 57, 62, 116.

지시 방편적 의리(義理)에 따라 모두 일리(一理) 있는 것으로 화해
시킬 수 있다는 것을 의미한다.[124] 왜냐하면 이제야말로, '그렇다'고
긍정하거나, '그렇지 않다'고 부정하거나, '그렇지 않은 것도 아니다'
라고 다시 긍정(還許)하거나 간에, 모순율의 지배를 받지 않고, 상황
에 따라 자유자재로 말할 수 있게 되었기 때문이다. 이와 같이 이제
는 연(然)과 불연(不然) 및 비불연(非不然)을 자유자재로 구사해 모
든 이쟁(異諍)을 화해하고 회통시킬 수 있다.[125]

지금까지 법신, 반야, 해탈의 열반 3사에 의거해 진여실상을 해명
하면서 이미 의언이언(依言離言), 인언견언(因言遣言)의 도리가 도
처에서 함축적으로 해명되었다. 즉 무장무애의 화쟁회통이 바로 진
여실상이며, 진여실상의 언술 방식이요 방편이다. 오직 진여실상에
관한 언설이라야 입파(立破)가 무애하고 개합(開合)이 자재(自在)하
여, 이망섭목(以網攝目)의 종요에 의한 화쟁회통론이 가능한 것이다.
'진여실상'은 그 의미 자체가 불가언설이요 불가사의기 때문에, 그것
에 관한 일체 언설이 당초부터 진여실상을 지시하기 위한 방편에 불
과했던 것이다.[126] 그러기에 성(性)과 상(相), 일심과 중생심(衆生心),
염법과 정법을 구별해 설명하는 일체 언설은 모두 진여실상을 지시
하기 위한 방편에 불과해, 그 자체로는 하등의 규정된 의미를 가지
고 있지 않다. 마치 달을 지시하는 손가락이 그 자체만으로는, 저 달
을 지시하는 문제와 연관해 하등의 의미도 갖지 않는 것과 같다. 그
리하여 일심, 진여, 성상(性相), 반야, 불도(佛道), 실상(實相), 공

---

124) "說有說無 皆有道理."『열반경종요』, I: 288.
125) "不然之大然." II: 239 ; "彼一切處 悉皆非然 非不然故." II: 511 ; 雖非不然
　　故說有無 而非定然故 不相違". I: 152 ; "佛性非然非不然故 以非然故 諸說
　　悉非 非不然故 諸義悉是." I: 374 ; "都無所然 無不然故." II: 47 ; "般若非然
　　故不當諸名 而非不然故 能當諸名." II: 93 ; "是謂非然非不然義 所以諸說皆
　　是皆非." I: 376 등등 참조.
126) "寄言說以示絶言之法." V: 792 ; "如寄手指 以示離指之月." 같은 글 참조.

(空), 열반 등등의 모든 명칭들도 그 자체로는 아무런 의미를 갖지 않고, 다만 진여실상을 지시하기 위해 억지로 만든 명자(名字)에 지나지 않는다. 즉 "어떻게 말로 할지 알지 못하여" 그렇게 불렀을 뿐이다.[127]

진여실상에 억지로 이름을 붙이되 양변을 초출하여 부를 수밖에 없기 때문에, 모든 표현은 '역설적인 지양(止揚)'의 형식이 된다. 마치 노자의 유명한 역설 '무위지무불위(無爲之無不爲)'나 '무위지유익(無爲之有益)'[128]을 방불케 하는 표현들은, 결국 유무를 초월한 제3의 지평, 이를테면 절대의 지평을 지시하기 위해 '대(大)'나 '일(一)' 또는 '중(中)'으로 귀착되는 것이다.[129] 그리고 우리는 다음 구절을 인용함으로써 화쟁론, 절대의 지시, 나아가 원효 철학의 기본 구조에 관한 해명을 마무리하고자 한다.

이 반야바라밀 중에는 유도 없고 무도 없으며, 비유비무(非有非無)도 없고, 이와 같이 말하는 것도 없으며, 이렇게 말하는 이 말마저 없으니, 이것을 이름하여 적멸무득이라 하며 무희론법(無戱論法)이라 한다.[130]

---

127) "强稱妙法蓮花." I: 38. "强爲立名 是大涅槃經." I: 141. "但爲破有强說爲空." III: 247. "强號之謂大乘." 은정희: 19. "强名諸法實相." II: 65. "强號爲一心." 은정희: 89. "强爲道."『한국불교전서』, I: 677 등등 참조.

128)『도덕경』제43장 참조.

129) "無理之至理 不然之大然." 은정희: 20 및 II: 239 ; "無波而無不波 無立而無不立." 은정희: 239 ; "無法而不無法 非門而無不門." III: 325 ; "一法是一切法 一切法是一法." III: 328 ; "無所入故無所不入〔…〕無所得故無所不得." III: 336 ; "無道之道 斯無不道 無門之門 則無非門." III: 415 ; "般若爲至道也 無道非道 無至不至〔…〕實相無故 無所不相." I: 129 ; "無相爲相 無見爲見." II: 68 참조.

130) "是波若波羅密中 有亦無 無亦無 非有非無亦無 如是言說亦無 是言說亦無 是名寂滅無得 無戱論法."『대혜도경종요』, II: 60.

그리고 이 말 역시 아무것도 아님은 물론이다.

원효 철학과 현대 철학

지금까지 우리는 제1절에서 원효 사상을 철학적으로 해명하는 과제가 어떠한 성격의 과제인가를 규정하고, 제2절에서 원효 사상이 근본적, 대체적으로 철학 사상 또는 형이상학임을 확인한 다음, 제3절에서는 이러한 원효 철학의 기본 구조를 분석적으로 해명했다. 이러한 과정을 통해 분명히 밝혀진 것은, 또는 적어도 분명히 밝혀 보려고 시도한 것은, 원효 사상이 제1의적인 의미에서 철학이며, 그것도 아주 철저하고 탁월하게 제1철학적이고 형이상학적인 사상이라는 점이었다. 지금까지 원효의 철학 사상에 관한, 혹은 원효 사상의 철학적인 측면에 관한 많은 연구가 수행되어 왔을 것이다. 그러나 내가 확인한 연구 성과에 한정해 본다면, 대부분의 연구가 철학 사상에 관한 연구가 아니거나, 적어도 철학적인 해명은 아니라는 것이 내가 받은 인상이었다. 즉 원효 사상이 '절대'에 대한 자기 명증적인 지시임을 자기 명증적으로 지시하고 있는 것으로 볼 수 없었다.

물론 원효의 언설이 모두 자기 창출적인 것이 아니라 불가의 경, 논에서 차용한 것이기가 십상이라는 점에서, 그의 저술에 나타나 있는 철학 사상을 원효의 독창적인 사상이 아니라 불가 철학 일반의 한 형태a version에 불과한 것으로 평가 절하할 수도 있으리라. 이 점에서 우리는 정확히 어디까지가 원효의 독창적인 사상인가를 가려 놓을 수 없었다. 그러나 설사 원효의 모든 언술이 불가의 경전에서 차용해 온 것이라 하더라도, 그리고 논변의 방식이나 자료들 및 착상이 다른 논사(論師)들로부터 빌려온 것이라 하더라도, 논술을 통해 분명히 증시된 철학적 인식 수준만으로도 원효를 무상(無上)의 철학자로 인정하기에 충분하다고 주장할 수 있다. 그리고 바로 이러한 주장이 지금까지의 해명 과정에서 이미 확연하게 논변, 증시되었으리라는 것이 우리의 기대이기도 하다.

우리가 새삼스럽게 원효 철학의 현대적인 의의를 자세히 논변하지 않더라도, 그것은 이미 지금까지 해명한 원효 철학 자체 안에 아주 구체적이고 풍부하게 함축되어 있다. 그러기에 우리는 현대 철학을 자세히 논의하지 않을 것이며, 그것을 원효 철학과 소상히 비교함으로써 원효 철학의 탁월성을 애써 변호하려 하지도 않을 것이다. 여기서는 원효 철학적인 조명 하에 현대 철학의 문제성과 난제성을 지극히 소략하게 언급하는 데 그칠 것이다. 즉 결론적인 것만을 주장하고, 그것을 정당화하기 위한 어떠한 논변도 제시하지 않을 것이다. 다만 여기서 언급되어야 할 현대 철학의 문제들에 대한 더 자세한 나의 견해는 이미 발표된 나의 연구들을 참조하는 것으로 대신할 것이다. 그리고 기술의 편의상, 현대 철학의 대표적 모형을 영미 분석 철학권의 현상론적 존재론과 유럽 철학의 현상학적 존재론으로 대별해 다룰 것이다.

1 언어와 실재의 문제 —— 실재론과 비실재론의 지양

말할 필요도 없이 철학의 근본 문제는 궁극적 실재, 즉 실재 자체의 존재 문제와 실재 자체의 궁극적 인식, 즉 궁극적 진리의 인식 문제다. 현대 철학에서는 전통적인 실재론과 실체론이 발언권을 상실한 지 이미 오래다. 현대 영미 분석 철학의 실재론은 영국경험론의 계승자임을 자부하는 논리 실증주의로 대표되어 왔는데, 이는 분석 명제와 종합 명제를 엄격히 구별해 형식 과학과 실증 과학을 동시에 정당화하려 하는 것이다. 그러나 이미 오래전부터 시작되어 지금은 종료된 것으로 보아도 무방할 정도로, 분석 명제와 종합 명제의 구별 가능성과 함께 순수 경험적인, 즉 관념, 언어, 이론의 혼입(混入) 없는 실재 경험(예컨대 감각 여건 sense data)의 존재 가능성은 완전히 부정되어 버렸다. 이제 문제되는 것은 언어와 관념 및 이론의 성격이며, '언어 외적 실재'라는 개념은 어불성설로까지 치부되는 지경에 이르렀다. 이것은 논리적 경험론의 당연한 귀결이다. 흄적 경험론은 철두철미한 현상론이고, 논리적 경험론은 **흄**적 현상론을 계승하고 있기에 말이다.

소박한 상식적 실재론이나 사변적 실체론은 과학주의에 의해 단호히 거부되었던 것에 반해, 현상론적 경험론은 '과학주의'의 옹호 아래 오랫동안 '실재론'의 가면을 쓰고 분에 넘치는 장수를 누려왔다. 실재는 실재의 경험이고 실재의 경험은 실재의 인상인 관념과 지각들의 집적(集積)이자 체계라고 주장하는 현상론적 실재론과 진리론이 어떻게 과학이라는 미명 하에 철학으로 행세할 수 있었는지 참으로 놀라운 일이다. 그러나 그것이 또 한편 그리 놀라운 일이 아닌 것은, 철학의 본성상 대부분의 철학이 아주 쉽게 사이비 철학으로 전락할 수 있기 때문이다. 영국 경험론과 마찬가지로 그것의 전승인 논리적 경험론도 명백히 사이비 철학이다. 언설상(言說相), 명자상(命字相), 심연상(心緣相)에 구애된 실재론이기 때문이다.

너무나도 당연하게 논리적 경험론의 사이비 형이상학은 반 세기도 못가서 완전히 자폭하고 침몰해 버렸다. 이제 '논리적 경험'이라는 '꿈같은 현실'에서 깨어난 후기 분석 철학은, 실증 과학과 사변적 형이상학 간의 구분과 경계가 가상임을 분명하게 선언하기 시작한다. 이것이 바로 '비실재론'의 출발점이며, 이른바 '포스트모더니즘'의 분석 철학적 초석이다. 선천적 판단과 후천적 판단의 구별이 사라지고, 순수 기초 경험을 토대로 한 검증 가능성의 원리가 부정되면서, 수학과 윤리학의 구분이나 소설과 철학의 경계선이 철폐되고, 일체의 '언설'이 '언설에 대한 언설'임에 불과하다는 것을 절체절명의 철학적 발견인 것처럼 소리 높여 외쳐대고 있는 실정이다. 데카르트의 ‘사유하는 자아’가 제2의 아르키메데스적 발견이라 한다면, ‘언술하는 자아’는 제3의 아르키메데스적 발견이라 할 수 있을까?

‘형이상자가 무엇인지를 형이상학적으로 사유’할 능력이 없었던 실증주의자들이, 무엇이 형이상학인지조차 알지 못한 채, 반(反)형이상학의 기치를 높이 들었다가, 이제 갑자기 ‘과학’을 형이상학과 동일시한다는 것은 형이상학을 이중으로 모독하는 지적 만행이라 하겠다. 후기 분석 철학의 반 논리 경험론적 비실재론도 논리 경험론의 실재론에 못지않게 사이비 실재론이며, 따라서 사이비 형이상학이요 사이비 철학이다. 그것은 언제나 생멸문만을 출입할 뿐 단 한번도 진여문으로 들어가 본 적이 없으며, 게다가 진여문과 생멸문을 들락날락해 본 적은 꿈에서라도 없을 것이다. 비실재론이 실재론의 부정인 한, 그리고 양자가 다 같이 생멸문 안에 있는 변견(邊見)인 한, 비실재론은 필경 허무론과 무법론에 떨어질 수밖에 없을 터임에도, 비실재론은 후자의 견해를 기필코 반대하면서 제3의 대안으로 이른바 ‘실용론’을 표방하고 있다.

실재론에 정면으로 반대하는 ‘실재의 논의’가 허무론과 무법론임은 당연하다. 그러나 생멸문 내에서 주창되는 ‘실재론’이 자기모순일 수밖에 없듯, 생멸문 내에서 주창되는 반실재론으로서 허무론, 무법론도 자기모순일 수밖에 없다. 왜냐하면 생멸문 내에서만 본다면 실재론에 관한 언설이 생멸문적인 실재 자체일 수 없듯, 어차피 생멸적일 수밖에 없을 실재에 관해 그것이 존재하지 않는다고 주장하는 것도 배리(背理(희론))일 수밖에 없겠기 때문이다. 원효는 이러한 무집(無執)을 ‘손감변’이나 ‘악취공견(惡取空見)’이라 지칭하면서, 이를 “모든 견해 중에 최저의 것”으로, “제1의 어리석음”으로 규정했다.[131] 그리

---

131) “第一愚者 此損減見 於諸見中 最在底下.” IV: 485.

고 극단적인 허무론, 즉 무법론은 유무를 함께 배척하는 가장 극단적인 손감견으로 취급해 모든 애지자(愛知者)와 구도자의 적으로 간주했다.[132] 그리하여 세존(世尊)은 "차라리 한결같은 실체론자는 될지언정 결코 한결같은 허무론자는 되지 말라."고 권고했을 것이다.[133]

실재론과 허무론의 중간적 입장을 취하는 것이 상대론이라 할 수 있다. 상대론이 자기모순적이라는 것은 서양 철학사를 통해 다양하게 논변되어 왔다. 여기서는 그것들을 되풀이할 수 없고, 다만 상대론이 '중도정견(中道正見)'과 대비되는 '중변견(中邊見)'임을 강조해 두고자 한다. 그것은 유도 아니고 무도 아닌, 유무 중간에 집착하는 편견이기 때문에 우치론의 과오를 범하는 것으로 배척되는 것이다. 즉 4구 4방(四句四謗) 중에 제4구 제4방에 해당된다. 불가에서 중변견을 그처럼 엄격하게 비판했던 것은, 생멸문적인 사이비 중도와 진여문적인 진제중도(眞諦中道)를 구별하는 것이 결정적인 중요성을 갖기 때문이다. 원효도 도처에서 '불착중도(不著中道)'에 관해 언급하고 있다.[134]

이와 같이 실재론, 비실재론, 허무론, 무법론, 상대론 등은 모두 현상적, 생멸문적, 세간적, 속제적인 변견들이다. 진여문을 떠나 어찌 생멸문이 있을 것이며, 실재 인식의 선천적 조건인 선험적 실재성을 떠나 어떻게 실재 문제를 거론조차 할 수 있을 것인가? 이러한 견해들에 대해 원효 철학이 가지는 의의는 너무나 자명하다. 그리고 이러한 현상론적인 변견들에 대한 원천적인 비판이 이른바 현상학적 존재론이며, 우리의 이른바 초현상론적 존재론이다. 따라서 우리는 이제 이 문제를 짚고 넘어갈 차례에 이른 것 같다.[135]

---

132) "撥有發無者 最極損減也." IV: 499 ; "二種俱謗都無所有 〔…〕是名最極無
　　者." IV: 505.

133) "世尊 〔…〕 說言 寧如一類起我見者 不如一類惡取空者." IV: 506.

134) II: 239, 472, 643 ; III: 50, 54, 167, 168, 186, 229 ; IV: 126, 128 참조.

135) 후기 분석 철학의 실재관에 대한 현상학적, 진여문적인 비판에 관해서는 Oh-

후설은 현상학의, 최소한 선험적 현상학의 창시자로 알려져 있다. 그의 현상학은 실체론과 현상론의 양변을 넘어선 제3의 중도실재론(中道實在論), 즉 유집·무집과 상견·단견의 비판적 극복으로서 진여중도론이라 할 수 있다. 그는 생멸하는 의식 현상으로부터 출발하여 불생불멸하는 선험적 자아에 이르는 과정을 현상학적 환원의 방법을 통해 증시하려 한다. 그의 이른바 판단중지와 본질 직관은 『기신론』의 지관(止觀)을 연상시킨다. 그는 판단중지의 방법을 통해 자연적 태도, 관점, 정신의 효력을 정지시키는데, 이것은 생멸·현상론적 태도를 진여·초현상론적 태도로 역전시키기 위한 혁명적인 방법론적 조치이다. 그리고 동시에 일체의 경계상을 배제하고 인연생멸상을 직관하기 위한 방편적 조치이기도 하며, 생멸법으로부터 시선을 전향해 진여본질법을 관조하기 위한 불가피한 조치임은 물론이다.

그는 의식을 '지향성'으로 특징짓고, 일체 존재를 의식의 상관자로서 지향적 대상으로 이해한다. 이를테면 만법이 유식소조(唯識所造)인 셈인데, 의식의 이러한 능조력(能造力, Leistung)을 '구성(構成)'이라 부른다. '의식과 존재의 의미 상관성'이야말로 『논리연구』(1900)로부터 『유럽 학문의 위기와 선험 현상학』(1936)에 이르기까지 후설의 일관된 탐구 주제였고, 그 자신도 이 점을 자신의 말년에 각별히 강조하고 있다. 그의 이른바 사유와 사유 대상(노에시스와 노에마)의 상호 연관성은 심(心)과 법(法)의 상관성에 다름 아니다. 이러한 상관성을 매개로

<hr>

Hyun Shin, "Non-Relative Conception of Reality and the Task of Philiosophy: A Heideggerian Critique of Pragmatic Realism," *Paths to Human Flourishing: Philosophical Perspectives: Proceedings of the International Philosophy Conference*(Seoul: Korean Philosophy Association, 1993), 173~200쪽 및 「절대와 철학 —— 후기분석철학의 실용주의 실재론 비판」, 『절대의 철학』(문학과지성사, 1993), 11~65쪽.

하기에 의식의 본질직관을 통한 존재 이해가 가능한 것이다. 그는 의식의 정체 해명을 통해 존재의 불가사의에 접근해 갔던 것이다.

후설은 심리 현상학적 환원을 통해 의식 현상을 자연현상으로부터 구별하고, 현상 자체가 곧 의미 현상임을 증시한다. 즉 심식 이외의 자연현상 자체가 존재하지 않는다는 사실, 곧 존재한다는 것은 의식된다는 것이며, 의식된다는 것이 바로 존재 현상의 경험이라는 사실, 일체 현상이 의식의 현상이라는 사실을 확립한다. 그러고 나서 다시 선험적 환원을 통해 일체의 의식 활동, 의미 창출 활동, 현상의 경험 활동과 지향적 구성 작용의 최후 근거로서 선험적 자아로 귀원(歸源)한다. 원효의 '귀일심원(歸一心源)'의 개념과 본질적으로 다르지 않다고 하겠다. 그는 이러한 선험적 자아가 한편으로는 경험적 자아와 일즉이(一卽異)의 관계에 있는 것으로 이해하고, 다른 한편으로는 일체의 선험적 자아들과 시간적, 공간적, 수직적, 수평적으로 일여평등(一如平等)함을 강조한다. 선험적 의식 세계, 일심진여의 실재는 더 이상 자연적이고 심리 현상적인 세계가 아니며, 생멸적이고 인과론적인 지배 아래 있는 실재가 아니다.

그는 선험적 방법과 선험적 환원을 통해 일심진여의 선험적 자아를 발견하고 거기서부터 일체 존재의 비의를 풀어냄으로써, 그때까지의 모든 쟁론과 이견을 해소하려 했다. 일종의 화쟁론, 이를테면 현상학적 회통론이라 할 수도 있으리라. 그는 "합리론(플라톤주의)과 경험론, 상대론과 절대론, 주관론과 객체론, 존재론과 선험론, 심리학주의와 반심리학주의, 실증주의와 형이상학, 목적론적 세계론과 인과론적 세계관" 사이의 대립을 해소, 지양하려 했다.[136] 그의 이러한 화

---

136) E. Husserl, "Phänomenologishe Psychologie", *Phänomenlolgische Psychologie*, Walter Biemel hrsg., Husserliana, B. IX(Haag: Martinus Nijtinus Nijhoff, 1968), 300쪽. 이 책의 본문은 『현상학적 심리학 I』(신오현 옮김, 민음사, 1992)로 번역되었으며, 문제의 논문은 『현상학적 심리학 강의 II ─ 심리현상학에서 선험현상학으로』

쟁론은 철두철미하게 엄밀한 현상학적 사유 방법을 통해 성취된 것이며, 충분히 정당한 명증성을 수반하고 있다. 그가 선험 현상학에 도달한 것은 진정한 철학인 제1철학의 이념, 모든 것을 하나의 개념 아래 직관할 수 있는 학문 이념을 실현하려는 필생의 노력의 결과다.

그럼에도 불구하고 의식에서 출발한 그의 존재론은 심리학주의적, 관념론적 색채를 완전히 불식하는 데는 이르지 못했다. 선험적 자아로 돌아가는 데는 성공했을지 모르지만, 거기서부터 존재 자체의 대명천지까지 되돌아 나오는 데는 역부족이었던 것 같다. 실지(實智), 진관(眞觀), 즉 진여, 실상인 '입실제'에 이르는 일은, 그의 철학이 '학문'이기 위해 안고 있는 근원적 한계로 말미암아, 선험 현상학의 과제를 넘어서는 일이었을 것이다. 불가의 수행계위, 일심의 근원으로 돌아가는 만리장정의 여행 일정이 선험 현상학에는 마련되어 있지 않았다. 그는 다만 하나의 위대한 혁명적 단초를 마련했을 뿐이며, 적어도 그러한 단초를 재확인했을 뿐이요, 그 이상의 진전과 또 한번의 혁명적 돌파는 아직 누구에 의해서도 계승, 성취되지 못했다. 다만 의식을 포기함으로써 의식의 감옥을 벗어나 존재의 광야에 나올 수 있었을 뿐이다. 이러한 불완전한 대안, 즉 후설의 환원적 현상학을 포기함으로써 존재론적 현상학, 즉 현상학적 존재론을 제창한 사람이 바로 하이데거였다.

하이데거의 출발점은 존재다. 후설의 종착점을 그의 출발점으로 삼은 셈이다. 그러나 그는 그의 선구자와는 전혀 다른 길(방법)을 걸어간다. 의식의 철학을 완전히 포기함으로써 그는 후설이 그처럼 극복하고자 애쓴 심리학주의를 일거에 청산해 버린 것이다. 이를 위해 하이데거는 인간을 의식이나 이성, 정신으로 파악하는 일체의 인간 이해를 '인간학주의'로 배격한다. 인간은 그저 존재를 나타내는, 그것

도 존재 자체가 스스로를 나타내는 대로 나타내는 하나의 특수한 존재자, 즉 '현존재'에 불과한 것으로 규정된다. 이를테면 인간이 존재를 규정하는 것이 아니라, 존재가 인간을 규정하는 셈이다. '인간으로 존재'하는 것은 존재 개현의 지평에서 '존재를 이해'하는 것과 동일한 의미를 갖는다. 존재 이해를 자신의 존재 내용(실체)으로 가지는, 다시 말해 존재 이해의 방식으로 존재하는 유일한 존재자가 곧 현존재인 것이다. '존재자가 존재한다'는 데서 '존재함' 또는 '존재임 Sein'만을 진여실상으로 간주하는 존재 일원론에서, 인간이 완전히 물리적, 심리적 자연임은 지양된다.

또 한편으로 그는 사람들이 '존재'라고 부르는 것이 이른바 의식, 관념, 정신, 자아, 주체에 상대적인 객체 존재, 단지 '존재 표상' 또는 '존재자로서 규정하는 존재자 표상'에 불과한 것일 뿐, 진정한 존재인 진여실상은 아니라고 단호하게 선언한다. 그것은 '주체'라는 아집에 상관적으로 수반하는 '객체'라는 법집이며, 주체와 객체의 관계는 가상된 실체(이것도 아(我), 즉 인아(人我), 법아(法我)다.)의 망상적인 관계일 뿐이다. 그것은 이른바 주체와 객체가 동시 근원적으로 존재를 상실하고 있다는 반증일 뿐이다. 그것은 인간 측에서 보면, 억지로 표현하여 '존재 망각'이라 할 수 있고, 존재 측에서 보면, '존재 황폐'라 할 수 있으나, 근원적으로 동일한 사태의 두 가지 측면에 불과한 것이다. 이러한 사태의 원인은 '인간'의 잘못에 있다기보다는, 오히려 존재 자체, 즉 존재 이해의 잘못, 이를테면 근본 무명에 있다 할 수 있다.

그는 서구 역사를 존재 망각의 역사, 근본 무명에 의한 일대 일탈의 역사, 유전연기의 역사로 규정하고, 이러한 일탈의 막다른 골목, 이러한 대대적 유전의 마지막 지점에서 직면하고 있는 일몰(日沒)의 땅 Abendland, 위기의 땅이 현대 유럽이라고 경고한다. 그리고 과학적 기술, 기술적 과학은 몰락의 역사가 그 대가로 만개시킨 가장 화려한 꽃으로 간주한다. 인간과 언어와 진리, 자유의 복원은 모두가 존재의 복원과 연계되어 있는 셈이다. 존재자의 표상이 지배할 때 존재 사유는 쇠퇴하게 마련이고, 유위조작(有爲造作, Machenschaft)이 행위와 성취의 전형으로 통용될 때, 무위조화(無爲造化, Ereignis)와 무위자연(無爲自然)은 무용(無用)과 무력(無力)의 대명사로 무시되게 마련이다. 존재와 자연을 회복하기 위해 존재 망각, 존재 황폐의 장본(張本)인 인간은 죽어야 하고, 새로운 부활이 준비되어야 한다.

진리, 윤리, 논리, 자연, 이성, 인간을 하나의 존재, 즉 일미진여로 파악함으로써 유전역사의 정체 해명에 혁신적인 조명을 감행하려는 하이데거의 존재론은 실로 비극적으로 영웅적이다. 존재의 심연에서 현존재의 의지처는 발견되지 않기 때문이다. 인간의 사망을 선고하는 데는 선명한 논리를 제시했지만, 인간의 부활을 위해서는 모든 것이 오리무중으로 그저 묘연할 뿐이기에 말이다. 이것은 그가 의식을 포기함으로써 치러야 할 너무나도 당연한 대가인 것이다. 의식의 현상론적 성격에 지나치게 민감한 나머지, 의식에 너무 빠른 결별을 고한 것이 화근이었던 셈이다. 그는 후설 식의 선험적 자아를 인정했지만, 존재로부터의 고립을 두려워한 결과, 그것을 너무 섣불리 외면했던 것이다. 거기서부터 정면 돌파를 감행했더라면 하이데거의 존재론은 어떤 결말을 맞았을까? 후설의 선험적 자아로부터 하이데거의 '존재 = 존재 이해'까지의 거리는 아주 짧았다. 다만 절벽이 가로막고 있었기에 또 한번의 혁명적 정면 돌파를 감행하지 못하고 멀고 먼 우회로를 택한 것이 결과적으로는 다시 제자리로 돌아오는 무모한 유랑의 길을 택한 것이었음이 판명되었다.[137]

---

137) 하이데거의 사상을 불가적, 도가적으로 조명한 필자의 시도로는 신오현, 『절대의 철학』에 수록된 「절대와 자연 —— 하이데거와 형이상학의 문제」 및 「절대와 자유 —— 노자와 하이데거의 비교 연구」를 참조하고, 후설을 포함하는 현상학에 관해서는 「절대와 언어 —— 정신문화와 언어의 관계에 관한 현상학적·해석학적 고찰」을 참조하라.

현대 철학의 한계와 원효의 화쟁 논리
선험적 의미론의 관점에서[1]

불학의 철학적 성격

'불교' 사상의 본질적이고 보편적인 진수는 철학적일 수밖에 없다. 불교·불학의 주체, 주제, 목표는 깨달음이고, 깨달음의 완성이 지혜이며, '철학 philosophia'은 바로 '지혜 사랑' 또는 '수순반야(隨順般若)'의 교학(敎學)으로 정의되기 때문이다. 더 정확히 말해, '철학'은 '희철학(希哲學)'의 준말이며, '희철'은 '애지(愛智)'로도 표현될 수 있는 개념으로서, 이는 주자(周子)의 『통서(通書)』에 등장하는 '희현(希賢)'에서 유래한다. 본래적 자아, 본성적 자아, 부모 미생(未生) 이전의 진면목을 희구하는 본원적 행위가 구도, 수행이고, 이 길을 모색하는 행위가 반야에 수순함이자, 지혜를 사랑함이다. 그리고 이 궁극

---

1) 이 논문은 불교신문사 주최로 2000년 3월 서울 프레스센터 국제회의장에서 개최된 국제학술대회 '원효와 21세기'에서 발표된 발제 논문인 「현대 철학의 한계와 원효 사상」을 개작한 것이다. 주제의 성격상 논리 전개가 거시적이고 개괄적일 수밖에 없으므로 주석을 통한 논거 제시도 최소한에 그칠 수밖에 없었음을 미리 밝혀둔다.

실재·구경실상에 대한 구경지(究竟智)가 이·지 명합(理智冥合)이
나 지·경 명일(智境冥一)에 이르도록, 그리하여 "지혜이면서 실상
이 아닐 수 없고, 역으로 실상이면서 지혜가 아닐 수 없음〔無智而非
實相 無實相而非智〕"[2]의 경지, 즉 "실재와 그 인식의 동일성"의 경
지에 이르도록 궁구해 나가는 인식 과정에 적용되는 담론 논리가 바
로 원효의 화쟁 논법이다.

적어도 철학적으로 말하면, '화쟁'이란 단순히 '쟁론의 화해'만을
의미하는 것이 아니라, 궁극적인 진리 인식의 방편임을 전제로 한
'쟁론 화해'를 의미한다는 사실은 원효의 화쟁 철학을 이해하는 데
결정적인 중요성을 가진다. 원효의 화쟁 논리에서 빈번하게 구사되
는 방법론적 조작 개념 operational concept인 "4종의 과오를 벗어남
〔超出四過〕", "모두 옳고 모두 그름〔皆是皆非〕", "모두 일리 있음
〔皆有道理〕"이나 "그렇지 않음의 크게 그러함〔不然之大然〕", "이치
없음의 지극한 이치〔無理之至理〕" 등속의 역설적 성격도 오직 철학
적 의미로 이해될 경우에만 그 참뜻을 온전히 음미할 수 있다. 즉
원효 불교 철학의 화쟁론은 선험적 담론으로, 즉 구경실재〔眞如〕의
구경인식〔如實知〕의 가능성을 논변하는 담론으로 이해될 경우에만,
비로소 진정한 철학적 담론으로 정당화될 수 있다는 말이다. '말할
수 없는 것을 억지로 말해야 하는 역설'을 정당화하는 담론 양식이
다름 아닌 화쟁 담론이기 때문이다.

철학사의 관점에서 볼 때, 현대 철학의 한계·곤경·위기[3]는 곧

---

2) '국역원효성사전서', 권2(보련각, 1987), 65쪽. 앞으로 이 책은 '권수와 쪽수를
로마 숫자와 아라비아 숫자로 연결해 표시한다. 예컨대 권2의 65쪽은 II : 65로
쓴다.

3) 우리는 '현대 철학의 한계'에서 '한계'를 '한계·곤경·위기'의 복합 의미로 이
해한다. 그리스어 '아포리아 aporia'에 가장 근사한 이러한 '한계'의 극복은 역시
그리스어 '유포리아 euporia'에 해당되는 것으로 이해할 수 있다. 여기서 우리가
'한계·곤경·위기'의 복합적 의미로 사용하는 '한계'와 그 '극복'을 구태여 그리

철학 자체의 한계·곤경·위기에 다름 아니다. 현대 철학이라는 철학의 특수 영역에서 한계·곤경·위기가 생겨난 것이 아니라, 철학의 역사적 전개 과정에서 철학 자체의 한계가 극명하게 표출된 것이 현대 철학이기 때문이다. 그것은 어떤 의미에서 '철학의 본성'과 '현대의 특성' 간의 본질적인 연관성에 기인하는 것으로 볼 수 있는 것이기도 하다. 결론적으로 말하자면 현대 철학의 한계는 철학 자체의 한계인데, 그것은 곧 철학 정체성의 한계이기도 하다. 학문의 전형이 과학으로 정체 오인되자마자, 결단코 과학일수 없는 철학은 심각한 정체성 위기에 직면하게 된다. 『금강삼매경』의 어법에 따르면 철학의 인식 행위는 무위행(無爲行)·무생행(無生行)이며, 그 인식 대상은 무상법(無相法)이기 때문이다. 따라서 철학적 인식 행위와 인식 대상은 유(有)·무(無)·구(俱(有, 無))·비(非(非有, 非無))의 공식으로 표현되는 이른바 4구(句)의 적용 대상이 아니기에, 여기에 무가내(無可奈)로 이 4구를 적용할 경우, 그렇게 표현된 철학적 진술(또는 사이비 진술)은 현상적·경험적·문어적으로 취하면 다 틀린 말이 되지만, 본질적·선험적·의어적으로 해석하면 모두가 일리 있는 말이 되어, 화쟁론의 이른바 개비개시(皆非皆是), 개유도리(皆有道理)로 판명된다. 절대 실재나 절대 진리는, 바로 절대적이기 때문에 "말을 떠나고 생각을 끊어서, 문자로 정립할 수 없으니, 언어의 길이 막혀 있음〔離言絶慮, 不立文字, 言語道斷〕"이 분명하지만, 동시에 "말을 떠난 진리도 말에 의존할 수밖에 없음(이언진여도 의언진여)"일 수밖에 없으니 "말을 통해 말을 버리는(인언견언)" 한, 절대 실재와 절대 진리는 어떠한 명제로도 진술될 수 없으나, 바로 그 때문에 또한 여하한 문언(文言)으로도 지시될 수는 있는 것이다. 따라서 우리는 원

스어 '아포리아'와 '유포리아'에 연계시키는 것은 후자가 원효의 '화쟁' 개념의 뉘앙스를 더 잘 함축하고 있다고 생각되기 때문이다. 따라서 우리가 앞으로 '한계'라는 말을 사용할 때는 언제나 이러한 복합 의미를 염두에 둔 것이다.

효의 화쟁론을 통해 철학의 정체성을 재정립함으로써, 현대 철학의 최대 위기를 극복할 방도를 모색해 볼 수 있다. 우리는 먼저 현대 철학의 한계를 진단하고, 이를 극복할 수 있는 가능성으로서 원효의 화쟁론을 철학적인 관점에서 해명할 것이다.

현대 철학의 한계

우리는 여기서 '현대 철학'의 외연을 편의상 '20세기 서양 철학'에 한정한다. 그리고 후자의 표본으로 영미의 언어 및 논리 분석 철학, 유럽의 의식·존재 현상학 및 사회·이념 비판 이론을 취하고자 한다. 그 근거는 단순히 이들이 현대 철학 사조를 주도해 왔다는 사실뿐만 아니라, 언어·의식·사회가 "인간 현실 realité humaine"의 삼위일체를 형성하는 인간 존재의 구성체 Konstitutiva[4]라는 철학적 직관이다. 현대 철학의 전형은 1920년대에 부상된 현상학적 존재론(현상학과 실존철학), 빈 Wien 학단의 논리 경험론 및 프랑크푸르트 학파의 사회 비판 이론에서 발견되며, 그 이후의 현대 철학은 이들 전형(典型, paradigm)의 충실(充實, articulation), 변양(變樣, modification) 및 극복을 위한 다양한 시도로 볼 수 있다.

그런데 더욱 중요한 문제는, 언어·의식·사회의 삼위일체성이 인간 현실의 구성체일 뿐 아니라, 현실성과 실재성 일반의 구성 문제에 동시 근원적으로 관련된다는 사실이다. 존재, 실재, 현실과 그 인식의 문제는 상호 연관되어 있는 것이기 때문이다. 파르메니데스 이래 데카르트, 스피노자, 버클리를 거쳐 칸트, 후설, 비트겐슈타인에

---

4) "인간 현실"은 사르트르가 인간 존재에게 부여한 현상학적 존재론의 명칭이며 (*L'Etre et le neant*), "구성체"는 하이데거가 인간 존재의 구성체에 붙인 존재론적 명칭이다(*Sein und Zeit*, 147쪽).

이르기까지 존재·실재·현실과 의식·지각·사유 간의 일치, 대응, 상관의 관계가 존재론과 인식론의 상호 공속성(共屬性)으로 이해되어 왔거니와, 이른바 "언어적 전회 linguistic turn" 이후 존재의 문제는 언어의 문제에 연계되어 논의되고, 존재론은 의미론의 지평으로 후퇴하게 된다. 논리 경험론이 인식의 문제를 자연 과학의 문제로 환원하는 데 비해, 하버마스 J. Habermas가 주도하는 사회 비판 이론은 인식론을 사회 이론의 형식으로 수행하려 한다. 이제 의식·사회·언어의 삼위일체성을 총괄해 말한다면, 존재는 인식을 통해 인간에게 그 실재성이 비로소 확인되고 인간 인식은 지각과 의식의 활동이며, 후자는 언어를 통해 실현되고, 또 의식과 언어는 불가피하게 사회 역사적이라 하겠다.

언어·의식·사회의 삼위일체성에서 한 측면만을 강조하는 현대 철학의 3대 사조는 본래 근세 철학의 한계를 타개하기 위해 궁여지책으로 발단된 철학 혁명의 산물이다. 근세 합리론과 경험론의 대립을 종합하고 지양하려는 칸트 철학에서 독일 관념론이 전개되고, 그 절정이자 파국에서 결국 현대 철학의 혁명이 초래된 것이다. 그것은 곧 계몽 철학을 명료화, 합리화, 철저화해 현대 과학에 상응하는 새로운 철학을 창도하려는, 이를테면 서구의 제2차 계몽 운동이었다. 그리하여 첫 번째로는 데카르트, 흄, 칸트, 헤겔을 종합하고 지양하는 비판적 지각, 이성, 경험, 현상, 의식 이론으로서 후설의 현상학이, 두 번째로는 비과학적, 형이상학적인 근세 철학에 현대 과학의 괄목할 만한 성과를 수혈해 주로 경험론적 전통을 계승하면서 논리·수리·과학적인 철학으로 갱생된 원자론, 실증론, 의미론의 분석 철학 운동이, 그리고 마지막으로는 이성, 의식, 사유의 사회 역사적 피(被) 규정성과 과학 및 철학의 이데올로기적 성격에 유념하면서 주로 칸트, 헤겔, 마르크스의 전통을 계승한 사회 비판 이론이 그것이다. 이들의 공통 과제는 이성 비판이지만, 분석 철학은 언어 분석 비판에,

사회 철학은 사회 분석 비판에, 그리고 현상학은 의식과 인식 분석 비판에 각별히 관련된다. 근세 철학이 이성과 학문의 위기를 극복하는 데서 철학의 정체성을 찾았다면, 현대 철학은 철학의 위기를 극복하고자 철학의 자기 정체성을 근본 문제로 부각시킨다. 그렇다면 과연 현대 철학은 그 태생적 근본 문제인 자기 정체성 확립에 성공적이었던가?

논리적 근거에서 형이상학을 무효화하고, 상식과 과학의 언어를 분석하고 비판하는 것에서 철학의 주요 임무와 기능을 확인한 분석 철학은, 퍼트넘의 고백대로, "세계 철학에서 지배적인 운동으로 공인되는 바로 그 순간, 분석 철학은 그 자신의 기획의 종말에 —— 완성이 아니라 막다른 종말에 —— 도달해 버린 역설을 본다."[5] 그것은 분석철학의 창립 멤버들인 프레게, 러셀, 카르납, 비트겐슈타인, 에어 등 기라성 같은 거장들이 영웅적으로 수행한 전통 형이상학의 해체 작업 자체가 또 하나의 형이상학, 아무리 과학적이고 세련된 형이상학일지라도 여전히 형이상학에 불과한 것으로 결말지어지고 만 자멸(自滅)적인 self-defeating 역설이다. 언어를 제아무리 정교하게 분석하고 또 분석해도 형이상학의 문제는 끝내 말끔히 정리되지 않았고, 언어 분석의 무실성(無實性)과 무력감에 지쳐버린 언어 기술자들 linguistic technicians은 마침내 이 기획 자체가 당초부터 엄청난 무리였음을 발견한다. 모든 학문의 토대로 사용될 수 있는, 절대적으로 확실한 "특전적 인식 privileged knowledge, epistemological privilege" 이 선천적으로나 경험적으로 존재한다고 상정한 발상 자체가 결코 비판적으로 확인된 적이 없는 또 하나의 형이상학적 독단에 불과했음을 자각한 것이다.

이제 언어의 의미만으로 구성된 선천적, 분석적인 판단과 인식도,

---

5) H. Putnam, "After Empiricism," *Post-Analytic Philosophy*(New York: Columbia University Press, 1985), J. Rajchman & C. West eds., 20~30쪽, 인용된 부분은 28쪽.

그리고 순수 경험만으로 구성되었으면서도 절대 확실한 특전적 인식도 존재하지 않는다는 것이 증명되었다. 따라서 양자 간의 논리적 차이와 이 차이에 근거한 철학과 과학의 차이도, 그리하여 결국엔 과학과 형이상학의 차이도 엄격히 구획될 수 없음이 명백해지게 되었다. 이것이 바로 해체주의나 포스트모더니즘의 철학을 대변하는 후기 분석 철학의 시작이다. 언어 분석의 한계를 인식하면서 분석 철학이 해체되었다면, 하물며 불립문자와 언어도단을 표방하는 제1철학(제1의제(義諦))에서 경험주의적인 언어·논리 분석 철학이 도대체 그 무슨 철학적 의미를 가질 수 있을 것인가.[6]

그렇다면 사회의 합리적 구성을 통해 인간 이성을 실현한다는 사회 비판 이론은 어떠한 철학인가? 사회의 구조적 불합리와 이에 따른 인간 이성의 왜곡을 이데올로기 비판을 통해 교정함으로써 합리적 사회와 이성적 인간을 복원한다는 사회 비판 이론의 혁명적 실천 기획은 진정으로 합리적, 비판적이며 사회적, 인간적인가? 도대체 합리성이란 무엇이며, 이성의 권위는 어디서 유래하는 것인가? 진리와 합리의 기준은 무엇이며, 그 최종적인 판정을 위한 신성한 법정은 어디에 있고, 그것은 또 어떻게 정당화될 수 있는가? 프랑크푸르트 학파의 창립 주역인 호르크하이머 M. Horkheimer와 아도르노 T. W. Adorno의 부정변증법은 그 최종 권위를 유토피아적이고 종말론적인 '완전 타자 das ganz Andere'에 기탁하고, 각자는 다만 부정(不正)한 것을 비판적으로 부정(否定)할 수 있을 뿐이라고 말한다.

---

6) 언어 분석 철학, 논리 경험론 및 후기 분석 철학에 관한 비판적 논의로는 신오현, 「절대와 철학——후기 분석 철학의 실용주의 실재론 비판」, 『절대의 철학』(문학과지성사, 1993), 11~65쪽 ; Oh-Hyun Shin, "Non-Relative Conception of Reality and the Task of Philosophy: A Heideggerian Critique of Pragmatic Realism", *Paths to Human Flourishing: Philosophical Perspectives*(Seoul: KPA, 1993), 173~200쪽 ; Oh-Hyun Shin, "Philosophy and the Thesis of Ontological Non-Relativity," *Philosophy and Culture*(Seoul: KPA, 1999), 93~145쪽 참조.

그리고 이들의 비판 이론을 계승해 최신의 사회 철학 이론으로 정립한 아펠Karl-Otto Apel과 하버마스는 이른바 '담론 윤리'를 내세웠다. 그들에 따르면 진리란 이상적 언어 상황에서 도달된 언어 공동체의 합의에 다름 아니다.[7] 그렇다면 이상적 언어 상황이라는 조건은 어떻게 보장되는 것이며, 또 비록 이상적인 것이라 하더라도 그러한 조건 아래 이상적 담론이 실현되고 합리적 합의에 도달한 것인지는 과연 누가 어떻게 판정하는가? 하버마스는 자기반성을 중시하고, 프로이트 식의 정신 분석 이론을 패러다임으로하는 이데올로기 비판을 사회 비판의 방법론으로 제시하고 있지만, 그것이 과연 개인과 사회의 정신 병리와 이데올로기적 왜곡으로부터 완전히 자유로운 인간적·사회적 건전성과 개명성(開明性)을 보유하고 있는가? 그리고 무엇보다도 중요하게, 도대체 이러한 이론을 자기 명증성을 생명으로 하는 철학적 인식이라 할 수 있는가? 하버마스에 따르면, 철학이 이성의 안내자Platzanweiser와 재판관Richter의 역할을 참칭하던 형이상학의 시대는 가고, 이제 탈형이상학의 시대에 상응하는 철학의 임무는 경험 과학을 위해 합리적 경험과 판단을 대신하는 대리자Platzhalter와, 전문화된 문화 영역을 매개하는 이성의 해석자 Interpret 역할을 자임하는 일이다. 그러나 그것은 철학이 과학과 문화의 시녀임을 자청하는 것일 뿐이다.[8]

---

7) 이들이 주창하는 담론 윤리의 핵심 개념인 '이상적 언어 상황 아래서의 합의 창출', 즉 '화해'는 어떤 의미에서 원효의 '화쟁' 이념과 연관될 것인가?

8) 프랑크푸르트 학파의 사회 비판 이론이 표방하는 철학 이념에 관해서는 신오현, 「사회비판이론의 철학이념 ── 하버마스를 중심으로」, ≪대동철학≫ 창간호 (1998. 10), 233~277쪽 참조. 그리고 각 멤버의 철학 이해에 관해서는 M. Horkheimer, "Traditionelle und kritische Theorie"(1936) 및 "Die gesellschaftliche Funktion der Philosophie"(1940) Max Horkheimer: Gesammelte Schriften, Band 4 (Frankfurt am Main: Fischer Taschenbuch Verlag, 1988), 162~216쪽 및 332-351쪽; H. Marcuse, "Philosophy and Critical Theory"(1936), *Negations: Essays in Critical Theory*(Boston: Beacon Press, 1968), 134~158쪽; T. W. Adorno, "Die Aktualität

‘현상학’은 문자 그대로 ‘현상에 관한 학문’이며, 따라서 ‘경험에 관한 체계적 이론’으로 풀이할 수 있는 것이다. ‘현상’은 언제나 ‘존재의 현상’이며, ‘의식에 대한 현상’이다. 그리고 ‘의식에 대한 존재의 현상’은 ‘존재의 의식, 인식, 지각, 경험’이기도 하다. 이리하여 현상학은 일차적으로 인식론이며, 모든 인식론이 그러하듯 존재론과 근본적으로 연계되어 있는 것이다. 특히 현상학의 현대 철학적 원형인 순수 현상학은 후설의 ‘의식 현상학’으로 확인되어도 무방하겠다.

불학에서 심(心)과 법(法)이 상관적이듯, 후설에게도 의식과 존재는 노에시스와 노에마의 상응 관계를 가진다. 일심이 일법계의 대총상(大總相)이듯, 순수 의식 존재인 선험적 자아는 대상 세계 전체의 구성자다. 심진여문(心眞如門)과 심생멸문(心生滅門)이 “불일이불이(不一而不二)”이듯, 선험적 자아와 경험적 자아는 동즉이(同卽異)며 이즉동(異卽同)이다. 후설의 자연적 태도와 현상학적 태도의 구분은 속제와 진제 구분에 대비를 이루며, 현상학적 판단중지와 본질 직관은 『기신론』의 지관문(止觀門)에 대조될 수 있으리라. 이와 같은 방식으로 후설의 현상학적 의식론은 불가적 의식론에 유비적으로 이해될 수 있는 많은 유사성을 지니고 있다. 그러기에 우리는 자주 ‘불가의 의식론’을 ‘불가적인 현상학’으로, 그리고 ‘후설의 현상학’을 ‘현상학적인 불학’으로 불러왔던 것이다. 그런데 이제 이러한 후설의 현상학과 연관해 두 가지 사실을 유념할 필요가 있다.

우선 현상학 phenomenology은 현상론 phenomenalism과 구별된다는 사실이다. 둘 다 ‘현상에 관한 이론’이지만, 전자가 현상과 지각,

---

der Philosophie”(1931), Gesammelte Schriften, Band 1(Frankfurt am Main: Suhrkamp, 1973), 325〜344쪽 및 “Wozu noch Philosophie”(1963) Band 10〜2 (1977), 459-473쪽 ; Habermas, “Die Philosophie als Platzhalter und Interpret” (1981) Moralbewußtsein und kommunikatives Handeln(Frankfurt am Main: Suhrkamp, 1983), 9〜27쪽 등을 참조하라.

인식을 선험적 자아의 구성으로 보는 데 반해, 후자는 실재와 사물, 존재를 현상과 지각의 다발에 불과한 것으로 보는 환원론적 인식론이다. 지각 현상들은 상상력의 연상 법칙에 따라 자기 동일성을 보유한 실체로 구성되지만, 그것은 다만 허구에 불과한 것이다. 물리적 사물이 지각의 다발에 불과하듯, 정신적 사물, 이를테면 자아 같은 것도 지각 활동의 다발 이외 하등의 자기 동일적 실체성을 가지고 있지 않다. 현상론적 입장은 불학 논리에 따르면 존재의 상주성을 부정하는 단견(斷見)에 비유될 수 있는 것이다. 현상론적 단견이 실체론적 상견(常見)에 대비되는 것임은 물론이다. 이에 반해 현상학은 이를테면 실체론적 상견과 현상론적 단견의 중도정견(中道正見)을 취하면서 자연적 태도에서 당연시하는 현상적인 자아의 존재는 부정한다는 점에서 실체론을 부정하고 현상론을 편들지만, 현상학적 태도에서 선험적 자아의 존재를 여실증득(如實證得)한다고 주장한다는 점에서는 현상론에 반대한다.

아공(我空)·법공(法空)을 주장하는 현상론이 중관론(中觀論)에 비유될 수 있다면, 의식의 대상 구성적 측면을 자세히 분석하는 현상학은 유식(唯識)·법상종(法相宗)에 비유될 수 있다. 후자가 종종 방법론적 대승(大乘), 즉 권대승(權大乘)으로 평가절하되어 실질적 대승인 실대승(實大乘) 요의교(了義敎)에 미치지 못하는 것으로 판석(判釋)되듯, 현상학도 아직은 잠정적, 방편적 단계에 머물러 있는 철학, 이를테면 철학의 예비학 정도로 평가될 수 있을 것이다. 아마도 그의 제자 하이데거가 스승의 길을 멀리 떠나 자기류의 현상학, 말하자면 '존재론적 현상학' 또는 그가 이른 바 "현상학적 존재론"을 창시하게 된 것도 이러한 방법론적 단계를 초출하려는 영웅적 시도에서 비롯되었으리라.

이미 하이데거의 후기에서부터 그의 철학적 입장, 즉 현상학적 존재론이나 존재 사유를 대승 불교적으로, 특히 선(禪)불교적으로 해석하는 비교 연구가 다양하게 시도되어 왔다. 그리고 그 결과 하이데거야말로 스콜라적인 후설 현상학의 인식론적 잔재를 남김없이 청산해 버린 실대승 요의교, 그것도 반야·법화·화엄·기신론의 수준을 넘어서는 선(禪)적인 사유에 근접한 듯 보인다. 그는 후설의 주제 개념인 '의식'을 문자 그대로 '의식되어 있음'(Bewußt-sein)으로 풀이하고, '의식'이 아니라 오히려 '있음(존재)'에 착안해 근원적으로 물음이 제기되어야 할 것은 의식이 아니라 존재임을 역설한다. 그리고 바로 그 때문에 그는 후설의 의식 현상학을 외면할 뿐 아니라, 단지 '의식'을 주제로 삼는다는 이유만으로 주저 없이 불교를 외면한다.

그러나 의식도 의식 나름이다. 의식 현상학의 선험적 환원이 현출(現出)하는 최종 잔여인 후설의 선험적 잔여도 이미 하이데거의 의식 및 인식 수준을 넘어서 있거니와, 『대승기신론』 수준 이상의 불교가 현시하는 의식은 현상적 의식, 현상학적 의식, 권대승적 의식을 멀리 떠난 것이다. 의식 활동, 의식 표상이 아니라, 실상(實相)과 반야(般若)가 '실상 반야 = 관조 반야'의 형식으로, 즉 '무실상이비지(無實相而非智) = 무지이비실상(無智而非實相)'의 경지에 이른 '존재 = 사유'이다.

근자에 숭산(嵩山)의 소림사를 탐방한 어느 기자의 르포 기사는 이렇게 끝나고 있다. "한 사상가의 유명한 명제를 패러디한다면 '선(禪) 없는 교(敎)는 공허하고 교(敎) 없는 선(禪)은 맹목적'이기 쉬운 것이다."[9) 여기서 "한 사상가의 유명한 명제"란 물론 칸트의 '개념과 직관의 관계'에 관한 명제, 즉 "직관 없는 개념은 공허하고 개념 없는 직관은 맹목적이다."라는 명제를 말한다. 동일한 관계를 우리는 후설의 권대승적 현상학과 하이데거의 실대승적 현상학의 관계에서도 확인할 수 있다. 바로 이 점에서 우리는 하이데거의 철학적 사유가 '현존재로

---

9) 조선일보 신년특집, 「종교기행, 신앙의 고향을 찾아서 9 ── 달마와 숭산 소림사」(2000. 3. 1. 이선민 기자).

부터 존재로'에서부터 '존재에서 현존재로'로 역전되는 이른바 "전회
(轉回, Kehre)" 이후 그의 존재 사유가 함의하고 있는 근본적인 한계
를 본다. 그리고 거기에는 원효의 화쟁론 구사에서 확인되는 방법론적
또는 방편적인 절차가 결여되어 있음을, 따라서 존재 사유의 명증성
문제가 심각하게 개재되어 있음을 간파하기 어렵지 않다.[10]

화쟁론의 철학적 해석

우리가 여기서 원효의 화쟁론을 거론하는 것은 그것이 현대 철학
의 한계를 극복하는 문제와 관련해 어떠한 의미를 가질 것인가를 탐
구해 보기 위해서다. 원효는 화쟁의 문제를 다루면서 다양한 경우를
예시하는데, 비(非)철학적 문제를 언급하는 경우(예컨대, '맹인들의 코
끼리 이야기〔群盲說象〕')가 많다. 그러나 그의 진정한 의도는 우리가
앞으로 해명하게 될 철학적 논의를 겨냥하고 있다. 따라서 우리는
이하에서 화쟁론을 순수 철학적인 담론 방식으로 해석하는 데 치중
할 것이다. 이를테면 수학적 공리나 물리학적 명제의 경우 그의 이
른바 개시개비(皆是皆非), 개유도리(皆有道理) 또는 비연비불연(非
然非不然)과 같은 표본 화쟁 논법을 상호 대립적인 주장에 적용할
수는 없을 터이다. 하기야 유클리드 대 비(非)유클리드 기하학이나,
빛의 입자설과 파동설의 대립 같은 경우가 있기는 하지만 말이다.
이에 반해 형이상자에 이들 논법을 적용할 경우 예외 없이 아주 정
연하게 적중한다는 것은 화쟁론의 본령이 고전적인 의미에서 철학적

---

10) 후설과 하이데거의 현상학적 철학 이념에 관한 연구로는 신오현, 「현상학적 철
학 개념 —— 후설의 제일철학이념」, ≪철학≫ 제46집(한국철학회, 1996년 봄),
93~143쪽 ; 신오현, 「하이데거와 형이상학의 문제」, 『절대의 철학 —— 제일철학
의 임무와 목표』(문학과지성사, 1993), 66~162쪽 참조.

담론임을 강하게 시사하는 대목이다. 따라서 화쟁의 논리를 철학적
으로 해석해야 그 진수가 극명하게 드러나 참뜻을 명석, 판명하게
이해할 수 있을 것이다. 더 나아가 이렇게 이해된 화쟁 논리를 현대
철학의 아포리아에 적용함으로써 철학의 고전적 이념을 석명(釋明)
하고 복원해 현대 철학의 한계·곤경·위기를 모면할 수 있는 길이
시사될 수도 있을 것이다.

1 절대의 논리

잘 알려진 대로 인식은 판단으로 형성되어 명제의 형식으로 표현
되며, 그러한 '명제의 체계' 또는 '체계적인 명제'가 바로 학문이다.
그런데 일단(一段)의 사상 Gedanke을 주·객의 개념 관계로 '분립(分
立)하는 것 urteilen'이 '판단 Ur-teil'이며, 판단을 '언표의 양식으로 제
안하는 것 propose'이 명제 proposition'다. 라이프니츠, 흄, 칸트에서
현대 논리 경험론에 이르기까지, 그리고 1950년의 '콰인 선언'[11] 이전
까지는, 모든 의미 있는 판단은 분석 판단과 종합 판단으로 분류된
다고 확신해 왔다. 그리고 전자는 수학, 논리학과 같은 형식 과학을,
그리고 후자는 인문 과학, 사회 과학, 자연 과학과 같은 내용 과학을
구성했다. 분석 명제는 개념과 개념 또는 명제와 명제 간의 함의 관
계 implications를 논증적 demonstrative으로, 그리고 사실 명제는 사
물, 사건 간의 또는 사실, 사태 간의 인과 관계를 실증적 verificative
으로 확인하고 확정하는 것이다.
　따라서 논리나 사리를 언표하는 일체 학문은, 이성의 영역이나 사

---

11) '분석 판단과 종합 판단의 구분이 논리적이고 필연적이고 확정적'이라는 주장
　　은 경험론의 독단에 불과하다고 선언한 콰인의 유명한 논문 "Two Dogmas of
　　Empiricism"은 1950년 12월 미국철학회, 동부지부 학회에서 발표되고, *Philosophi-*
　　cal Review(January 1951)에 게재된 바 있다.

실의 세계에서 존립하는 상대적 관계가 역시 상대적인 인간에 의해 상대적으로 인식된 것일 수밖에 없다는 점에서, 이중 삼중으로 상대적이다. 이것이 콰인이 말한 존재론적, 인식론적 상대성이며 불확정성이다. 따라서 이러한 상대성이 부정하는 것은 어떠한 인식도 더이상 학문이기를 그만두는 것이며, 이러한 한계를 시인하는 것이 과학의 상식이다. 누군가 절대적 인식이나 학문을 주장한다면, 그는 과학적인 지성을 결여한 비이성적인 사람으로 의심받기 십상이다. 그러므로 역으로 말하면, 절대는 불립문자이자 언어도단으로서 심행처멸, 이심전심이고 직지인심(直指人心), 견성성불(見性成佛)의 경지"라고 억지로 말할〔強號·名·謂〕" 수 있을 뿐이다.

　모든 인식은 이른바 4구문 또는 4구 분별에 의해 언표될 수 있다. 즉 단순 긍정(정립), 단순 부정(반정립), 긍정 종합(양긍정) 및 부정 종합(양부정)이 그것이다. 원효의 『대승기신론소』에 따르면, "4구가 많으나 그 요점은 두 가지가 있으니, 유무 등과 일이(一異) 등이다. 이 두 가지의 네 구절을 가지고 모든 허망한 집착을 포괄했기 때문에, 이 두 가지에 대처함으로써 진공(眞空)을 나타낸다."[12] 유무의 경우는 유(有), 비유(非有), 구허(俱許(有·非有)), 구비(俱非(非有·非非有))로, 그리고 일이의 경우에는 일(一), 비일(非一(異)), 쌍허(雙許(一·非一)), 쌍비(雙非(非一·非非一))로 정식화될 수 있다.[13] 예를 들어, '선험적 자아' 또는 '진여'의 유무나 '선험적 자아'와 '경험적 자

---

12) "四句雖多 其要有二. 謂有無等 及一異等. 以此二四句 攝諸妄執 故對此二 以顯眞空." 은정희 역주 『대승기신론소·별기』(일지사, 1991), 112쪽. 번역은 역자의 것에 따랐으나, 마지막 구절은 인용자가 고쳤다. 앞으로 『기신론』과 원효의 『소·별기』의 원문과 번역은 특별한 경우를 제외하고는 은정희 역주본에서 인용할 것이다.

13) '非有' 대신 '無'를, '非有·非非有' 대신 '非有·非無'를, '非一' 대신 '異'를, '非一·非非一' 대신 '非一·非異'를 사용해도 무방하며, 단순 긍정과 단순 부정을 '양단(兩單)'으로, 그리고 '구허(俱許)'나 '구시(俱是)'와 함께 '쌍조(雙照)'라는 명칭도 사용할 수 있다.

아'의, 또는 '법신(法身)'과 '색신(色身)'의 일·이〔同異〕 문제를 4구
문에 따라 언표해 보자. 우선 유·무구(句)로 선험적 자아를 명제화
하면 다음과 같다. ① 선험적 자아가 존재한다.(X는 선험적 자아다.)
② 선험적 자아가 존재하지 않는다.(X는 선험적 자아가 아니다.) ③ 선
험적 자아는 존재하기도 하고 동시에 존재하지 않기도 한다.(X는 선
험적 자아이기도 하고 선험적 자아가 아니기도 하다.) ④ 선험적 자아는
있는 것도 아니고 또 없는 것도 아니다.(X는 선험적 자아인 것도 아니
고 또 선험적 자아가 아닌 것도 아니다.) 다음으로 일·이구로 색신과
법신의 관계를 명제화하면, ① 색신은 법신과 하나다. ② 색신은 법신
과 다르다. ③ 색신과 법신은 같기도 하고 다르기도 하다. ④ 색신은
법신과 같은 것도 아니고 다른 것도 아니다.

말할 것도 없이 4구문으로 표현된 주장은 경험적이고 실증적인 분
별지(分別智)에 속하는 것으로서, 근본과 정체(正體)의 무분별지(無分
別智)에는 적용될 수 없으며, 따라서 진여에 관한 4구 분별은 변견(邊
見)이거나 오류에 빠져 있는 잘못된 주장이다. ①, ② 구는 변견, 편견
으로서 단순한 긍정과 부정이라 결단코 구경실상(究竟實相)에 관한
완결적이고 단정적인 진리일 수 없고, 기껏해야 일면적이고 잠정적인
가정에 불과하다. 그리고 ③, ④구는 논리적 오류로서 형식 논리에 따
르면 ③은 모순(회피)률에 위배되고 ④는 모순 관계의 양극에 중간자
를 배격하는 배중률에 위배된다.[14] 불교 논리적 용어로 표현하면 ①은

---

14) 유·무 양변으로부터 벗어나 중간적 입장을 취택하는 것을 중도정견으로 오해
할 수 있다. 만일 유·무가 모순 관계에 있다면, 양극 간에 중간적인 입지는 존
재하지 않는다는 것이 배중률이다. 유·무는 상호 배타적 선언 관계이기 때문
에, 유이거나 아니면 무이어야지, 유도 아니고 무도 아닌 제3의 입장은 선택될
수 없다. 바로 이런 뜻에서 '이변이비중(離邊而非中)'(II-239), '이어이상 중간
부중(離於二相 中間不中)'(III-50), '이어이변불타중(離於二邊不墮中)'(III-54),
'능리이변이불착중(能離二邊而不著中)'(II-349)이 진정한 의미의 중도, 즉 '비
진비속무변무중지중도(非眞非俗無邊無中之中道)'(II-646)이다.

상견(常見) 또는 증익변견(增益邊見), ②는 단견(短見) 또는 손감변견, ③은 상위론(相違論), 그리고 ④는 우치론(愚癡論) 또는 희론(戲論)의 오류나 편견에 해당한다. 이러한 4종의 변견·오류를 4방(謗) 또는 4과(過)로 지칭하며, 경우에 따라서는 이 4방, 4과를 총칭해 '언어유희'라는 뜻에서 '희론'이라고 부르고, 이러한 4구, 4방을 모면하는 것을 이절(離絶(超出)) 4구(句) 또는 절제희론(絶諸戲論)이라 표현하기도 한다. 불립문자와 문언도단이란 다름 아닌 초출 4구와 절제희론의 경지, 즉 형식·내용 과학적인 명제로, 논리·실증적인 명제 또는 언표될 수 없는 형이상학적, 선험적인 현실성과 그래도 어떻게든 이 현실을 언표하려는 경험 언어 간의 관계를 언급하는 표현들이다. 경험적 실재의 의미 문제를 '의미론 semantics'에서 다룬다면, 선험적 실재의 의미 문제는 '선험적 의미론 transcendental semantics'의 소관이다.

문제는 언어도단의 실제와 진리가 엄존할 뿐 아니라, 언어 초월적인 진여 또는 진리를 진정한 구경의 실재 또는 진리로 확철대오(廓徹大悟)할 수 있다는 불가의 주장에 있다. 노자의 "언표될 수 있는 도는 영원한 도가 아니며, 지칭될 수 있는 명은 영원한 명이 아니다.〔道可道非常道 名可名非常名〕"라는 『도덕경』의 허두명제(虛頭命題)도 마찬가지다. 아니, 철학사에 등장하는 모든 원어(原語, Urwort)들이 같은 처지에 있다고 해야겠다. 철학 이론, 또는 철학이 이론이 아니라면, 철학 담론은 모두가 저 불립문자의 원어, 즉 언표할 수 없는 ineffable, unsagbar '구경명(究竟名, final vocabulary)'에 대한 '담론 아닌 담론'이라는 일대 역설 외에 아무것도 아니기에 말이다.

아리스토텔레스에서 하이데거에 이르기까지 모든 진정한 철학적 사유는 표상 언어가 아닌 모종의 원어, 이를테면 심어(心語, lingua mentis) 또는 『금강삼매경』에서 부처의 말씀, 깨달음의 말씀이라 하는 "의어(義語)"를 전제하고서야 가능해진다. 맹자(孟子)는 "만물이 모두 나에게 갖추어 있음〔萬物皆備于我〕"을 설파하고, 『유마경(維摩

經)』의 한 주석자는 "만법이 모두 자아에 갖추어 있기에 일법도 밖에서 구하지 않음〔萬法皆自我備故不外求一法〕"[15]이라고 맹자를 패러디하며, 혜능(惠能)은 "일체 만법이 남김없이 자신의 심중에 존재하니, 어찌 자기 마음에 진여본성이 문득 나타남을 따르지 않을 것인가〔一切萬法 盡在自身心中 何不從於自心頓現眞如本性〕."[16]라고 갈파한다. 하이데거가 침묵을 언어의 근원으로 보는 철학적 사유를 강조하고, 묵조선(默照禪)이 선(禪)적 사유의 한 양식으로 자리 잡은 것도 모두가 이 마음의 언어를 이심전심으로 관조하고자 함일 것이다. '존재'와 '존재 인식'이 동일하게 되는, 그리고 실상과 지혜가 하나가 되는, 그러한 인식과 지혜를 안견(眼見)하는 것이 다름 아닌 견성(見性)의 극치다. 그리고 바로 이러한 불지(佛智)에 이르기 위해 '여실수행(如實修行)'하는 방편으로서 '언어로서 언어를 보냄〔因言遣言〕'이 '일체 진술을 넘어감〔超過四句〕'인 '말을 떠나고 생각을 끊음〔離言絶慮〕'이 아니겠는가. 우리는 이러한 '인언견언'의 완벽한 전형을 『기신론』의 「진여송(眞如頌)」에서 발견한다.

①존재(진여) 자체는 존재자(유)의 표상이 아니고, 그렇다고 ②비존재(무)의 표상도 아니며, ③존재자의 표상이 아닌 것도 아니고, 비존재의 표상이 아닌 것도 아니며, ④존재자와 비존재(유무)의 공동표상은 더욱 아니다. 또한 존재 자체는 ①동일성(一)의 표상이 아니고, 그렇다고 ②차이성(異)의 표상도 아니며, ③동일성의 표상이 아닌 것도 아니고, 차이성의 표상이 아닌 것도 아니며, ④동일성과 차

---

15) 구마라집(鳩摩羅什) 옮김, 통윤 직소, 진호 현토해역, 『유마힐소설경(維摩詰所說經)』(1854). 8쪽. 이 원문은 안진호 현토, 한정섭 역주, 『유마경(維摩經)』(법륜사, 1977)에 전재되어 있다.
16) 혜능, 『단경(壇經)』, 제30절. 이 원문은, "The Text of the Tun-Huang Manuscript," *The Platform Sutra of the Sixth. Patriarch*. PHILIP B. YAMPOLSKY trans. (New York and London: Columbia University Press, 1967)에 전재되어 있다.

이성의 공동 표상인 것은 더욱 아니다.…… 다만 모든 중생이 망심(妄心)을 가짐으로써 생각마다 존재자 표상을 분별함에 불과할 뿐 모두가 실재에 상응하지 않기 때문에 공이라고 말하는 것이요, 만약 망심을 버리면 실로 공이라고 말할 수조차 없는 것이다.[17]

원효가 그의 『소(疏)』에서 풀이한 바와 같이, 모든 구문에 부정어(非)를 앞세운 것은 유(有)·무(無)와 일(一)·이(異)의 4구를 보내는 것이다. 이와 같이 4구 일체를 부정함으로써 모든 진술적 언표 가능성을 전면 부인한다. 4구문은 중생이 가진 망심(妄心)의 소산이며, 따라서 하등의 실재(眞如)에도 상응함이 없어 결국 공(空)이라 할 수 있다. 그러기에 이 망심만 버린다면 공이라 할 것조차 없으며, 공이라 해도 그만, 공이 아니라 해도 그만인 것이다. 언설지극(言說之極)으로서 인언견언은 진실재(眞實在)에 대한 언표 한계를 언표한 것이며, 실재와 언어, 의언(依言)과 이언(離言)의 관계를 더할 나위 없이 분명하게 보여준다.

이러한 언어도단이며 이언절려하고 심행처멸한 실재의, 또는 같은 말이지만, 실재 인식의 상황을 불가사의와 불가칭량(不可稱量)으로 표현하기도 한다. 그것은 비트겐슈타인이 "신비적인 것 das Mystische"으로 표현한 것, 즉 4구로 "언표할 수는 없으나, 지시할 수는 있는 것"을 지칭하는 것이기도 하다. 거듭 강조하거니와, 4구를 초출, 초과, 이절한 진여자성은 인언견언과 의언이언의 역설임을 증시하는 것이 원효 화쟁론의 핵심이다. 화쟁론은 철학적으로 이해될 때, 다시 말해 형이상자에 대한 담론 방식으로 간주될 때, 그 진면목이 가장 역연하게 드러난다.[18]

---

17) 眞如自性 (1) 非有相 (2) 非無相 (3) 非非有相 非非無相 (4) 非有無俱相, (i) 非一相 (ii) 非異相 (iii) 非非一相 非非異相 (iv) 非一異俱相…… 依一切衆生以有妄心 念念分別 皆不相應故說爲空. 若離 妄心 實無可空故. 은정희 111쪽.

2 화쟁의 방법

이언절려와 불립문자는 우선 절대 부정의 형태를 취하는 것으로,
그 전형을 삼론종(三論宗)의 8부중도정관(八不中道正觀)에서, 즉 일
체 법을 불생(不生), 불멸(不滅), 불거(不去), 불래(不來), 불일(不一),
불이(不異), 부단(不斷), 부상(不常)으로 표현한 데서 찾아볼 수 있
다.[19] 『금강삼매경』에도 "불일불이·부단부상과 불입불출·불생불멸
을 이제사방(離諸四訪)·언어도단"(II: 472)으로 규정하고 있다. 즉
유(有), 무(無), 중(中)의 3상(相)을 멀리 떠나 있기에 유(有), 무(無),
구유(俱有), 구비(俱非)로 언표할 수 없는 것으로 규정되어 있다. 이
것은 원효가 말한 "편파제집(偏破諸執), 역파어파(亦破於破), 이불환
허능파소파(而不還許能破所破)"의 "왕이불편론(往而不徧論)"(『대승
기신론별기』, 은정희, 23)에 속한다.

절대에 대한 절언(絶言)은 절대의 절대 부정성, 즉 이언진여만을
강조한 나머지, 인언견언의 인언성(因言性), 즉 의언진여(依言眞如)
를 도외시한 편견에 머물고 있다. 원효는 절대 부정에 동반되어 있
는 이 긍정성을 간과하지 않고, 더 나아가 이것을 적극적으로 살려
내면서 부정과 긍정을 자유자재로 구사하는 "입파무애(立破無礙)"의
화쟁론을 세우는 데 탁월한 논리를 구사한다. 원효는 『기신론』「진
여문」에 나오는 "일체 법이 종본(從本) 이래로 이언설상(離言說相)

---

18) 우리가 여기서 '철학'이라 함은 다분히 후설의 선험 현상학이나 하이데거의 현
    상학적 존재론에 유사한 철학적 사유를 의미한다. 원효의 화쟁론을 선험 철학
    적·형이상학적으로 해석하는 우리의 입장에 반대해 데리다J. Derrida의 해체
    철학적 논리로 화쟁론을 해독한 탁월한 연구 사례인 김형효, 「텍스트 이론과 원
    효 사상의 논리적 독법」, 『원효의 사상과 그 현대적 의미』(한국정신문화연구원,
    1994), 3~122쪽을 참조하고, 이를 이 책 제3장 「원효 철학의 현대적 조명」과
    비교하라.
19) 용수, 『중론(中論)』, 모두(冒頭) 계송.

하고 이명자상(離名字相)한다."는 구절 가운데 '이언' 문제를 『별기(別記)』에서 철저히 분석함으로써, '이언'이 또한 그 부정인 '불이언(不離言)'을 함의하고 있다는 논리를 예리하게 분석해 보인다.

'만약 이(理)가 실로 말을 끊었음'을 설명할 수 있다면 자종상위(自種相違)의 허물에 떨어질 것이니, 왜냐하면 앞서는 말을 끊었다는 말이 끊어지지 않았는데도 이(理)는 실제로 말을 끊었기 때문이요, 만약 말을 끊는다는 말이 또한 끊음을 말한다면 이는 자어상위(自語相違)의 허물에 떨어지는 것이니, 왜냐하면 먼저는 말을 끊었다는 말도 끊어졌다고 하면서 말로써 그 말을 설명하고 있기 때문이다.(101)

현대 논법으로 말하자면, "이(理)는 말을 끊었다."는 주장과 "이(理)는 말을 끊었다고 말할 수 있다."는 주장은 '상호 모순'의 오류를 범하고 있으며, "말을 끊었다는 말도 끊어졌다."는 것은 개념상의 모순에 빠지는 것이기 때문에, 결국 이(理)는 절언이기도 하고 절언이 아니기도 하다 해서 상호 모순이 되지 않는 것이다.

원효는 『대승기신론별기』에서, 부정 일변도의 삼론종〔無相宗〕과 긍정 일변도의 유식종〔有相宗〕을 지양한 『기신론』을, "짓고 헐고, 가고 오고, 주고 뺏고, 보내고 돌려줌"이 자유자재하여, 긍정이 지극하면 부정으로 되돌아오고, 부정이 궁진(窮盡)하면 긍정으로 환귀하는 원융무애의 논리로 예찬하고, 이런 뜻에서 이를 "모든 논전(論典)의 으뜸이자 뭇 논쟁을 평결하는 근본〔諸論之祖宗·群諍之評主〕"이라 판석(判釋)했다. 유(有)도, 무(無)도, 유무(有無)도, 비유비무(非有非無)도 다 부정해 "언설의 극단〔言說之極〕"에 이르면, 역으로 이 모두를 제 나름의 일리를 가지는 것으로 보아, '개시개비, 개유도리, 불연지대연'의 역리(逆理)를 태연하게 갈파했다. 어차피 언어도단일 바에야, 그 어느 길(말)도 정도(定道)라 할 수 없을진대, 또한 뉘라서 그 어느 길(말)인들 제 길(제 말) 아닌 것으로 단언할 수 있으리. 일단 단정적으로 말할 수 없는 것을 방편으로나마 억지로 말해야 할 터라면, 수의적절(隨意適切)하게 입파(立破)·여탈(與奪)과 개합(開合)·종요(宗要)를 무애자재하게 구사한들 뉘라서 말릴 것인가.

원효는 『기신론』과 더불어 화쟁경전의 전형인 『열반경』을 종요하면서, 「술대의(述大義)」에서 이 경전이 "여러 경전들의 부분을 통괄하고 온갖 물길의 유파를 바다의 일미(一味)로 귀납시켰다. 부처님의 뜻이 지극히 공평하고 바름을 열어 보여 백가(百家)들의 쟁론을 화회(和會)하였다."(I: 133)고 주석하고 있다. 화쟁의 정신은 불의(佛意)의 지공(至公)이요, 그 목표는 만류(萬流)의 일미(一味), 곧 일심진여라는 뜻이다. 『기신론』이 제론군쟁(諸論群諍)의 평주(評主)라면, 『열반경』은 중전이쟁(衆典異諍)의 화주(和主)로 보는 셈이다.

쟁론을 화해한다는 것은, 쟁론의 텍스트가 전적(典籍)일 경우, 우선적으로 par excellence 해석학적 작업이다. 우리는 불가 경전 해석에 관한 기본 지침을 『유마경』 「법공양품」에 제시된 이른바 4의(四依)·4불의(四不依)에서 찾아볼 수 있다. 즉 ① 의의(依義, artha), 불의어(不依語), ② 의지(依智, jnana), 불의식(不依識, vijnana), ③ 의료의경(依了義經), 불의미료의경(不依未了義經) 및 ④ 의법(依法, dharma), 불의인(不依人, pudgala)이 그것이다.[20] 풀어서 말한다면, 말을 취하지 말고 말이 지시하는 뜻을 이해할 것이며, 분별식(分別識)을 따르지 말고 원융지(圓融智)에 의거할 것이며, 궁극적 진리가 완전하게 현시된 경전에 의지해야지 방편설인 상황적 진리에 의존해서는 안 되고, 말하는 사람에 의존할 것이 아니라 진리 자체만을 정관(靜觀)해야 한다는 것이다. "부처(깨달음)가 있건 없건, 존재(진리)의 본성이 항상 그러하기에 영원필연이라고 말함〔有佛無佛, 法性常

---

20) 『망월불교대사전(望月佛敎大辭典)』(동경: 세계성전간행협회, 소화49년), 제2권, 1719쪽 참조.

爾, 故言決定性]"(II: 465)이라면, 결정적 진리란 사람이나 언어에 의존하지 않음은 물론이요, 심지어는 "명칭과 그 지시[名·義]"마저 넘어서 있는 것이리라.

『금강삼매경』에서 부처가 말하기를 "무명의상(無名義相)은 불가사의한 것이니, 왜냐하면 무명지명(無名之名)이라 하여 이름이 없는 것이 아니며, 무의지의(無義之義)라 하여 의(義)가 없는 것은 아니기 때문이다."(II: 650)라고 설파하거니와, 명의가 있으면서도 문언대로 취하면 명의가 없는 것과 같으나, 그렇다고 명의가 아주 없다면 부처인들 그 무엇을 설파할 수 있으랴. 그러기에 부사의(不思議) 중에도 가(可)·불가설(不可說)이니, 이는 "이언(離言)이면서도 또 이이언(離離言)이기 때문이며, 이언(離言)이기에 불가설(不可說)이요 이이언(離離言)이기에 또한 가득설(可得說)이다. 가설인 것은 비불연(非不然)이기 때문이고, 불가설인 것은 비시연(非是然)이기 때문이다."(II: 513~514). 불가사의란 유무, 가부, 동이, 시비, 어묵(語默) 등 속의 모순 개념을 초출해 양자가 개시개비하고 개유도리한 역리(逆理)를 지칭하는 것일 뿐이다.

이제 우리는 원효의 화쟁론과 연관해 불성(佛性)과 법성(法性)의 인식(견성(見性)) 기준으로서 '여실 3문(如實三門)'을 간략히 소개하고자 한다. 구경불구경문(究竟不究竟門), 편불편문(遍不遍門) 및 증부증문(證不證門)이 그것이다. 마침내 일심근원으로 돌아가 불성의 전체를 안견(眼見)하는 것이 제1문이요, 일체편만(一切遍滿)한 불성을 편견(遍見)하는 것이 제2문이며, 비록 편견은 아니지만 2공진여(二空眞如)를 증득하는 것이 제3문이다. 제1문은 오직 부처만이 입문하며, 제2문은 초지(初地) 이상의 보살들이 들어가고, 그리고 제3문은 2승 성인(二乘聖人)은 들어가되 일체 범부는 들어가지 못하는 경지이다.(II: 400~418) 우리는 여기서 견성(見性) 정도에 관한 『열반경』의 교리에 관해 왈가왈부할 수는 없다. 우리가 여기서 주목하고자 하는 것은 다만 '인식과 실재의 상응(여실)' 문제에 관한 원효의 탁월한 견해일 뿐이다. 여리지(如理智)는 진여에 대한 구경(究竟)적이고 보편적이고 명증적인 인식이다. 생멸문의 현상지(現象知: 과학)가 보수성, 단순성, 일반성을 인식의 미덕으로 간주하는 것과는 대조적으로, 진여문의 구경지는 구경성·보편성·명증성의 삼위일체성을 그 미덕으로 삼는다.

메타 철학적인 담론과 선험적 의미론

지금까지 살펴본 현대 철학의 한계와 화쟁 논리의 핵심을 정리해 보자. 현대 철학의 일대 주제는 '철학의 정체성' 문제이며, 철학이 모종의 인식으로 이해되는 한, 그것은 곧 '과학적 인식과의 관계 설정 문제'로 귀착되게 마련이다. 근세 이래 제1철학의 지위로 승격된 인식론이 급기야 과학론(과학 이론 또는 과학 철학)으로 환원되어, 콰인의 이른바 "자연주의 경험론naturalist Empiricism"이나 "자연화된 인식론epistemology naturalized"이 현대 후기 철학의 주제로 등장하게 된 것도, 알고 보면 결국 '인식=지식=과학(적 지식)'이라는 등식에 근거한다. 이른바 '지식의 철학' 또는 '앎의 철학적 정초(이해)'마저도 또 하나의 지식을 창출하는 과학science으로, 이를테면 '철학적 과학philosophical science'으로 인식되기에 이르자 철학의 정체성은 과학 내부로 잠적해 버리고, 마침내 형이상학의 폐기에 이어 철학의 소멸이 선언되기에 이른다.

그럼에도 철학의 과학화를 통해 철학의 정체성 위기를 극복하려는 자칭 "과학적인 철학scientific philosophy"은 여전히 어떤 방식으로든 독자적 탐구 영역을 확보하지 않을 수 없는 난처한 처지에, 이를테면 비과학적이지 않으면서도 순전히 과학적인 것만도 아닌, 과학을 벗어나지 않으면서도 과학 내에 머물러 있을 수 없는 아포리아에 놓이게 된다. 과학의 시대에 부합하게 철학의 정체성을 과학의 한계 내에서 확립하는 문제는, 철학이 과학에 병존하는 또 하나의 과학으로도, 그렇다고 철학이 과학을 정초하거나 심판하는 특전적 학문, 이를테면 '제1학문 first science'이나 '제1철학 first philosophy'의 자격으로도 해결할 수 없는 난관에 봉착한다. 그리고 바로 거기에 철학의 근본적이고 현대적인 위기가 존립한다.[21]

결론적으로 '철학'이라는 단어를 단적으로 폐기하거나,[22] 아니면 어떤 방식으로라도 철학을 과학과 차별화하지 않는 한, 철학의 정체를 과학의 논리로 해명할 수 없다. 우리는 후자의 경우로 카르납, 콰인 및 에어를 예시할 수 있다. 카르납은 "철학을 과학의 논리학"으로 규정하거니와, 이때 "논리학은 순수 형식 논리학과 응용 논리학 또는 인식 이론을 포괄하는 가장 넓은 의미로 이해된 것", 즉 "철학함의 방법이다".[23] 그리스 어원적으로 말하면, '논리학'이란 '로고스의 철학' 또는 '언어의 철학'을, (이를 확대 해석할 경우) '에피스테메의 철학' 또는 '인식의 철학', ('인식'을 '과학'이나 '지식'으로 대체할 경우) '과학의 이론' 또는 '과학의 철학'을 의미한다. 카르납이 "철학은 과학 이론" 또는 "철학은 오직 논리학적 관점으로부터 과학을 다루는…… 과학의 논리학", 결국 "과학 언어의 논리학적 구문론"이라고 규정하는 것도,[24] 그리고 더미트가 "언어 철학이 여타 철학의 토대"

---

21) 전래의 형이상학을 부정하는 입장에서 철학의 정체성 문제를 심각하게 모색한 현대 철학의 대표적인 유형으로 빈 학단의 논리 경험론과 프랑크푸르트 학파의 사회 비판 이론을 거명할 수 있다. 이들의 철학 개념에 관한 자세한 논의로는 앞서 언급한 논문 「사회비판이론의 철학이념 —— 하버마스를 중심으로」 및 「과학과 철학 —— 논리경험론의 철학개념」을 참조하라.

22) O. Neurath, "Sociology and Physicalism," A. J. Ayer ed., *Logical Positivism*(New York: the Free Press, 1956), 282~317쪽, 인용한 부분은 282~283쪽 참조.

23) R. Carnap, "Die alte und die neue Logik," *Erkenntnis*, Vol. I(1930~1931). English trans. "The old and New Logic," A. J. Ayer, ed. *Logical Positivism*, 133쪽.

라고 주장하는 것도,[25] 모두 논리학과 철학과 과학의 관계를 '논리'와 '인식'의 그리스 어원으로부터 찾는 것이다. 이른바 "카르납 이후 분석 철학post-Carnapian Analytic philosophy"의 철학 개념이 이러한 과학과 철학의 이해 수준을 크게 벗어나지 않는다는 것은 아래의 인용문에서도 쉽게 간파할 수 있다.

그러므로 과학의 논리학을 탐구하고자 하는 사람은 특수 과학 위에 군림하는 철학의 도도한 권리 주장을 기권해야 하고, 그도 과학 전문가들과 꼭 같은 분야에서, 다만 그 강조점만을 다소 달리하면서, 작업하고 있다는 사실을 깨달아야 한다. 즉 그의 주의는 논리적, 형식적, 구문적인 연관에 더 지향되는 것이다. 따라서 과학의 논리학이 구문론이라는 우리의 명제는 과학의 논리학의 임무가 경험 과학과는 독립해서, 그리고 그 경험적 성과를 무시한 채 수행될 수 있다는 주장으로 오해되어서는 안 된다.[26]

과학과 철학 사이에 첨예한 구분을 짓는 데는 실로 오해의 소지가 있다. 오히려 우리는 과학의 사변적인 측면과 논리적인 측면을 구별하고, 철학은 과학의 논리학으로 발전해야 한다고 주장하는 것이 더 온당하다. 즉 우리는 가설들을 설정하는 활동과 이 가설들의 논리적

---

24) R. Carnap, "On the Character of Philosophical Problems," *Philosophy of Science*, I (1934), 5~19쪽. Reprinted in R. Rorty ed., *The Linguistic Turn: Recent Essays in Philosophical Method*(Chicago and London: The University of Chicago, 1967), 54~62, 인용한 부분은 54, 56쪽. Carnap, *Logische Syntax der Sprache*(Vienna: Springer, 1934), A. Smeaton trans. *The Logical Syntax of Language*(London: Kegan Paul, 1937), xiii, 7~8, 278~280, 331~232쪽 참조.

25) M. Dummett, "Can Analytical Philosophy be Systematic, and Ought it to Be?" (1975), *Truth and Other Enigmas*(Cambridge, Mass.: Harvard University Press, 1978), 437~458쪽, 인용한 부분은 441, 442, 454쪽.

26) R. Carnap, *The Logical Syntax of Language*, 332쪽.

연관을 전시하고 이 가설들 안에 등장하는 기호들을 정의하는 활동을 구분한다. 우리가 후자의 활동에 종사하는 자를 철학자로 부르든 과학자로 부르든 그것은 하등의 중요성도 가지지 않는다. 우리가 깨달아야 할 것은, 인간 지식의 성장을 위해 모종의 실질적 공헌을 할 것이라면, 철학자는 이러한 의미에서 과학자가 되어야 한다는 점이다.[27]

빈 학단의 어떤 대변자들은, 그 그룹 안에 있는 그들의 모든 동료들과 마찬가지로, 각별하게 "철학적인 진리들"이란 존재하지 않는다고 명시적으로 선언하면서도 여전히 '철학'이라는 단어를 이따금씩 사용하고 있다. 그들이 '철학'이라는 말로 지칭하고자 하는 것은 '철학함'인데, 이는 곧 개념을 명료화하는 시술(施術)이다. …… 그러나…… "개념의 의미를 명료화하는 작업"이 "과학적 방법"으로부터 분리될 수 없는 것은, 그것이 후자에 고유한 것이어서 양자는 풀 수 없이 얽혀 있는 것이기에 말이다.[28]

노이라트는 과학을 선박에 비유하는데, 마치 선박을 개축하려면 이떠 있는 선박 안에서 배의 널빤지를 하나씩 바꿔야 하듯 〔과학 이론을 개축할 경우에도 그 이론의 틀 안에서 부분적으로 개축할 수밖에 없다〕. 철학자와 과학자는 동일한 선박 안에 있다.[29]

그렇다면 철학자의 임무가 여타의 과학자들의 임무와 다른 것은 세부 사항에 있을 뿐일 텐데, 이 경우에도 철학자는 자신이 인수해 가지고 있는 개념 틀 밖에 모종의 유리한 위치 vantage point를 점한다고 사람들이 상상하는 만큼, 그렇게 엄청나게 다른 방식으로 세부

---

27) A. J. Ayer, *Language, Truth and Logic*(Dover Pubns, 1946), 결구.
28) O. Neurath, 앞의 책, 283쪽.
29) W. V. Quine, *Word and Object*(Cambridge, Mass.: MIT Press, 1960), 3쪽.

적 차이를 가지는 것은 아니다. 아무도 그런 식으로 우주 외부에 위치할 수는 없다. 철학자도, 과학과 같든 다르든 마찬가지로, 철학적 정밀 조사를 필요로 하는 어떤 개념 틀 안에서 작업하지 않으면서, 과학과 상식의 기본 개념 틀을 연구하고 수정할 수는 없다. 그는 일관성과 단순성에 호소하면서 안으로부터 체계를 검토하고 개선할 수 있지만, 그것은 이론가의 방법에 보편적으로 적용되는 작업이다. 철학자는 의미론적 상승에 의존하지만, 과학자도 마찬가지다. 그리고 만약 이론적인 과학자가 그 나름의 우회적인 방법으로 비언어적인 자극과의 연관을 보존하게 마련이라면, 철학자도 그 나름의 보다 더 우회적인 방법으로나마 그러한 연관을 보존하게 마련이다.[30]

〔이리하여〕 나는 철학을 과학을 위한 선천적 예비학이나 토대 작업으로서가 아니라 과학과 연속적인 것으로 간주하는 바다. …… 〔과학〕 외부에 있는 여하한 특전(特典)적 지점도 존재하지 않으며, 하등의 제1철학도 없다.[31]

우리는 지금까지 반(反)형이상학적인 철학, 과학적인 철학의 자기 이해를 대변하는 논리 경험론의 전형적 철학 개념을 길게 인용했다. 철학과 과학의 동일성 또는 연속성을 주장하는 노이라트나 콰인은 이미 철학의 고유 영역이나 특수 기능을 인정하지 않는다. 과학 언어의 논리적 분석에 철학의 고유 기능을 인정하는 카르납과 에어도 철학을 결국 과학의 테두리 안에서 수행되는 과학 활동의 한 강조적 측면으로만 인정할 뿐, 학문으로서 독자적 위상을 부여하지는 않는다. 이들 네 가지 입장을 총괄적으로 파악하면, 결국 전통적으로 철

---

30) 같은 책, 275~276쪽.
31) W. V. Quine, "Natural Kinds," *Ontological Relativity and Other Essays*(New York and London, 1969), 114~138쪽, 인용한 부분은 126~127쪽.

학이 수행하던 임무와 기능은 과학의 임무와 기능 이외 다른 것이 아니라는 결론이 되는 셈이다.

이러한 입장은 어떤 새로운 철학 개념을 대변하는 것이 아니라, 철학적 학문의 형이상학적 성격을 부정하면 논리적으로 추론되는 너무나도 자명한 개념에 불과하다. 학문을 형이상학과 형이하학으로, 또는 초경험적 학문과 경험적 학문으로 구분한 다음, 초경험적이고 비실증적인 형이상학을 경험적·형이하학적인 방법으로 인식하고 검증하고 정당화할 수 없는 사이비 학문으로 규정해 정당한 학문 영역으로부터 배제한다면, 남는 것은 자동적으로 경험적 학문, 즉 과학뿐일 수밖에 없다. 수학과 논리학이 과학에 속한다는 논리와 동일한 맥락에서, 과학 이론과 논리가 언어, 논리, 개념적으로 반성하고 비판하고 분석하는 것이 과학에 속하는 활동임이 분명하기 때문이다. 영어와 독어의 '과학' 및 '학문'이라는 단어가 가지는 어원적 의미는 '참된 앎〔眞知〕' 그 이상이 아니며, 전자의 '인식론(지식론, 학문론)'도 '과학 이론' 및 '과학 철학'과 다른 것을 의미하지 않기에 말이다. 따라서 이와 같은 철학 개념, 이른바 과학적인 철학 개념은 이미 '철학'을 배제한 채 '과학'과 '허수아비 철학'을 비교하는 말장난에 불과하다. 형이상학을 배제한 채 철학을 이야기하는 것은 처음부터 아무것도 이야기하지 않는 것과 다르지 않기 때문이다.

처음부터 철학을 배제한 채 철학을 과학에 비교 또는 유추하여 철학의 정체를 해명하려는 시도는 그것이 자연 과학에 대한 것이건 또는 인문·사회 과학에 대한 것이건 전적으로 무의미하기는 매한가지다. 따라서 지금까지 집중적으로 거론한 분석 철학의 경우를 사회 비판 이론의 철학 개념에도 그대로 적용할 수 있다. 언어를 분석, 비판하건, 사회를 분석, 비판하건, 또는 언어 사회의 이론을, 심지어 철학 사상과 이론을 분석, 비판하건, 분석과 비판의 대상이 경험적이고 실증적인 인식 대상인 한에는, 모두가 넓은 의미의 과학이나 과학

이론에 해당될 수밖에 없다. 프랑크푸르트 학파의 사회 비판 이론을 집대성한 사회학자 하버마스가, 전임자들이 철학의 폐기를 주장했던 데 반해, 이른바 "탈형이상학적 사유"로서 철학의 임무를 "합리성의 수호자"로 규정하면서 철학과 과학의 관계를

> 오늘날…… 과학에 대한 철학의 관계는 새롭게 규정되어야 한다. 일단 철학이 제1과학이나 백과사전이라는 자신의 권리 주장을 포기한 다면, 개별적 모범 과학에 자신을 동화시키거나 또는 배타적으로 과학 일반으로부터 거리를 두지 않고도, 철학은 과학의 체계 안에서 자신의 지위를 유지할 수 있다. 철학은 경험 과학들의 오류가능주의적인 자기 이해와 절차적 합리성에 참여하지 않으면 안 된다.[32]

고 이해한 것도 이러한 맥락에서 쉽게 이해할 수 있다. 어디 프랑크푸르트 학파의 변증법적 논리뿐이겠는가. 후설의 현상학도 데리다의 문자학 grammatologie도, 그 학(學)이, 그 논리가, 그 담론이 선험적이지 않은 이상 여전히 넓은 의미의 과학 논리에 귀속되기는 매일반이다.

20세기 후반에 들어와 이른바 '포스트모던 철학'이라는 새로운 타이틀이, 정통 철학의 본명이었던 '영구 철학 philosophia perennis'을 대체한 듯한 상황도 같은 맥락에서 이해할 수 있다. 한 마디로, 현대 철학의 모든 문제와 분규는 철학을 '지혜사랑' 행위가 아니라 또 하나의 지식이나 지식 추구 활동으로 정체 오인하는 데서 유래한다. 만약 과학이 아닌 철학이 존재해야 한다면, 너무나 자명하게도 형이상학의 형태로만 존립할 수 있을 뿐이며, 그 본성상 어떠한 과학이

---

32) J. Habermas, *Nachmetaphysisches Denken: Philosophische Aufsätze*(Frankfurt am main: Suhrkamp Verlag, 1989), 45쪽. English trans. W. M. Hohengarten *Postmetaphysical Thinking: Philosophical Essays*(Polity Press, 1992), 38쪽. 강조는 첨가된 것임.

나 과학 논리로도, 즉 여하한 형태의 지식으로도 간주될 수 없는 것이다. 철학의 미래는 바로 철학의 원형, 즉 '지혜사랑〔般若修行〕'이라는 고전적 철학 이념의 복원을 지향한다.

또 한편으로, 우리는 '그 요의(了義) 형태에서 불학'을 '전형적 철학 philosophia par excellence'이라 이해한다. 마하반야바라밀〔大慧度〕을 목표 이념으로 하는 여실지(如實智)와 여리지(如理智)는 진여(眞如)와 자성(自性)을 여실히 증득한 것이며, 이것은 일체의 언설을 초출하는 이언절려, 언어도단의 길이지만, 모든 길이 그러하듯 깨달음의 길도 역시 '말 = 길'을 떠날 수 없게 마련이다. 원효의 말대로, "대승의 체(體)됨이 고요하여 적막하며, 깊어서 그윽하다. 현지우현지(玄之又玄之)이나 어찌 만상(萬像)의 밖을 벗어나겠으며, 적지우적지(寂之又寂之)이나 오히려 백가(百家)의 담론 가운데 있다."[33]

하이데거의 말을 빌면, 존재는 단적으로 초월이지만 언제나 존재자의 존재임을 면치 못하게 마련이다. 아니, 존재는 곧 존재 이해이며, 언제나 이미 항상 말에 깃들여 오는 도상에 있다. 어떠한 규정된 말로도 진여를 여실하게 언표할 수 없지만, 동시에 어떠한 말로도 진여를 어떻게든 말할 수 있다. 이것이 바로 원효가 표방하는 화쟁론의 핵심이다. 구경존재(究竟存在)의 구경실상(究竟實相)이 언어도단이라는 말도 여전히 말을 통해서밖에 말할 수 있는 다른 길이 없다. 왜냐하면 침묵도 말이기 때문이다. 침묵 자체는 존재하지 않는다. 말의 여백으로서만 말 없음이 말이 될 수 있을 뿐.

우리는 앞서 원효의 화쟁 논리가 선험적, 초월적, 절대적 존재(존재자가 아닌)를 지시하는 담론임을 강조한 바 있다. 물론 그는 4구문의 부정과 긍정을 상대적 존재자 또는 존재자 표상에 적용하는 경우를, 예컨대 물과 물결, 종자와 과실, "군맹(群盲) 설상(說象)", 심지

---

33) "然夫大乘之爲體也. 蕭焉空寂. 湛爾沖玄. 玄之又玄之, 豈出萬像之表. 寂之又寂之 猶在百家之談."『대승기신론소』, 「제1표종체문」, 은정희, 19.

어는 토끼 뿔과 쇠뿔의 경우에까지 적용하여 개시개비하고 개유도리함을 설득력 있게 시설하고 있는 것이 사실이다. 그러나 그것은 어디까지나 선험 논리를 예시하기 위한 방편시설(方便施設)일 뿐, 이를 통해 지시하고자 하는 것은 오로지 일심진여, 일심 여래장과 같은 선험적 존재 또는 단적인 초월이다.

이와 같이 '존재자가 아니고 단적인 초월이면서도 언제나 존재자의 존재'라는 의미에서 "초월 = 존재"를 우리는 선험적, 절대적인 존재라 부르며, 이와 같은 존재의 언어도단과 불립문자에 관한 언어와 문자의 담론 및 논리를 '선험적 의미론 transcendental semantics'이라 부른다. 그리고 이러한 선험적 의미론의 전형을 우리는 원효의 화쟁론에서 발견한다. 여기서 선험적 의미론은, 기존하는 일체의 의미론 또는 기호학이 선험적 환원 이편에 있는 과학의 논리인 한, 이들과 단적으로 구별되어야 한다. 우리가 여기서 각별하게 강조하는 선험적 의미론이 심지어는 아펠과 하버마스의 선험적, 보편적 화용론과도 구별되는 것은, 이들이 경험적 담론의 선천적 가능성의 조건을 논의하는 데 반해, 우리의 선험적 의미론은 선험적 존재의 의미, 선험적 담론의 역설, 초월에 관한 담론의 '논리 아닌 논리(無理之至理)'를 문제 삼는다는 점이다. 우리의 이러한 '메타 담론'의 논리가 원효의 화쟁 논리에 위배되는 것이라면, 바로 이것이 우리가 그의 화쟁론에 관한 철학적 논의를 통해 거기에 철학적으로 기여하는 바일 것이다.[34]

---

34) 원효의 철학을 논리학적, 언어 철학적으로 해석한 탁월한 시도로 우리는 앞서 언급한 김형효, 「텍스트 이론과 원효사상의 논리적 독법」, 『원효의 사상과 그 현대적 의미』(한국정신문화연구원, 1994)와 이도흠, 『화쟁 기호학, 이론과 실제 —— 화쟁 사상을 통한 형식주의와 마르크시즘의 종합』(한양대학교 출판부, 1999)을 들 수 있다. 그리고 원효 사상의 철학적 요체를 화쟁 논리에서 찾고, 이를 선험적 의미론으로 해석해 보려는 우리의 시도와 가장 유사한 사례로 M. Okrent, *Heidegger's Pragmatism: Understanding, Being, and the Critique of Metaphysics*(Ithaca and London:

지금까지의 논의를 요약해 보자. 현대 철학의 정체성 위기를 타개하기 위해 언어·사회·의식 철학이 갈라져 나왔다. 지혜사랑은 언어를 초출한다는 점에서, 언어의 논리적, 개념적 분석에만 집착하는 것은 실로 달을 지시하는 손가락만 보고 막상 달은 보지 못하는 어리석음이다. 그러나 달을 제대로 지시하려면, 피지시체인 말길을 잘 트는 것도 매우 중요한 일이다. 이것이 바로 우리의 선험적 의미론이 수행하는 철학적 기능임은 물론이다. 언어의 극치이자 극한인 구경명(究竟名)에서 비로소 언어의 한계에 맞닿아 있는 실재 자체를 안견(眼見), 직시(直視)할 수 있다. 의식·사회 철학은 논리·언어·과학 철학의 철학 방편적 의의를 결코 과소평가해서는 안 될 것이다. 의식·사회 현상에 대한 철학적 인식도 결국 언어와 논리에 의해서만 실현될 수 있기 때문이다. 그리고 의식·사회 철학이 어쩔 수 없이 의식과 사회를 인식하고 비판하는 이론일 수밖에 없다면, 언어, 논리와 함께 의식, 사회의 철학도 종국에는 일체 현상을 초월하는 구경실재의 구경인식인 실상 반야를 도외시할 수 없을 것이다. 실상이 반야이고, 실상이 관조이며, 실상관조가 또한 관조 반야인 대반야를 수순하여 입실제함이 철학의 목표 이념이기 때문이다.

Cornell University Press, 1988)가 있다. 오크렌트는 여기서 하이데거의 존재론(존재의 형이상학)을 선험적 의미론으로 해석하면서, 철학의 종말이 아니라 철학의 영속을 논변하고 있다.

스피노자 철학의 원효 철학적 해석

형이상학적 해명 —— 선험적 언어 게임

1 스피노자 『윤리학』의 문제 제기

스피노자 Benedict de Spinoza의 철학적 주저가 『기하학적 방식으로 논증된 윤리학 *Ethica in Ordine Geometrico Demonstrata*』이라는 것은 논란의 여지가 없을 만큼 확실한 사실이자 공인된 견해다. 스피노자 철학의 어느 특정 주제를 분석하거나, 그의 철학 체계 자체를 어떤 특정 시각에서 해명하고자 할 때, 오로지 『윤리학』에만 그 전거를 둘 수는 있어도, 『윤리학』을 무시한 채 그의 여타 저술에만 의존해서는 결코 안심할 수 없을 정도로 말이다. 그러기에 『윤리학』에 관한 철학적 이해를 전제로 하지 않고서는, 스피노자 철학에 대한 어떠한 주제적, 체계적 이해도 성공할 수 없다.

『윤리학』이 '철학 체계의 일부로서 이해되거나 거론될 수 있는' 의미의 윤리학에 관한 저서가 아님은 물론이다. 예컨대 스피노자 당대의 철학 개념에 따르면, 윤리학은 논리학, 형이상학과 함께 철학의 삼위일체를 구성하는 것이었다. 그것은 아리스토텔레스 철학 이래의 오랜 전통에 따른 것이기도 하다. 스피노자의 동년배인 로크도 철학을 자연(실재)학, 실천(당위)학 및 기호(논리)학으로 삼분하고, 기호학은 '실재와 당위'의 논리(언어 의미)를 다루는 것으로 규정하고 있다. 즉 형이상학과 윤리학이 학문의 대종(大宗)을 이루고, 논리학은 이를테면 학문의 보조(기구 organon) 역(役)인 부차적 학문으로 규정되어 있는 셈이다. 스피노자의 경우, 『윤리학』은 실재(자연, 신, 실체)학과 실천(당위, 인륜, 가치)학, 그리고 전통 철학의 이른바 형이상학과 윤리학을 총괄하는 것이다.

스피노자의 『윤리학』은 '형이상학에 정초되어 있는 윤리학', 이를테면 '형이상학적 윤리학', 또는 '철학적 윤리학'으로 지칭될 수 있는 것으로서, 실재·당위 이분법에 따른 윤리학, 즉 현대 철학의 이른바 도덕 철학moral philosophy이나 메타 윤리학meta-ethics[1]으로부터 엄연히 구분된다. 실재와 실체, 자연의 논리인 형이상학은 「신성론(神性論, De Dei)」이라는 표제 하에 『윤리학』의 제1부를 구성하고 있고, 실천, 당위, 존심(存心), 수행(修行)의 처방인 윤리학은 제3, 4, 5부를 점유하고 있다. 그런데 그 사이의 제2부는 「심성론(心性論, De Natura et Origine Mentis)」으로 표제되어 있는 바, 이는 형이상학과 윤리학을 매개하는 연결 고리의 역할을 담당하고 있다. 즉 자연 또는 지신(至神)[2]의 무한 속성 가운데 인간에게 알려진 2대 속성인 사유

----

1) '메타 윤리학'은 '개념 윤리학conceptual ethics' 또는 '언어 윤리학linguistic ethics'으로 불러도 무방할 성질의 것이다. 예컨대 윤리나 의무와 같은 행위 규범을 변증하는 것을 과제로 삼는 전래 규범 윤리학에 대비되는 메타 윤리학은 규범 윤리학에 관한 비판적, 반성적 입장에서 '윤리', '윤리학' 및 기타 윤리학의 근본 개념들을 분석적으로 비판하고 변증하고 해명하는 현대 분석 윤리학, 또는 언어 분석 윤리학, 심지어는 '윤리학의 윤리학'이나 '윤리학의 철학'으로 불릴 수 있는 새로운 윤리학이다.
2) 일반적으로 '신(神)'으로 통칭되어 온 개념을 '지신(至神)'으로 지칭하는 것은 유가 철학의 '지성(至誠)'이나 도가 철학의 '지인(至人)'에 유비해 '신의 개념에

와 연장이 인간의 경우에는 어떻게 정신과 신체의 양태로서 기능하고 관계하는가를 규명함으로써, 인간이 자연과 합일하기 위해 어떻게 처신해야 하는가를 처방하는 윤리학으로 다리를 놓아주고 있다는 말이다. 이런 의미에서 보면 제2부는 인간 존재론으로서 형이상학의 범주에 포함시켜도 무방할 것 같다. 그리하여 결국 스피노자의 『윤리학』은 자연과 인간의 조화 특히 무한 정신(至神)과 유한 정신의 합일에 관한 철학적 인식을 목표로 하고 있다고 보아도 무난할 것이다.

『윤리학』은 인간의 지복(至福, beatitudo)을 처방하기 위해 지신의 존재를 해명하는 것이지만, 그의 지복론(윤리학)의 도처에는 지신론(형이상학)이 침투해 있다. 말하자면, 그의 윤리학은 지복에 관한 윤리학이자 지신에 관한 형이상학이기도 하다. 지복의 안목이 아니고는 지신의 정체를 관조할 수 없고,[3] 역으로 지신의 관조 없이는 지복을 향유할 수 없기 때문이다. 이런 의미에서 지신론과 지복론의 관계는 상관적, 대대적(待對的)이라 할 수 있을 뿐 아니라, 원효가 특히 선호하는 불가 철학 용어를 빌어, "하나이자 곧 둘이요 둘이자 곧 하나임〔一卽二而二卽一〕"이며, "같으면서 다르고 다르면서 같음〔同卽異而異卽同〕"으로까지 규정할 수 있겠다. 그럼에도 우리가 여기서 방편적으로 각별히 주목하고자 하는 것은, 지신의 관조 행위 자체가 지신의 향유에 다름 아니라는 뜻에서, 지신론이 지복론의 대전제[4]로 규정될 수 있다는 점이다.

등본적(等本的, adequate)인 신', 즉 스피노자의 이른바 '절대적으로 무한한 존재'를 지시하기 위한 것이다. 지신은 아리스토텔레스의 용어를 빌자면, '정신의 완전태'라 표현할 수 있는 성질의 것이다. 그리고 여기서 '등본적'이란 '원본과 대등한'을 의미한다.

3) 지신의 정체를 관조하는 것이 스피노자의 이른바 '제3종지(種智)' 또는 '직관지 scientia intuitiva'이며, 원효의 '실상 반야'이다.

4) 형식 논리학적인 의미의 '대전제'를 지칭하는 것이 아니라, 현상학적, 해석학적인 의미의 '절대 전제 Vor-satz'를 의미한다.

　우리가 지금까지 명확히 정립해 두고자 한 것은, 『윤리학』이 스피노자 철학의 대전제이고, 『윤리학』에서는 지신론이 지복론의 대전제라는 사실이며, 그러므로 결국 지신론이 스피노자 철학에 관한 일체 논의의 대전제일 수밖에 없다는 것이다. 적어도 스피노자 철학에서는 형이상학적 사유 없이 윤리 문제를 본질적으로 이해하기는 불가능하며, 이러한 사정은 모든 진정한 철학적 윤리학[5]에 마찬가지라 할 수 있다. 스피노자 철학의 백미인 『윤리학』, 그리고 『윤리학』의 핵심인 지신론을 당면한 과제로 선택한 우리가, "기하학적 방법으로 논증"했다는 저자의 자부에도 불구하고, 얼핏 보아 지극히 비(非)스피노자적으로 또는 심지어 반(反)스피노자적으로까지 보일수도 있을 형이상학적 방법으로 이 과제를 해명하려는 것도 바로 이런 이유에 근거하고 있다. 스피노자의 윤리학이 형이상학적인 윤리학이라면, 그것을 형이상학적으로 해명하려는 것은 지극히 당연한 시도일 것이다. 그리고 모든 '진정으로 철학적인' 윤리학이 형이상학적인 사유의 지평에서만 그 확고하고 확연한 단초를 마련할 수 있다면, 스피노자의 지신론에 관한 형이상학적 해명은 스피노자의 『윤리학』에 관한 철학적 이해를 넘어, 모든 진정한 윤리학에 관한 철학적 이해로 나아가는 아르키메데스적인 기점이 될 수 있다고 믿기 때문이다.

---

5) 우리가 '철학적 윤리학'이라 부르는 것은 바로 '형이상학적 윤리학'을 지칭하는 것인데, 이는 '진정한 철학은 곧 진정한 형이상학'이라는 우리의 확신에서 비롯된 것이다. 문제는 철학, 형이상학, 윤리학 등등과 같은 명칭 자체가 아니라, 이러한 명칭으로 진정 무엇을 의미하는가이다. 철학에서 사용되는 모든 개념이 그러하거니와, 특히 '철학'이라는 개념 그 자체를 위시해 논리학, 윤리학, 형이상학, 존재론 등과 같이 철학의 분과를 지칭하는 개념들의 경우에도 여타의 개념들과의 연관성을 고려해 철두철미하게 철학적으로 사유함으로써 그 진정한 의미를 명증적으로 증지, 증득하는 것이 모든 것을 결정하는 가장 긴요한 선결 과제이다.

2 스피노자『윤리학』의 이해 문제

일반적으로 철학에 대한 진정한 학문적 반성, 즉 '철학 행위의 역
사'에 대해서뿐만 아니라 '철학 행위의 정체성'에 대해서까지 철저하
고 총체적인 반성이 일었던 것이 20세기 현대 철학을 통해서였다고
볼 수 있다면, 스피노자의 철학 사상에 관한 (특히 그의『윤리학』에
관한) 본격적이고 학문적인 철학적 조명과 성찰이 시작된 것도 현대
철학을 통해서였다고 말할 수 있을 것이다. 우리는 스피노자 철학에
대한 현대 철학적 조명의 발단을 요아킴 H. H. Joachim에게서 찾는
다. 그의 대표적인 스피노자 연구서『스피노자의 윤리학 연구』[6]는 출
간 이래 무려 1세기가 지나도록 변함없는 명성을 누리고 있다.

요아킴에 필적할 탁월한 스피노자 연구가 꾸준히 이어졌고,[7] 연구
에 필수적인 번역도 표준 라틴어 편집자 겝하르트 C. Gebhardt의 작
업을 토대로 독어 번역본이 철학문고 전집(권 91~96 및 350)으로
1982년에 완성되었으며, 기념비적인 영어 번역 전집은 컬리 E. Curley
에 의해 제1권이 1985년에 출간된 바 있다. 특히 주목할 만한 사실은
스피노자 연구 논문의 편집본들이 현대 후기 분석 철학의 개화기인
1970년대에 집중적으로 출현했다는 점이다.[8]

---

6) H. H. Joachim, *A Study of the Ethics of Spinoza*(Oxford: the Clarendon Press, 1901).

7) 우리가 검토해 본 몇몇 사례를 들어본다면 H. F. Hallett, *Benedict de Spinoza*
(London: The Athlone Press, 1957); S. Hampshire, *Spinoza*(New York: Barness and
Noble, 1961); G. Deleuze, *Expressionism in Philosophy: Spinoza*, M. Joughin trans.
(New York: Zone Books, 1990); S. P. Kashap, *Spinoza and Moral Freedom* (Albany,
New Yorks.: State University of New York Press, 1987); A. Donagan, *Spinoza*
(New York: Harvester Whaeat Sheaf, 1988) 등등이다.

8) S. P. Kashap ed., *Studies in Spinoza: Critical and Interpretive Essays*(Berkeley & Los
Angeles, California: University of California Press, 1972); M. Grene ed., *Spinoza: A
Collection of Critical Essays*(Notre Dame, Indiana: University of Notre Dame Press,
1973); E. Freeman & M. Mandelbaum eds., *Spinoza: Essays in Interpretation*(La Salle,
Illinois: Open Court, 1975) 등이 있다.

과거의 철학 사상이 현대 철학 무대에서 재조명되었다는 것은 물론 그리 대수로운 일이 아닐 수도 있다. 그러나 스피노자가 그 대상일 경우에는 사정이 아주 달라진다는 것이 문제다. 실재와 당위의 문제, 형이상학(존재론)과 윤리학의 문제를 철학적(형이상학적) 윤리학의 이념으로 파악한 스피노자의 철학적 인식이 고전적인 학문(철학) 이념의 전형적 실현이기 때문일 뿐 아니라, 지신론과 지복론을 상관적, 상보적으로 통합, 융화시킨 『윤리학』의 방법론이 현대 철학적 윤리학의 수준을 뛰어넘어 있기 때문이다. 그러기에 새로운 철학을 모색하는 시도의 일환으로 『윤리학』에 대한 현대적 재조명이 숱하게 이어졌지만, 대부분의 시도가 특히 영미 철학계의 시도가 결국 실패로 끝날 수밖에 없었으니, 이는 그의 형이상학 체계를 제대로 이해조차 하지 못했기 때문이다. 그리고 이러한 종국적 실패는 형이상학적 비의(秘義)를 전혀 간파하지 못한 데 기인한다는 것이 우리의 견해이다.

이러한 사정을 저명한 스피노자 연구가인 햄프셔S. Hampshire의 고백을 통해 요약해 보기로 하자.

내가 믿기로는, 한번이라도 스피노자에 관해 써본 적이 있는 사람은, 그리고 스피노자의 사상을 전체로서 해석하려고 시도해 본 적이 있는 사람은, 그가 다시 한번 자신의 말들로부터 원전으로 되돌아갈 때, 자신의 해석에 어떤 편파성이 있음을 쉽사리 알아차렸거나 혹은 알아차렸어야 했다. 스피노자 연구를 역사적으로 검토해 보면, 다음과 같은 사실이 발견된다. 즉 각 주석가는 무의식적으로 자신의 시대와 철학 문화에서 어떤 한 요소를 포착하게 되고, 그 다음에는 〔스피노자의〕 철학 전체를 이 단일한 중심으로부터 전개하는 데로 나아간다는 사실을 말이다. 〔예컨대〕 스피노자를 자유사상가이자 유대-기독교 신학의 파괴자로, 순수 연역적 형이상학자로, 논증적 추리를 넘어서는 직관적 이해의 수준을 상상하는 준신비론자near-mystic로, 끝으로

19세기의 한층 더 조잡한 물질주의자들 materialists과 세속적 도덕주의자들 moralists을 앞질러 보여주는 과학적 결정론자 determinist로……〔파악하고 있다〕. 이 모든 가면들이 그에게 씌워져왔고, 이들 각각의 가면이 어느 정도 들어맞기도 한다.

그러나 이 가면들은 가면으로 머물러 있을 〔뿐 스피노자의〕 생생한 면모는 아니다. 그것들은 스피노자『윤리학』의 생동하는 긴장들과 해결되지 않은 갈등들을 보여주지 못한다. 그것들은 밖으로부터 부과된 해석들로 머물러 있다. 이 가면들은 원본 사상 내에 〔잠재해 있는〕 상관적인 긴장 strains을 미끈하게 만들어 은폐하고 있다. 그의 저술은 견고하고 완결되고 완강한 표피로 〔덮여 있다〕. 우리는 그의 저술에 몇 번이고 반복해 되돌아가 〔조회해〕 보지만, 우리가 스피노자가 의도한 것의 핵심에 파고들어 가는 데 〔성공했는지는〕 결코 확신할 수 없는 〔실정에 있다〕.[9]

좀 길게 인용된 햄프셔의 고백은 스피노자의 철학 사상을 제대로 이해하고 해석하는 것이 얼마나 난감하고 무모한 작업인가를 역연하게 보여주고 있으며, 그 주요인은 역시 그의 지신론이 함축하는 형이상학적 성격에 있을 것으로 생각된다.

스피노자 윤리학 해석은 대체로 세 가지 부류로 나뉜다. 먼저 스피노자의 이른바 "기하학적 방법에 따른 논증"을 문자 그대로 해석해 논증상의 결함을 지적해 냄으로써 그의 철학 체계에 일관성이 없다는 부정적인 평가가 있다.[10] 또 지복론이 윤리학에 속한다는 사실을 확신하고, 지신론을 (통속적인 의미의) 윤리학으로 이해하는 해석

---

9) S. Hampshire, "Spinoza and the Idea of Freedom" *Spinoza: A Collection of Critical Essays*, M. Grene ed., 297~317쪽 가운데 297쪽. 이 논문은 원래 *Proceedings of British Academy*, 46(1960)에 게재되었던 것이다.

10) J. Bennett, *A Study of Spinoza's Ethics*(Indianapolis, Indiana: Hackett, 1984)도 이에 속한다고 볼 수 있다.

도 있다. 그러나 이 해석은 곧 통속적 또는 기독교적 의미의 신관(神
觀)이 스피노자의 지신론과 잘 맞아 들어가지 않는다는 사실을 발견
하게 되고, 이러한 부조화나 불일치를 상상력을 통해 적당히 호도,
은폐하거나, 이해 불능으로 폐기 처분한다. 셋째 부류의 해석은 윤리
학과 형이상학 간의 차질과 갈등을 스피노자 철학의 창의성과 역동
성으로 수용하면서 더욱 근본적으로 침투해 그 일관성을 해명하려고
한다. 이러한 부류의 해석은 첫째, 둘째 부류의 해석을 주관적, 피상
적, 통속적인 해석이라고 비판하고, 스피노자 『윤리학』의 일관성을
적극 변호하려 한다. 우리가 위에서 탁월한 스피노자 연구로 지칭한
것들은 모두 이 셋째 부류의 해석에 국한된 것들이며, 오직 이러한
해석만을 연구의 참조, 논의 대상으로 삼는다.

3 기하학적 논증과 선험적 연역

스피노자의 윤리학은 '기하학적 윤리학'이자 '윤리의 기하학'이며,
그것은 '지신의 기하학', '정신의 기하학', '정서의 기하학', '예속의 기
하학' 및 '자유의 기하학'의 5부로 구성되어 있는 셈이다. '예속의 기
하학'은 '수동 정신(상상 작용)의 기하학'이며, '자유의 기하학'은 '능
동 정신(지성 작용)의 기하학'을 의미한다. 그런데 '지신의 기하학'이
라는 개념 또는 학문 이념에서, '기하학'이란 도대체 (근본적으로) 무
엇을 의미하는 것인가? 우리의 부제와 연관하여[11), 우리는 '기하학'
그 자체는 고사하고라도, '기하학적인 방식으로 논증된 지신론'에서
'기하학적 방식의 논증'이 무엇을 의미하는지를 '기하학적 방식'의 개
념적 한계에 맞닿을 정도로 정확히 이해하지 않으면 안 된다. 즉 신

______

11) '우리의 부제'라는 것은 당초의 논문 제목 「스피노자에 있어서 신의 문제——
원효 철학적 관점에서 본 형이상학적 해명」에서 부제에 해당하는 '원효 철학적
관점에서 본 형이상학적 해명'을 말한다.

의 문제와 연관해 '기하학적인 방식으로 논증함'은 '신'이나 '신의 개념' 및 '신의 문제'를 '어떻게 함'을 의미하는지, 어느 정도까지는 분명히 이해하지 않으면 안 된다는 말이다.

상식적으로, '기하학적 방식으로 논증함'은, 의미가 확정된 (정의된) 개념 concepts, 명사 terms를 판단의 형식으로 정립했을 때(Satz, proposition), 그 의미가 '증명을 필요로 하지 않을 정도로 명백한', 즉 '스스로 명백한(자명한, selfevident)' 명제(공리(公理), axiom)나 또는 '자명한 명제(공리)는 아니지만 증명할 수 없으면서도 거의 자명한', 즉 '거의 공리적인', 바꾸어 말해 '준(準)자명적·준공리적인' 명제(공준(公準), postulates)를 전제로 삼아, 제3의 명제(정리)를 추론함을 의미한다. 환언하면, 정의, 공리, 공준을 매개로 어떤 주장을 '논리적으로 정당화(증명 demonstration)'하는 인식 방식 또는 추론 양식을 '기하학적 논증'으로 이해할 수 있겠다. 그것은 엄밀한 연역 추리로서, '경험적으로 정당화(검증 verification)'하는 방식인 귀납 추리로부터 판명하게 구별될 수 있는 인식 방식이다.

스피노자는 『윤리학』(특히 제1부 「신성론」)에서 '신의 문제'를 기하학적 방식으로 논증하고 있다. 그것은 8개항의 정의와 7개항의 공리를 매개로 해 36개 항목의 정리를 정립, 증명해 보이고 있다. 그러나 '신의 개념'이라면 몰라도, '신의 존재'는 결코 이런 종류의 증명 대상이 될 수 없다는 것이 거의 확실하다. 신이 단순한 언어 개념 Wortbegriff이 아니라 자연 실재라면, 그것이 논증(연역 추리)의 대상일 수 없다는 것은 절대적으로 확실한 진리이며, 분석적으로 자명한 진리이기에 말이다. 그런데 스피노자의 지신론에 따르면, 우선 신은 단순한 실재일 뿐 아니라 절대적 실재, 즉 일체 실재의 본질, 실재를 인식하는 근거 또는 원리가 되는 실재, 곧 궁극적, 절대적 실재이며, 자기 근거와 자기 원인, 자기 인식의 방식으로 실재하는 유일 절대의 실체, 존재다. 또한 신의 존재는 그 자체로 감성적일 수 없을 뿐더러

감성적인 방식으로 지각될 수도 없다. 감성적 지각이나 오성적 추리의 방식으로 인지, 파악될 수 없는 '단적으로 초월적인', 즉 스피노자의 이른바 "절대적으로 절대적인" 존재가 신의 영원한 본성·본질·실재라면, 그것이 '기하학적 방식으로 논증될' 대상이 아님은 너무나 분명하다. 그런데도 어떻게 실제로는, 스피노자가 감성과 오성을 초월하는 신의 실재성, 자연성을 증시하는 데 지신론의 주목표를 두면서, 이러한 주목표를 하필이면 기하학적 논증 방식으로 성취하려 했다는 말인가?

스피노자 판(版) 『방법서설』이라 할 수 있는 스피노자의 『지성개선론』이 명백히 보여주고 있듯, 그의 지신론이 함축하고 있는 이러한 근본적인 자기모순, 즉 자기 패배적이고 자기 우롱적인 전략은 바로 스피노자 방법론의 한계를 너무나도 노골적으로(뼈가 앙상하게 드러나도록) 또는 적나라하게(살이 벗겨져 드러나도록) 보여주는, 아주 주목할 만한 것이다.[12] 즉 스피노자는 자신이 명석, 판명하게 증시하고 있는 지신의 실재성을 '기하학적 방식으로(준(準)기하학적으로)' 논증하는 이외 다른 방법론을 증득하지 못했다는 증거로 볼 수 있다는 말이다. 이것이 바로 숱한 스피노자 연구자들을 당혹스럽게 만드는 장본이며, 또한 이것이 바로 우리가 '기하학적 방식에 의한 논증'이 아니라, '형이상학적 방식에 의한 해명'의 형식으로 스피노자가 증득하고 있는 '지신 인식'을 증시해 보이고자 하는 이유기도 하다.

스피노자의 기하학적 논증을 그가 의도했던 의미에 좀 더 가깝게 표현한다면, 그것은 우선 칸트의 이른바 "선험적 연역 transzendentale Deduktion"의 방법 개념으로 환언, 대체할 수 있겠다. 칸트에 따르면,

법률학자는, 권한과 월권에 관해 말할 때, 하나의 송사에서 권리의

------

12) 그리고 『지성개선론』이 미완의 저술로 남은 것도 아마도 이런 사정에 연유했을 것으로 추정할 수 있겠다.

문제quid juris와 사실의 문제quid facti를 구별하고, 또 양자로부터
증명Beweis을 요구하면서, 권한이나 혹은 권리 주장을 피력할 첫째
증명[13]을 연역Deduktion이라 부르고 있다.[14]

는 것이다. 그리하여 그는

> 어떻게 개념들이 선천적으로 대상들에게 관계될 수 있는가 하는
> 그 방식Art의 설명을 그 개념들의 선험적 연역이라 부르고, 이러한
> 개념 연역을 경험적 연역empirischen Deduktion으로부터, 즉 어떻
> 게 하나의 개념이 경험을 통해, 그리고 이 경험에 대한 반성을 통해
> 획득되는가 하는 그 방식을 피력하는 연역, 따라서 개념 사용의 정당
> 성Rechtmässigkeit에 관한 연역이 아니라, 개념 소유를 야기한 사
> 실[15]에 관한 연역으로부터 구별한다.[16]

즉 '개념 사용의 권리 문제에 관한 증명'을 '개념 획득의 사실 문제
에 관한 증명'으로부터 구별하고, 후자를 '경험적 연역'으로, 전자를
'선험적 연역'으로 정의한다는 것이다.[17]
　위의 인용문에서 우리는 '경험적·선험적'의 상관 개념에 직면하거
니와, 이 쌍 개념의 상관성을 명석, 판명하게 이해하기 위해서는, 이
쌍 개념과 연관해서 사용되는 여타의 쌍 개념들, 예컨대 '선험적-초

---

13) 권리 문제의 증명을 지칭함은 물론이다.

14) I. Kant, *Kritik der reinen Vernunft*, A 84 ; B 116. 앞으로 이 대본은 K.d.r.V.로 줄
　　여 표기한다.

15) '개념을 획득하게 만든 사실'을 뜻한다.

16) K.d.r.V., A 85 ; B 117.

17) 현대 논리학적 술어로 표현하면 '권리의 문제'는 '정당화의 문제the question of
　　justification'에, '사실의 문제'는 '발견의 문제the question of discovery'에 대비할
　　수 있다. 논리 실증주의에 따르면 전자는 철학의 임무인 데 비해, 후자는 과학
　　의 작업에 속한다.

험적', '선험적-선천적', '선천적-후천적' 및 '분석적-종합적'의 개념 차이를 변별하지 않으면 안 된다. 우리의 서론적 목적에 적합하게 간단히 요약한다면, '분석적-종합적'은 판단의 주개념-빈개념의 정립 관계가 논리적, 분석적, 설명적인가, 아니면 경험적, 종합적, 확장적 인가 하는 구분에 적용되는 상관 개념이고, '선천적-후천적'은 우리 의 인식이 경험으로부터 독립적인가 아니면 경험 발생적·경험 의존 적인가의 구분에 적용되는 상관 개념이다. '선험적-선천적'이나 '선 (先)험적-초(超)험적'은, 적어도 칸트의 경우에는, 상관 개념도 대비 개념도 아니다. '선험적'은 "대상 일반에 관한 우리의 선천적 개념[18] 또는 "인식 방식 Erkenntnisart"[19] 또는 "인식의 선천적 가능성 혹은 선천적 사용"[20] 을 뜻하며, '초험'은 '경험의 한계를 넘어가 있음'을 의미하는 것으로서, 모두가 일정 대상의 인식 자체에 관여하는 것이 아니라, '대상 일반의 인식' 비판에 적용되는 말들이다.[21] '선험적'은 '경험적'에, 그리고 '초험적'은 '내재적'에 대비되는 개념이기도 하다.

아디케스 Adickes 판(1889)에 따르면 '선험적'이란, 바꾸어 말해 '인 식의 선천적 가능성 혹은 인식의 선천적 사용에 관여하는'을 의미한 다. 그렇다면 '선험적 인식'은 '인식의 선천적 가능성이나 사용에 관 여하는 인식'을 의미하게 되는 셈이다.

모든 선천적 인식이 선험적 인식으로 불려야 하는 것이 아니라, 우 리로 하여금 어떤 표상(직관 또는 개념)이 순전히 선천적으로 적용되 거나 혹은 선천적으로 가능하다는 사실을 알게 하거나, 또 어떻게 선 천적으로 사용되고 선천적으로 가능한가를 알게 하는, 그러한 인식만

---

18) K.d.r.V., A 11~12.
19) K.d.r.V., B 25.
20) K.d.r.V., B 80~81.
21) K.d.r.V., B 352 및 A 57 참조.

182

이 선험적이라 불려야 한다.[22]

선천적 인식 가운데는 분석 판단의 경우처럼 전적으로 순수한 선천적 인식뿐만 아니라, 물리학이나 기하학의 명제처럼 부분적으로는 순수하고 부분적으로는 경험적인 불순한 선천적 인식도 있다. 칸트의 이른바 "선천적 종합 판단"이 이런 종류에 속하는 것이다. 그런데 선천적 종합 판단의 가능성을 연역하는 것이 칸트 인식 비판의 근본 과제이거니와, 이러한 인식 비판적 메타 인식은 과연 어떤 성질의 선천적 인식으로 규정될 수 있을 것인가?

선험적 인식 방식의 정당화가 바로 선험적 연역이다. 그런데 만약 인식 비판을 통해 경험과 현상의 한계를 초월한 것으로 배제되어 있는 '물자체'에 대한 인식의 가능성을 문제 삼는다면, 그리고 물자체의 인식도 '경험으로부터 독립해 있다'는 의미에서 선천적 인식으로 불릴 수 있다면, 이러한 선천적 인식의 정당화가 또 다른 의미에서 선험적 연역으로 지칭될 수는 없을 것인가? 칸트는, 직관의 선천적 형식인 시간, 공간의 표상과 사유의 선천적 형식인 범주의 개념이 합작 형식으로 대상을 구성하는 데서 진정한 인식이 성립되는 것으로 규정하고 있다. 그는 감성적 직관 이외 어떠한 직관도 이를테면 '지성적 직관' 같은 것도 인간의 인식 능력으로부터 배제하고 있기 때문에, 우리의 인식을 현상에 국한하는 셈이다. 그러나 예컨대 후설이 범주적 직관(형상의 직관)의 수행 주체를 '선험적 자아'로 연역하며, 이 선험 자아가 선천적으로 세계를 구성하고 또 어떻게 그렇게 하는가를 선천적으로 연역하는 경우, 이러한 연역도 선험적 연역으로 부를 수 있을 것이 아닌가?

이제야 우리는 스피노자로 되돌아가 그의 기하학적 연역을 선험적

---

22) K.d.r.V., A 56 ; B 80.

연역으로 대체할 수 있는 최소한의 토대를 마련한 셈이다. 칸트가 현상적 대상에 적용하는 표상, 직관, 개념을 스피노자의 지신에 적용해, 지신을 표상, 직관, 개념의 대상, 이를테면 '자체적 대상'으로 삼을 수 있다면, 저 표상, 직관, 개념이 이 자체적 대상에 오로지 선천적으로만 적용된다는 사실, 그러한 표상, 직관, 개념이 오로지 선천적으로만 가능하다는 사실, 그리고 어떻게 그러한가를 설명하는 또는 알게 하는 선천적 인식을 또 다른 의미에서 선험적 인식이라 부를 수 없겠으며, 이런 의미의 선험적 인식의 정당화(연역, 증명, 설명)를 또 다른 의미에서 '선험적 연역'이라 부를 수 없겠는가? 스피노자가 『윤리학』을 통해 지신의 존재와 인식을 그의 이른바 기하학적 방식으로 증명하고 있는 것은, 칸트나 후설이 말하는 "선험적 연역"으로 불린다 해도 무리가 없을 것 같다. 뿐만 아니라 '스피노자의 선험적 연역'은 자체 존재인 지신의 인식 자체에 대한 또 하나의 인식 비판(칸트적 의미)이며, 여타의 지신 인식 이론에 대한 비판(일반적 의미)이라 불러도 무방할 것이다.

4 지신의 언표와 절대의 논리

스피노자적인 의미에서 지신의 선험적 연역을 논변한다고 해서, 물자체에 판단 형식을 적용함으로써 생겨나는 칸트의 이른바 "선험적 가상(假象)"을 산출하는 궤변으로 오해해서는 안 된다. 사실은 오히려 정반대로, 지신이 감성적 직관의 대상이 아닐뿐더러, 오성의 적용 대상도 아님을 논변하려는 것이다. 지신은 공간, 시간의 계량적 표상의 대상이 아님은 물론이요, 아리스토텔레스·칸트적인 의미의 범주로 범주화 kategorein 또는 진술 predication될 수 있는 그 무엇도 아니다. 일체의 존재자가, 이를테면 지신에 의해, 원인, 근거 지어지고 존재, 인식될 수 있으며, 전자는 후자의 양태적 표현에 불과하기 때문이다. 지신이 있음으로 해서 비로소 일체 존재가 실재하고 인식될 수 있는데, 어떻게 지신이, 즉 일체 존재자의 존재 근거 ratio essendi·생성 근거 ratio fiendi·인식 근거 ratio cognoscendi, 또는 바꾸어 말하여, 일체 존재와 일체 인식의 선천적 가능 조건인 바로 지신이, 감성적 직관에 의해 그 질료를 부여하고, 또 오성적 규칙에 의해 통각되게 할 수 있을 것인가? 스피노자가 지신을 정의해 "절대적으로 무한한 존재 ens absolute infinitum"라고 이해하는 것도 바로 이 때문이다.

　'절대'는 문자 그대로 단순히 '상대를 단절함'을 의미할 뿐, 범주를 초월적으로 적용함으로써 생겨나는 선험적 가상인 바, '절대자', 즉 감성 직관적·범주 적용적인 의미의 '최고, 최상의 존재자'를 지칭하는 것은 결코 아니다. 절대 존재는 상대를 단절하는 방식으로 존재함을 의미하고, 오직 이런 의미에서만 지신을 '절대적인 것' 또는 '절대 존재'로 이해할 수 있을 뿐이다. 그 자신 이외에는 그 어떤 것에 의해서도 기인되거나 개념화될 수 없는 존재인 자체 존재(自在)는 그 자신 이외 그 어떤 것에 의해서도 대상화되거나 규정될 수 없는 존재 그 자체라는 것은 선천적 또는 원리적으로 또는 필연적으로 참이기 때문이다. 칸트적인 의미에서, 절대는 인식될 수 없고 진술될 수 없다. 그것은 절대가 '절대적으로' 또는 '단적으로' 자기 원인(자유)이며, 자기 이해(원효의 자신해)인 바 존재, 행동, 창조 그 자체이기 때문이다. 불가적 표현을 빌면, 절대는 "말해서도 안 되고 말할 수도 없으며[不可言·不能說]", "말을 떠나고 말길이 끊어져 문자로 진술할 수도 없기[離言絶慮·言語道斷·不立文字]" 때문이다.

　칸트적 인식론이 물자체를 인식의 한계 개념으로 전제하고 또는 배경으로 상정하거나 요청하고서야 '현상 인식의 가능 조건을 대상 성립의 가능 조건'이라고 연역(증명)할 수 있었다면, 스피노자의 지신론은[23] 이를테면 물자체를 인식의 목표 개념으로 설정하고, '현상의 존재·인식 가능 조건으로서 물자체'의 선천적 인식을 위한 선험적 연역을 지향한다. 전자가 물자체의 존재를 배경으로 현상 인식을 그 전경에 부각시키는 데 반해, 후자는 물자체의 인식을 중심으로 현상의 존재를 그 주변에 안배한다. 달리 표현해, 칸트가 물자체와 현상의 구분을, 즉 인식할 수 있는 것과 인식할 수 없는 것의 경계를 현상의 주변을 따라 현상 안으로 한계 짓는다면, 스피노자는 물자체와 현상의 구분을, 곧 '참으로 존재하는 것(자재, 실체, 자연, 지신)'과 '단지 양상적, 양태적으로만 존재하는 것〔事·事·物·物〕'의 차이를 물자체의 근원에서부터 물자체 밖으로 유출시킴으로써, 즉 현상을 물자체의 유출, 표현, 변양으로 환원함으로써 해소해 버린다고 말할 수 있다. 전자가 '물자체의 인식'을 선험적 가상으로 배척한다면, 후자는 역으로 '현상의 존재'를 경험적 상상으로 격하하는 셈이다. 칸트에게는 "물자체가 사유될 수 있으나 인식될 수는 없는 것"으로서 상정되지만, 스피노자에게는 "현상이 상상될 수는 있으나 자재(自在)할 수는 없는 것"으로 증명되고 있다. 그리고 스피노자의 물자체는 현상의 양식으로 인식될 수는 없으나, 즉 범주적으로 언표될 수는 없으나 지성적으로 직관될 수 있으며, 가설적으로,[24] 이를테면 기하학적 논증의 방식을 빌어 지시될 수는 있는 것임은 물론이다. 요컨대 칸트의 '인식론적 우위'와 스피노자의 '존재론적 우위'는 '존재와 인식'의 문제에서 반드시 고려해야 할 절묘한 대비이며, 탁월한 전형이라 하겠다.

스피노자의 '지신의 존재에 대한 기하학적 논증'이 '지신의 개념을 위한 선험적인 연역'임에도, 아니 도리어 바로 그 때문에 하나의 의문이 제기된다. 지신의 존재가 감성적 직관이나 오성적 판단의 대상은 아니라 하더라도, 스피노자는 『윤리학』 제1부에서 칸트의 이른바

---

23) 신의 존재론과 인식론을 총칭하는 지신론이다.
24) '假設'은 '假說'과 엄격히 구분되어야 함을 다시 한번 강조한다.

‘이성의 논리적 사용’[25] 의 방식으로 지신의 존재를 정교하게 연역하여 논증하고 있는 것으로 보이는데, 그렇다면 이러한 지신론은 ‘순수 이성의 초험적 사용’에 의한 변증적 오류 추리(가상의 논리)이자, 진술할 수 없는 것을 진술하려고 하는 자기모순이 아닌가? 이 의문에 대해 “그런 것도 아니고 그렇지 않은 것도 아니다.〔非然而非不然〕”라고 답할 수밖에 없다. 비록 ‘정언적(定言的)으로 categorically’[26] 말할 수는 없지만, 말하지 않을 수 없을 경우, 적어도 스피노자의 경우에는 합리적이고 추론적으로 논변하는 것이 최선의 방책이라 할 수 있다. 스피노자가 그의 이른바 제2종지(普遍智)를 통해 지신의 존재를 변증하고 있는 것은, 그것만으로 볼 때, 오류 추리를 택하는 것이며, 자기모순을 범하는 것이다. 그러나 그것은 다만 지신론과 지복론을 위한 하나의 단계적 방편에 불과할 뿐, 결론(『윤리학』 제5부)에 가서는 제3종지(直觀智)에 호소하고 있다[27]는 점에서 볼 때, 스피노자의 변신론(辯神論)은 오류 추리도 자기모순도 아니라고 할 수 있다.

　칸트는 ‘선험적 해명’과 ‘형이상학적 해명’을 대비시키고 있다.

---

25) K.d.r.V., B 355 참조.

26) ‘정언적’이란 물론 단정적으로 주장하는 직설법적 표현으로서 ‘가언적’에 대비되는 언술 양태를 뜻하는 것이다. 그리고 ‘categorical’은 ‘categorial(범주적)’로부터 구별되어야 할 것이다. 양자가 동일한 그리스 어원에서 유래하지만, 전자는 논리학에서 ‘무조건적, 정언적’을 의미하나, 후자는 예컨대 후설의 ‘katgoriale Anschauung(범주적 직관)’의 경우처럼 ‘감성적’에 대비되는 ‘지성적’ 또는 ‘범주의 형식으로’를 의미하는 것으로 그 명사형인 ‘범주’나 동사형인 ‘유별하다’의 형용사형으로 사용된 것이다.

27)『윤리학』, 제5부, 명제 36, 주석 참조. 앞으로 이 책은 서명은 E로, 부수는 로마 숫자로, 명제수는 아라비아 숫자로, 정의는 Def.으로, 증명은 Dem.으로, 공리는 Axi.으로, 보조 정리는 Lem.으로, 부명제(계)는 C로, 주석은 S로 약칭해 인용한다. 위의 경우는 ‘E V 36 S’로 약기(略記)될 수 있고, 예컨대, ‘E I 16 C-2’는 ‘『윤리학』, 제I부, 명제 16, 계2’의 약기다. ‘지신의 인식’ 문제는 본론에서 자세히 다룰 것이다.

그러나 나는 '해명 Erörterung, expositio'을, '어떤 개념의 속성에 관한 (비록 자세하지는 않더라도) 분명한 deutlich 표상'으로 이해하며, 이 해명이 '개념을 선천적으로 주어진 것으로서 설명하는 것'을 포함할 경우, 이 해명은 형이상학적이다……

나는 '선험적 설명'을 '다른 선천적, 종합적 인식의 가능성을 통찰할 수 있게 하는 원리가 되는 어떤 개념에 관한 설명'으로 이해한다.[28]

이와 같이 칸트의 해명은 너무나 당연하게 인식론적이며, 따라서 그것이 비록 '형이상학적'인 경우라 하더라도, '해명'은 어디까지나 '개념의 속성에 관한 분명한 표상'에 불과하다. 그러나 우리의 '형이상학적 해명'은 우선적으로 존재론적이기 때문에, '형이상자의 분명한 지시'를 의미한다. '형이상자'는 '절대적'이라는 점에서 분명하게 지시 bedeuten될 수밖에 없으며, 지시가 분명하게 되기 위해서는, 피지시체, 즉 형이상자는 드러내어 밝힘 Aufklärung이어야 하지만, 형이상자는 존재자가 아니라 '존재', 즉 '실재 · 인식 · 행위'의 삼위일체이기 때문에, 드러내어 밝힘은 드러나게 밝힘 Auslegung, 즉 현상학적, 해석학적 의미의 '해석'일 수밖에 없다. 형이상학적 해명은 존재자 표상의 명료화가 아니라 존재 지시의[29] 명료화이기 때문이다.

절대는 '진술할 수는 없어도 지시될 수는 있는 것'이며, '말을 떠나고 말을 끊음[離言絶言]'이기는 하지만, '말에 기탁하고 말을 원인[寄言, 因言]'으로 하여 '말을 버리고 생각을 끊음[遣言, 絶慮]'이어야 할 '말을 떠난 절대[離言眞如]'이자 '말에 의한 절대[依言眞如]'요, '개념적 사유를 통해 논의할 수 없는[不可思議]' 신비 그 자체다. 그러므로 '절대의 언표나 논의(절대의 논리)'는, 원효가 즐겨 쓰는 표

---

28) K.d.r.V., B 38 및 B 40.

29) '존재 지시'는 '존재의 지시'를 뜻하며, 후자는 '존재가 지시함'과 '존재를 지시함'을 동시적, 동근적(同根的), 동연적(同延的)으로 함의함은 물론이다.

현을 빌면, '일체의 언표 양식을 넘어서고 일체의 진술 양태를 떠나 버린〔超過四句 · 離絶四句〕' 것이요, 따라서 '모든 주장이 옳기도 하고 그르기도 하여 모두가 일리 있는 것이어서 부정이면서도 이 부정의 부정으로서 일대 긍정이 되는 것〔皆是皆非, 皆有道理, 非然而非不然〕'이다. 문제의 '구(句)'란, 모든 진술은 4구로 표현될 수 있는 바, 유(有: 존재, 긍정, 정립), 무(無: 비존재, 부정, 반정립), 유무구(有無具: 동시 긍정 · 부정 또는 일시 정립 · 반정립), 비유비무(非有非無: 유무의 동시 부정)의 4가지 입장이 그것이다.[30]

지금까지 우리는 우리의 논제를 해명하는 방식인 '선험적 연역'에 많은 지면을 할애해 왔다. 스피노자의 지신론이 모순과 긴장을 내포하고 있다는 주장이나, 또는 이러한 주장들 상호 간에도 그 수준에서 또 다시 모순과 긴장이 있어왔다는 사실에서부터, 스피노자『윤리학』의 문제를 제기하고, 이러한 문제를 해명하는 출발점으로서 '선험적 연역'이라는 방법론적 개념에 관여했다. 선험적 연역 방법의 창안자인 칸트의 경우에는 현상 인식 비판이 문제였으나, 우리의 경우에는 자체 존재 해명이 문제기에, 칸트의 인식론을 넘어서는 존재론의 차원에서 선험적 언어 게임을 논의, 구사하지 않을 수 없었다.[31] 절대의 언술, 논의, 논리가 바로 존재론적, 선험적 언어 게임에 다름아니기에 말이다. 존재론적, 선험적 언어 구사로 형이상자, 곧 절대를 해명하는 언술 행위를 우리는 '형이상학적 해명'으로 확인했던 것이다.

서론치고는 좀 장황한 논의였으나, 그럼에도 불구하고 논리적으로는 숱한 비약을 감행할 수밖에 없었던 극히 압축된 논의였다. 지금

---

30) 불가의 '4구 논리'에 관해서는 이에 앞서 다른 논문에서 자세히 설명되었으므로 여기서는 단지 언급하는 데 그친다.

31) 이 책에 수록된 여타 논문에서도 '선험적 언어 게임 transcendental language game'을 '선험적 의미론'의 표제 하에 비교적 자세히 다루고 있다.

까지 스피노자의 지신론을 형이상학적으로 해명하기 위한 최소한의 근거와 단서를 마련한 이상, 이제부터는 오직 이 단서를 해석하고 해명하는 일에만 몰두할 것이다. 따라서 우리의 이러한 논의에 직접적으로 기여하지 않을 것으로 판단되는 모든 논의를 자제할 것이다. 우리는 철학사적 맥락, 심지어는 스피노자와 데카르트 및 라이프니츠의 연관까지도 무시할 것이며, 스피노자의 지신론에 관한 일체의 긍정적·부정적, 변호적·비판적인 해석에도 개의치 않을 작정이며, 스피노자 저술의 내부적 불일치나, 심지어 『윤리학』이나 「지신론」의 자체 내적 불일치까지도 괘념치 않을 것이고, 마침내는 스피노자 자신의 언어, 증명 체계까지도 안중에 두지 않을 것이다. [32] 우리의 목표가 오로지 '지신'의 개념을 선험적으로 연역하고, 지신의 존재, 실체를 형이상학적으로 해명하는 데에 지향되어 있기에 말이다.

본론으로 들어가기 전에 한 가지만 더 언급해 두고자 하는 것은, 우리 논의의 부제(副題)에 관한 것이다.[33] 스피노자의 지신론에 대한 우리의 해석은, 우리가 지금까지 검토하고 고구해 본 각종 해설, 해석과 논의에서 그 유례를 찾아볼 수 없었던, 그러기에 아주 유별나게 특이한 양식과 방법론을 따르고 있다는 점이 시종여일하게 유념되어야 한다. 물론 '스피노자의 형이상학'이라든가 '형이상학적 측면' 운운하는 등의 '형이상학' 언표가 여타의 스피노자 연구서에서 가끔 발견되기도 했다. 그러나 그들이 사용하는 '형이상학' 개념은 그들 자신도 명석, 판명하게 이해하고 있지 않을 뿐만 아니라, 동서고금의 모든 진정한 철학을 통해 일이관지(一以貫之)하고 면면부절(綿綿不絶)하게 전승되어 온 제1철학 또는 제1의(義)철학의 학문 이념 그

---

32) '무시하다', '괘념치 않다' 또는 '개의치 않다', '안중에 두지 않다'라는 표현은 '구애받지 않다'나 '그것 자체로 논의·논변하지 않다'라는 뜻이지, '부정하거나 폄하하거나 언급하지 않다'라는 뜻이 아님은 물론이다.

33) 앞서 언급한 대로 이 글의 당초 제목의 부제를 말한다.

자체인 형이상학 개념과는 단적으로 무관한, 실로 정체불명의 개념에 불과하다. 스피노자 철학을, 특히 그의 지신론을 철두철미하게 형이상학적인 것으로 증지하고, 그러기에 오직 진정한 형이상학적 이해를 통해서만 스피노자 철학이 제대로 해명될 수 있다고 확신하는 우리는, 적어도 '형이상학에 대한 하이데거 수준의 이해'[34]를 스피노자 연구에 필수적인 조건으로 간주한다.

그런데 스피노자의 형이상학은 개념 선택과 기술 방식 자체가 하이데거의 존재 사유와는 너무나 판이하기 때문에, 부득이 우리는 하이데거 이전의 형이상학 유형에서 모종의 모형을 모색하지 않을 수 없었고, 그 결과 최적 모형을 바로 원효의 형이상학에서 발견할 수 있었던 것이다. 이것은 원효 철학이 동서고금의 모든 진정한 철학과 공통적인 구조를 보유하면서도, 결정적인 국면에서는 그 공통성을 탁월하게 초출하면서 고도의 사유와 치밀한 논리를 지닌 가장 전형적인 형이상학으로 인정되었기 때문이다. 그리하여 스피노자 형이상학을 형이상학적으로 해명하는 논의에서, 우리는 종당에는 원효적인 관점에 서게 될 것이다.

그러나 스피노자 철학의 토대이자 핵심인 지신론을 어디까지나 스피노자식으로 해석하는 것이 우리의 주제인 만큼, 우선 스피노자 지신론 체계의 구조를 해석, 해명하는 작업 자체가 엄청난 노력과 방대한 지면을 요구하기 때문에, 스피노자의 지신론을 원효의 일심론과 정면으로 대비하기는 어렵다. 그리하여 우리가 불가피하게 선택할 수밖에 없었던 기술(記述) 전략은, 우리의 논의를 전체적으로 원효 철학의 테두리로 에워싸기는 하되, 그 경계 내에 있는 구체적 서

---

34) 형이상학의 근본 개념, 그 역사적 전개 과정 및 원래(原來) 형이상학의 복원 전망에 관한 하이데거의 철학적 사유는 신오현, 「하이데거와 형이상학의 문제」 및 「자유의 현상학 —— 노자와 하이데거의 비교 연구」, 『절대의 철학 —— 제일철학의 임무와 목표』(문학과지성사, 1993)에 비교적 소상하게 소개되어 있다.

술에 관해서는 일일이 전거를 들어 대비하지 않는다는 것이다. 여기서 우리가 '원효 철학'이라 지칭하는 것은 '원효에 의해 전형적으로 대변되는 유·불·도가적 사상 이해'를 총칭하며, 그 토대와 구조는 『원효전서』에 기술되어 있는 원효의 모든 언술에 명증적으로 드러나 있다.[35]

지신의 존재 —— 지신과 일심의 대비

1 존재론의 두 가지 입장

존재와 인식 또는 실재와 언어의 관계는 '하나가 아니면서 둘도 아닌[不一而不二]' 관계지만, 양자를 방편적으로 분리해 어느 하나를 배경으로 하고 다른 하나를 전면에 부각시킬 때 '존재론' 또는 '인식론'이 잠정적, 방편적으로 성립된다. 그러기에 개념과 직관의 상보성에 대한 칸트의 명구(名句)를 모방하여 "존재론을 토대로 하지 않는 인식론은 공허하며, 인식론을 전제하지 않는 존재론은 맹목적이다."라고 말할 수도 있다. 우리의 목표가 존재론이라 하더라도, 인식론을 통하지 않고는 맹목적일 수밖에 없는 것이다. 존재가 문제되는 경우에는, 언제나 문제 삼는 관점, 의식이 전제되어 있으며, 인식되어 있지 않은 존재는 처음부터 문제조차 되지 않으므로 문제 삼는 자에게 전혀 무의미한 것이기 때문이다.

그리하여 우리는 존재 자체를 '확인해 보기' 위해, 우선 존재에 접근하는 통로 또는 존재를 보는 관점을 잠정적으로나마 확보하지 않을 수 없다. 이러한 접근 태도 및 통찰 관점이 존재에 대한 입장(立

---

35) 양자 간의 대비가 실제로 철학적 논의의 수준에서 제대로 존립하는가 하는 것은 이 책 제3장 「원효 철학의 현대적 조명」에서 다루고 있다.

場)이며, 존재에로의 입장(入場: 존재 안에 들어가 섬)이기도 하다. 모든 존재론은 이러한 입장(立場) 또는 입장(入場)을 전제하고 있는 바, 이것을 우리는 '존재론적 입장'[36]이라 부른다.

이러한 존재론적 입장은 크게 두 가지 유형으로 분류될 수 있으며, 이러한 이분법은 철학 사상의 다양한 유형에서 공통적으로 확인될 수 있다. 플라톤이 예지계(叡智界)·이념계(理念界)와 가감계(可感界)·현상계(現象界)를 나누어 생각한다든가, 칸트가 물자체와 현상계를 이분해 선험적 실재론·경험적 관념론에 선험적 관념론·경험적 실재론을 대비시키는 것도 그 전형적인 사례이다. 후설은 자연적, 경험적, 실증(사실)적인 입장에 반성적, 선험적, 철학적(현상학적) 입장을 대비시킨다. 그는 생성, 소멸하는 현상계를 독자적인 실재 세계로, 그리고 수학, 논리학적인 관념 체계를 그 자체로 존립하는 이념 세계로 소박하게 취택하는 입장을 '자연적 태도'로 이해하는 반면, 자연적 실재 세계와 관념적 이념 세계의 존립 타당성에 대한 소박한 신념을 무효화시킨 다음, 일체 세계를 선험적 자아의 구성물로 상대화시키고, 일체 존재를 선험적 자아에 대한 '현상'의 지위로 역전시키는 사고 혁명 조치를 '현상학적·선험적 환원' 또는 '선험 현상학적·철학적 태도(Einstellung, 入場)'로 규정한다. 이러한 구분은 생활세계적, 실천적인 영역이나 학문적, 이론적인 영역에서도 마찬가지로 적용된다.

후설의 이러한 구분은 하이데거에 와서 더욱 철저하고 광범하게 심화, 확대되기에 이른다. 후자는 존재와 존재자를 구분하고, '존재의 사유'를 '존재자의 표상(존재자에 관한 표상 또는 존재자로서 표상함)'으로부터 구별한다. 그리고 존재와 존재자 사이에 존립하는 이러한 '구별 Unter-Schied'을 '존재론적 차이 Die ontologische Differenz'로

---

36) '입장'은 별도의 명기가 수반되지 않는 한, '立場'과 '入場'의 두 가지 뜻을 동시에 함축하는 것으로 사용된다.

이해하고 있다. 그리고 이러한 존재론적 구별, 차이를 간과하고, 오로지 존재자 표상에 몰입되어 있는 상태가 '전락Verfall' 또는 '존재 망각Seinsvergessenheit'으로 규정되어 있다. 존재 망각의 관행은 존재 황폐Seinsverlassenheit'를 심화시키고, 이러한 존재 망각과 존재 황폐의 입장에서는 존재론적 차이를 간과해 결국 존재자 표상에만 집착할 수밖에 없게 된다.

아리스토텔레스·칸트적인 범주에 의해 수행된 칸트적인 의미의 존재 인식, 현상 경험은 고작 '존재자 표상으로서의 존재론', 하이데거의 이른바 '범주적 존재론 kategoriale Ontologie'일 뿐, '존재 사유, 존재 이해로서의 존재론'인 '현상학적 존재론'과는 단적으로 구별되는 것이다. 범주를 적용함으로써 포착(인식, 경험)되는 것은 존재가 아니라 존재자(존재자 표상)일 뿐이기 때문이다. 존재 자체는 범주에 의해 인식되는 어떤 것이 전혀 아니고, 오직 '존재하게 함Seinlassen', 곧 존재 사유를 통해 언어로 오게 되는 현상학적, 해석학적 상황일 뿐이며, '이미 언제나' 언어로 오고 있는, 또는 '이미 항상' 어떻게든 이해되어 있는 이러한 현상학적, 해석학적 상황을 더욱 '구체화, 분절화 Konkretion, Artikulation, Gliederung'하는 존재 이해 방식을 하이데거는 '현상학적 존재론'이라 부른다.

그렇다면 정작 우리의 관심사인 스피노자의 경우에는 이러한 구분을 어떻게 이해하고 있는가? 스피노자 철학에서, 특히 그의 지신론과 지복론에서는 '영원의 관점 sub specie aeternitatis'[37]과 '지속의 관점 sub duratione'의[38] 구별이 결정적인 중요성을 가진다. 이것은 대

---

37) E II 44 C Dem. ; E V 23 S 29 30 31 S 참조.

38) E V 23 S 참조. 'Sub specie aeternitatis'에 대비하자면 'sub duratione'는 'sub specie durationis'로 표현되어야 할 것 같은데, 『윤리학』 어디서도 이러한 표현은 나오지 않는다. 그도 그럴 것이 'duration'이 'species', 즉 플라톤적 의미의 '형상 (idea, eidos)'으로 간주될 수 없기 때문이다. 마치 상상력의 산물인 '이미지'가 '이데아'로 간주될 수 없는 것처럼 말이다. 그럼에도 불구하고 'sub duratione'를

부분의 스피노자 연구자들에게 주지되어 있는 사실이기도 하지만, 그럼에도 그 중요성에 걸맞은 주목은 받지 못하고 있는 것도 사실이다. 우선 '영원'과 '지속'의 개념을 스피노자가 어떻게 이해하고 있는지 살펴보자. 그는 '영원'을 "영원자의 정의로부터 필연적으로 따라 나오는 것으로 이해되는 한, 출재(出在) 자체 ipsam existentiam"로 이해하고(E I Def.-8), '지속'을 "출재의 부정적(不定的) 계속 indefinitia continuatio"으로 정의한다. 뿐만 아니라 그는 더 나아가, 설사 지속이 무시무종(無始無終)을 의미한다 하더라도, 사물의 본질이나 실재 자체와 같은 영원한 진리 aeterna veritas가 지속으로 이해될 수는 없다는 설명을 덧붙이고 있음을 주의해야 한다.(E I Def.-8 Ex.) 스피노자식으로 예시한다면, '어떤 수열(數列)의 무한 지속성'과 '어떤 수식의 영원 진리성'을 대비하거나, 또는 '상상이나 그림('그리다'의 명사형)을 통해 "삼각형의 내각의 합을 구하는 지속적 행위"의 부정성'과 '논증을 통해 "삼각형의 내각의 합이 2직각임을 인식한 진리"의 영원성'을 대비할 수 있을 것이다.

원효의 대승기신론적 용어에 유비하여, '영원상 아래'를 '영원문'으로, '지속 아래'를 '지속문'으로 부르기로 하자. 스피노자는 그가 지신의 문제 혹은 존재(실재)의 문제와 연관해 사용하는 가장 중요한 개념들, 즉 '단체(單體, Res singulares)',[39] '출재 existentia'[40] 및 '현행

'under the form of duration'으로 영역하거나 (예컨대 J. Gutman ed. *Ethics*(New York.: Hafner Press, 1949)) 또는 'unter der Form der Dauer'로 독역한 경우 (예컨대 K. Blumenstock ed., *Ethik*(Darmstadt: Wissenschaftliche Buchgesellschaft, 1967))를 볼 수 있다. 이에 반해 컬리 Curley는 'under duration'으로, 그리고 독일어 철학문고판(PhB 92)은 'unter der Dauer'로 라틴어 원전에 가깝게 번역하고 있다. 그리고 컬리의 '어휘 색인 Glossary-Index'에는 'duration(duratio)'만 등재되어 있다. 만약 라틴어 'species'가 플라톤의 그리스어 'eidos'와 같은 의미의 'form'을 뜻한다면, 거기에 'forma'가 결부될 수 없음은 오히려 당연한 것이다.

39) 특히 '물체 Corpus'와 연관해서는 '개체 Individuum'라는 어휘를 사용하고 있다.(E II 13 Lem.-3 Def. Lem.-4-7)

actus'[41]을 이와 같은 두 가지 방식으로 표현하고 있다. '단체'는 '자연에 주어진 단체 res singulares in rerum natura datur'의 의미로 쓰일 때는 지속문적 단체로서, 즉 '일정한 시간, 장소와의 연관에서 cum relatione ad certum tempus, et locum' 고려되지만,[42] '지신의 본성 내에 포함된 한에 있어서 단체 res singulares quatenus in Dei attributis comprehenduntur'는 영원문적 단체로서, 일정한 시간과 장소, 지속의 연관, '자연의 통상 질서 ex communi naturae ordine'로는 이해될 수 없는 것이다.[43] 마찬가지로 '출재'의 경우에도, 영원문과 지속문 중 어느 측면에서 사용되느냐에 따라 그 의미가 전혀 달라진다. 스피노자는 『윤리학』 제2부에서 현행적으로 출재하는 단체의 관념에 관해 언급하면서,

여기서 내가 '출재'라고 하는 것은 지속으로서, 즉 추상적으로 파악된, 그리고 모종의 양 quaedam quantitatis species으로 파악된 출재를 뜻하지 않는다. 왜냐하면 나는 …… 단체에 배당된 rebus singularibus tributur 출재의 본성 그 자체에 관해 de ipsa natura exis-

___

40) 'existentia'는 'essentia'의 상관 개념으로서 통칭 '본질'에 대한 '실재'로 번역되지만, 우리는 'existentia'를 한편으로는 '실재'에 대한 '현상'의 의미를 부각시키고, 다른 한편으로는 '본재 essentia'에 대비적인 의미를 부각시키기 위해 '출재(出在)'로 번역한다. '현재'와 같은 뜻이지만 '현재'에 부수되어 있는 통속적 의미와 구별하기 위해서는 부득이 새로운 말을 만들어낼 수밖에 없었다. '출재'는 '출석(出席)' 또는 '출좌(出座)'에 유비해 그 뜻을 이해할 수 있겠다. '단체'나 '개체'는 모두 '불가분리적인 것'을 뜻하며 '원자 atom'나 '단자 monad'와 같은 의미를 갖는다. 그리고 'essentia'는, 사물의 성분과 연관해서가 아니고, 존재 구조나 실재 구성의 의미로 '본질'이 아니라 '본재(本在: 본래 있음)'를 뜻한다.
41) 'actus'는 'potentia'에 대비적으로 현재 진행되고 있는 활동을 뜻하기 때문에, '잠재적'에 대비해 '현행적'으로 번역한다. 특히 ago, agens, ergon, energeia 등과의 연관성에서 그러하다.
42) E V 32 S 및 E IV Axi. 참조.
43) E II 8 C 29 C 45 Dem. 참조.

196

tentiae, …… '지신 내에 존재하는 한에서의 단체'의 출재 자체에 관
해 말하고 있는 것(E II 45 S)

이라고 주석하고 있다.[44] 끝으로 '현행'도 두 가지 방식으로 이해되어
있다. 즉

사물은 일정한 시간과 장소에 연관해 출재하는 한에는 현행적인
것으로 이해되거나, 혹은 그것이 지신 내에 포함되어 있는, 그리고 신
적 본성으로부터 ex naturae divinae 필연적으로 따라 나오는 한에는
현행적인 것으로 ut actueles 이해되어 있다.(E V 29 S)

존재의 문제는 실재와 현상, 또는 스피노자의 경우처럼, 실체와 양
상의 구분 문제가 아니라, 존재를 이해하는 두 가지 관점 또는 태도
의 문제이다. 플라톤으로부터 스피노자를 거쳐 현대의 후설, 하이데
거, 비트겐슈타인에 이르는 서양 철학에서는 물론이요, 우리가 원효
로써 전형적으로 대변하고자 하는 동양 철학에서도 이러한 '존재론
적 두 관점'이 선명히 부각되어 있다. 원효가 모든 불가 전적(典籍)
중 가장 높이 평가하고 가장 깊은 관심을 기울인 바 있는『대승기신
론』은, 일심법에 의해 2종문(門), 즉 심생멸문(心生滅門)과 심진여문
(心眞如門)을 시설하며, 이 2종문이 각각 일체 존재를 포괄하는 것
으로 이해한다. 존재 전체를 두 가지 측면에서 볼 수 있다는 말이다.
진여문이 플라톤의 예지계, 스피노자의 영원상, 후설의 선험적 세계,
하이데거의 존재, 비트겐슈타인의 신비에 이르는 문이라면, 생멸문은
현상계, 지속상, 경험계, 존재자 표상, 자연계에 이르는 문이라 할 수
있다. 이들 중 어느 누구도 이 두 가지 세계가, 이 두 가지 문이 '하

---

44) '출재'의 두 의미, 또는 '출재'와 '비(非)출재 non-existentia'의 의미 연관에 관해
　　서는 E II 8 C 참조.

나이면서 곧 둘[一卽二]이며, 둘이면서 하나[二卽一]'인, 그리하여 결국 '하나가 아니면서 둘도 아닌[不一而不二]'의 관계에 있다는 사실을 거듭거듭 강조하지 않은 사람은 없다. 이제 우리는 이러한 두 가지 존재론적 입장을 염두에 두고, 스피노자의 지신의 존재를 해명해 보기로 하자.

2 지신의 존재론적 구조 —— 체(體)·상(相)·용(用) 3대(大)

1) 지신의 정의

천상천하에 수많은 신 또는 정신들이 있다 해도, 이 모든 신 또는 정신들을 자신의 존재 양태로 포함하는 최고, 최상, 최대의 유일하고 지극한 신의 존재를 가정할 수 있고, 이러한 신을 신의 완전태로서 '지신'이라 부를 수 있을 것이다. 그리하여 이를테면 유일신을 신봉, 설파하는 기독교는 신을 영원무궁하고 전지전능하며 자유자재하고 무소부재한 존재로 이해한다. 아마도 스피노자가 해명해 보이고자 하는 신은 결국에는 이렇게 기독교적으로 이해된 신일 것이며, 그의 신성론은 이러한 기독교적 신관을 그 전제 Vorsatz 또는 단서 Anfang, Ansatz, Einsatz로 삼고 있을 것이다. 그렇다면 스피노자가 그의 지신론을 통해 반드시 수행(遂行)하지 않을 수 없는 것은, 영원, 무한, 전지, 전능, 자유, 자재, 편재와 같은 신의 속성들 propria을 우선적으로 해명하되, 그 상관적인 개념군인 시간, 유한, 예속, 의존, 규정, 국지, 무지, 필연 등과 '불일이불이(不一而不二)'하게 '영원문과 지속문'의 양면으로, 더욱이 선천적, 선험적으로 해명하는 일일 것이다. 그렇다면 과연 그가 이러한 과제를 어떻게 풀어나가는지를 차례대로 살펴보자.

『윤리학』은 「신성론」으로부터 시작하고, 「신성론」은 8개항의 정의들로 시작된다. 정의 I에서는 "자기 원인 causa sui 또는 자유 존재를 '출재를 함축하는 본재' 또는 '본성상(또는 자연적) 출재'"로 규정한다.

정의 II에서는 "동일한 본성 내에서 하나가 다른 것에 의해 한정될 수 있을 terminari potest 경우, 이 규정된 것을 한정된 것 res finita"으로 정의한다. 정의 III은 "실체를 자체 내 존재 id, quod in se est 인 동시에 자체 인식 id, quod per se concipitur"으로 규정하고, 정의 IV는 "실체의 본재 substantiae essentia를 실성(實性, attributa)"으로[45], 정의 V는 "실체의 상태 substantiae affestiones를 양상 modum"으로 규정한다. 즉 정의 III, IV, V는 실체(實體) 및 그 성상(性相)을 규정하고 있다. 정의 VI은 "신을 절대적으로 무한한 존재, 즉 무한 속성으로 구성된 실체"로 규정하고 '상대적으로 무한한', 즉 스피노자의 이른바 "자기 종류에 있어서 in suo genere 무한한" 것으로부터 구별한다. 정의 VII은 "자유를 '오로지 자신의 본성으로부터만 필연적으로 출재하고, 오직 자신에 의해서만 행동하도록 규정됨'"으로 정의해, "타자에 의해 일정한 방식으로 출재하고 작용하도록 규정됨"인 필연, 오히려 강제됨 coacta으로 표현될 수 있는 것으로부터 구별한다. 끝으로 그는 "영원을 '영원자의 정의로부터만 필연적으로 도출되는 것으로 이해된 출재 그 자체'"로 규정하여 이를 지속으로부터 구별하고 '신'에 연관된 모든 정의를 마무리 짓는다.

그러면 우선 이상의 8개항의 정의가 함축하고 있는 구조적 연관을 살펴보자. 정의 I은 '자기 원인'을 '출재를 함축하는 본재'로 규정함으로써, 자기 원인인 존재는 '오로지 자신의 본성에 의해 필연적으로 출재하는' 자유로운 존재임을 함의하며, '영원자의 정의로부터만 필연적으로 귀결되는 것으로 이해된 출재 자체임'을 함의한다. 즉 정의 I 속에 정의 VII과 VIII이 함축되어 있다. 그리고 정의 I은 또한 '자기

---

45) 'attributa'를 '속성'으로 번역하지 않고 '실성'으로 옮기는 것은, 스피노자의 철학, 특히 그의 실체론과 신성론을 이해하는 데 결정적인 구별, 즉 'attributa'와 'propria'의 구별을 위해서다. 후자는 '특성'을 의미하지만 우리는 '속성'으로 번역한다.

원인'을 '본성이 출재로서만 이해될 수 있음'으로 규정함으로써, 자기
원인적 존재는 '자신을 통해 이해될 수 있는' 자기 인식적인 존재임
을 함의하고 있다. 따라서 정의 I은 '자기 원인'이 '자체 존재'와 '자
체 인식'을 포함하는 것으로 규정함으로써 정의 III, 즉 '실체'의 정의
를 함축한다. 즉 정의 I은 정의 III, VII, VIII을 함축하는 것으로 밝혀
진다. 그러기에 '자기 원인'의 정의가, '모든 것에 앞서서 그 본성이
규정되어야 할(정의되어야 할) 지신'을 정의하는 데 발단이 될 수 있
었을 것이다. 그렇다면 문제는 정의 II에 있다. 스피노자가 '자기 원
인'을 정의한 다음 곧바로 '실체'의 정의로 이행하지 않고, 정의 I과
III 사이에 정의 II를 삽입한 의도는 무엇이며 또 정의 II의 의미는
어떻게 이해할 수 있을 것인가? 또는 달리 말해, 정의 I과 II의 함의
관계는 어떻게 이해해야 할 것인가?

　자기 원인적인 존재, 본재가 출재를 함축하는 존재, 본성이 출재하
는 것으로서만 이해될 수 있는 존재는, 여러 종류의 본성으로 구성
되어 있는 것으로 이해될 수 있다. 이 경우에 한 종류의 본성은 다
른 종류의 본성에 의해 규정될 수 없다는 의미에서, 각 본성은 "자
기 종류 내에서 무한하다."고 말하고, "동종(同種) 내에서 하나가 다
른 것에 의해 한정될 수 있다."는 의미에서는 "동종 본성 내의 각개
존재는 유한하다."고 말한다. 이것이 바로 정의 II의 내용이며, 정의
II를 이렇게 이해할 때 정의 I과 II의 함의 관계를 분명하게 이해할
수 있다. 그렇다면 다음으로 정의 II는 정의 III에 어떻게 연결되는
것인가? 정의 II의 의미, 그리고 정의 II와 정의 I의 연관에 관한 위
와 같은 우리의 이해에서 대답은 자명하다. 정의 II는 실체의 '실성
attributa'과 '양상 modi'의 정의를 함의하고 있다는 것이다. 이리하여
정의 I에서 우선적으로 정의 VII과 VIII이 함축되고, 다음으로는 정의
III이 함축되며, 정의 I로부터 도출되는 정의 II는 정의 IV와 V를 함
축함으로써, 결국 정의 I이 정의 II, III, IV, V 및 VII과 VIII을 함축하

는 것으로 이해할 수 있다. 여기서부터 신을 "절대적으로 무한한 존재, 즉 무한실성으로 구성된 실체"로 정의할 수 있다는 것은 자명하다. 자기 원인적 실성들이 자기 종류 내에서 무한하다면, '무한성을 가지는 실성류(類)'의 무한성은 결국 절대적인 무한성일 수밖에 없을 것이기 때문이다.

지신의 정의에서 쉽게 간파할 수 있는 또 하나의 구조적 특성은, 요나스 H. Jonas가 지적한 것과 같이 "변증법적 dialectical" 또는 "본질적으로 이중적인" 성격이라 하겠다.[46] 정의 I에서 '본재와 출재' 및 '본성(자연)과 인식', 정의 II에서 '자기 종류 내에서 본성의 한정 가능성과 종류와 종류 사이에서 한정 불가능성', 즉 '유한성과 무한성', 정의 III에서 '존재와 인식' 또는 '자체 내 존재·인식과 타자 내 존재 및 타자를 통한 인식', 정의 IV에서 '실체와 실성', 정의 V에서 '실체와 양상', 정의 VI에서 '절대적 무한성과 자기 종류 내적(상대적) 무한성, 정의 VII에서 '자유와 강제', 그리고 정의 VIII에서 '영원과 지속' 등은 모두가 헤겔적 용어로 표현하면 '명제와 반명제'를 대변하는 상반(相反) 또는 상대(相對)의 개념 쌍으로 볼 수 있다. 이러한 이원적, 이분적인 상반, 상대의 개념 쌍은 변증법적 종합과 통일에 의해 제3의 개념에로 지양 aufheben되고 있다. '본재와 출재'는 '본재적 출재' 또는 '출재적 본재'으로, '유한과 무한'은 '절대적 무한'으로, '실체와 실성'은 '실체 즉 실성'으로, '실체와 양상'은 '실체적 양상' 혹은 '실체의 양상'으로, '자유와 강제'는 '필연적 자유'로, 그리고 '영원과 지속'은 '필연적이고 본재적인 출재 자체'로 지양되어 있다. 그

---

46) H. Jonas, "Spinoza and the Theory of Organism," M. Grene ed., *Spinoza*, 259~278쪽 중 278쪽 참조. 물론 요나스가 '정의' 문제와 연관해 그 변증법적 성격을 논의한 것은 아니다. 우리는 다만 그의 용어를 언급하고 있을 뿐이다. 또한 할렛도 "유한한 창조의 변증법 dialectic of creation"이라는 표현을 사용하고 있다. H. F. Hallett, *Benedict de Spinoza*, 40쪽 참조.

리고 이러한 변증법적 개념 사용은 『윤리학』 전체를 통해 다양화되고[47] 심화되어 있다. 그것은 결국 영원문과 지속문을 "불일이불이"하게 종합, 통일해 실재, 자연, 지신의 존재와 인식을 해명하는 데 결정적인 역할을 수행한다.

왜 우리는 지신의 존재론적 구조를 해명하는 가운데 우선적으로 정의의 문제에 이처럼 많은 지면을 할애하고 있는가? 그것은 '선천적 개념·인식의 선험적 연역'에서 정의가 차지하는 비중이 그처럼 크기 때문이다. 그것은 또한 스피노자 철학에서 정의가 차지하는 역할이 그처럼 크다는 사실을 반영하는 것이기도 하다. 스피노자가 지신을 "기하학적 방식"으로 논증하면서 8개항의 정의를 발단으로 삼고 있거니와, 그의 정의가 어떤 성격의 것인가를 확인하고서야 비로소 우리는 그의 기하학적 논증 방법론도 올바로 이해할 수 있다. 스피노자는 아리스토텔레스식의 '정의'의 정의를, 특히 지신의 정의와 연관해서는, 단호히 배격한다.

이제 우리는 신을 인식하지 못하는 데 대해 변호하려 애쓰는 궤변들을 해결하지 않으면 안 된다.

그렇다면 〔철학자들의 세 가지 신관(神觀) 가운데〕 첫째로 그들에 따르면 "합법적인 정의는 유개념과 종차〔차이〕에서 성립되어야 한다 (legitimam definitionem consistere debere in genere et specie.)" 는 것이다. 그러나 모든 논리학자들이 이것을 인정한다 하더라도 그들이 어디서부터 〔이런 공식을〕 도출하는지 나는 모르겠다.

확실하게도 만약 이것이 참이어야 한다면, 우리는 아무것도 알 수 없다〔는 결론이 되는 셈이다〕. 왜냐하면 만약 우리가 오로지 '유개념

---

46) 예컨대 '보편과 특수'는 '구체적 보편'으로, '직관과 상상'은 '직관적 상상'으로, '전체와 부분'은 '부분적 전체' 또는 '부분 내 전체'로, '잠재와 현행'은 '현행 중의 잠재 potency-in-action'로 종합적이고 통일적으로 지양되어 있음을 볼 수 있다.

과 종차에 의한 정의'를 통해서만 어떤 것을 완벽하게 알 수 있다고
한다면, 우리는 그 위로 어떤 유개념도 가지고 있지 않는 최고 유개
념을 결코 완전히 알 수 없다[는 결론이 되고], 그런데 이제 만약 모
든 것에 관한 앎의 원인인 최고 유개념이 알려지지 않는다면, 바로
이 최고 유개념에 의해 설명되는 여타의 것은 더욱 적게 알려지거나
더욱 적게 이해된다[는 결론이 되기 때문이다].

그렇지만 우리는 자유롭기 때문에, 그리고 우리 자신이 그들의 입
장에 어떤 방식으로도 속박되어 있지 않다고 생각하기 때문에, 우리
는 참된 논리학에 따라 다른 정의 법칙을 만들어낼 것이다.[48]

연이어서 그는 두 종류의 정의, 즉 실성의 정의와 양상의 정의를
구분하지만, 참된 논리학에 준하는 다른 정의 법칙은 『지성개선론 De
Intellectus Emendatione』에서 비교적 자세히 논의하고 있다. 이 미완
의 논고는 '방법론'에 해당하거니와, 그 제2부의 주요점이 완전한
good 정의의 요건과 발견 방도를 다루고 있다. 어떤 정의가 완벽한
perfect 정의가 되기 위한 필요조건을 논하면서 그는, 『소론』의 경우
와 유사하게, 정의를 '창조된 것과 창조되지 않는 것'의 두 종류로
나누어 제시하고 있다. 창조된 것에 대한 정의 조건은 첫째로 정의
는 피정의체 definiendum의 근인(近因, causam proximam)을 포함해
야 하고, 둘째로 이 정의로부터 피정의체의 모든 속성들 proprietates

---

48) Spinoza, *Tractatus Brevis De Deo et Homine ejusque Valetudine*(Amstelodami: Aput
Fredricum Muller, 1862). 이 책은 앞으로 'Tb'로 생략해 인용하되 (단 한국어로
인용할 경우에는 『소론』으로 표기한다), 예를 들면 제1부(Pars Prima)는 I로, 제1장
(Caput Primum)은 i로, 그리고 지크바르트 Sigwart에 의한 분절(分節)은 아라비
아 숫자로 적고, 부와 장, 절 사이는 '-'으로 연결해 표시한다. 그리고 이 책의
영역본으로는 *Short Treatise on God, Man, and His Well-Being*, E. Curley ed. and
trans., *The Collected Works of Spinoza*(Princeton, N. J.: Princeton University Press,
1985), Vol. I, 46~156쪽 참조.

이 도출될 수 있도록 피정의체의 개념 혹은 정의를 요한다는 것이다. 반면 창조되지 않는 것(실체, 지신, 자연, 실성)을 완전히 정의하기 위해 충족해야 할 요건은 다음과 같다.

1. 피정의체는 어떠한 원인도 배제해야 한다. 즉 그 대상은 그것의 설명을 위해 그것 자체의 존재 이외에 아무것도 요구하지 말아야 한다.

2. 이것의 정의가 제시될 경우 '그것이 존재하는가?'라는 질문을 위한 하등의 여지도 남아 있어서는 안 된다.

3. (마음에 관한 한) 피정의체는 형용사로 변화될 수 있을 어떠한 명사substantives도 지녀서는 안 된다.[49] 즉 그것은 어떠한 추상을 통해 설명되어서는 안 된다.

4. 끝으로, (이 점은 반드시 기재할 필요가 있는 것은 아니지만) 피정의체의 모든 성질들이 피정의체의 정의로부터 추론될 수 있어야 한다.[50]

스피노자는 『윤리학』에서도 이와 유사한 네 가지를 주목하고 있거니와(E I 8 S), 요컨대 참된 정의는 피정의체의 본성natura만을 표현해야 하며, 특히 그 존재의 원인·근거를 자체 내에, 자기 본성 내에, 자기 본재 내에 포함하고 있는 실체, 지신, 자연을 정의하는 경우에는, 최근류(最近類)나 최근인(最近因) 같이 자기 외적인 어떤 것에도 의존하지 않고, 즉 출재 문제는 논외로 하고, 오로지 그 본성 및 본재만을 표현해야 한다는 것이다.

전통 논리학적 정의가 '외연적인 분석적 정의,'[51] 즉 어떤 개념 속

---

49) 즉 실체를 정의하는 데 '실성'이 아닌 '속성propria'을 사용해서는 안 된다는 뜻이다. Tb, I-iii-1 원주 a(Curley, *CWS*(*The Collected Works of Spinza*), 80쪽) 참조.
50) 『지성개선론』, Curley, *CWS*, 40쪽, 제97절.
51) 스피노자의 '정의' 개념을 '내포적 논리에 의한 내포적 정의'로 규정하고, 이를 전래의 '외연적 논리에 의한 외연적 정의'로부터 구별하는 논고의 한 사례로 F. S. Haserot, "Spinoza and the Status of Universals," *Studies in Spinoza*, Kashap ed.,

에 내포되어 있는 것을 외연적으로 분류하는 방식으로 그 개념을 정의하는 것이라면, 스피노자의 정의는 '내포적인 분석적 정의' 또는 '선천적인 종합적 정의'라 부를 수 있을 것이다. 전자가 수용적·기술적 receptive-descriptive이라면, 후자는 생산적·구성적 productive-constitutive이라 볼 수 있다. 전통 논리학의 표현으로 요약하면, 스피노자의 정의는 명목적이 아니라 실재적이라 할 수 있다. 그의 주제는 "허구의 존재 ens imagionis"나 "이성의 존재 ens rationis"가 아니라, 오로지 "실재(자연)의 존재 ens realis"이기 때문이다. 즉 실재와 자연, 지신 그 자체를, 자체 존재·자체 인식을 그 자체로 인식하기 위한 방편으로 '정의·개념'의 '방법·논리'를 구사하려는 것이기에 말이다. 그것도 생멸문, 지속문에서 본 자연과 실재와 우주, 즉 현상적, 소산적 자연이 능산적(能産的) 자연의 소산물로서 영원 무한하다는 것을 증명하기 위한 이른바 '선험적 연역'의 방식에 의해서 말이다.

그렇다면 이제 다시 스피노자의 '지신' 정의로 되돌아가, 과연 그의 정의는 자신의 논리, 자신의 정의 규칙(법칙)에 충실하게 이루어져 있는가를 살펴보지 않을 수 없다. 첫째로 그의 정의는 본성을, 그리고 본성만을 표현하고 있는가? 바꿔 말해 ①지신은 자기 원인으로서 어떠한 원인도 배제하고, 자신의 설명을 위해서는 그 자신의 존재 이외에 아무것도 요구하지 않는 것인가 ②정의가 주어지면 더 이상 출재 문제는 제기될 여지가 없는 것인가 ③성질을 기술, 묘사하는 형용사적 명사가 이 정의에서 배제되어 추상을 통한 설명이 포함되어 있지 않는 것인가 그리고 ④이 정의로부터 지신의 모든 성질이 추론될 수 있도록 그렇게 정의되어 있는 것인가? 정의 I, II, III, VII, VIII을 검토해 보면 모두 위의 요건 ①과 ②를 충족시킨다고 볼 수 있다. 정의 IV는 실성을 속성과 구별함으로써 ③의 요건을 충족

43~67쪽 중 57쪽 참조.

시키며, 정의 V는 '실체가 그 변양인 양태에 대해 가지는 관계'를 자기 관계로 설정함으로써 요건 ④를 충족시킨다. 그리하여 결국 지신의 존재가 자신의 본재를 표현하는 실성들의 무한성, 무한성의 무한성, 곧 절대 무한성을 함축하는 것이라고 규정하는 정의 VI에서 모든 조건이 완결된다.

그는 정의에 속성 propria이 포함되어 있어서는 안 된다는 점을 누차 강조하고 있다.[52] 8개항의 정의 가운데는 물론 지신에 적용할 수 없는 속성, 예컨대 '전지(全知)하다'든가, '자비하다'든가 '현명하다'와 같은 속성, 즉 사유하는 존재의 양상에 불과한 속성은 포함되어 있지 않다. 그러나 정의에서 사용된 '스스로 출재하는', '영원한', '자유로운' 등은 스피노자 자신의 말대로 실성이 아니라 속성임이 명백하다.[53] 즉 정의 I, II, III, VII, VIII은 모두 속성를 내포하고 있다. 그러나 정의 VI, 즉 '지신'의 정의를 제외한 여타의 정의들은 모두가 어떤 의미에서는 명목적인 정의이며, 정의 VI을 위한 예비, 보조적인 역할을 수행하도록 고안된 것들이다. 그것들은 지신의 속성을 기술, 설명하고 있을 뿐, 지신이 무엇인가 하는 가장 핵심적이고 내실적인 본질을 표현하고 있지는 않다. 그것은 지신의 인식에 보조적일 뿐, 지신의 인식 그 자체를 구성하지는 못한다. 다시 말해 지신의 실체는 그 구성적 본재, 본성인 '실성'을 표현함으로써만 드러난다. 그런데 지신의 본재를 구성하는 실성은 무한하기 때문에, 그래서 지신 하나하나에 대해 다 언급하기란 불가능하기 때문에, '무한한 실성으로 구성된 실체'를 '지신'으로 규정할 수밖에 없다. 그러나 여기서 다시 '무한하다'는 것은 속성에 속한다. 이 속성들을 정의에서 무효화시키

---

52) 『지성개선론』, 제94절, Curley, *CWS* 39쪽 ; Tb, I-vii-6-8, Curley, *CWS* 89쪽, 특히 88쪽의 원주 a 참조.
53) 지신에게만 고유한 속성이 '정의' 밖에서도 많이 사용되고 있다. '만물의 원인', '섭리', '최고선', '예정' 등등이 그것이다.

기 위해 그는 다시 '절대적'이라는 중립적이고 중화적인 개념을 사용할 수밖에 없었던 것이다. 그리하여 우리는 정의 VI이 그의 정의 요건을 충족시키는 훌륭한(타당한, 완전한) 정의, 곧 "실재적 정의real definition"임을 인정할 수 있게 되는 셈이다. 그리고 이러한 정의로부터 신의 모든 속성이 도출되며, 그 결과가『윤리학』제 I부를 구성하는 36개의 명제〔定理〕와 부수적인 명제〔係〕들임은 물론이다.

그렇다면 결국 이러한 정의를 통해 스피노자가 이룩하고자 하는 궁극 목표는 무엇인가? 자연의 질서를 일목요연하게 파악함으로써 우리가 더 이상 사소한 일로 지치는 일이 없게 하기 위해서는,[54] 변화무상한 자연 현상의 불변한 본성, 본재를 "고정되고 영원한 것"으로 포착해야 한다. 이 본성, 본재들의 완전한 체계를 파악하기 위해서는, 그것을 모든 존재, 모든 인식의 원인이자 기원이고 근거인 최상, 최고, 최선의 존재로부터 연역하는 것이 상책일 터이다. 최상, 최고에서 최하, 최저의 것에 이르는 일체의 함축적 정의 체계는 우리에게 자연, 우주, 실재의 전모를, 이를테면 논리적이고 형상적으로, 스피노자의 이른바 "영원의 형상 아래서" 관조할 수 있게 해주기 때문이다. 이러한 착상을 압축적으로 표현하고 있는 스피노자의『지성개선론』제9절을 인용하고 이 절을 마무리하겠다.

질서에 관해 말하자면, 우리의 모든 지각을 통일하고 질서를 확립하기 위해, 다음과 같은 일이 요구되고, 또 이성이 그것을 요구한다. 즉 만물의 원인이어서 그 대상적(對相的) 본재 ejus essentia objectiva[55] 가 또한 우리의 모든 심상(心相, idea)의 원인일 수도 있고, 그래서 우

---

54)『지성개선론』, 제49절 참조.
55) 여기서 '대상적(對相的)'이라는 말은 실증주의 인식론의 관점에서 본 객체적 '대상(對象)'과는 전혀 다른 것을 말한다. 이를테면 '심적 형상(心相)' 같은 것으로, '형상적인formal' 것과 대비되는 것이다. 예컨대, "지성(知性) 내에 대상적으로 포함되어 있는 것은 필연적으로 자연 내에 주어져 있어야 한다."(E I 30 Dem.).

리의 정신이 (우리가 말했던 바와 같이[56]) 자연 Natura을 최대한으로
재현할 어떤 한 존재 ens가 있는지 없는지, 그리고 동시에 그것이 어떤
종류의 존재인지 우리는 가능한 한 속히 물어야 할 것을 말이다.

2) 실체의 성(性)·상(相)

우리는 정의 문제에 많은 지면을 할당할 수밖에 없었다. 지신의
인식은 절대적으로 선천적이며, 모든 인식의 원인, 근거, 발단, 기원
이기 때문이다. 그것은 마치 우리가 서론에서 "지신에 관한 선천적
인식을 정당화하는 '선험적 연역'이 '형이상학적 해명'임"을 선천적으
로 해명하고 연역하는 데 파격적으로 많은 지면을 사용하지 않을 수
없었던 사정과 본질적으로 동일한 것이기도 하다. 선험적 환원 re-
duction이나 귀납 추리 induction는, 이를테면 삼각형의 저변으로부터
그 정점으로 진행해 결과적으로 하나의 삼각형 체계를 이루고, 연역
추리 deduction는 그 반대 방향으로 하향하지만 결국엔 마찬가지로
하나의 정상적인 삼각형을 만든다. 이에 비해, 이러한 환원과 연역의
결과를 정당화하는 추리는, 그것이 역시 선천적으로 진행하는 모종
의 추리라는 점에서 '연역'이기는 해도, 저 환원과 연역의 결과인 정
점을 저변(근거, 토대)으로 하여, 바로 이 저변으로부터 모든 것이 도
출되도록 하는 역삼각형 구조의 연역, 우리의 이른바 선험적 연역이
기 때문이다.

전통적으로 '실체'는 그 '속성'과 '양상'의 관계에서 거론되는 것이
상례였다. 그러나 스피노자의 '실체'는 그 이전에 통상적으로 이해했
던 것과 전혀 다른 것이기에, 그의 '속성'과 '양상'도 관례와는 전혀
다르게 이해하지 않으면 안 된다. 스피노자의 경우에는 '실체'가 바
로 '지신'이고, 또 '지신'은 곧 '자연'이기 때문이다. 따라서 우리는 그

---

56) 앞의 책, 제42, 91절 및 제95절 참조.

의 실체 개념을 전래적인 개념과 대비해 해명함으로써, 결과적으로 지신과 자연에 관한 스피노자 특유의 개념을 이해하는 데 기여하고자 한다. 우선 실체는 인간의 인식에 의해 전혀 왜곡되지 않은 존재 자체, 칸트의 이른바 사물자체로 전제할 수 있다. 스피노자의 말대로 추리의 산물(이성, 오성의 존재)이나 상상의 산물(허구)이 아니라, 실재적 존재[57]가 자연이며 실체이고 지신이다. 아마도 스피노자에게는 이러한 전제 Vorsatz, Ansatz, Einsatz가 지적 직관, 또는 직관지(直觀智)로 증득한 너무나 명석판명한 개념, 인식이었을 것이고, 이러한 직관을 정당화하는 데, 즉 선험적으로 연역하는 데 그의 모든 것을 바쳤을 것이다. 실재적 존재인 '실체'는 허구적 구성인 '허상'이 아니기에, 실재하지 않으면 안 된다. '실재한다'는 것, '존재한다'는 것은 '표상으로 고정되어 있는 것' 또는 '고정된 표상'이 아니라, 실재, 본재를 유지, 보존해야 하고, 이 유지 및 보존은 실재, 본재가 시작, 발단했을 때와 동일한 힘에 의해서만 가능한 것인 만큼, 그 자체가 또한 실재, 존재함 이외의 다른 것일 수 없다. 스피노자가 데카르트와 같이, 신을 창조의 내재적 원인으로 규정하면서 창조의 보존이 언제나 창조와 동일한 힘 potentia을 필요로 한다고 계속 강조하는 것은 바로 이 점에 주목하고 있는 셈이다. 그리고 실체를 자체적, 자기 원인적인 존재, 창조, 의지, 인식 활동이며, 생동력임을 인식하는 것은 실체를 인식하는 기본 조건이라 할 수 있다.

실체는 그 자체로 존재하고, 오직 그 자체를 통해서만 인식될 수 있는, 아니 결국은 스스로 자신을 인식하고 있는 자체 존재, 자체 인식의 실재다. 그러므로 그것은 필연적으로 자유로우며, "본래 있는[本在]" 대로 "계속 있게 되는[出在]" 이른바 "본재적 출재"이며, "출재적 본재", 즉 "출재하는 것이 그것의 본성에 속하는 본재"인 실

---

57) 『형이상학 소고 *Cogitata Metaphysica*』, Curley, *CWS*, 제1권, 299~346쪽 중 299쪽 이하 참조.

재다. 스피노자는 바로 이러한 '실체의 본재'를 실체의 성질, 줄여서 "실성(實性, attributum)"이라 부른다. 이러한 실체 고유의 성질은, 우리의 이성과 오성 그리고 추리가 상상력의 도움을 빌어 실체에 귀속시키는, 즉 실체의 특성으로 확인하고 구분하는 성질인 '실체의 속성'과는 근본적으로 다른 것이다. 실체의 속성을 아는 것으로는 '실체가 그 자체에 있어서 무엇인가'를 인식할 수 없다. 스피노자가 신의 인식 문제와 연관해

첫째로, 그들이 여기서 어떤 실성들을, 즉 그것들에 의해서 그 사물(至神)이 무엇인지가 알려지게 되는 어떤 실성들을 우리에게 제공하는지 우리는 알지 못한다. 그들은 다만 속성들을, 즉 어떤 사물에 진실로 속하기는 하나, 그것이 무엇인가는 결코 설명하지 못하는 그러한 속성들만을 우리에게 제시할 뿐이다. 왜냐하면 '자체 존재', '만물의 원인', '최고선', '영원한' 및 '불변한' 등등은 지신에게만 속한다 하더라도, 저들 속성들을 통해서는 이들 속성들을 소유하고 있는 존재가 무엇인지도, 이 존재가 어떤 실성들을 가지고 있는지도 우리는 알 수 없다.[58]

라고 적은 것은 바로 이 같은 사정을 잘 대변해 주고 있다 할 것이다.
　실성과 속성의 개념적 차별화가 분명히 이루어졌다 하더라도, 여전히 실체와 실성의 근본 문제가 불명(不明)한, 심지어는 혼란스럽기까지 한 상태로 남아 있을 수 있다. 실체와 실성 간의 차이 여부에 관해 논란의 여지를 제공하는 것으로 볼 수 있는 스피노자 자신의 말을 몇 군데 살펴보기로 하자. 그는 『윤리학』 제I부 명제 4를 증명하는 자리에서, "실체들 혹은 (정의4에 의해 같은 것이지만) 실체들의

---

58) Tb, I-vii-6.

실성들"이라는 표현을 사용하는가 하면, 명제 19에서는 "지신은, 또는 지신의 모든 실성들은 영원하다.(Deus, sive omnia Dei attributa sunt aeterna.)"라고 진술함으로써, 마치 "지신 즉 자연 Deus sive nature"과 동일한 형식의 표현, 즉 "실체 즉 그 실성 substantia sive earum attributa" 또는 "지신 즉 지신의 모든 실성 Deus sive omnia Dei attributa"을 사용하면서 '실체 즉 실성' 또는 '지신 즉 실성'으로 해석해, '실성의 총체가 곧 실체나 지신'인 듯한 느낌을 준다. 『소론(小論)』 제1부 제7장 제1절에 대한 난외주(欄外註)에서 스피노자는 "신을 구성하는 실성들은 무한한 실체 이외 아무것도 아니다."라고 기록하는가 하면, 제10절에서는 "실성들(또는 달리 말해 실체들)"이라는 표현을 쓰고 있다.

실체와 실성의 동(同)·이(異) 문제에 결정적인 계기를 부여한 것은 『서간문 Epistola』 제9번의 내용이다.

내가 이해하기로는 실체란 자체 내에 있고 자체를 통해 이해되는 것, 즉 그것의 개념이 다른 것의 개념을 연루하지 않는 것을 이른다. 나는 실성도 동일한 것으로 이해하는데, 단지 실체에 그러저러한 본성을 귀속시키는 지성과 연관하여 실성이라고 불리는 것이 다를 뿐이다.

내 말은 이 정의가 실체나 혹은[59] 실성이라는 개념으로 내가 이해하고 싶은 것을 충분히 명석하게 설명하고 있다는 것이다.

그럼에도 불구하고, 당신은 어떻게 〔수적(數的)으로〕 동일한 것이 두 개의 명칭으로 지칭될 수 있는지 내가 설명해 주기를 원한다 (이런 일은 전혀 불필요한데도 말이다). 굳이 말하자면, 우선…… 나는

---

59) '혹은'에 강조 표시가 되어 있는 것을 주의하라. 그것은 동체이명(同體異名)을 의미할 뿐 아니라, 우리의 이른바 '불일이불이(不一而不二)' 또는 '불연이비불연(不然而非不然)'에 가까운 뜻으로 해석되어야 한다. 따라서 '실체나 혹은 실성'이라는 표현은 바로 '실체 즉 실성'을 의미한다.

'이스라엘'을 '제3시조 the third patriarch'로 이해하며, '야곱'도 같은 인물로 이해한다.[60]

실체와 실성은 다 같이 자기 원인, 자기 존재, 자기 인식이며 영원 무궁하다. 실체에 대한 모든 속성은 그대로 실성에도 적용된다. 그렇다면 양자는 수적으로 동일한 것인가? 그것은 과연 "두 개의 명칭으로 지시될 수 있는 동일자"인가? 마치 '이스라엘'이 '야곱'의 별명이듯, '실성'은 '실체'의 별칭인가? '금성'과 '효성'이 동일자의 이명이듯, '실체'와 '실성'도 동일자의 이명인가?

실체와 지성과의 관계에서 지성이 모종의 본성(예컨대, 사유 또는 연장과 같은)을 실체에 배속시킴 attributio으로써, 비로소 그 실체는 연장 또는 사유의 실성으로 불리게 되는 것인가? '실성'의 정의에서도 실성이란 "지성이 실체에서부터 그것의 본재를 구성하는 것으로 지각하는 것"이라고 규정되어 있다. 실체의 본재를 지성이 지각하지 않는다면, '실성'의 존재론적 지위는 어떻게 되는 것인가? 실성은 자연 내에 실재하는가, 아니면 "지각 존재와의 관계를 표현하는 주관적 사고 양상일 뿐 본재 내에 하등의 실재적 출재를 갖고 있지 않은 것", 즉 "단지 지성 안에만 있는 것" 혹은 "정신에 의해 고안된 것"[61] 에 불과한 것인가? 전자를 지지하는 해석을 '객관적 해석' 또는 '실재론적 해석'이라 부르고, 후자의 견해를 피력하는 해석을 '주관적 해석' 또는 '유명론(唯名論)적 해석'이라 부른다. 물론 우리는 이 두 가지 입장에 관해 자세히 설명한다든가, 이 두 가지 입장 간의 논쟁에 개입할 여지를 가지고 있지 않다.[62] 엄밀히 말해 우리의 절대 논

---

60) *Epistola*, Curley, *CWS*, 195~196쪽.

61) H. A. Wolfson, *The Philosophy of Spinoza*(Cambridge, Mass.: Harvard University Press, 1934), 146쪽; W. Kessler, "A Note on Spinoza's Concept of Attribute," Freeman & Mandelbaum eds., 앞의 책, 191~194쪽 중 192쪽 참조.

62) 주관주의 입장으로는 J. E. Erdmann, *Grundrisse der Geschichte der Philosophie*, Band

리에 따른다면, 주관주의, 객관주의 해석은 원효가 즐겨 쓰는 어법으로 "모두가 일리 있음[皆有道理]"이고 "모두 옳기도 하고 모두 그르기도 함[皆是皆非]"인 것은 "그렇지 않으면서도 그렇지 않는 것도 아님[不然而非不然]"이기 때문이지만, 여기서 더 자세히 언급하지는 않겠다.

확실히 말할 수 있는 것은, '실체'가 곧 그대로 '실성'을 의미하지는 않는다는 사실이다. 실성은 어디까지나 실체의 실성, 또는 실체의 '본재를 표현함'이며, 실체의 구성적 성질이기 때문이다. 실성들이 실체의 본성을 구성하고, 바로 이러한 구성적 성질을 지성이 지각하는 것이다. 그리고 지성이 지각하는 것은 자연에 실재하는 것이며, 지성이 구별하는 것은 결국 "이성의 구별 distinctio rationis"이나 "양상의 구별 distinctio modalis"이 아니고 "실재의 구별 distinctio realis"일 수밖에 없다. 왜냐하면 "자연 안에 존재하는 것은 실체들과 그것의 양상들 뿐이고"(E I 6 C), "지성 밖에서 서로 구별될 수 있는 것들은 실체들 또는 (정의 IV에 의해 같은 것이지만) 그것의 속성들과 양상들 뿐인데"(E I 4 Dem.), 그리고 "실체와 양상 이외에는 아무것도 출재하는 것이 없는데"(E I 28 Dem.), 바로 이 지성이라는 것이 "유한하든 무한하든 지신의 실성들과 양상들 이외 아무것도 이해해서는 안 된다"(E I 30)면, 그리고 "지성 안에 대상적으로 objective 포함되

II(1878) 및 H. A. Wolfson, 앞의 책, 136, 146쪽을 참조하고, 주관주의를 비판하고 객관주의를 표방하는 입장으로는 M. Guerault, *Spinnoza, I, Dieu*(Paris: Aubier, 1968), 441~447쪽 ; A. Donagan, "Essence and the Distinction of Attributes in Spinoza's Metaphysics," M. Grene, 164~181쪽, 특히 169~171쪽 ; H. F. Hallett, 앞의 책, 16~18쪽 ; H. F. Hallett, *Creation, Emanation and Salvation: A Spinozistic Study*(The Hague: M. Nijhoff, 1962), 46쪽 ; A. Wolf, "Spinoza's Conception of the Attributes of Substance," Kashap ed., 앞의 책, 16~27쪽 ; F. S. Haserot, "Spinoza's Definition of Attributes," Kashap ed., 앞의 책, 28~42쪽 및 W. Kessler, "A Note on Spinoza's Concept of Attribute," Freeman and Mandelbaum eds., 앞의 책, 191~194쪽 참조.

어 있는 것은 필연적으로 자연 안에 주어지는 것"(E I 30 Dem.)이라면, 더욱이 속성들이 '지성의 존재'이기 때문에 실체의 정의에는 속성을 사용해서는 안 되고 실성을 사용해야 한다면, 실성이 단순한 사유 양태에 불과하다는, "실체의 동일한 실재와 존재를 표현하는 상이한 말에 불과하다"는 주장(Wolfson, 156쪽)은 전혀 설득력을 갖지 못하게 된다.

일찍이 데카르트는 각 실체의 주요 속성, 즉 그 실체를 '정의하는 특성 defining characteristics'을 "특성 attributum praecipuum"으로 지칭하고, "사유실체 res cogtans"와 "연장실체 res extensa"로 양분했다. 그러나 스피노자는 사람들이 '실체'로 부르는 것을 '실체의 실성'으로 격하시키고, "사유가 지신의 실성이거나 혹은 지신은 사유하는 것 res cogitans(E II 1)"이며, 그리고 "연장은 지신의 실성이거나 혹은 지신은 연장된 것 res extensa(E II 2)"이라고 규정한 다음, "지신 이외의 어떠한 실체도 존재하거나 이해될 수 없기 때문에, 연장실체가 지신의 무한 실성 가운데 하나"(E I 15 S)라고 결론을 내린다. 설사 '1실체 1실성'의 원리가 설득력을 갖는다 하더라도, 일단 무한 실체 또는 실체들의 총체인 지신이 문제되면, 실성은 모두 지신의 실성, 지신의 본재를 표현하는 성질로 격하될 수밖에 없고, 따라서 각개 실체의 실재성과 동일한 실재성이 부여되어 있는 실성들도 각기 자기 실재성을 가지며, 따라서 실성들 간의 구분이 실재한다 distinctio realis는 것은 의심할 여지가 없다. 그리하여 결국 문제는 실체들의 실체, 무한 실체로서 지신을 내세운 다음, 바로 이 지신만이 진정하고 유일한 실체라고 규정하는 스피노자의 기발하고도 혁명적인 실체 개념 정립에서 비롯되는 것으로 볼 수 있다.

실체는 여러 성질의 담지자인 기체(基體)가 아니다. 따라서 실체의 본재도 고정된 기체의 구성 요소 또는 구성 원리가 아니다. 또한 실체는 수량 개념이 아니며, 그것의 본재도 양화, 분할될 수 있는 것

214

이 아니다. 실체는 본성 및 본재상 창출, 표현, 현출하는 행위, 행동 또는 작용으로서, 본재가 곧 출재를 본성상으로 함축하는 "행위자 agens로 지칭됨이 마땅한" 것이다.[63] 실체를 지신으로 바꾸어 말한다면, "지신의 전능Dei omnipotentia은 영원부터 현행적이었고, 영원까지 동일하게 현행적인 것으로 남을 것이다.(E I 17 S)" 이와 같이 실체가 영원무궁 불변하게 순수 활동 그 자체라면, 실체의 본재도, 그것을 구성하는 또는 표현하는 실성도 실체와 동일하게 순수 활동일 수밖에 없다. 더욱 극단적으로 표현하면, "지신의 힘이 그 자체 그것의 본재이다.(Dei potentia est ipsa ipsius essentia)."(E I 34)가 된다. 그렇다면 실체 지신의 실성이 단일한가 다수인가, 하나의 전체인가 단체의 무한인가 하는 문제, 그리고 그와 연관해 이들 실성들이 실재적 구별인가 아니면 이성의 산물인가, 또는 실성이 다수이면 본재도 다수인가 아니면 실성의 총체, 곧 실성 본재의 총체가 동일한 실체의 단일한 본재를 구성하는가 따위의 문제는 당초부터 잘못 제기된misplaced 문제다. 이러한 혼란의 원인은 라일G. Ryle의 이른바 '범주 착오', 즉 실체와 양태, 창조와 피조, 선험과 경험, 조건과 피조건, 선천적 연역과 선험적 연역, 본재와 출재 등등의 서로 다른 범주를 혼동하는 착오, 즉 영원문과 지속문, 진여문과 생멸문에 대한 일대 착오, 범주적인 착오에서 비롯된 것으로 볼 수 있다. 따라서 이제 우리는 지신과 실체의 활동상(用)에 착안해 그 존재 구조와 성격을 해명하기 위해 '실체의 양상' 문제로 이행할 것이다.

'본재가 출재'인 '자기 원인'으로서의 실체는 행위를 통해 존재하며, 그리고 존재한다는 것은 자기의 본재를 일정한 방식으로 표현한다는 것과 같은 뜻이다. 존재하지 않을 수 없고, 본재 그대로 출재이지 않을 수 없는, 즉 자기 원인, 내재적 자동력(自動力)에 의해 자기를

---

63) 스피노자, Tb, I-ii-25, Curley, 72쪽.

유출하고 전개하지 않을 수 없는 존재 또는 행동의 필연성이 바로 실
체의 자유다. 실체 또는 절대적 존재의 경우에는 가능성·잠재성이
현실성·현행성이며, 사유·의지·존재가 동일한 행위의 삼위일체이
기 때문에, 있는 대로 이미 있는 것이며 영원히 있는 것이며, 마찬가
지로 그의 의지와 행동도 영원부터 영원까지 그러한 것이다. 필연적
인 자유는 본재와 출재, 잠재와 현재의 동일성이며, 따라서 인간의 경
우와는 근본적으로 다르다. 가능성, 타재성(他在性), 목적성, 오류성,
실현성 같은 개념은 실체에 적용되지 않는다. 그러므로 실체는 존재
에 따라, 또는 본래적 필연성에 따라 무한한 실성의 무한한 변양을
자기 내에 이미 내포하고 있는 것이다. 그 자체로 실체의 영원한 본
질을 무한하게 규정, 표현, 실현하는 실성으로부터 다시 무한수의 양
상이 무한한 방식으로 무한하게 따라 나온다. 즉 실체는 그것의 무한
한 실성에 따라 무한한 양태로 '처신(處身, affectio)'하게 된다.[64]

『윤리학』의 제1부에서 몇 구절을 인용해 보자.

신성(神性)의 필연성으로부터 무한하게 많은 양상으로 무한하게
많은 사물들이(즉 무한한 지성 아래 포섭될 수 있는 모든 것이) 따라
나와야 한다.(E I 16)

지신의 지상 능력으로부터, 혹은 무한한 본성으로부터, 무한하게
많은 양상으로 무한하게 많은 사물들이, 즉 만물이 필연적으로 따라
나왔거나, 혹은 항상 따라 나오는데, 그것은 마치 삼각형의 본성으로
부터 그것의 세 내각의 합이 2직각과 대등하다는 사실이 영원부터 영
원까지 따라 나오는 경우와 동일한 필연성과 동일한 방식에 의해 그

---

64) 실체의 양상 modus과 양태 affectiones, modifications에 연관해 우리가 사용하는
매우 어색한 표현인 '처신하다'라는 말은 행위, 창조, 활동 자체인 실체가 그때
그때마다 자신의 모습을 어떤 방식으로 드러내 결과적으로 어떤 상태나 처지에
놓이게 되는 사태를 지칭하는 개념이다.

러하다.(E I 17 S)

지신의 실성 중 어떤 것의 절대적 본성으로부터 따라 나오는 모든 사물들은 언제나 그리고 무한하게 출재하지 않을 수 없었거나 혹은 동일한 실성을 통해 영원하고 무한하다.(E I 21)

필연적이고 무한하게 출재하는 각개 양상은 지신의 어떤 실성의 본성으로부터이거나, 혹은 필연적이고 무한하게 출재하는 어떤 양태에 의해 변양된 어떤 실성으로부터 따라 나오지 않을 수 없었던 것이다.(E I 23)

개별적인 사물들은 지신의 실성들을 일정하고 규정된 양상으로 표현하는 지신 실성들의 양태들이거나 혹은 양상들 이외 그 아무것도 아니다.(E I 25 C)

이상의 인용으로부터 명백한 것은 실체는 실체인 한에는 '존재와 출재가 필연적으로 동일'해 영원하고 무한하며 자유로운 자기 원인, 자기 존재, 자기 인식이다. 그런데 바로 실체로서의 실체가 무한한 실성을 통해 자신의 존재를 무한하고 영원하며 필연적으로 자유롭게 출재하게 해 무한하게 다양한 양식fashion, facies으로 처신한다는 점이다. 실체의 실성, 양상이 모두 영원하고 무한하며 필연적인 것은, 그것이 모두 실체의 존재적 표현이요 양상이기 때문이다. 그것은 어떤 존재자, 이를테면 인간적 또는 초인간적 인격이 아니며, 존재, 자연, 실재를 초월해 있는 창조 원리, 원인, 근거도 아니다. 그것은 실재함이며 출재함이고 창조함이며, 행위 주체가 아니라 오히려 행위 그 자체이며, 오직 부단하고 영원하게, 무한하고 필연적이게 창조하는 행위, 오직 그렇게 행함으로써 존재할 수 있고, 또 그렇게 행하기를 영원 이전부터 스스로 알고 있는, 즉 필연적으로 행하는 역능(力能, potentia)이다. 실체가 자신의 본성natura에 따라 자신의 실성을 무한한 양상으로 실현함에 있어 무한한 법칙과 무한한 질료가 또한 실체 안에 내재하고 있는 것이다. 있는 것은 무엇이나 실체 안에 있고, 생겨나는(출재하는) 모든 것은 실체의 존재로부터 유래하기 때문이다. 실로 지신에게는

　　최고급의 완전성에서부터 최하급의 완전성에 이르기까지 일체 존재의 창조를 위한 질료가 모자람이 없다. 혹은 더욱더 적절히 말하면, 그의 "본성의 법칙들 naturae leges"이 무한 지성에 의해 이해될 수 있는 일체를 생산하기에 충분하다.(E I Appendix)

실체의 무한성은 현행적인 무한이다.[65] '본래 있음(본재)'이 '현출(現出)하면서 있음(출재)'과 동일하고, 현출하는 것 이외에는 달리 이해될 수 없는 실체의 '본성'을 이제 '자연'으로 바꾸어 불러보기로 하자. 그렇다면 스피노자의 '자연'은 사물들의 집합체, 존재자의 총체로서의 집합 개념, 어떤 명목적인 명칭이 아니라, '본재가 오직 출재'의 양식으로만 존재하지 않을 수 없는 영원하고 무한하며, 필연적이고 자기 원인적인 창조, 현출 활동 그 자체를 지칭하는 것이다. 창조자가 피조물을 전지전능하고 자유자재하게 자기 외적, 초월적으로 창조한 것이 아니라, 본재가 그 실성을 무한한 방식으로 표현하고 현출하며 양상 fashion화하는, 그리고 그 모든 양태와 실성 속에 본성적으로 내재하는 영원한 자기 표현, 자기 현출 활동이 바로 자연인 것이다. '자연'이나 '천연(天然)'을 '천지조화(天地造化)'나 '천도운행조화만물(天道運行造化萬物)'이라고 부르거니와(예컨대 주자(朱子)와 같은 신유학자), 이 조화, 자재(自在), 운행으로서 생생불식(生生不息)하게 화육(化育)하고 면면불절(綿綿不絶)하게 화생(化生)하는 자연의 활동, 자연의 역능 자체를 동사적 의미의 '자연'이라 부를 수 있

---

65) *Epistola*, No. 12, Curley, 201, 204쪽.

다. 그렇다면 실체의 (실)성·(양)상이 어떻게 영원무궁하고 조화 불변하는 '자연', '자연 전체', "자연의 질서 ordo naturae", '자연의 법칙', "자연의 유래 origo naturae" 등으로 표현되는가를 살펴보자.

3 지신의 자연 ── 능연(能然)과 소연(所然)

자연은 피조물(인공(人工)이든 신공(神工)이든)이 아니다. 자연은 인위적인 조작에 대비되는 개념, 즉 '스스로 그러함'이며, 여기서 '스스로'는 자체, 실체, 실재, 본재, 실성, 본성, 자재 등의 의미를 가지고, '그러함'은 실체, 실성의 사실적이고 자연적인 표현이자 현출로서 '그렇게 있음', '실체 자연 자체가 저절로 그렇게 처신함(處在)', 즉 본재의 출재 곧 실체의 실상, 실체의 변양과 변태, 양태, 양상을 뜻하는 것이다. 그러므로 자연은 응당 능동적이고 역동적인 창조 역능이며, 그것의 본성, 실재, 존재는 오로지 자연 자체, 자연으로 존재함 그 자체일 뿐이다. 이러한 자연을 특히 "능산적(能産的) 자연 natura naturans"이라 부르지만, 엄밀히 말해 자연은 오로지 능산적일 뿐이요, 따라서 능산적이기를 그치자마자 자연이기도 그만두는 것이다. 그것은 마치, 실체와 양상을 구별해 실체는 양상적 존재를 창출, 유지, 생성하는 원인으로 이해하고 그 결과물은 양상으로 이해해, 양태를 실체로부터 떨어져 나온 고립된 양태로 규정해서는 안 되고, 실체의 양태, 양상은 언제나 필연적으로 실체적 양태, 양상이며, 따라서 그것이 실체의 양태, 양상인 한 항상 영원 무한성, 자유 필연성, 내재적 불가분성과 같은 실체의 실성을 보유하고, 실체와 함께 부단히 출재하는 것으로 이해해야 하는 것과 마찬가지 이치다.

스피노자는 자연을 "능산적 자연(줄여서 능연(能然))"과 "소산적 자연(줄여서 소연(所然))"으로 구분한다. '능연 natura naturans'과 '소연 natura naturata'은 스콜라 철학적 개념으로서, '창조자와 피조물'

또는 '지신과 세계'의 "불일이불이"한 관계를 표현하기 위해 고안된 개념쌍이다. "Natura" 안에 이미 출생, 출현, 발원, 생기(生起)라는 능동적, 생산적 활동의 의미와 함께, 그 결과로서의 창조, 세계의 의미도 애매하게 이중적으로 함유되어 있다. 그리하여 "naturans"나 "naturata"는 "natura"에 함축된 능동적, 작인적(作因的) 요소와 수동적, 완료적 의미를 구별하기 위해 덧붙여진 한정어에 지나지 않는다. 스피노자는 능연을

> 그것이 자체 내에 존재하고 자체를 통해 파악되는 것 혹은 영원, 무한의 본재를 표현하는 실체의 실성들(E I 14 C-1, E I 17 C-2),

즉 자유 원인으로서 간주되는 한, 신으로 이해한다. 그러나 소연에 대해서는

> 신의 본성의 필연성 또는 신의 실성의 어느 하나의 필연성으로부터 따라 나오는 일체, 즉 신 안에 존재하고 신 없이는 존재할 수도 이해될 수도 없는 것으로서 간주되는 한, "신의 실성들의 모든 양태"를 의미하는 것(E I 29 S)

이라 정의하고 있다. 한마디로, 실체 즉 지신 즉 실성(E I 11 ; E I 19 ; E I 4 Dem.)은 능연에 분류되고, 양상과 양태는 소연에 배속된다는 것이며, 따라서 능연과 소연의 관계는 다름 아닌 실체와 양상의 관계에 유비적이다.

『윤리학』에서 신의 문제와 연관해 '자연'의 개념이 등장할 때, 스피노자가 "더 이상 나아가기 전에 '능연'과 '소연'을 우리가 어떻게 이해하는지 여기서 설명하고자, 아니 오히려 환기시키고자 한다."고 말하듯, 『소론』에서도 신의 문제와 연관해 자연의 개념을 사용하기 전에

간략히 자연 전체를 능연과 소연으로 구분하고, "능연"을 "그것 자체를 통해 그것 자체 (지금까지 기술된 모든 실성들도 마찬가지로) 이외 다른 어떤 것도 필요로 함이 없이, 명석판명하게 파악되는 존재, 즉 신"으로 규정한다.[66) 그리고 그는 이어서 '소연'을 다시 "보편적 소연"과 "특수적 소연"으로 양분한 다음, 전자를 "신에게 직접적으로 의존하는 모든 양태들에 존립하는 것"으로, 그리고 후자를 "보편적 양상에 의해 산출된 모든 단체(單體)들에 존립하는 것"으로 규정하고 있다.

여기서 스피노자가 '보편적 소연' 또는 '보편적 양상'이라 지칭하는 것은 "신에 의해 직접 창출된 것, 즉 신의 절대적 본성으로부터 필연적으로 도출되는 것"(E I 28 S)이며, "영원부터 있어왔고 영원까지 존속할 불변적인 것이며, 자기 종류에 있어 무한하고, 그것 자체로는 출재할 수도 이해될 수도 없고" 오직 실성을 통해서만 본재하고 이해될 수 있는 것이다. 이를테면 보편적 소연은 "신에 의해 직접 창조된 아들이며, 산물 혹은 결과"(Tb, I-ix-2)에 비유될 수 있다. 지신, 실체의 창조 계열에서 최근종(最近種)인 양상이자 양상 계열의 최고 수준이 이른바 보편적 소연, 양상이다.

스피노자는 이러한 양상들을 두 가지 속성에 따라 '지성'과 '운동'으로 이해한다. 즉 연장실성에서 '운동'과 '사유실성'에서 '지성'은 각

---

66) 『소론』 제I부 제8장 참조. 제7장 제9절에서 스피노자가 "우리식의 자연 구분에 따른 '참 논리학', '다른 정의 법칙'"을 언급할 때, 문제의 '자연 구분'은 아마도 '능연과 소연' 구분을 지칭하는 것으로 보인다. 스피노자가 '능연'에 관한 정의를 제시한 다음, "토마스주의자들도 '능연'이라는 어구로 신(神)을 이해했지만, 그들이 이해한 '능연'은 일체의 실체를 넘어서 있는 (그들의 이른바) 한 존재였다."라는 구절을 첨가한다. 이 말의 뜻은 아마도 '존재 Ens', '사물 Res', '혹물(或物, aliquid)'과 같은 '초월적 술어 termini transcendentales'가 이성과 상상의 산물이고, 따라서 '실재의 정의'에 무용한 것으로 평가절하하고자 함일 것이다. 그 확실한 전거로, 유명한 『서간문』 제12에서 스피노자가 사용한 "영원, 즉 출재함 또는 (부적절한 라틴어로 표현해) 존재의 무한 향유"(Epistola, No. 12, Curley, 202쪽)라는 표현을 들 수 있다. 즉 스피노자는 'ens'는 '추상적 보편'을 'existens'는 '구체적 보편'을 의미하는 것으로 구분한다.

각 연장·사유실성에 의해서만 존재하고 이해될 수 있는 것이지만, 저 실성들이 영원무궁함에 따라, 영원무궁한 것으로 이해하고 있다. 그것은 또한 일상적 이해와는 아주 다르게, 창조 자체인 본재의 필연적인 출재로서 자기 원인이 '필연적인 자유'의 실현 양식으로만 존재할 수 있듯, 연장마저도 필연적인 출재, 현출, 창조, 행위로서만 존재할 수 있다는 사실, 그러기에 연장의 필연적, 무한적이고 영원한 생산 활동의 산물인 운동이 또한 필연적으로 영원무궁한 창조 활동일 수밖에 없다는 사실을 동시에, 그리고 상호보완적으로 지시하는 것이기도 하다.

이제 '운동'을 '운동과 정지', 줄여서 '동정(動靜)'으로 표현하고, '지성'은 '절대적으로 무한한 지성'(*Epistola*, No. 64), 즉 '능지(能智)'[67]로 표현하기로 하자. 동정이나 능지는 무한 범위의 활동이며, 실체의 실성 또는 본재에 동시, 동연적으로 수반되는, 아니 본성적으로 내재적인 실체와 실성의 자연, 본성, 본재를 표현, 현출하는 작용인 것이다. 이 동정과 지능의 영원불변하고 무궁한 활동이 능산적 자연이며, 이 자연은 이 양자를 동시, 동연적으로 또는 불일이불이하게 자기 내에 포함한다. 왜냐하면 지신, 실체 이외에 자연에는 어떠한 실재도 없으며, 일체 실재는 모두가 지신, 실체의 창출물이기 때문이다. 이런 의미에서 동정과 능지는 실체, 지신의 직계 자녀(운동이 자(子)라면, 지능은 여(女))이며, 역으로 후자는 전자의 "절대적 최근인(最近因,

---

67) '운동'이 동적 개념의 명사적 표현임에 비해, '지성 intellectus, intellect'은 의식, 정신, 인식, 지각, 사유 능력을 의미하는 개념이므로, 이것을 활동적 개념으로 바꾸어 표현하기 위해 우선 '능지'로 바꾸어본다. 마치 '관념 idea'이 고정된 이미지가 아니라 '사유 파악 cogitationis conceptus'(E II 48 S ; 49 S) 또는 '정신 파악 mentis conceptum'(E II Def.-3), 심지어 '사유 양상 modum cogitandi'으로서 '지능 작용 intelligere'(E II 43 S)임을 스피노자가 누차 강조하듯, 스피노자의 존재론에서는 실체, 실성, 양상이 모두 활동으로 파악되어야 한다. 그 때문에 그는 'ens'보다 'existens'의 개념을 선호한 것이며, 또 그 때문에 우리는 '본질'을 '본재'로, '실재'를 '출재'로 표현하는 터이다.

causa absolute proxima)"이 되는 셈이다. 그러면서도 다른 한편으로 동정과 능지는 그 하위 자연의 매개적 원인으로 역할하기도 한다.(E I 28 S 참조)

그렇다면 이제 실체와 실성, 지신의 자연, 창조, 구성, 질서 과정의 제2단계로 나아가자. 본재의 출재, 현출, 표현 과정은 유일절대하며 무한무궁하며 완전무결하고 자유필연한 자재 존재가 무한한 방식으로, 그리고 필연적인 법칙이나 명령 order에 따라 일정하게 구현되고 한정되며 양상화, 양태화되는 방식으로 처신하는 affectio 과정에 다름 아니다. (스피노자는 '양상'을 "실체의 변양(變樣, substantiae affectiones)"으로 규정하는데, 여기서 'affectio'는 '영향'을 뜻한다기보다는 '어떤 모습, 자세, 자태, 풍채'를 뜻하기에, 우리는 실체, 지신의 변양을 자주 '처신'으로 번역하고 있다.) 실체, 지신의 최소 단위체가 개체(個體), 단체(單體)이며, 이 단체들이 지신의 명령(天命)인 자연법칙에 따라 인과 관계와 근거, 귀결 연관으로 일사불란하게 연루되어 면면부절하게 생생불식하는 전체가 자연 전체이며 "자연의 질서 ordo naturae"다.

각개 단체 혹은 유한하고 규정된 출재를 가지는 어떤 것도 그것이 다른 원인, 즉 그 나름으로 또한 유한하고 규정된 출재를 가지는 다른 원인에 의해 출재하도록 그리고 어떤 결과를 산출하도록 규정되지 않는 한, 출재하도록 그리고 어떤 결과를 산출하도록 규정될 수 없다. 그리고 다시 이 원인도 역시 또 다른 원인, 즉 그 나름으로 또한 유한하고 규정된 출재를 가지는 원인에 의해 출재하고 어떤 결과를 산출하도록 규정되지 않는 한, 출재하도록 그리고 어떤 결과를 산출하도록 규정될 수 없다. 그리고 이런 방식으로 무한히 계속된다.(E I 28)

지신, 실체는 연장과 사유라는 두 가지 실성을 우리에게 드러내 보이고 있다. 따라서 우리가 실성을 거론할 때 현실적으로는 언제나 2종 실성에 한정할 수밖에 없는 실정이다.[68] 지신은 절대적으로 무한한 존재이기 때문에 너무나 당연하게 일체 실성을 포괄해야 하고, 각 실성은 그 자체로 실체의 영원무궁한 본재를 표현하되, 언제나 필연적으로 "일정하고 규정된 양상으로 certo, et determinato modo" 표현하지 않으면 안 된다.(E I 25 C ; E III 6 Dem.) 아니 실체, 지신의 일정하고 규정된 표현 방식 modus 자체가 바로 실체, 지신의 양상 modus이기도 하다. 지신과 실체, 실성의 2종 양상이 동정과 능지라면, 전자의 자연(능연)이 소연으로 표현, 실현된 자연 질서도 연장의 측면과 사유의 측면으로 구분해, 어떻게 동정의 활동에 의해 연장 체계의 자연이 구성, 운용되며, 또 어떻게 능지의 활동에 의해 사유 체계의 자연이 구성, 운용되는가를 살펴보아야겠다. (물론 이러한 고찰은 우리의 목적에 부차적, 지엽적이기에 단지 간략히 언급하는 것으로 족할 것이지만.)

스피노자는 실체·지신론으로부터 한 단계 내려가면서 사유, 연장의 양상론으로 나아간다. 전자의 경우 맨 먼저 '자기 원인'을 정의하면서 시작하는 데 비해, 후자의 경우에는 「심성론(마음의 본성과 기원)」을 표제로 하고 있음에도 불구하고, '신체 corpus'의 정의로부터 시작한다. 그에게 '신체란 연장실체 res extensa로 간주되는 한 신의 본재를 일정하고 규정된 양상 certo, et determinato modo으로 표현하는 양상 modum을 의미하는 것'이었다. 그리고 '마음'은 단지 부수적으로 '신체의 관념'으로만 규정하고 있는 형편이다.(물론 그의 '관념'은 정신, 마음이 능동적으로 파악하고 형성하는 활동을 의미하는 것이기는 하지만.) 그러니까 스피노자에게는 무엇을 지각, 의욕, 상상하

224

는 마음의 활동 이전에, 즉 그 무엇을 사유하기 이전에, 그 사유 대상에 관한 관념이 선천적으로 신의 지성, 관념 안에 선재(先在)하고 있어야 하는 것이다.[69]

그런데 관념의 대상objectum 중에 일차적, 직접적인 것은 말할 것도 없이 신체이기 때문에, 스피노자는 신체를 먼저 정의하고, 그 다음에 관념을 정의했으며, 그 훨씬 뒤에야 '마음'을 '신체의 관념'으로 정의하게 되었던 것이다. 결국 마음이 사유하고 형성하고 인식하는 것은 오로지 관념인 셈이지만 말이다. 즉 마음이 파악하고, 사유가 포착하는 대상이 바로 관념이다. 사유는 오직 사유 계열에서 사유 연관으로만 출재할 수 있을 뿐이기 때문이다. 그러니까 결국 신체를 포함하는 일체의 관념 대상은 대상적으로objective 지신 내에 지신의 무한한 관념으로 존재하고 있으며, 마음은 그때그때 마치 '비로소 처음으로' 그것을 파악하는 듯 신의 관념을 파악하는 방식으로 자연의 사물, 연장적 대상을 지각하는 셈이다.

『윤리학』의 제2부는 '사유와 연장'의 실성과 연관해, "신은 사유하는 것이자 또한 연장된 것"이라고 정리한다. 그러기에 "신 안에는 '신의 본재의 관념'과 '신의 본재로부터 필연적으로 도출되는 모든 것의 관념'이 필연적으로 제시되어 있다"(E Ⅱ 3)고 말할 수 있다. '지신의 실성'이라는 것이 "영원무궁한 본재 자체를 표현하는 데 있다면"(E Ⅰ Def.-6), 즉 '본재 자체가 출재를 포함하는' 자기 원인이 지신의 존재 = 행동 = 인식이라면(E Ⅰ Def.-1), "신의 역능 자체는 그의 출재 자체이며Dei potentia est ipsa ipsius essentia"(E Ⅰ 34)이

---

69) 이를테면 스피노자는 「심성론」의 공리 Ⅲ에서 이렇게 진술하고 있다. "사랑, 욕망 또는 정신의 정동(情動) 명칭 nomini affectus animi에 의해 지칭되는 그 어떤 정동과 같은 사유 양상들modi cogitandi도, 만일 사랑되고 욕망되고 기타 등등으로 정동되는 대상의 관념이 동시에 개체 내에 존재하지 않는다면, 존재하지 않는다. 그러나 어떤 관념은 설령 어떤 다른 사유 양상이 존재하지 않는다 하더라도 존재할 수 있다."

다. 동시에 "신의 역능 내에 있는 것은 무엇이나 필연적으로 존재한
다."는 명제도 "지신 = 자기 원인 = 본재 즉 출재"라는 정의로부터
논리적으로 도출된다.

그리고 다시 제2부로 되돌아와서, '지신의 본재'의 관념과 일체 것
의 일체 관념이 지신 내에 주어져 있다는 것은, 지신이 본재적, 본래
적으로 자신의 본재를 스스로per se 인식하고 있다는 것 이외 아무
것도 아니다. '관념이 주어져 있다'는 것은 '인식되어 있다 또는 정신
적, 사유적으로 "이미 언제나 파악되어 있다."(플라톤의 이데아를 상
기하라.)'는 것을 뜻할 뿐이기 때문이다. 그리하여 스피노자는 마침내
"신의 역능은 신의 '현행적 본재(본재의 출재)' 이외에 아무것도 아니
다.'(E II 3 S)라고 말할 수 있게 된 것이다. 다시 말해 "신에게는 사
유 능력이 곧 행위 능력이며, 신의 무한한 본성으로부터 형상적으로
formally 도출되는 것은 무엇이나 신의 관념 idea Dei으로부터 도출
되는 것이고'(E II 7 C), 지신 내의 '대상적' 질서와 연관은 자연 내
의 대상적(사물적, 실재적) 연관과 동일한 것(E II 7 C)이라고 말할
수 있게 되는 것이다.

그렇다면 저 실체의 양상 연관에 관한 최초의 명제(E I 28)가 이
제 '양상의 관념'에 관한 다음 명제로 변형되는 것은 당연하다.

현행적으로 출재하는 한 단체의 관념은 지신을 원인으로 가지되,
지신이 무한한 한에서가 아니라, 현행적으로 출재하는 한 단체의 다
른 관념에 의해 양태 지어지는 것으로 간주되는 한에서이다. 그리고
지신은 또 다른 제3〔의 관념〕에 의해 양태 지어지는 한 저 〔제2의〕
관념의 원인이기도 하는 등등, 무한히 계속된다.(E II 9)

우리는 지금 '지신의 자연'을 문제 삼고 있으며, 우선 능산적 자연
과 소산적 자연의 개념을 구별했고, 다음으로 '소산적 자연'의 제1양

상, 즉 지신의 직접적 산물로서 지신 실성의 모든 성질을 공유하면서,
소산적 자연의 제2양상, 즉 지신의 간접적 산물의 직접적 원인이 되
는 사유실성의 무한 지성(능지)과 연장실성의 운동과 정지(動靜)의
개념을 도출했다. 그리고 이제 우리는 실체의 제2차적, 간접적인 처재
(處在)·행태(行態) 양상인 단체, 개체가 형성하는 '자연 전체' 또는
'자연 질서'의 개념을 연역(우리가 의미하는 선험적 연역)하고자 하는
중이었다. 그런데 연장과 사유가 지신, 실체의 두 실성이기는 하지만,
오로지 후자의 동일, 불변, 무궁한 본재, 본성, 자연을 양 측면으로 표
현하고 출재하는 데 불과하다는 점에서, 우리는 두 개의 실성에 따른
양상 구성과 자연 질서(소산적)를 대비시키기에 앞서, 그것들의 유일,
무궁, 불변한 동시, 동연, 동일 근원을 다시 한번 유념하고자 실체와
지신의 자재, 본재의 관념과 역능 개념을 상기한 것이다.

그러면 이제 다시 스피노자의 이른바 보편적 소연·양상 개념인
동정과 능지의 활동 구조를 간략히 고찰해 보자. 즉 연장과 사유를
계열별로 살펴보기로 하되, 우선 연장 계열, 즉 동정(動靜) 계열부터
시작하기로 하자.

우리가 지금부터 문제 삼는 것은 지신의 부차적, 이차적, 간접적,
현상적인 양상으로 규정된 단체의 존재론적 위치다. 이 단체들이 어
떤 측면에서 실체의 실성을 구유하는 실체 자체의 존재 양상이며,
또 어떤 의미에서 유한하고 고립된 개체에 불과한 것인가를 이해하
고자 한다. 스피노자는 「심성론」을 위한 7개항의 정의 가운데 마지
막으로 '단체'를 다음과 같이 정의하고 있다.

나는 유한한 것, 그리고 규정된 출재를 가지고 있는 것을 단체라고
이해한다. 만일 다수의 단체들이 한 행동에 합치하여 모두 한 결과의
원인이라면, 나는 그것들 모두를 그 정도에서 하나의 단체로 간주한
다.(E II Def.-7)

이러한 정의를 연장적 단체에 적용하면, 가장 단순한 개체에서부터 각양의 복합 방식을 통해 마침내 하나의 전체적 개체가 구성된다. 스피노자는 우선 세 가지 종류의 복합 신체를 상정한다. 첫째로 "오로지 동(動)·정(靜), 완(緩)·급(急)에 의해 solo motu et quiete, aleritate et tarditate" 구별되는 "가장 단순한 신체들로 구성된 복합체 corpora simplicissima"를, 그 다음에는 상이한 본성을 가진 수다한 개체들로 구성된 복합체를, 셋째로는 둘째 종류의 복합체들로 구성된 상위 복합체들을 상정한다. 이렇게 무한히 진행하면, 마침내 자연 전체가 하나의 복합 개체로 구성된다고 상정할 수 있다. 각 단계의 복합체가 그 구성체들의 상호 양상 관계에서 그 동정과 완급의 비율에 따라 다양한 양상을 현출하더라도, 그리고 그들 구성체들이 부단히 상호 합일, 상반 충돌 등의 이합집산을 계속하며 활동하더라도, 위의 정의에 따른 개체 구성의 조건만 충족시킨다면, 자연 전체로서의 단일한 개체 신분에는 하등의 변화도 없게 된다. 더 공식적으로 말한다면,

더 나아가서, 그렇게 조합된 단체는 하나의 전체로서, 운동하든 혹은 정지하든, 또는 이 방향으로 운동하든 혹은 저 방향으로 운동하든, 각 부분이 그것의 운동을 유지하는 한 그리고 그 운동을 전과 같이 여타의 것들에게 전달하는 한, 〔그 조합된 단체는〕 그것의 본성을 보유한다.(E II 13 Lem.-7)

고 할 수 있다.

그렇다면 연장의 직접적 산물이자 양상, 즉 실체와 지신의 첫째 대행자 agens[70]가 동정의 완급에 따라 일체 단체와 복합체를 하나의

---

70) 스피노자는 만물의 존재, 생성, 존속, 인식의 최초 원인을 실체, 지신으로 생각하기 때문에, 자기 원인 행위 자체를 '행위자 agens'로 부르고 있음에 비추어(Tb.

행동, 하나의 원인으로 통합해 동일한 실체의 동일한 행위 및 원인으로 수렴한다면, 연장실성의 모든 양상은 하나의 양태, 하나의 개체를 형성하는 바, 스피노자는 이를 "우주 전체 양상 facies totius universi"(*Epistola*, No. 64)이라 부른다. 그런데 실체, 지신은 연장과 사유를 자신의 동시 동근적인 본재적 실성으로 자신 내에 소유하고 있기 때문에, 이 실체 및 지신으로부터 유래하고 존재, 존속, 생성, 활동하는 일체는 연장적, 사유적 성질을 공유하고 있다고 보지 않을 수 없다. 그리하여 스피노자는 인간과 생물은 물론 "만물이, 정도의 차이는 있을지언정, 생기(生氣)를 부여받고 있는 또는 영혼을 가지고 있는 것 animata sunt"이라고 규정하고 있는 것이리라.(E Ⅱ 13 S)[71] 그가 "인간 정신을 구성하는 관념의 대상을 신체 또는 '현행적으로 출재하는 연장'의 어떤 양상 이외 아무것도 아니다."(E Ⅱ 13)라고 보았을 경우, '현행적으로 출재하는 연장'이란 활동적, 생동적인 연장을 뜻하는 것이 분명하다. 실로 "극한에서는 자연 전체가 하나의 단일한 생체(生體, Animal), 즉 부분들 간의 관계들만 변할 뿐〔그 단체성·개체성은 유지하고 있는〕 생체", 즉 불교식 표현으로 '중생(衆生)'이라 할 수 있겠다.[72]

지금까지 연장 실성의 직접적 양상인 동정(動靜)의 활동(생동, 생명)에 의해 어떻게 우주 전체가 하나의 유기체로 구성되고 존재하며 활동하는가를 간략히 고찰했다.[73] 이제 실체와 동정의 활동 연관에 관한 참조 자료로 중국 송(宋) 대 주자(周子)의 견해를 잠시 언급하고 지나가려 한다. 주자(朱子) 편(編) 『근사록(近思錄)』은 주자(周

I-ii-25참조), 이 행위자의 직접적인 연장적 양상인 동정 활동을 '대행자'로 부를 수 있을 것 같다.

71) 『소론』, 제2부, 서문, 제 9~14절 및 『소고(小考)』, 제2부, 제6장 참조.

72) G. Deleuze, 앞의 책, 278쪽 참조.

73) 자세한 논의를 위해서는 Deleuze, 같은 책, 제13~15장 ; H. H. Joachim, 같은 책, 83~84쪽 note ; Gueroult, 같은 책, 2: 161~162 참조.

子)의 『태극도설(太極圖說)』 주석으로부터 시작된다. 주자(周子)는 실체, 실재, 우주의 절대 무한성을 "무극이태극(無極而太極)"으로 표현하는 바, 이는 스피노자의 '지신' 정의에 정확히 대비되고, 이 구절에 대한 주자(朱子)의 주석, 즉 "'하늘이 하는 일은 소리도 없고 냄새도 없으나,' 실로 조화의 시발이요 만물의 근저다."[74]는 '능산적 자연'을 대변한다고 할 수 있다.[75] 감각적으로 지각할 수 없는, 스피노자의 이른바 지속의 형식으로는 인식할 수 없는 우주의 담지자인 태극은 지신이며, '조화의 추유(樞紐)'란 생성, 화생하는 자연의 구심점이고, '품휘(品彙)의 근저'란 '각종 만물을 분별하는 근거', 즉 스피노자의 '양상의 원인, 근거, 이유'를 뜻하기에 말이다.

그 다음 "태극이 동해 양을 낳고 동이 다해 정이 되고, 정해서 음이 나지만, 정이 다하면 다시 동이 되니, 동과 정은 서로 상대의 근거다.〔太極動而生陽, 動極而靜, 靜而生陰, 靜極復動, 一動一靜, 互爲其根〕"는 스피노자의 동·정 순환에 의한 우주의 생성 원리를 정확히 대변한다고 볼 수 있다. 주자(朱子)가 '태극지유동정(太極之有動靜)'을 '천명지유행(天命之流行)'으로 해석한 것은, 실체가 동정의 직접적 양상을 통해 자연 질서를 항구여일하게 운용하는 것을 의미한다. 특히 "태극자(太極者)를 본연지묘(本然之妙)로, 동정자(動靜者)를 소승지기(所乘之機)로, 그리고 태극을 형이상지도(形而上之道)로, 음양을 형이하지기(形而下之器)로" 해석한 것은 스피노자의 '자기 원인'이 '본재의 출재'인 것과 정확히 대비된다. 그리고 도(道)와 기(器)의 관계는 실체와 양상, 능연과 소연의 관계를 너무나 간명하게 설명해 주고 있다. 뿐만 아니라 주자(周子)의 『통서(通書)』 제

---

74) "'上天之載 無聲無臭', 而實 造化之樞紐 品彙之根抵也." 『시경(詩經)』, 「대아(大雅)」, 문왕(文王)에서 인용.

75) 강영집 주(註), 『주자원정근사록(朱子原訂近思錄)』(대만: 중화서국, 중화민국 66년), 권1, 1a. 참조.

16장인 「동정」에서 "동이무정(動而無靜), 정이무동(靜而無動)은 물(物)이고, 동이무동(動而無動), 정이부정(靜而不靜)은 신(神)"이라 한 것은, 능산적 자연과 소산적 자연의 관계는 물론, 영원문에서 본 자연과 지속문에서 본 소연의 관계까지 절묘하게 표현하고 있다.

연장 실성에 관한 모든 설명은 유비적인 방식으로 사유 실성에 그대로 적용된다. '동정'은 '능지'에, 연장체들의 복합 관계는 관념의 복합 관계에 대응하고, 그리고 연장체 전체로서 '우주 전체 양상'은 아마도 "지신의 무한 관념 infinita idea Dei"에 대응할 것이다. 우리는 스피노자의 개체 무한 규정성과 무한 분할성(E I 28)을 개체 관념의 무한 규정성, 무한 분할성(E II 9)에 대비했듯이, 이제 동정에 의한 신체의 무한 규정성과 무한 분할성(E II, Lem.-3)을 정신의 무한 규정성과 무한 분할성(E II 48)에 대비해 두고자 한다.

정신에는 절대적인, 혹은 자유로운 의지는 결코 없으며, 정신은 어떤 원인에 의해 이것 또는 저것을 의지하도록 규정되고, 이 원인은 또 다른 원인에 의해 규정되며, 이것은 다시 또 다른 원인에 의해 규정되는 등, 무한히 계속된다.(E II 48)

이와 같이 실체는 영원무궁하고 무소부지(無所不知)하고 일체편재(一體遍在)하고 무소불위(無所不爲)한 자유, 자재, 자리(自理), 자해(自解)의 절대적 실체로서 존립하고 존속하지만, 그 양상과 처재(處在)는 언제나 무한하고 영원하게 분할적, 규정적일 수밖에 없다. 그리하여 천차만별의 양상적 개체가 바로 영원무궁한 본재의 실재적, 양상적인 표현이자 출재, 변양인 한에는 필연적이고 영원무궁하다고 말할 수 있지만, 그것의 현상을 실체와의 내적 연관으로부터 분리, 추상해 개체를 그 자체로서 독립적인 것으로 간주한다면, 만물은 제멋대로 생성소멸하고 변화무상한 것들의 관계로 현상한다. 이 경우에도 만물의 관계는 결코 우연적이지 않고, 다만 "그때그때마다의 원인과 결과에 따라[機會因果的]" 이합집산하는 모종의 질서를 이루고 있거니와, 생멸문에서 본 이 같은 자연 질서를 스피노자는 "통속적 자연 질서 communis ordo naturae"라 명명하고,[76] 이것을 진여문에서 본 자연의 실상적, 실재적, 자연적인 "자연 질서 ordo naturae"로부터 구별한다.

따라서 실체의 양상은 두 가지 측면에서 이중적으로 고찰될 수 있다. 그것은 영원하고 시간적이며, 무한하고 유한하며, 불가분적이고 가분적이며, 필연적이고 우연적이다. 이 이중성에서 어느 한쪽을 추상하면, 실체·실성·영원·필연·불가분·연속·회귀 등등은 칸트적인 의미의 "선험적 가상(假象)"으로 전락하고, 유한·규정·시간·가분·불연속·분리·생멸 등은 스피노자적인 상상, 추상, 즉 이성, 상상의 산물에 불과한, 불교적 표현으로 '환화(幻花)'와 같이 허구적인 것으로 판명된다.[77]

개별적인 양상 또는 양상적인 개체들이 무한한 인과 계열을 형성하면서 '동일자의 영원 회귀' 양태로 존속하는 것을 '소산적 자연의 질서'로 간주할 수 있다면, 이 계열 연관 중의 각 단체, 개체는 직접적으로 지신, 실체의 규정 아래 있지 않고(왜냐하면 무한하고 불가분적인 것은 유한하고 가분적인 것의 원인이 될 수 없기 때문에) 또 다른 개체, 단체에 의해 규정되는 식으로 무한히 소급된다는 의미에서 지신, 실체의 간접적인 결과이자 산물이며, 지신 실체는 이러한 "단체

---

76) Spinoza, E Ⅱ 29 S ; E Ⅳ, Appendix, Ⅶ 참조. 이에 대한 자세한 해설은 Joachim, 앞의 책, 66, 79, 112, 119(note 1), 121, 128, 138, 159, 160, 178, 204, 252, 255, 274, 292~293, 301, 303쪽 ; Deleuze, 앞의 책, 238쪽 및 note 7 참조.
77) 영원한 실체와 지속적인 양상 간의 다양한 관계에 관해서는 스피노자의 이른바 「무한에 관한 서한 Epistola de Infinito」을 참조하고, 이 서한에 관한 자상하고 철저한 해설은 Martial Gueroult, "Spinoza's Letter on the Infinite(Letter Ⅻ, to Louis Meyer)", M. Grene, 앞의 책, 182~212쪽 참조.

의 원인(遠因, causa remota rerum singularum)"(E I 28 S)으로 간주될 수 있다. 그러나 하나의 단체가 다른 단체와 직접적인 인과 연속 속에 있다는 것은, 사실 각 개체의 활동이 언제나 직접적으로 지신, 실체의 역능으로부터 유래한다는 점에서, 역시 지신, 실체와 사실상 직접적인 인과 관계 속에 있다고 보아야 할 것이다. "왜냐하면 각 단체가 다른 단체에 의해 일정한 양상으로 존재하도록 규정된다 하더라도, 각 개체가 자기 존재를 보존하는 힘 vis은 '신의 본성의 영원한 필연성으로부터 ex aeterna necessitate naturae Dei' 유래하기 때문이다".(E Ⅱ 45 S)

스피노자는 지신 실체에 관한 실재적 정의를 통해 그 본재를 파악하고 표현하며, 이 정의로부터 실체의 모든 속성들을 연역하여, 마침내 단체 양상들의 연관 계열 전체, 즉 자연 전체를 하나의 유기체로 구성했다. 그것은 곧 개물(個物)들에 대한 실재적 정의를 통해 그것들이 모두 그 본성, 자연, 근인으로부터 발생적, 실재적으로, 그리고 필연적, 영구적으로 발생하는 것임을 증명함으로써 가능했다. "'보편적 공리(公理)만으로부터는 ab axiomatis solis universalibus' 지성이 단체 singularia로 하향 descendere할 수 없기 때문이다."(『지성개선론』, 제93절) 그런데 지신 실체는 단체, 개체의 양상에서 가장 일정하고 규정적인 양상으로 표현되기 때문에(E I 25 C), "우리가 단체를 '지성적으로 아는 바 intelligimus'가 많을수록, 우리는 그만큼 신을(또는 신의 지성을) 지성적으로 더 많이 알게 되는 것"(E Ⅴ 24)이라고 할 수 있다. 그런데 이미 위에서 인용한 바와 같이, 보편적 공리에서 단체의 인식에 도달하기 위해서는 모종의 매개 과정이 필요하고, 그렇게 하더라도 "우리가 이들 단체들의 인식에 도달하는 것은 상당히 어려운 것처럼 보인다."(『지성개선론』, 제102절)

이러한 중개 과정을 수행하는 것이 지성의 역할이기도 하며, 그것은 일체의 상상, 추상, 보편, 즉 이성, 상상의 존재를 개입시키지 않으면서, "언제나 오로지 '자연의 사물 또는 실재 존재로부터 a rebus physicis, sive ab entibus realibus' 우리의 모든 관념을 도출할 필요가 있다."(같은 책, 제99절). 이미 앞에서 단체, 단체의 관념, 실체, 정신과 연관해 이것들이 어떻게 인과 계열 양상으로 무한하고 필연적으로 진행하는가를 스피노자의 명제를 빌어 언급한 바 있지만, "이들 원인 계열과 실재 존재의 계열은 '가변적인 단체의 계열이 아니라 오직 고정되고 영원한 것들의 계열 non seriem rerum singularium mutabilium, sed tantummodo seriem rerum fixarum aeternarumque'을 의미하는 것이다."(같은 책, 제100절) 왜냐하면 가변적인 단체들은 (즉 지속문에서 본 자연, 통속적인 자연 질서 내에서의 자연, 시공적인 계열 속에서 본 사건들은) 스피노자의 이른바 외적(外的) 관점에서 감지, 상상되는 외래적(外來的) 규정과 관계에 종속되고, 게다가 무한히 가변적이고 복잡한 환경의 영향 아래 생성소멸하고 변화무상해 하등의 본질이나 영원한 진리도 그것들로부터 영원, 필연적으로 도출할 수 없을 것이기 때문이다.

그럼에도 불구하고 저 고정, 영원한 계열 내재적 단체는 계열 외재적 단체들과 긴밀하게, 즉 "불일이불이"하게 연계되어 있기 때문에, 전자 없이는 후자가 존재할 수도 인식될 수도 없다. 이런 의미에서 인과 계열적 구성체도 단체로 볼 수밖에 없지만, 그것의 편재성과 광범하게 미치는 역능 때문에, "우리에게는 마치 '보편'처럼 또는 가변적 단체를 〔정의하는 데 사용될〕 '유개념'이나 '모든 것의 최근인(最近因)'과 같은 것이다."(같은 책, 제101절) 최고 존재의 정의에서부터 최고 존재의 모든 속성을 필연적으로 도출하고, 정의와 공리의 방법을 동원해 최고 존재로부터 단체, 개체의 인식에 이르는 통로를 마련하기 위해 연장·사유의 인과 계열, 개체·관념의 인과 계열을 영원무궁한 자연 질서로 구성하게 된 것이다. 이제 남은 일은 여기서부터 어떻게 단체, 개체의 본질을 인식할 수 있는가 하는 문제다.

지신의 인식 —— 제3종지(智) 대 열반지(般若智)

1 존재에서 인식으로

우리는 앞에서 지신의 존재를 해명하면서, 존재론적 접근의 두 가지 측면(상(相), 문(門))을 구별하고, 그 다음에 이 두 가지 접근 통로를 염두에 둔 채 지신의 존재론적 구조를 분석해 보았다. 스피노자의 지신, 즉 일신(一神)을 원효의 일심(一心)에 대비하고, 일신을 향한 두 가지 관점인 '영원상 대 지속상'을 원효의 '심진여문 대 심생멸문'에 대비하며, 실체지신의 '실성(實性)과 양상(樣相)', 즉 실체의 성(性)과 상(相)을 원효의(또는 『대승기신론』의) 체(體)·상(相)·용(用) 3대(大)에 대칭시켰던 것이다.

그럼에도 불구하고 우리는 지금까지 스피노자의 일신(神), 2문(門), 성상(性相)의 정의 및 연역 연관을 최소한으로나마 이해할 수 있도록 해명하는 데 그쳤을 뿐, 다른 편으로 이와 대비해 원효의 일심·2문(門)·3대(大)의 존재 구조를 해명하지는 못했다. 논의의 순서상으로 볼 때, 우리는 이 부분을 보충하고 나서 존재론을 마감하고 인식론으로 이행함이 마땅할 것이다. 따라서 원효의 견해는 '존재와 인식'의 문제를 총괄해 논의하는 방식으로 최대한 압축해 소개하고자 한다. 그리하여 지신의 인식 문제를 본격적으로 다루기 전에, 우선 원효의 '일심·2문·3대' 원리가 스피노자의 '실체·실성·실상' 논리와 어떻게 접맥되는지를 개략적으로 진술하기로 하겠다.

스피노자는 신(神)을 "무한 실성으로 구성된 실체"로 정의한 다음, 실체에 관한 10개항의 명제를 도출하고, '실체' 개념을 '지신' 개념으로 대체해 버린다. 그는 실체를 그 자체 내에 존재하고(inseity, 자체성, 즉자성) 그 자체를 통해(perseity, 자각성, 대자성)[78]이해되는 존재로 정의하고, 실체의 일체 양상은 모두가 실체 내에 존재하고 또한 실체를 통해서만 이해될 수 있다고 추론한다. 또한 이제 신과의 관계에서 실체는 마치 실체의 양상으로 전락하듯, "신 이외에는 어떤 실체도 존재할 수 없고 파악될 수 없다."(E I 14)는 정리를 추론한다. 그러나 기실 이 정리는 실체를 신의 양상으로 격하시키는 것이 아니라, 신이 아닌 실체, 무한 실성으로 구성된 절대적 실체가 아닌 실체는 존재할 수도 인식될 수도 없다는 주장이며, 따라서 실체를 신의 위치로 격상한 것이다.

그리하여 바로 이 정리로부터 그는 첫째 계(系)의 형식으로 "신은 하나이며, 따라서 자연 내에는 절대적으로 무한한 하나의 실체가 있을 뿐"이라고 추론한다. 나아가 그는 '유일한 신'의 개념으로부터 "신의 관념도…… 오직 하나일 수 있을 뿐이다."(E Ⅱ 4 Dem.)라는 주장을 도출한다. 그런데 여기서 '하나일 뿐' 또는 '유일(唯一)'이라는 것은 수적인 '하나 unus'가 아니라, 존재·실재상의 단일성, 통일성, 일체성 unicus을 뜻하는 것임에 틀림없다. 절대실체, 지신은 공간적으로 불가(不可)분할적이고 시간적으로는 영원한 존재 그 자체이며, 단지 그것이 일정한 양상으로 무한하게 구분, 규정되어 가장 구체적이고 개체적으로 출재한다는 의미에서, "일체는 신 안에 있고, 아무것도 신 밖에서 존재하거나 이해될 수 없다."(E I 15)거나, "신적 본성의 필연성으로부터 무한수의 사물들이 무한한 양상으로 (즉 무한지성에 의해 이해될 수 있는 모든 것이) 필연적으로 도출된다."(E I 16)거나, 또는 단일한 "신의 관념으로부터 무한수의 사물이 무한한 양상으로 도출된다."(E Ⅱ 4 Dem.)고 추론하는 것이다.

유일 절대의 지신, 실체의 개념 내에는 물론 실성과 양상의 무한·연속·통일·영원성도 함의되어 있다. 우리는 앞서 지신의 자연

---

78) 'inseity'는 라틴어 'in se'의 영어식 명사형으로, 그리고 'perseity'는 'per se'의 영어식 명사형으로 변형된 조어이며, 이는 마치 사르트르가 라틴어 'ipse'에서 'ipseité'의 프랑스어 명사형을 조어하는 것과 같은 것으로 이해할 수 있을 것이다.

을 능연과 소연으로 대비해 해명할 때, 소연은 다만 능연의 현행, 실현에 불과하며, 양자는 곧 "불일(不一)·불이(不二)"의 관계에 있음을 확인했다. 그리고 이 '양자의 매개인(媒介因)', 즉 '능연적인 실체 작용의 결과이면서 동시에 소연의 원인'으로서, 동정(動靜)과 능지(能智)가 개체 간의 인과 계열을 형성하는 '개체적 보편'이자 '보편적 개체'이고 일정, 불변, 영원, 무궁한 것[法]임을 간파했다. 그래서 동정 법칙 활동이 산출한 연장양상(延長樣相) 계열 전체를 "자연 질서" 또는 "우주의 전모 facies totius universali"라 부르고, 능지가 산출하는 사고양상(思考樣相) 계열 전체를 "영원무궁한 신의 지성 Dei aeternum, et infinitum intellectum"(E V 40 S)으로 규정할 수 있었다.[79]

일체 존재가 지신의 양상에 불과하고, 일체 양상이 지신의 영원무궁한 본성과 본재의 표현 또는 출재에 불과하다면, 그리고 당연히 유일한 신의 유일한 관념으로부터 무한수의 사물이 무한한 양상으로 도출된다면, 신의 경우에는 관념과 실재, 본재와 출재, 본성과 자연, 능연과 소연, 존재와 행위, 자유와 필연, 본재와 능력이 '동시, 동연, 동근적으로 하나임'이 분명하다. 즉 '지신 즉 자연 즉 실체 Deus sive natura sive substantia' 개념이 존재, 실재, 자연, 지신, 진리의 모든 것, 아니 자연 내에 의미 있는 모든 것을 함축하는 최고 원리가 된다고 할 수 있다. 이것을 원효적으로 표현한다면 일심진여의 3대(大), 즉 체대(體大)·상대(相大)·용대(用大)에 해당된다.

일신(一神)이 신의 수적 구별이나 수적 동일성과 무관하듯, 일심(一心)도 심의 수적 구별이나 동일성과 하등의 연관성을 갖지 않는다. 실재가 출재하는 곳 어디에나 편재하는 신성(神性)·심성(心性)을 일신·일심이라 부른다. 여기서 '일(一)'은 '한결같음[同如]'을 의미하며, 무망진실(無妄眞實)하여 아무것도 버릴 것이 없는 순수 무

---

79) *Epistola*, No. 64에는 '절대적으로 무한한 지성'으로 언표되어 있고, 할렛은 "신의 무한 관념 infinita idea Dei"으로 해석하고 있다(Hallet, 앞의 책, 31쪽 참조).

잡(無雜)의 '순일성(純一性), 단일성, 일체성(一體性)'을 말한다. 그러
기에 원효는 일심을 일러 "가장 작은 곳에 함입해서도 여백을 남기
고, 또한 가장 큰 것을 내포하고서도 오히려 남은 자리가 있다."고
비유하면서, 달리 부를 이름이 없어 억지로 "일심"으로 지칭한다고
변명한다.[80] 스피노자의 만유(萬有)는 지신실체의 양상적 차별에 불
과하고, 최고의 양상에서 최저의 양상에 이르는 일체 개물에 지신
실체가 생동하고 있다고 한다. 원효의 일심도 인간적인 심리, 심리학
적 심리 현상이 아니라,[81] 마치 중심, 핵심 혹은 심장의 '심(心)'과 같이,
만유에 편재하고 있는 존재의 이치요 근거이며 원인이요 중핵이다.

　일체 제법에는 각기 일심이 상응하고 있고, 심지어 나무나 불 속
에도 일심이 함축되어 있다. 그러기에 일심이 일체 법을 총섭한다고
말할 수 있는 것이 아니겠는가. 지신, 실체를 떠나서는 어떤 양상적
인 존재도 있을 수 없듯, 일심외 무물(一心外無物)이며, 일심이 일법
계의 대총상(大總相)이다. 즉 삼계유심(三界唯心)이며, 만법일심(萬
法一心)이다. 주자(周子)의 『태극도설』을 주석하면서, 주자(朱子)는
"성(性) 외에 무슨 물(物)이 있으며,…… 각물의 성은 태극의 전체와
혼연일체가 되고, 일물(一物) 중에도 태극의 성이 그 가운데 편재하
지 않은 곳이 없다."[82]고 기술하고 있는데, 이는 모두 실체·양상이

---

80) 심(心)과 법(法), 일심과 일법과 같이, 심성론과 법성론에 등장하는 일체 인용
　　문은 가능한 간접 인용으로 대신하고, 그 전거는 적시하지 않는다. 이 부분에
　　관한 자세한 논의와 전거에 관해서는, 이 책 제3장, 특히 '법성론' 부분을 참조
　　하라.
81) 철학사를 통해 가장 전형적인 철학으로 확인된 후설의 현상학이나 우리가 원
　　효를 통해 대변하고자 하는 불학은 모두가 철학을 심리학이나 논리학은 물론
　　전래 윤리학으로부터도 엄격히 구분하려는 시도라는 점에서 근본적인 공통성을
　　보이고 있다. 이를테면 양자 모두 후설의 용어로 "심리학주의", "인간학주의",
　　"논리학주의"를 철두철미하게 비판하고 극복하려는 곳에서 그 진가를 드러내고
　　있다.
82) 『근사록집주(近思綠集注)』, 16쪽.

238

나 일심·일법이 한결같이 '동즉이(同卽異)'의 상관 관계에 있음을 의미한다.

　심(心)과 법(法)을 어떻게 이해하는가에 따라 대승(大乘)과 소승(小乘)이 홀연히 갈라질 뿐만 아니라, 실재, 실상, 진여에 관한 이해의 방식과 수준도 판이해진다. 우리는 다만 여기서 『대승기신론』의 입장을 대변하면서, 탁월하고 창의적인 불교적 존재론과 인식론을 증득하고 설파한 원효의 입장과 착상을 '전형적(典型的)으로' 참고할 뿐이다. 그리고 이 논문의 구조 때문에, 가능한 논변 argument을 삼가고[83] 오직 스피노자의 지신론 이해를 위한 형이상학적 해명에만 치중할 것이다. '심(心)'의 개념이 다의적으로 사용될 수 있는 것과 마찬가지로, '법(法)'의 개념도 다의적으로 해석될 수 있다. 그러나 그 모든 문제는 접어두고, 지금의 논의와 연관해 말할 수 있는 것은 심과 법은 상관 개념이고, 따라서 심지생멸(心之生滅)은 법지생멸(法之生滅)과 상관되며, 심지불생멸, 영원성, 적멸성, 열반성, 청정성, 실재성, 진여성은 그대로 법지불멸성, 영원성, 적멸성, 열반성, 청정성, 실재성, 진여성과 정확히 대비된다는 점이다. 즉 대승적 시각에서 본 것인가, 소승적 시각에서 본 것인가, 법부적(凡夫的) 시각에서 본 것인가에 따라 두 개념의 의미와 상관성이 판이할 뿐만 아니라, 그것이 진여문에서 본 것인가 또는 생멸문에서 본 것인가에 따라서도 이해는 근본적으로 달라진다. 그리고 실재의 문제에 관한 철학적 논의

---

83) 일반적으로 논변, 논쟁이 철학적 논의나 담론의 핵심이라고 오해되고 있지만, 모든 진정한 철학은 청종(聽從), 침묵 및 수순(隨順)을 수도(修道)의 정도(正道)로 삼는다. 예컨대 헤라클레이토스, 하이데거, 비트겐슈타인, 노자(老子), 선불교는 동서고금의 전형적 순정 철학이라 하겠다. 특히 불학에서 실상과 진여의 언어도단적 성격을 강조하거니와, 우리가 불학을 철학과 동일시하는 모든 시도에서 불학의 전례·전거로 삼고자 하는 『금강삼매경』에서도 무상법(無相法)과 무생행(無生行)을 설파하면서 "이무가불(理無可不)," "무쟁무론(無諍無論)," "이제쟁론(離諸諍論)" 등을 강조하고 있다. 『대정신수대장경(大正新修大藏經)』, No. 273. 366c, 367c 및 369c 참조.

가 있는 어디에나 동서고금을 막론하고 사정이 이와 비슷하다는 것
도 역사적 사실이 입증하는 바다.

　진여문과 생멸문에서 본 심과 법을 간단히 언급한다면, 진여문의
심법 또는 심과 법은 자연업(自然業)이고 자재업(自在業)으로서 불
생불멸하는 자체 존재이나, 생멸문 내의 심과 법도, 결국은 원래 자
체 존재의 자연업이었다는 점에서는, 이제 비로소 생멸하기 시작한
것이 아니라 무시(無時) 이래로 존재하던 것이 무명(無明)의 영향
때문에 생멸하기 시작하는 것인 만큼, 역시 진여문 중의 심, 법과 다
르지 않다. 따라서 생멸은 '진여의 생멸(실체의 양상)'일 뿐, 결코 '생
멸의 생멸'일 수 없다. 설사 생멸 유전하는 염법(染法)·염심(染心)
이 자재·자연업을 상실한다 하더라도, 그 자체성의 일심, 일법은 비
장(秘藏)하고 있는 만큼, 진여의 훈습에 의한 환멸연기의 정업(淨業)
을 통해 원래의 자진상(自眞相)과 자연업을 복원할 수 있게 되는 것
이다. 그러기에 진여문과 생멸문, 정문(淨門)과 염문(染門)은 독자적
으로 분리된 별개의 세계가 아니라, 불일이불이하게 불가분리적인
방식에서 동일한 실재의 상이한 측면에 불과하다는 결론이 나온다.

　스피노자의 지신 실체는 절대적으로 무한하고 불가분적이며, 실성
과 그 양상도 그것이 실체와 실재적, 내재적, 활동적, 연속적으로 연
관되어 있는 한 무한하고 불가분적이라 할 수 있다. 무한하고 불가
분적이라는 것은 결국 통일적인 단〔일〕체, 개〔별〕체임을 의미하며,
설사 단체, 개체의 무수한 복합, 그리고 복합체의 무수한 중복이 무
한히 계속되어 종당에는 연장실성의 양상 총체인 '우주 전모'나 사유
실성의 양상 총체인 '신의 무한 지성·관념'을 형성한다 하더라도,
그것 역시 실체적, 실재적 의미에서 하나의 개체, 하나의 단일체, 유
기체적 생명체 Anima로 간주하지 않을 수 없는 것이다. 스피노자의
이와 같은 실체, 양상, 생동의 무한성, 영구성을 『대승기신론』적으로
표현하면 '체·상·용 3대(大)'로 규정할 수 있다. 물론 이 경우에도

체·상·용은 실재적이어서 실체·실상·실용이며, 체성은 곧 실성이기에 결국 스피노자의 도식과 동일한 구조를 가진다. 지신, 실체의 크기, 작용, 양상의 무한성이 계량적 의미의 무한성이 아니라, 즉 추상적이고 상상적인 무한 수량이 아니라, 한계 없음 또는 한계 지을 수 없음, 곧 분할 불가능성을 뜻하며, 그것은 주렴계(周濂溪) 선생의 '태극(太極: 한계의 최극한)'에 해당되며, '한계의 극한'이 결국 '무(無)한계'를 뜻한다는 점에서 '무극이태극(無極而太極)'이라고 그가 언표한 것과 같은 이치이다.

스피노자의 지신 실체는, 원효가 '대승'에 관해 정의, 규정, 묘사, 비유한 것에 유비적으로 이해하면 그 성격이 한층 더 분명히 보인다.[84] 그것은 원효에 따르면 포괄성〔廣苞〕, 『허공장경(虛空藏經)』에 따르면 "무량무변무애(無量無邊無崖), 보편일체(普遍一切), 광대수용(廣大受容), 일체중생(一切衆生)"이며, 『대법론(對法論)』에 따르면 "경대(境大), 행대(行大), 지대(智大), 업대(業大)"이고, "방편대(方便大), 증득대(證得大), 사유대(精進大), 자량대(資量大)"다. 또한 『기신론』에 따르면 "체대(體大), 상대(相大), 용대(用大)"다.

"'체대'라 하는 것은 일체 법이 진여평등(眞如平等)하여 증감이 없다는 뜻이며, '상대'는 여래장이 무량(無量)의 성공덕(性功德)을 구족(具足)하고 있다는 뜻이요, '용대'는 능히 일체의 세간, 출세간의 선인과(善因果)를 생산할 수 있기 때문이다."[85] 즉 '체대'는 실체의 무궁무한, 무소부재, 보편 일체성을, '상대'는 실성의 무량한 활동성을, 그리고 '용대'는 실체와 실성의 창조 역능을 의미한다는 것이다. 그리고 '대(大)'라는 것은 이성, 오성, 상상의 추상물인 시간적, 공간적,

---

84) 『대승기신론소』, 「제1표종체자」, 「논소(論疏)」 및 「별기(別記)」;『대혜도경종요』, 「대의」 참조. 물론 우리는 여기서 '지신'만을 문제 삼고, '지신과 인간의 관계'는 논외로 하기 때문에, '대승'의 의미, 특히 '승'의 의미를 자세히 풀이하지는 않는다.
85) 「입의분(立義分)」의 '3대(三大)'절.

척도적인 수량을 뜻하는 것이 아니라, 무궁한 실재의 역능을 지시하는 개념이다. 체·성·상·용의 "주편무외(周遍無外)하고 광포일체(廣包一體)함"이 '절대적임'을 "이보다 앞섬이 없음〔莫是爲先〕"으로 표현하고, "'이보다 앞섬이 없음'에 의지해 '대(大)'라 이름한다."[86] 원효는 이와 같은 고전적 정의를 풀이해 다음과 같이 분석한다.

> 고인(古人)이 '대(大)'를 '이보다 앞서는 것이 없다는 뜻'이라 하였지만, 이는 탁월성〔勝〕에서 무선(無先)이라는 말이지, 시간적 전후에 의한 무선(無先)을 뜻하는 것이 아니다.…… '대'에는 육의(六義)가 있는 바, 그 하나는 '광지막선(廣之莫先)〔其性廣博〕…… 둘은 장지막선(長之莫先)〔壽命無量〕…… 셋은 심지막선(深之莫先)〔不可思議〕…… 넷은 고지막선(高之莫先)〔不能得上〕…… 다섯은 다지막선(多之莫先)〔多有妙法〕…… 여섯은 승지막선(勝之莫先)〔諸法中勝〕이다.[87]

또 다른 곳에서는 "'대'라는 말은, 총괄해서 표현하면, 대사대법(大事大法) 불가사의 신력위덕(神力威德)으로 이해할 수 있다."고 쓰고 있다.[88] 이러한 전거만으로도 일신과 일심의 체·성·상·용을 체대·상대·용대로 규정하기에 충분할 것으로 생각된다.

이제 마지막으로 제기되는 문제는 궁극적 실재인 지신, 실체, 일심, 일법, 태극, 무극과 그것의 3대에 관해 지금까지 논의해 온 언설이 도대체 어떤 종류의 발언들이며, 그것들의 이해 가능성과 정당화 가능성의 근거는 어떻게 마련될 수 있는가 하는 것이다. 이 문제와 함께 우리는 다시 논의의 출발점으로 되돌아가게 되는 셈이다. 우리

---

86) 『열반경종요』, 전서-I(보련각, 1987), 115~525쪽 중 138쪽.
87) 같은 책, 182~183쪽(원문 인용 생략).
88) 『대혜도경종요』, 전서-II, 32~130쪽 중 73쪽.

는 스피노자의 '기하학적 방식의 논증'을 '선험적 연역'으로 대체하기 위해, 칸트와 후설의 선험 철학을 언급하고 '형이상학적 해명'의 성격 규정을 예시하기 위해, 논의 서두를 너무나 복잡하고 혼란스럽게 만들지 않을 수 없었다. 그러나 그럼에도 불구하고 우리의 '형이상학적 해명'의 진의는 저 서론에서도 여전히 오리무중 속에 머물러 있는 듯한 느낌을 주었을지도 모르겠다. 이제야 우리는 서론에서 장광설을 늘어놓으면서도 겨우 최소한의 조건을 충족시켰을 뿐인 단초에 따라, 스피노자의 지신론을 구조적으로 해석, 해명하고 연역하는 기초 작업을 마무리하게 된 셈이다. 그런데도 아직 우리의 형이상학적 해명이 '진정하게 형이상학적으로' 이해될 수 없기에, 문제가 다시 원점으로 되돌아가게 된 것이다.

2 인식에서 존재로

이제 우리가 마지막으로 수행해야 할 작업은, 저 '단초 연역' 작업과는 판이한 차원과 수준, 방법, 전략에 따라, 일체를 총괄하는 마무리 작업이며, 최종적인 결판 해석(判釋)이다. 즉 존재론의 문제를 통해 언제나 잠재적, 배경적인 문제로 함축되어 있었던 인식론의 문제를 전면에 부각시킴으로써, 일체를 일목요연하고 명석판명하게 직관, 증지하는 일이라는 말이다. 스피노자는 '지신'을 기하학적 방식으로 논증했다. 그러나 그의 '정의'는 실재적 정의였으며, 그의 공리와 공준은 직관적 진리였고, 그의 명제, 정리, 부명제, 보조 정리 등은 모두가 정의로부터 논리적으로 연역되는, 그러나 역시 종당에는 직관되는 것이었다. 그리고 무엇보다도 중요한 것은 그의 "증명은 마음의 눈mentis oculi으로 사물을 직시하고 관찰하는 것 자체" 또는 "사물을 직시, 관찰하는 마음의 눈 자체가 증명"(E V 23 S)이라는 점이다. 여기서 '마음의 눈'은 '지혜(반야지)'를 지칭하는 것이며, 지혜는

색신(色身)으로서의 안근(眼根)이 아니라 법신(法身)으로서의 '혜안 (慧眼)'을 의미하며,[89] 스피노자의 이른바 '영원의 상(相) 아래서의 신 체'를 의미한다. 뿐만 아니라 스피노자의 모든 실재, 실체, 자연, 실성, 실상은 모두가 영원의 상 아래서 본 것이며, 이렇게 본 직관지는 설 령 기하학적 논증의 언어 형식을 빌렸다 하더라도, 그 실재적 인식은 최고 인식 양식인 그의 이른바 '제3종지(智)'이며, 불교의 이른바 반 야지(般若智)·무루지(無漏智)·여리지(如理智)·구경각지(究竟覺智) 와 동일한 수준의 것임에 틀림없다.

스피노자는 「심성론」(E Ⅱ 47 S)에서 약속한 대로, 『윤리학』의 제5 부를 제3종지, 즉 신지(神智)의 해명에 충당하고 있다. 그런데 매우 주목할 만한 구절이 「신지론」의 말미에서 발견된다. 명제 36의 주석 에서 그는 인간의 정신과 지신의 관계에 대해 언급하면서 다음과 같 은 해석을 첨가한다.

내가 이러한 사례에 대해 증시하고자 하는 것은, 내가 직관지 또는 제3종지라 불렀던 단체의 인식이 무엇을 성취할 수 있고, 그리고 내 가 제2종지라고 칭했던 보편지보다 얼마나 더 강력한가 하는 점이다. 왜냐하면 비록 내가 제1부에서 모든 것이 (그리고 따라서 인간의 정 신도) 그 출재와 본재를 위해 신에 의존한다는 사실을 일반적으로 증 시했다 하더라도, 더구나 그 증명이 합법적이며 어떤 의심의 가능성 도 넘어서 있다 하더라도, 우리가 신에 의존한다고 말하는 어떤 단체 의 본재 자체로부터 이 증명이 추론되었을 경우만큼, 그처럼 크게 우 리의 마음을 움직이지 못하기 때문이다.(E Ⅴ 36 S)

즉 신의 인식도 보편지의 일종인 논증지보다, 단체를 인식하는 지

종(智種)인 직관지에 의하는 것이 한층 더 강력히 우리 마음을 움직일 수 있다는 것이다. 그렇다면 이제 우리가 더 분명히 알아야 하는 것은 제3종지의 정체다.

스피노자는 그의 저술 3곳에서 그의 인식론을 아주 '근사하게' 제시하고 있다. 『지성개선론』에서는 "지각의 모든 양상 omnes modus percipiendi"을 열거하는 가운데 4종(種)의 지각 양상을 구분한다. 지복의 조건인 바 "마음과 자연 전체의 합일의 인식 cognitionem unionis, quam mens cum tota natura"(제13절)에 도달하기 위해 해결해야 할 급선무가 지성의 개선이고, 바로 이러한 최고 인식에 도달하는 데 도움이 되도록 사물을 이해할 수 있게 되기 위해서는 지각양상을 점검해 보지 않을 수 없기 때문이다(제18절). 스피노자는 여기서 전문(傳聞, ex auditu) 또는 약정 기호 ex aliquo signe에 의한 지각, 무작위 경험에 의한 지각 perceptio ab experientia voga, 한 사물의 본재를 어떤 다른 사물의 결과로부터 추리하되, 그러나 비등본(非等本)적으로 non adaequate 추리해서 얻게 된 지각 및 오로지 사물의 본재로부터만 혹은 그 최근인(最近因)의 인식을 통해서만 얻게 된 지각으로 구분한다.(제19절) 이러한 구분 중 첫 번째와 두 번째 항은 비교적 문제가 되지 않고, 그것에 관한 예시적 설명도 쉽게 납득할 수 있지만(제20절), 세 번째와 네 번째는 설명은 물론 예시도 상당히 혼란스럽다.(제22절~23절)

더 자세한 논의는 잠시 중단하고, 『소론』의 해당 부분을 잠시 보기로 하자. 제2부 제1장부터 제5장까지 인식의 구분에 관한 논의가 자세히 전개되고, 다시 제21장과 제22장에서 보충, 마무리된다. 그는 여기서 우선 관념 또는 지각을 전문이나 경험에 의한 단순한 신념 sola fide, 참된 신념 fide vera 및 명석판명한 개념 clara distinctaque conceptione으로 3분하고(Ⅱ-ⅰ-2), 그 예시를 위해 전문(傳聞), 특수 경험, 참된 추리 실험 veram ratimem experitur 및 직관을 통한 가장 명석한 지식cognitionem clarissimam으로 4분하고 있다. 이러한 3분 또는 4분법에서도 문제가 되는 것은 최후의 두 인식 양식들 간의 구별과 정체성 확인이다.

다음으로 스피노자 인식론의 최후 입장이 가장 명료하게 표명되어 있을 것으로 기대할 수 있는 『윤리학』에서 당해 명제와 그에 관한 주석(E Ⅱ 40 S-2)을 검토해 보자. 그는 우선 개체와 단체에 관한 "공통 관념notionnes communes"을 비판하면서, 가장 추상적인 상상물인 이른바 "초월적 명사termini Transcentales", 예컨대 '존재 Ens', '사물 Res', '혹물(或物, aliquid)'과 같은 관념을 실재로부터 가장 먼 것으로 치부하고, "보편적 관념notiones universales", 예컨대 '사람', '말', '개' 같은 용어들을 전자의 경우와 비슷한 유래를 가지는, 그것 다음으로 추상적이고 혼란스러운 관념으로 취급한다. 이러한 혼란스러운 관념은 우리의 상상력이 분별할 수 있는 한계를 넘어 있는 관념들을 추상적으로 개괄한 관념에 불과하고, 실재의 명석판명한 개념, 관념, 인식과는 동떨어진 것이다.

이러한 전제 위에 스피노자는 "우리가 많은 것을 지각하고 보편 관념을 형성하는" 네 가지 양상을 구별하고, 여기서부터 세 가지 종류의 지식을 분류한다 ① 개체들을 산발적으로 경험하고 무원칙하게 추리하여 조성한 보편 관념 또는 지각을 '무작위 경험에 의한 지식'으로 보고, 이것을 ②'기호나 전문으로부터 사물을 수집하고 그들에 관한 관념을 형성하여 이들 관념을 통해 사물들을 상상하는 지각'과 함께(즉 ①과 ②) "제1종의 지식, 억측이나 상상"이라 부르며 ③ "우리가 '공통 관념notiones communes'과 '사물의 속성에 관한 등본(等本) 관념 rerumque proprietatum ideas adaequatas'을 가진다는 사실로부터 획득하는 지각"을 "'이성 rationem'" 또는 '제2종지'라 부르고 ④ 마지막으로 "신의 어떤 속성의 형상적 본재의 등본 관념으로부터 사물들의 (형상적) 본재의 등본 인식으로 나아가는procedit ab adaequata idea essentiae formalis quorundam Dei attributorum ad adaequatam cognitionem essentiae rerum" 지각 양식을 들고 있다. 여기서도 역시 제2종 인식과 제3종 인식 간의 차이성과 연관해 제3종 인식의 정체를 명증적으로 해명하는 것이 관건이다.

그런데 인식, 지각, 보편 관념을 단계별, 수준별로 구분하는 데서 우리가 언급한 세 출처 모두에 공통적인 것은, 이른바 비례 규칙 the Rule of Three, 즉 비례항의 세 수가 규정되어 있을 때 비례 관계에서 제4의 미지(未知) 비례항을 추리 또는 직관하는 너무나 단순한 실례를 지각, 인식 양식의 구분을 위한 예시로 사용하고 있다는 점이다. 암기 방법에 의한 비례항 계산은 제1단계에, 몇 개의 경험을 통해 발견된 잠정적 규칙에 의해 비례항을 계산해 내는 것은 제2단계에, 유클리드 기하학 제7권 정리7의 증명력으로부터[90] 보편적으로 추론해 내는 경우를 제3단계에, 그리고 가장 단순한 경우처럼(예컨대 $1:2=2:4$) 단번에 직관하는 경우를 제4단계에 배치하고, 제1, 2단계를 제1종지, 제3단계를 제2종지, 그리고 제4단계를 제3종지로 분류한다. 정신과 자연의 합일을 위한 최고지가 바로 이 제3종지다.

그렇다면 결국 제2종지(보편지, 논증지, 추리지)와 제3종지(직관지, 통찰지, 철학지)의 결정적인 차이점은 어디에 있고, 그것의 정체와 인식론적 위상은 어떻게 해명되며, 또 그것의 절대 명증성은 도대체 어떻게 정당화될 수 있을 것인가? 이 물음에 관한 결정적인 단서는 위에 언급한 곳에서 발견된다. 우선 『지성개선론』에서 스피노자는 이렇게 쓰고 있다.

반대로, 제3단계에 관해 우리는 어떤 의미에서, 그 사물의 관념을 가지고 있고, 그리고 또한 착오를 범할 위험 없이 추리할 수도 있다

---

90) 『지성개선론』에서는 "명제19의 증명력"으로 기록되어 있다.(제24절)

고 말할 수 있다. 그러나 여전히 그것은 그것을 통해 우리가 우리의 완성에 도달하는 수단이지는 않을 것이다.(제28절. 강조는 첨가한 것이다.)

그리고 『소론』에서는 제2종지와 제3종지를 이렇게 구별했다.

우리는 두 번째 단계를 '신념'이라 부르는데, 이는 우리가 오직 추리를 통해서만 사물을 포착하며, 이것이 그러해야 하고 다를 수 없다는 것을 우리는 보지 못하고, 다만 지성적 확신을 통해서만 알고 있을 뿐이다.

그러나 우리는 추리에 의한 확신에서 유래하지 않고, 사물 자체를 인지하고 향수하는 데서 비롯되는 것을 '명석한 지식'이라 부른다.(II-ii-2. 강조는 첨가한 것이다.)

더 나아가 참된 신념은

그것이 존재하는 것에 어떤 양상으로 속하는가(quomodo res se habere debere: 사물이 자체로 어떤 양상을 갖는가)를 중시할 뿐, 그것이 진실로 무엇인가 vero quomodo revera sint를 중시하지는 않는다. 이것이 바로 이러한 참된 신념이 결코 우리를 '우리가 믿는 사물'과 통합할 수 없게 하는 이유다.(II-iv-2. 강조는 첨가한 것이다.)

그리고 더욱 결정적인 단서는 '참된 신념'에 첨부한 스피노자의 주석에서 발견된다. 이것은 세 종류의 지식을 구별하는 데도 아주 좋은 전거가 될 것이다.

신념은 추리에 근거한 강한 증명인데, 이러한 증명에 의해 사물이 참으로 있어, 그것이 있다는 것을 나의 지성에서 확신할 그러한 정도로, 나의 지성 외부에 있다는 것을 나는 확신하게 되는 것이다.

나는 추리로 입증된 강한 증명이라고 말하거니와, 이는 그렇게 말함으로써 그것을 '항상 의심스럽고 착오에 빠질 수 있는' 〔억측〕으로부터 구별하고, 또한 '추리에 근거한 확신에 존립하지 않고, 사물자체와의 직접적 통합에서 성립되는' 인식으로부터 구별하기 위해서다. 내가 사물이 참으로 그러한 정도로 나의 지성 외부에 있다 Rem revera et talem extra in tellectum meum esse고 말하는데, 참으로 revera라는 것은 추리들이 나를 이 점에서 기만할 수 없기 때문이다. 그렇지 않다면 그러한 추리들은 억측으로부터 ab opione 구분되지 않을 것이기 때문이며, 그러한 정도로 talem라는 것은, 그것이 나에게 지시하는 것은 오직 '그것이 존재하는 것에 어떻게든 귀속되어 있다.'는 것이요 '그것이 참으로 무엇인가.'는 아니기 때문이다. 그렇지 않다면 그것은 인식으로부터 구별되지 않을 터이기에 말이다. 외부에 extra라고 하는 것은 그것이 우리로 하여금 우리 내부에 있는 것이 아니라, 외부에 있는 것으로 지성적으로 향수하게 하는 〔그런 성질의〕 것이기 때문이다.(II-iv-1. 강조는 원문대로다)

지금까지 인용된 문단만으로도 확실한 것은 제2종지가 보편적이고 객관적이며 물성적인 인식, 설명, 증명이기 때문에 인식자로부터 분리되어 있고, 따라서 우리 자신의 심성(心性)을 변화시키는 데 하등의 기여도 할 수 없다는 사실이다. 문제의 비례식에서도 공식에 따라 '내항의 곱을 이미 알고 있는 외항으로 나눔으로써 제4의 미지항을 발견하는' 추리는 추리하는 사람의 외부에 있는 사물에 관한 것이지만, "만약 우리가 네 번째 예에서 증시했듯, 그가 그 비례성을 직시하기에 이른다면, 그 일은 참으로 그러하고, 그래서 그것은 나의 외부가 아니라 내부에 있다고 그는 말한다."는 것이다.(II-iv-2)

그리고 "'어떤 것이 우리의 역능 안에 있다 in potestate nostra
sunt'는 것은 '우리를 구성하고 있는 자연의 질서를 통해, 또는 그 자
연과 연합해, 우리가 그것에 영향을 미칠 수 있다.'는 것을 의미한
다."(Ⅱ-ⅴ-8) 정신이 자연의 통상 질서 내에 있는 것을 지각하는 것
은 그것을 외적으로 관망하는 데에 지나지 않고, 그러한 방식으로는
아무런 필연성도, 내면적 불가분성도 인식할 수 없기 때문이다. 오직
내적으로 관조할 경우에만 "정신은 사물을 명석판명하게 관조할 수
있다."(E Ⅱ 29 S) 우리의 관념 idea이 자연과 실재의 내재적 본성,
본재와 합일될 경우에만, 우리의 정신은 신(神)의 정신과 형상적, 관
념적 합치를 이룰 수 있고, 이 경우에 관념은 바로 제3종지가 된다.
즉 관념이 명석판명하게 되고, "대상과의 외적 일치에 관계없이 그
것 자체로 고찰되는 한, 참된 관념의 모든 속성 또는 '내재적 명의
(名義) denominationes intrinsecas를 가지고 있는 등본 관념"(E Ⅱ
Def.-4)이 된다.

이성, 오성, 추리와 같은 제2종지의 한계에 관해 스피노자는 또 이
렇게 말하고 있다.

> 이러한 이성에 반하는 모든 〔수동적〕 정념은 (우리가 앞서 지적했
> 다시피) 억측으로부터 발기한다. 참된 신념은 이들 정념 중에 각각의
> 선악을 분별해 주지만, 이들 중 어느 것도, 따로따로든 혹은 다 함께
> 든, 우리를 이들로부터 자유롭게 하기에 충분할 만큼 강력하지 못하
> 다. 오직 제3의 방법, 참된 인식만이 우리를 이것들로부터 자유롭게
> 만든다. 이것 없이는 우리가 이것들로부터 자유롭게 되기란 영영 불
> 가능하다.(Ⅱ-ⅹⅸ-1, note b)

즉 우리 이성의 분별력이란 "단지 전문(傳聞: 보고)으로부터 갖게
되는 억견(臆見)들을 파괴하는 원인일 수는 있어도, 우리가 경험을

통해 가지고 있는 억견들을 파괴하는 원인일 수는 없다."(Ⅱ-ⅹ ⅺ-2)
그것은 우리의 분별지가 인식의 대상을 논리적으로 분별하는 데에만
주력할 뿐, 우리의 심정 자체를 감동시킬 수는 없기 때문이다.

　스피노자는 자연과의 합일을 "지적 사랑"으로 표현한다. 그렇다면
이제 '사랑'의 의미를 해명함으로써, 우리의 정신이 어떻게 그것의 본
재, 본성, 자연인 지신과 합일하게 되는가를, 그리고 그러한 합일의 존
재론적, 윤리학적 의미가 무엇인가를 엿볼 수 있을 터이다. 스피노자
는 『소론』에서 인식의 3종을 구별하면서, '억견opinion'을 정념의 기
원과 연관해(Ⅱ-ⅲ), '신념fide'을 인간의 선악 문제와 연관해(Ⅱ-ⅳ),
그리고 참된 인식(clara distinctaque conceptione, cognitio clara)'은
사랑de Amore과 연관해(Ⅱ-ⅴ) 해설하고 있다. 역으로 말하면, 사랑
의 정체 해명이 제3종지의 정체 해명과 일치한다는 뜻이 되겠다.

　"사랑은 우리가 사물에 관해 가지고 있는 지각과 인식으로부터 일
어나고, 그래서 그 사물이 얼마나 위대하고 장엄한가에 우리의 사랑
도 비례한다."(Ⅱ-ⅴ-1) 그런데 사랑의 대상에는 세 종류의 사물이
있는 바, 그 자체로 소멸적인 것objecta in se corruptibilia, 자신의
원인에 의해 불멸적인 것alia causa sua incorruptibilia 및 오로지 그
자신의 덕과 역능에 의해 영원불멸적인 것sua ipsius virtute et
potentia aerternum incorruptibileque이 그것이다. 사랑이란 일자가
타자와 결합해 자기 보존력을 보강하는 존재 방식이라 할 수 있다.
스피노자는 '사랑'을 "외적 원인의 관념에 수반된 기쁨aetitia, con-
comitante idea causae externae"(E Ⅲ 13 S ; E Ⅲ 59 Def.-6)으로 정
의하고, 자신의 정의가 사랑의 본재를 충분히 명석하게 설명하고 있
다고 자부하면서, 다른 한편으로 "사랑은 사랑하는 자가 자신을 사
랑하는 대상과 결합하려는 의지amorem esse voluntatem amantis
jungendi rei amatae"라는 타인들의 정의가 단지 사랑의 속성 propri-
etatis만을 나타낼 뿐 본재는 간과한 것이라고 비판하고 있다.

그런데 이제 "사랑은 어떤 것을 향수하고 그와 결합되는 것 이외 아무것도 아니다."(Ⅱ-ⅴ-4)라고 규정한다고 해서, 그것이 다만 사랑의 속성만을 파악하고 본재는 전혀 건드리지 않는 것이라고 생각할 필요는 없을 것 같다. 우선 첫째, 대상과의 합일은 무상(無常)한 사랑(정념)에 불과하며, 그것으로 우리의 존재가 보강되었다는 보장도 없기 때문이다. 그리고 둘째, 대상은 우리가 앞서 언급한 바 있는 지신 실체의 직접적 양상으로서, 본성상 지신의 개념 없이는 파악될 수 없는 것이다.(Ⅱ-ⅴ-9) 따라서 우리의 정신이 필연적으로 연합하지 않으면 안 되는 대상은 정신의 본재, 실성, 형상, 원인, 관념인 바 지신 실체일 뿐이다.

"한마디로, 우리가 우리의 지성을 잘 사용한다면, 신을 사랑하지 않는 것은 불가능하다."(Ⅱ-ⅴ-9) 인간의 정신이 그것의 본성, 본재, 원천, 원형인 지신의 정신과 하나가 된다는 것 자체가 인간 정신의 본성이기 때문이다. "정신의 최고선은 신의 인식이며, 정신의 최고덕은 신을 아는 것"(E Ⅳ 28)이요, "정신의 최고 노력과 최고덕은 사물을 제3종 인식으로 이해하는 것"(E Ⅴ 25)이기 때문이다. 정신이 제3종 인식의 수준에 도달하면, 정신의 인식은 실체·자연·지신 그 자체이고, 더 이상 인식의 주체와 대상의 구별이 존재하지 않는다. 신과의 합일을 통한 정신의 지신화(至神化: 절대화), 정신의 원상 복원은 정신의 "부활 또는 재생(altera generatio, regeneratio)"(Ⅱ-ⅹⅱ-7)이라고 부르기까지 한다.

제2종지는 이를테면 제3종지에 이르는 가교 역할을 수행한다.

참된 신념은, 오직 그것이 참된 인식에 이르는 길이기 때문에, 즉 우리로 하여금 참으로 사랑할 가치가 있는 것들에 눈뜨게 해, '우리가 추구하는 궁극 목적과 우리가 인식하는 가장 탁월한 것이 참된 인식임'을 알게 하는 수단이기 때문에, 좋은 것이다.(Ⅱ-ⅳ-9)

즉 우리가 "신의 어떤 속성을 그것이 형상적으로 본래 있는 대로 명석판명하게 파악함으로써 ab adaequuata idea essentiae formalis quorundam Dei attributorum 사물을 본래 있는 대로 명석판명하게 온전히 인식할 때 ad adaequatam cognitionem essentiae rerum"(E Ⅱ 40), 우리는 제2종지에서 제3종지로 상승하게 되는 것이다. 다시 말해 인식 대상에 관해 보편적인 관념과 온전한 관념을 가짐으로써, 마침내 대상 그 자체를 하나의 단체, 개체로 자신과 여일하게, 즉 대상의 형상과 정신의 관념이 온전히 합치·수순(隨順)·상즉(相卽)·상입(相入)하게, 마치 체험하는 것처럼 직관하게 되는 인식 수준을 제3종지라 한다. 제1종지가 상상적 경험(주관적, 개체적)이라면, 제2종지는 추리적 논증(객관적, 공통적)이라 할 수 있고, 제3종지는 제1종지와 그 반명제인 제2종지가 변증법적으로 지양된 제3의 중도지(中道智)로서 주관적 객관지, 객관적 주관지, 상상적 지성, 지성적 상상, 논증적 직관, 직관적 논증 등등으로 불러도 무방할 성질의 것이다.

제3종지는 지·행이 합일하는 것이다. 이것은 사물, 실재, 인식, 정신, 실체, 자연, 지신과 같은 궁극적인 존재, 인식, 진리의 근원에 관한 일시적이고 전면적인 통찰이며 인지, 직관이기 때문에, 주(主)·객(客), 이(理)·사(事), 언(言)·물(物), 심(心)·신(身)이 일시에 근원적인 변형을 입게 된다. 이것이 바로 '지혜사랑'으로서 '희현행(希賢行: philosophia, 철학)'이며, 반야바라밀행으로서 정신적 기적이자 변혁(경이: θαυμαζειν)이다. 우리는 철학사를 통해 이 같은 사유 지평에 거듭 직면하게 된다. 플라톤의 이데아, 아리스토텔레스의 순수사유(사유하는 사유), 스피노자의 제3종지(영원상 아래의 관조), 후설의 선험적 경험, 비트겐슈타인의 신비, 하이데거의 존재 사유, 원효의 입실제(入實際) 등 부지기수의 개념들이 바로 이러한 '존재 = 사유'의 지평을 지시하는 것들이다.

후설은 이러한 '인식에 의한 존재의 변혁'을 "하나의 온전한 인격적 변화 eine völlige personale Wandlung", "최대의 실존적 변화 die größte existenzielle Wandlung", "인간성 전체의 근본적 변이 radikale Änderung des gesamten Menschentum", 또는 "자연적 생활 방식 전체의 총체적 상황의 근본적 전환 radikale Umwendung einer totalen Umstandung der ganzen natürlichen Weise des Lebens" 등으로 다양하게 표현한다.[91] 그리고 하이데거가 형이상학적 근거 물음과 연관해, 물음 주체의 존재 변혁에 관해 얼마나 섬뜩한 체험을 피력하고 있는가는 그의 『형이상학의 근거 개념 Grundbegriffe der Metaphysik』(1929)에 매우 설득력 있게 묘사되어 있다. 이러한 사례에 비하면, 스피노자가 제3종지에 의한 지신 인식이 "기하학적 방식의 논증"에 의한 인식보다 얼마나 더 우리의 마음을 감동시킬 것인가를 설명하는 최후 술회는 참으로 스피노자다운, 거의 순진한 어린아이의 말장난같이 들릴 정도이다(E V 36 S).

이제 이러한 지평의 가장 웅대한 표현인 원효의 지신 인식을 '실상·관조'의 반야지행(般若智行)과 수순득입(隨順得入)에 관한 간단한 해명으로 대신하면서, 이 글 전체를 마무리하고자 한다. 스피노자식의 제2종지는 불교의 분별지(分別智, vijnana)에, 제3종지는 무분별지(無分別智), 반야지(般若智), 여리지(如理智, prajnana) 등에 해당된다. 지금까지 우리가 해명한 것은, 지신 실체를 인식하는 정신은 그 심상(心相)이 지신의 형상과 본재적으로 동일하다는 것이었다. 즉 마음이 자신의 본질을 온전히 회복할 때, 곧 등본 관념으로 작동할 때, 자신의 원상인 지신 실체를 여실(如實)·여리(如理)하게 인식할 수 있다는 것이었다. 그리하여

---

91) E. Husserl, *Die Krisis der Europäischen Wissenschaften und die transzendentale Phänomenologie* (Haag: Martinus Nijhoff, 1962), Husserliana. B.VI, 140, 154, 169, 170쪽(note).

인간 정신은 신의 무한 지성의 일부요, 따라서 우리가 '인간 정신이 이것저것을 지각하다.'라고 말할 경우, 우리는 '신이 이런저런 관념을 가지다.'라고 말하고 있을 뿐이다. 그것은 실로 신이 무한자인 한에서가 아니라 그가 인간 정신의 본성을 통해 현시되는 한, 혹은 그가 인간 정신의 본재를 형성하는 한 그러하다.(E II 11 C)

인간 정신은 그 자체로 독립적인 실체가 아니라 영원무궁한 지신실체의 사유실성의 한 양상이다. 그것이 자신의 기원을 망각하고 아집의 망상에 사로잡힐 때, 신해지성(神解之性)의 자진상(自眞相)을 상실해, 수동적, 외인적(外因的)으로 사역당하고, 자연과 실재를 역연하게 인식할 수 없게 된다. 그러나 인간 정신이 자진성(自眞性)을 복원해 부활 재생할 때, 또다시 무시무종(無始無終)의 영원무궁한 존재 자체로 득입해 자연과 혼연일체를 이루게 된다. 이 경우 우리가 편의상 "마치 정신이 이제 막 존재하기 시작하여, 사물을 영원상 아래서 이해하기 시작한 것처럼"(E V 31 S) 생각할 수 있지만, 사실 정신은 불생불멸 부증불감(不生不滅不增不減)하고 영원무궁하게 무소부재하는 일심(一心)이며, 일신(一神)이고, 일체(一體)이며, 일성(一性)이었던 것이고, 여기서 '일(一)'이란 수적인 하나가 아니라 일체여일(一切如一), 일즉일체(一卽一切), 일체즉일(一切卽一)인 진여자상(眞如自相), 자유자재(自由自在), 자연자성(自然自性)을 의미하는 데 불과하다.

우리는 최고 인식에 의해 관조되는 궁극적 실재를 지신 실체라고 불렀다. 이제 지신 실체 오직 그 자체일 뿐인 즉자(卽自)와 대자(對自)를 원효의 어법에 따라 '실상(實相)'으로 대체하고, 이 실상을 관조하는 인식 양식을 '대혜(大慧)'라 규정해 양자 간의 관계를 살펴보기로 하자. 무성(無性), 무상(無相)인 실상 자체는 무엇인가? 그것은 상상의 산물도 아니고, 인과 추리의 결과도 아니며, 그것의 실상은 있다고도 할 수 없고 없다고도 할 수 없고, 진제·진여문·영원문에서 본 것만도 아니고, 속제·생멸문·지속문에서 본 것만도 아니다.

『석론(釋論)』에서 이르듯, "일체가 실이거나[一切實], 일체가 실이 아니거나[一切非實], 일체가 실이기도 하고 실이 아니기도 하며[一切實亦非實] 일체가 실(實)이 아니고 부실(不實)도 아니어서[一切非實非不實], 이것을 일러 일체 존재의 실상이라 한다[是名諸法之實相]."고 규정할 수 있다. 이때 오직 집착을 버리고 실재 자체의 참뜻을 살핀다면 위의 주장은 부당함이 없지만, 반대로 문자에 집착해 말뜻만 이해한다면 도리어 위의 주장들은 상호 모순에 빠지거나 궤변으로 전락해 허언, 잡담이 되고 만다. 따라서 자체 존재의 인식은 절대의 논리에 따라, 상대의 논리를 넘어서는 언어도단의 실재, 자연 자체를 직관하지 않으면 안 된다. 즉 저 4구(句)를 벗어나 존재 자체를 그의 열림 가운데서 관조하면 제법실상(諸法實相)이 약연하게 드러난다.[92]

그렇다면 저 불립문자, 언어도단의 실상을 관조하는 인식 주체, 인식 작용은 어떻게 되는 것인가? 어떤 이는 무루혜안(無漏慧眼: 신의 안목. 영원상 아래의 일체 본성과 본재를 직관하는 안목)이라 하고, 또 어떤 이는 유루혜안(有漏慧眼: 감각적, 상상적 지각)이라 하고, 또 어떤 이는 영원상 아래서는 무루혜안이고 지속문에서는 유루혜안이라 하고, 또 어떤 이는 이러한 인식 주체를

> 그 모습을 얻을 수 없으니, 있는 것 같기도 하고 없는 것 같기도 하며, 상(常)인 것 같기도 무상(無常)인 것 같기도 하며, 공(空)인 것 같기도 실(實)인 것 같기도 하며,…… 유위(有爲)도 아니고 무위(無爲)도 아니며, 법(法)도 아니고 법 아닌 것도 아니며, 취하지도 않고 버리

---

92) 『대혜도경종요』, 전서-Ⅱ, 4~56쪽 참조.

지도 않으며, 생도 아니고 멸도 아니어서, 유무로 표현될 수 있는 4가
지 진술을 모두 벗어나 있으니, 어디 가서도 집착하는 바가 없는 것[93]

으로 규정하기도 한다. 원효는 저 모든 입장을 그의 절묘한 화쟁 논
법에 따라 각기 그 나름의 일리가 있는 것으로 해석한다. 그런데 문
제는 바로 관조의 대상인 실상에 있다. 실상과 관조를 동시에 생각
하지 않으면, 실상론도 관조론도 모두 언어유희(희론 또는 우치론)가
되고 말기 때문이다. 그래서 원효는 '실상'을 이미 '실상 반야'로, 그
리고 '관조'를 항상 '관조 반야'로 규정한 다음, 실상 반야와 관조 반
야를 우선 각론하고, 결국에는 양자를 통합해 "2종 반야를 함께 밝
히는[合明二種般若]" 형식으로 해명하고자 한다.

　'반야'란 '지혜'로 번역될 수 있지만, 그것이 '분별지'와 다른 것은,
실상지, 즉 실상의 인식이라는 점이다. 실상의 여실한 인식이 또한
'관조'임은 물론이다. 그래서 '관조'가 곧 '혜(慧)'가 되며, 동시에 '실
상'이 또한 '혜'가 되어, 관조 반야(관조혜)와 실상 반야(실상혜)라는
개념이 성립되는 것이다. 굳이 구별한다면, '관조 반야'에서 관조는
반야의 지업(持業)이어서 '관조'와 '반야'를 복합 명사로 구성할 때
"지업석(持業釋)"이라 부르는 반면, '실상 반야'는 '실상'이 중심이기
에 "의주석(依主釋)"이라 칭한다.[94] 환언하면, '관조의 반야'에서 소
유격 '의'는 목적격적 소유격 genitivus objectivus으로, 그리고 '실상의
반야'에서 소유격 '의'는 주격적 소유격 genitivus subjectivus으로 이
해될 수 있다. 요컨대, 실상이 일목요연하고 활연관통하게 들어나 있
는 것이 실상 반야이며, 그것은 동시에 관조 반야를 함축하는 것이

---

93) "不可相得 若有若無 若常若無常 若空若實…… 非有爲 非無爲 非法非非
　　法 不取不捨 不生不滅 出有無四句 適無所着." 같은 책, 57쪽. 이 문장의 주
　　어는 '반야바라밀'이지만, 우리는 편의상 이것을 '실상 인식의 주체'로 바꾸어 기
　　술했다.
94) 같은 책, 86쪽 참조.

기도 하다. 역연하고 약여하게 관조하지 않고서는, 그러하게 드러나고 있는 실상을 사유할 수 없기 때문이다. 물론 인간적인 주관과 사물적 객체 간의 인식 관계는 인식 없는 객관, 객관 없는 인식을 생각할 수 없겠지만, 자체 존재와 자체 인식의 절대 실체이자 자기 본재인 절대적인 실상과 자연에서는 실상과 반야를, 실상 반야와 관조 반야를 분리해서 생각할 수 없다. 거기서 "봄과 보임(見·相)"의 구별이나 "자기 확인 역할〔自證分〕"과 "자기 확인을 재차 확인하는 역할〔證自證分〕"의 구분이 무의미하기 때문이다.[95]

실상과 관조에 관한 원효의 절묘한 해명을 더 이상 자세히 설명할 여백을 갖지 못한 우리는, 다만 다음 한 문단을 인용함으로써 설명을 대신해, 후설이 "철학적 사유"의 이명(異名)으로 이른 "고독한 성찰 solitary meditation"의 화두(철학적 사유 과제)로 남겨두고자 한다.

그 까닭은 보살(菩薩: 구도자)이 반야를 수행할 때에, 모든 법의 성(性)·상(相)이 아(我)와 무아(無我), 상(常)과 무상(無常), 생(生)과 멸(滅), 유(有)와 공(空)인가를 추구하나, 이러한 일체가 도무지 얻을 것이 없고, 일체가 취해질 대상도 없으며, 능히 취할 주견(主見)도 없다. 이때에 일체의 상(相)과 견(見)을 멀리 떠나 있어, 모든 법의 실상(實相)이 둘도 없고 다른 것도 없으며, 시작도 없고 마지막도 없으며, 태어남도 없고 없어짐도 없으며, '유'도 아니요 '공'도 아니어서, 일체 언어의 길을 초월하고, 일체의 심행(心行)의 길도 영영 끊어져 있음을 평등하게 증득, 이해하거늘, 어찌 그 가운데 두 가지 반야를 운위할 수가 있겠는가? 다만 모든 법(法)이 같지 않은 것이 없기 때문에 부득이 '제법실상(諸法實相)'이라 하며, 일체 분별을 떠나 있으므로 또한 '무분별지(無分別智)'라 할 뿐이다. 지혜가 실상 아님이 없

---

95) 관조 반야와 3분설(三分說)의 관계에 대한 원효의 해명에 관해서는 같은 책, 67~68쪽 참조.

으며, 실상이 지혜 아님이 없기 때문이다.[96]

결론

이제 결론적으로 말하면, 스피노자의 유일 실체인 "지신 실체"는 원효의 "본래일심(本來一心)"에 해당하며, 전자의 양상 존재, 즉 "소산적 자연"은 후자의 "법계총상"에 해당한다. "자연의 본재(自在)"가 "지신"이듯 "법계의 본성(法性)"도 "일심"이다. 인간 정신이 생멸상을 벗어나 영원상, 즉 신성을 회복했을 때가 바로 "일심이 본원으로 복귀(歸一心源)"한 상태이다. 자성청정(自性淸淨)한 본래일심과 법이청정(法爾淸淨)한 자재법신(自在法身)은, 일즉이(一卽二)요 이즉일(二卽一)이며 불일이불이(不一而不二)이고 불이이불일(不二而不一)이라서, 생생화육하고 조화운행하는 역동성과 생동성을 가지게 된다. 현상적 사물 세계, 이른바 '자연의 통상 질서'는 우선 그대로 "사법계(事法界)"라 할 수 있고, 사법계의 사사물물(事事物物)의 관념을 "이법계(理法界)"라 할 수 있는 것은, 사(事)와 이(理)가 각기 자기 종류별로 인과의 그물망을 구성하고 있기 때문이다. 그리고 바로 이러한 인과 계열, 사물(事物)·사리(事理) 계열이 고정불변하는 질서로 구성되어 있기에 또한 "법계(法界)"라 할 수 있을 것이다. 그러나 사(事)와 이(理)는 일법계(一法界)의 두 측면에 불과하여, 관념과 그 대상이 상응하듯(E II 7) 이법계와 사법계가 상응하여, 이른바 "이사

---

96) "菩薩修行 般若之時 推求一體 諸法性相 若我若無我 若常若無常 若生若滅 若有若空 如是一切 都無所得 不得一切 所取(之)相 不起一切 能取之見 是時遠離 一切相見 平等證會 諸法實相 無二無別 無始無終 無生無滅 非有非空 超過一切 語言之路 永絶一切 心行之處 云何於中 有二般若 但 一切諸法 無不同然 是故 强名 諸法實相 一切分別 無所不離 是故 亦名 無分別智 無智而非實相 無實相而非智." 같은 책, 65쪽.

무애(理事無礙)"하고, 마지막으로 지신의 가장 구체적이고 개체적이며 실재적인 표현인 단체, 개체의 본재를 온전히 인식하는 제3종지의 차원에서는 "사사무애(事事無礙)"하게 된다. 그리하여 일법계 전체가 "일즉일체(一卽一切), 일체즉일(一切卽一)"로 원융무애(圓融無礙)하게 영겁회귀하게 되는 것이다. 한마디로, 스피노자의 경우에 "존재하는 것은 무엇이나 신 안에 있고, 그 아무것도 신 없이는 존재할 수도 이해될 수도 없으며"(E I 15), "일체의 두두물물(頭頭物物)은 신의 실성을 일정하고 규정된 양상으로 표현하는 바, 지신 실성의 양태, 양상 이외 다른 아무것도 아니듯"(E I 25 C), 원효의 경우에는 불성(佛性)도 법성(法性)도 오로지 일심(一心)일 뿐이다.[97] 그리고 이렇게 일신일심(一神一心)으로 복귀한 상태가 자연과의 합일〔隨順得入: 入實際〕이며, "자연상응(自然相應)"이고 "자연업지(自然業智)"이며, "성자연업(成自然業)"이요 "자재업(自在業)"이다.[98]

---

97) 예컨대 "諸法自體 唯是一心." 『대승기신론』, 전서-V, 176쪽 ; "一切諸法 唯是一心." II: 303 ; "佛性之體 正是一心." I: 376 ; "唯是一心. 一心之性 唯佛所體 故是心 名爲佛性." I: 499.

98) 오고산, 『대승기신론강의』(보련각, 1977), 184, 202, 220, 221, 234, 306, 307쪽 참조

원효 불학(철학)의 현상학적 해석

불교의 철학적 이해와 현상학적 접근

원효 연구의 주제로는 다소 생소해 보이는 우리의 표제부터 해명하는 것이 순서일 것으로 생각된다. 원효 사상을 논의할 때 나타나는 일반적인 경향은, 응분의 논거도 없이 원효를 위대한 불교 사상가 및 실천가로 전제한 후, 그의 사상을 오로지 그만의 사상으로만 당연시해 이를 찬양, 추종할 것을 권장하거나 또는 일체의 비판, 반론을 금기시하는 지극히 비철학적인 태도다. 누가 논변한 것이라도 그것이 오로지 보편적 진리로 주장된 이상, 그것은 너무나 당연하게 다른 그 누구에 의해서나 비판되고 반론될 수 있어야 한다. 진리는 만인이 공유하는 것이며, 따라서 진리 검증은 만인의 권리이자 의무이기에 말이다. 만약 이러한 조건이 충족되지 않는다면, 어떠한 담론도 결단코 철학적 담론으로는 거론될 수 없다. 우리가 우리의 당면 논의를 표제에서부터 철학적인 것으로 강조해 명시하는 것도 바로 이러한 논거에 연유한다.

과학적 진리 주장이 오로지 그 주장 자체의 논리성과 사실성에 의해서만 논증, 검증되어야 하듯, 철학적 진리 주장도 당해 주장 이외의 그 어떤 사실이나 사정에도 구애됨이 없이, 오직 그 주장의 명증성과 직각성(直覺性)에 의해서만 해명, 증득되어야 한다.[1] "어떤 사람의 발언이 그의 사람됨에 의해 평가되어서도 안 되고, 역으로 어떤 사람의 사람됨이 그의 발언에 의해 평가되어서도 안 된다."는 공자의 주장은 이런 맥락에서 이해해도 무방하리라.

원효가 발언한 불교·불학 담론이 '엄밀한 철학 개념'에, 즉 '철학적으로 파악된 "철학"의 개념'에 엄격히 준거한 '철학적' 담론으로 파악된 경우에만, 원효 사상이 '철학적인 것'으로 규정될 수 있다는 것이 우리 논의의 일대 전제다. 즉 우리의 원효 논의는 원효 저술 중 불교 이론적인 것만, 그중에서도 철학적인 것만 엄격히 제한해 다루고 있다는 것이다. 결론부터 말한다면, 우리의 논의를 통해 원효 저술은, 특히 대표적 저술인 『대승기신론소·별기』, 『금강삼매경론』 등은 하등의 제한 조건 없이 단적으로 철학적인 담론으로, 게다가 전형적으로 철학적인 담론으로 해명될 것이다.

그렇다면 다음으로 해명해야 할 과제는, 도대체 '철학', '철학적 담론'은 어떠한 학문, 어떠한 담론을 지칭하거나 의미하는 것인가다. 물론 철학의 개념을 규정하고 그 정체를 확인identification하는 작업은 철학의 역사와 그 궤적을 함께하는 역사적, 해석학적 작업이며, 이러한 작업은 특히 현대 철학에서 각별히 강조해 왔던 것이 사실이다. 그렇다면 너무나 당연하게 어느 누구도 이러한 절체절명의 철학 과제를 독점, 독단할 수 없는 일이지만, 또한 그 누구도 이러한 작업을 철저히 수행하지 않고서는 어떠한 철학 담론에도 철학적으로 동참할 수 없다는 것이 엄연한 진리다. 이렇게 가장 보편적이면서 가장 개별적인 자기 정체성 확인 작업이 철학적 학문과 수행에 유별난

----

1) 여기서 이미 우리는 이미 과학과 철학의 근본적인 차이를 언급하고 있는 셈이다.

철학 특유의 소명이다.

우리는 원효의 불교, 원효의 철학, 원효의 불교 철학을 '원효의 불학'[2]이라는 표제 하에 논의하는 벽두에서 우리 나름의 철학 개념 규정을 충분-명증적으로[3] 해명할 여백을 가지고 있지 않다. 역설적이

---

2) 우리는 여기서 '불교'의 '불(佛)'을 '깨달음'으로 이해하고, '교(敎)'와 '학(學)'은 동일자의 양면을 표현한다는 점에서 상호 교환적으로 사용하며, '불학'을 '철학'과 동의어로 간주한다. 그리고 원효 사상이라는 것이 존재한다면, 그것이 세칭 불교와 불가분리적이라는 뜻에서, 그것을 언제나 불교 사상으로 이해하고, 역으로 우리가 불교 사상을 거론할 때는 편의상 원효의 불교 사상으로 대변하기로 한다.

3) '충분-명증적'이란 후설의 현상학적 인식론의 전문 술어로서 '충전적(充全的) 명증성'(die adäquate Evidenz)으로 자주 번역되는 용어의 형용사적 표현이다. 그런데 'adäquat'란 라틴 어원적으로 'adaequat(us)', 곧 'adaequare'의 과거분사형에 해당하며, 후자는 'ad+aequare'의 합성어로서 '동등·평등하게 하다'를 의미하는 말이다. 그리고 'Evidenz'는 라틴 어원적으로 'evidentia'에 대응하는데, 후자는 동사원형 'evidere'의 명사적 변형이고, 'evidere'는 'ex+videre'의 합성어로서 '보는 데서', '보아서' 또는 '봄으로써'를 뜻한다. 따라서 '충전적(또는 충분적) 명증성'은 '사태·진리 전체를 본 명료성'을 의미하는 것으로서, 그 필연성을 본 명료성인 '필증적(必證的) 명증성'에 대비된다. 충전적 명료성이 반드시 필증적인 것이 아닐 수 있듯, 그 역도 참이다. 비록 전분(全分), 충분, 충전적으로 보지 못했을지라도, 그 일부나마 필연적인 것으로 볼 수 있기 때문이다. 우리가 이 '명증성 Evidenz'의 개념을 이처럼 자세히 주석하는 것은 그것이 여기서 문제되고 있는 '일미관행(一味觀行)'의 '관(觀)'과 불교의, 특히 선(禪: 思惟修)불교의 핵심 개념인 '견성(見性)'의 '견(見)'과 직결되는 개념이기 때문이다. 이 문제와 연관해 원효 철학의 한 사례를 든다면,『열반경종요』「자성문(見性門)」에서 불성(佛性), 법성(法性)을 여실하게 득견(得見)하는 문제를 해명하는 데 원효가 제시한 '여실의(如實義)'의 3중 분별(三重分別)이다. 즉 '일자구경불구경문(一者究竟不究竟門), 이자편불편문(二者遍不遍門), 삼자증부증문(三者證不證門)'이 그것이다. 첫 번째 의미로 견성(見性)한다는 것은 '구경귀일심원(究竟歸一心原)하여 증견불성지전체(證見佛性之全體)'하는 경우로서 오직 불지(佛地)에서만 가능하다. 두 번째의 의미로 견성한다는 것은 '편견일체편계소집(遍遣一切偏計所執)하고 편견일체편만불성(遍見一切遍滿佛性)'한 경지로서 초지(初地) 이상의 보살에게만 가능하다. 그리고 세 번째 의미로 견성한다는 것은 이승성인(二乘聖人)이 비록 이공진여(二空眞如), 곧 불성(佛性)을 편견(遍見)하지는 못해도, 인공문(人空門)에 의해 진여를 증득하기 때문에 역시 안견불성(眼見佛性)이라고 말할 수 있다.『국역원효성사전서』(보련각, 1987), 권1, 400~420쪽

게도, 그것은 원효 불학에 관한 우리의 논의 전체를 통해 일이관지(一以貫之)하게 수반적, 측면적으로 laterally 현시될 것이다. 다만 우리의 철학 개념에 대한 전(前)이해 Vorverständnis를 돕기 위해 우리의 입장을 잠정적으로나마 현대 철학의 기존 입장에서 확인해야 identify 한다면, 그것은 데카르트, 칸트, 후설, 하이데거로 이어지는 선험 현상학적 철학 노선에 가장 친화적인 유형이라 하겠다. 즉 우리는 여기서 선험 현상학적으로 우리의 주제에 접근하고자 한다. 불교 철학은, 적어도 원효의 철학은 선험 현상학적이며, 따라서 선험 현상학적으로 해명되는 것이 적어도 철학적으로는 가장 바람직하다는 것이 우리의 확고한 입장이기 때문이다. 그러나 선험 현상학적인 것이 무엇을 의미하는지가 선결 문제로 남게 된다. 그것은 우선 불교를 철학적으로 이해하는 것이, 더 구체적으로 말해 불교의 철학적 진리를 선험 현상학적으로 이해하는 것이 어떤 의미에서 불교 철학을 가장 불교적, 철학적으로 이해하는 것으로 간주될 수 있는가를 해명하는 문제이기도 하다.[4]

불교의 철학적 이해 가능성의 조건

우선 '불교'를 어떻게 규정해야 할 것인가? 바꿔 말해, '오직 철학적으로 이해되어야 할, 또는 그렇게 이해될 수 있는 불교'를 '일반적,

---

참조. 인용한 부분은 401~403쪽.
4) 우리는 여기서 '선험적', '초월적', '현상학적'이라는 용어를 대체로 칸트, 후설, 하이데거의 철학 어법에 충실하게 사용하겠지만, 때로는 원효 불교 철학을 철학적으로 더 일관성 있게 이해하기 위해 비교적 자유롭게 우리 나름으로 전의(轉義)해 사용하기도 할 것이다. 따라서 이러한 맥락을 떠나 이들의 의미를 고식적, 교조적으로 이해하고자 고집하는 것은 우리의 원효 철학 이해를 크게 오해할 우려가 있음을 유의해야겠다.

평상적으로 이해되어 온 불교'에도 어긋나지 않게 철학적 주제로 삼기 위해 우리는 '불교'라는 개념을 어떻게 규정해야 할 것인가? 불교학[5] 개념을 규정하기 위해 『불교학대사전(佛敎學大辭典, *The Encyclopedia of Buddhology*)』[6]을 보면, '불(佛)' 은

> 범어 buddha의 음약. 불타(佛陀)…… 등으로 음역(音譯)하고 각자(覺者), 지자(知者), 각(覺)이라 번역하며, 진리를 깨달은 이의 뜻으로 스스로 깨달아[自覺] 다른 사람을 깨닫게 해[覺他] 깨달음의 기능이 전지전능하게 충만하다[覺行窮滿]는 뜻이 있다."[7]

라고 정의되고, 또한 '불교(佛敎)'는

> "불타(佛陀, Buddha), 여래(如來, Tathāgata), 세존(世尊, Bhagavatas) 등으로도 불리는 석존(釋尊, Śākyamuni)의 가르침을 뜻하며, 불법(佛法, Buddha-dharma)·불도(佛道, Buddha-marga)라고도 불린다. 즉 석가모니를 교조로 삼고 그가 말씀한 교법을 종지(宗旨)로 하는 종교다. 불교라는 말은 부처가 설한 교법이라는 뜻과 '부처가

____

5) 여기서 우리가 '불교학'이라고 지칭하는 것은 문자 그대로 '불교 현상에 대한 학문적 접근'을 의미하는 것으로서, 이는 당연히 철학적, 비철학적 접근을 모두 포괄하는 개념이겠으나, 우리의 당면 과제는 다만 철학적인 것에, 즉 불교 철학에 국한될 것임은 물론이다.

6) 전관응 대종사 감수, 홍법원, 1996. 영문 표제를 유념할 것. 우리는 여기서 특별한 경우 외에는 이『사전』을 인용할 것인데, 더욱 전문적이고 권위 있는 사전으로 알려진, 전 10권으로 된 망월,『망월불교대사전』일본어본 등을 사용하지 않는 것은 독자들의 편의를 고려해서일 뿐 아니라, 우리가 가장 평명하게 이해하고 있는 불교에서부터 철학적 이해를 시도하기 위해서다. 이는 우리가 철학을 전문적이고 기술적인 지식이 아니라 가장 일차적, 근본적, 보편적, 자각적인 '인간의 존재 구성적' 현실에 대한 자기 명증적 자기 인식으로 이해하고 있기 때문이다.

7) 같은 책, 582쪽 좌.

되기 위한 교법'이라는 뜻을 포함한다[8]

라고 규정되어 있다.[9] 위의 정의를 풀면, '불교·불학·불도는 깨달은 사람의 가르침을 따라 깨달음에 이르기 위한 가르침·배움·길'로 이해해도 무방하리라. 그러기에 '깨달음의 길'은 누구에 의해 교시(敎示)되고 수학(修學)되건, 보편적이고 본질적으로 중요한 것은 바로 깨달음 그 자체다. 따라서 깨달음이 전제되지 않은 불교, 불학, 불도는 전적으로 무의미하며, 하등의 존재 이유도 가질 수 없다. 바로 이 점에서 불교는 종교학적 의미의 종교가 아니라 철학적 의미의 '종교', 즉 '근본적 가르침'이며, 불학은 과학이 아니라 선험 현상학적 의미의 철학이고, 불도는 역사적 각자(覺者)인 특정인 석가모니에 이르는 길이 아니라 일체 중생의 일즉일체적 성불(成佛: 깨달음)에 이르는 길이다. 예컨대, 기독교는 예수의 교리를 따라 하나님을 신앙하는 종교지만 아무도 감히 예수나 하나님이 되기를 소망해서는 안 되는 데 비해, 불교는 "부처가 설한 교법이라는 뜻과 부처가 되기 위한 교법이라는 뜻을 포함"하는 것으로 정의될 수 있다. 따라서 불교는 깨달음의 이치로서 결코 도그마가 될 수 없다.

지금까지의 논리 전개가 철학적 명증성과 필연성을 가지는 너무나도 평명(平明)·평상적(平常的)인 진리로 수긍될 수 있다면, 이제 우리는 '종교적으로는 무모하지만 철학적으로는 너무나 당연한' 하나의 대담한 발상 전환을 감행할 수 있게 된다. 불가 전적, 특히 불교 삼장(三藏)의 일체 불법이 그 일 점, 일 획이라도 문자 그대로 해독해야 할 신성불가침의 절대 진리라고 전제한 후 오로지 하나의 완전한

---

8) 같은 책, 586쪽 좌. 강조는 첨가된 것이다.

9) 거듭 말하거니와, 우리가 매번 불교학 용어를 『사전』에 따라 정의하는 것은, 일반적으로 사용되는 용어들이 학계에서 어떻게 이해되고 있는가를 우리 나름으로 가늠하는 데 일관성을 보이고자 함인 동시에, 이 『사전』에서 정의된 불교학 용어들이 우리가 이해하고 있는 철학적 의미에 대체로 잘 부합하기 때문이다.

해석과 그에 상응하는 모형적 실천만을 목표로 삼는 대신, 즉 절대 보편, 영원불변의 불법이 우리 각자의 심(心)·식(識)으로부터 독립해 외재(外在)하는 것으로 당연시하는 대신,[10] 단적으로 '깨달음 자체가 무엇을 의미할 수밖에 없으며, 그렇다면 이러한 상태 또는 행위는 어떻게 가능한 것인가'를 물을 수도 있다. 다시 말해, 불경에 명시된 불법의 의미와 그 진리성을 일일이 문제 삼는 대신, 단적으로 불(佛: 깨달음) 자체, 불법(佛法: 깨달음의 방법) 자체의 의미와 그 가능성의 조건을 일거에 문제 삼는 혁명적 발상 전환을 감행할 수 있다는 말이다. 이때 전자의 물음이 과학적 질문 방식이라면, 후자의 물음은 철학적 설문 방법이라 하겠다. 우리가 '원효 사상'을 논의하면서 유별나게 철학적으로, 게다가 '불교 철학'을 수반하는 방식으로 과제를 수행하려는 것도 바로 이러한 사정에 연유한다.

철학은 '하나이자 보편적[一卽全]'인 물음을, 스피노자의 이른바 "영원상 아래서(진여문 아래서)" 관조하는 반야와 여리, 구경의 지혜를 지향하는, 『금강삼매경』의 "일미관행(一味觀行)"에 다름 아니다. 역사적으로 불교에 대한 철학적 수행(修行)이 그 절정에 이르렀을 때, 철학적 사유, 곧 사유수(思惟修)를 수행(遂行)하는 선가(禪家)에서 돈오(頓悟)와 점수(漸修)의 문제가 그처럼 첨예하게 제기된 것도 역시 불교의 철학적 성격에 기인한 것으로 볼 수 있다. 이상과 같은 간략한 예비 진술을 통해, 우리는 깨달음 또는 깨침의 불교적, 불교 철학적 의미인 '깨달음의 가능성 조건'을 선험적, 철학적으로 물을 수 있는 근거를 아쉬운 대로나마 마련하게 되었다.

깨달음은 무엇일 수밖에 없겠는가? 대체, 우리는 무엇을 깨달을 수

---

10) 교조적 종교의 원리주의자들이 이러한 태도를 취할 수도 있겠으나, 아마도 지각 있는 불교인, 진정으로 깨달음을 추구하는 보살들은 결코 이러한 입장을 지지하지 않을 것이다. 그리고 이러한 후자의 특이성에서 그 철학적 성격이 간취(看取)될 수 있을 것이다.

있는 것인가? 예컨대, 우리는 뜰 앞의 나무를 한 그루의 나무로 '지각(知覺)한다'고 할 뿐 '깨닫는다'고 하지 않으며, 또한 (a>b), (b>c)로부터 (a>c)를 추론하는 것을 깨달음으로 치부하지 않는다. 사물, 사건의 지각이나 명제 간의 추리 같은 심리 작용은 '깨달음'으로 분류될 수 없기에 말이다. 깨달음은 우선적으로 일체의 객관적, 대상적 인식 행위로부터 구별되어야 할 어떤 것이다. 즉 심리·물리적 질서든 혹은 수리·논리적 질서든, 주객 이분법적 인식의 대상으로 전제되어 있는 한, 이들은 깨달음의 대상일 수 없다는 말이다. 이것을 역으로 불학적으로 말하자면, 깨달음의 대상은 유상(有相)이 아니라 무상(無相)이며, 깨달음의 행위(깨침, 覺)는 유상관(有相觀)이 아니라 무상관(無相觀)이라는 말이 된다. 무상관의 대상[所觀法][11]인 '무상인 바 진상·실상'은 '상 없는 상'[無相之相]이라는 '무리(無理)'일 뿐만 아니라, 무상관[無相之觀]이라는 개념 자체가 이미 무리다.[12] 따라서 '무상(無相)이 실상(實相)'이라든가, '무상관이 진(실)관'이라는 개념이 무리가 되지 않으려면, '관(觀)'과 '상(相)' 또는 인식과 현상이 세간·경험적인 의미를 초출한, 이를테면 출세간·선험적인 의미(곧 세간·경험적으로는 무미(無味)·무리로 이해될 수밖에 없겠다. 수승(殊勝)한 '깨달음[智慧]'과 범속한 '알음알이[知解]'의 차이는 세간·경험[世俗諦]과 출세간·선험(또는 선험적 경험)[勝義諦]의 차이만큼이나 판이하기 때문이다.

---

11) 여기서 '대상'이란 주관의 상대물을 지칭하는 것이 아니라, 이를테면 주객 미분(未分: 不二)인 것을 억지로 말해[强名] '대상'으로 명명한 것일 뿐이다.
12) '무리(無理)'란 경험적·형식 논리적인 차원에서는 '이치 없음(non-sense)'을 의미하지만, 선험적·선험 논리적인 의미에서는 '궁극적 진리', 원효의 용어로는 '지리(至理)'일 수 있다. 이렇듯 형식 논리, 즉 '객관적으로 논리적인 것'에 의하면 동일률, 모순률, 배중률을 위배하는 무리이면서도, 선험적·선험 논리적으로는 지리인, 이 불가사의의 진리를 원효는 "무리지지리(無理之至理)"라는 역설로 표현한다. 여기서 "객관적으로 논리적(objektiv-logisch)"이라는 것은 후설의 용어를 차용한 것이다.

원효는『금강삼매경』, 「무상법품(無相法品)」의 품명을 해석하면서 '무상법'을 '무상+법'으로, 그리고 '무상'을 '무상관'으로, '법'을 '소관법'으로, 즉 관지(觀智: 주관)와 관경(觀境: 객관)의 '관계'로 분석한다.[13] 그는 '무상관'을 이를테면 '출세간·선험적 인식', 곧 '주객 일여(一如)의 인식'으로 이해하는 셈이며, 이러한 인식이『금강삼매경』의 종지인 '일미진실 무상무생 결정실제 본각이행(一味眞實無相無生決定實際本覺利行)'이고, 원효가 이해한 이 경전의 종요인 '일미관행'이다.[14] '일미관행'의 '일미'는 "절대의 입장에서 모든 것이 동일하고 평등해 차별이 없는 불법"[15]으로 정의될 수 있으며, '일향(一向)'이나 '일행(一行)'의 의미도 함축하고 있는 것으로 보인다. 그리고 '관(觀)'은 "심(心)을 하나로 전심(專心)해 지혜로써 불(佛)과 법(法)의 일정한 대상을 관찰하고 염상(念想)해 깨달음을 얻는 방법"으로 정의되며, '원행(願行)', '교행(敎行)', '심행(心行)'으로서 '관행(觀行)'으로 이해되어, 결국 관은 '관행'일 수밖에 없다. 원효는『금강삼매경』의 종요를 변증하는「변경종문(辨經宗門)」에서 일미관행의 불도 인식론(佛道認識論)을 일음 증도가(一音證道歌)처럼 읊고 있거니와, 이제 우리는 바로 이 간결한 문건을 전거로 삼아 깨달음의 논리를 변증하고자 한다.

'관행'에서 '관'은 횡적, 동시적, 수평적인 '지(智: 주)·경(境: 객) 관

---

13)『금강삼매경론』,『원효의 금강삼매경론』(일지사, 2000), 은정희·송진현 역주, 87쪽 참조. 우리는 원효 철학을 논의하면서 학계의 관례에 따라『대승기신론소·별기』와『금강삼매경론』을 가장 중요한 전적으로 참조하며, 이들 전적으로부터의 인용은 학계의『한국불교전서』인용 관례를 깨고, 오로지 일반 독자의 편의를 고려하여 모두 은정희 역주본에서 인용하고,(앞으로 이 책들은 '책명, 은정희, 쪽수'의 식으로 표시한다.) 여타 전적은『국역원효성사전집』(보련각, 1987~1989)에서 인용한다.

14) 각각『금강삼매경론』, 은정희, 69, 24.

15) 이미 앞서 언급했듯, 불학 용어에 대한 정의는 특별한 주석이 없는 한 언제나 위에서 인용한『불교학대사전』(홍법원, 1996)에 따른다.

계'를, '행'은 종적, 통시적, 수직적인 '인과 관계'를 의미한다.[16] 그런데 '관' 그 자체가 이미 '관지(觀智)로써 관경(觀境)을 관조하는 관행(인식 행위)'이기에, 저 '행'의 종적, 통시적, 수직적인 인과 관계는 다름 아닌 관행의 시간적, 역사적인 자기 관계일 수밖에 없다. 즉 선행(先行)하는 관행이 후속하는 관행에 대해 가지는 관계성이 관행의 인과성이라는 말이다. 문제의 관행은 사물과 사건의 현상을 대상으로 관찰하는 상식적이고 실증적인 관찰 행위가 아니라 깨달음의 행위, 곧 각행(覺行)이기에, 마음으로부터 독립해 마음 밖에 존재하는 것으로 상정된 일체의 심리·물리적 존재는 관심(關心: 결국은 관심(觀心)) 밖에 두고, 오로지 관행 그 자체에 집중하는 것이 상책이다. 대승 불학에서 '심외무물(心外無物)'이나 '삼계유심조(三界唯心造)'를 절체절명의 화두로 삼는 것과,[17] "비유비무(非(不)有非(不)無)"를 비(非)존재론의 기초 논리로 전제하는 것은 바로 이 때문이다. 그리고 『대승기신론』, 「수행신심분(修行信心分)」의 수행5문(修行五門) 중 최종문인 지관문(止觀門)에서 지관쌍운(止觀雙運)을 시설하면서[18] 지일체경계상(止一切境界相)을 선수 조건으로 제시하는 것은, 마치 인식과 경험의 원천을 증득하려는 현대 현상학적 철학이, 자연적 태도에서 가정된 존재 믿음에 효력 정지 처분하는 '판단중지'를 현상학적 환원 조치의 단초로 처방하는 것과 유사한 방법론으로 이해될 수 있을 것이다.

---

16) "觀是橫論, 通於境智. 行是竪望, 亘其因果." 『금강삼매경론』, 은정희, 24.

17) "若人欲了知 三世一切佛, 應觀法界性 一切唯心造." 「십지품(十地品)」이나 "三界虛妄 但是心作, 十二緣分 是皆依心." 『화엄경』, 「야마천궁게찬품(夜摩川宮偈讚品)」도 같은 맥락이다. 강조는 첨가된 것이다.

18) '지관문'이란 육도대행(六度大行) 중 선정(禪定)·지혜의 바라밀에, 그리고 '지관쌍운(止觀雙運)'은 정혜쌍수(定慧雙修)에 해당된다. 우리가 이 논의에서 자주 불교의 기초 교리를 언급하는 것은 단순히 이들 교리를 도그마로서 상기하기 위해서가 아니라, 평명한 교리와 사전적 정의를 빌어 깨달음의 원초적 토대를 철학적으로 증시하기 위해서다.

이런 의미에서 "관심(觀心)은 주관인 마음을 관하는 것이고, 관법(觀法)은 객관인 대상을 관하는 것이나 주관과 객관이 서로 융통(融通)하고 상즉(相卽)하므로 관법이 관심과 같다."고 정의한 것은 아주 적절한 것으로 보인다. 더 나아가 관의 대상[觀法]이 우선은 관상(觀想)이나 관념(觀念)일 수 있으나, 관행이 진리, 실상의 관조이기 위해서는 결국 그 대상도 표상이 아니라 자성청정법계(自性淸淨法界)이며, 대도(大道), 지리, 진여일 수밖에 없기에, 관법, 관문(觀門)은 또한 관도(觀道)이기도 하게 된다. 이러한 관행이 가능하기 위해서는, 즉 심(心)·법(法)이 일치, 상응하기 위해서는 과연 이 심과 법이 어떠한 지(智)와 경(境)이어야 할 것인가? 우리는 또다시 '깨달음의 가능 조건'의 문제로 되돌아와 있음을 발견한다.

원효는 『금강삼매경론(금강삼매경)』, 「술대의(述大意)」에서 "지즉본시양각(智卽本始兩覺), 경즉진속쌍민(境卽眞俗雙泯)"으로 지(智)와 경(境)을 풀이한다. 여기서 '양각'이란 물론 본각(本覺)과 시각(始覺)의 대칭이며,[19] '진속'은 "진제평등(眞諦平等)의 이치와 속제차별(俗諦差別)의 이치, 불법(佛法)과 세법(世法), 승려와 속인, 참된 것과 속된 것, 사리(事理)의 다른 이름으로, 인연이 생(生)하는 사리를 속(俗)이라 하고, 불생불멸의 이성(理性)을 진(眞)이라 함"으로 정의되는 개념이다. 현대 철학적으로 표현해, '진제·속제'는 '불생불멸의 본질적, 선험적 진리와 인과 현상(因緣生滅)의 경험적 진리'의 상관 개념으로 이해될 수 있을 것이다. 그리고 "진속쌍민"은 곧 '진속구공(眞俗俱空)', 즉 "비진비속무변무중지중도(非眞非俗無邊無中之中道)"를 의미하는 것으로, 현상학적 용어로는 '본질이 곧 현상'이고, '선험적

---

19) 각(覺)·불각(不覺), 본각(本覺)·시각(始覺), 불각(不覺)·시각(始覺)의 대칭적 해명에 관해서는 『대승기신론』, 「심생멸문(心生滅門)」 중 '심생멸' 항에 자세히 기술되어 있고, 이 주문(主文)에 대한 원효의 소문(疏文)은 그의 불교 철학적인 통찰력을 여실히 증시하고 있다.

인 것이 곧 경험적인 것'인 바 '본질과 현상', '경험과 선험'이 일즉이(一卽二), 동즉이(同卽異)의 관계로 이해될 수 있는 것이다. 즉 양자 중 어느 것도 그 자체로 존립하지 않는다는 의미에서 '독자적인 구별로서의 양자'는 모두 없어진 것이기에 쌍민(雙泯)이고 구공(俱空)인 셈이다. 그럼에도 불구하고 이 양자가 "융이이불일(融二而不一)"이자 "불일이융이(不一而融二)"로서는 불멸(不滅)이고 불공(不空)이다.

마찬가지로 본질과 현상, 경험과 선험이 각별(各別)이 아니라는 점에서는 양자가 모두 허망한 것이지만, 본질의 현상(현상의 본질), 경험의 선험(선험적 경험)이라는 의미에서는 양자가 모두 실재적인 셈이다. 경험적, 현상적, 세속적인 것은 선험적, 본질적, 초속적(超俗的)인 것 없이는 어떤 것으로도 경험, 현상, 속화(俗化, mundanization)될 수 없는 한갓 허망과 혼돈에 불과한 것이며, 역으로 전자 없는 후자는 공허와 도무(都無, nihil)에 불과하다. 따라서 후자는 본질적, 선험적, 초속적인 방식으로 일심(一心) 또는 관지(觀智)에 선재(先在) 또는 본재(本在)하는 것[20]으로 볼 수 있고, 이러한 '인식의 근원적 상황' 또는 '근원적 인식 상황'을 불교적으로 '본각(本覺)', '시각(始覺)' 및 '양각이무생(兩覺而無生)'이라 부른다. 그리고 이러한 진상(眞相), 진제(眞際), 실상(實相)에 대한 진관(眞觀), 이관(理觀)이 무상관(無相觀), 진정한 의미의 철학적 사유, 하이데거의 어법으로 '존재 = 사유'이며, 이러한 관행(觀行)이 곧 무생행(無生行)임은 물론이다. 진속(眞俗)이 쌍민(雙泯)이면서 불멸인 '관경(觀境)'을 본(本)·시(始)가 양각(兩覺)이면서 무생(無生)인 '관지(觀智)'로써 인식하는 관행(觀行)이 '관조 반야 = 실상 반야'로서 각행((究竟)覺行: 깨달음)이라는 말이다.

---

20) '본재(本在)'란 일반적으로 '본질 Wesen'로 번역되는 용어를 하이데거의 어법에 충실하게 번역한 것이다. '존재자의 추상적 본질'이 아니라 '존재의 선험적 화생(化生)'을 의미하는 개념으로 사용한다.

앞의 문단에서 우리는 주로 관행론(觀行論)의 전반부인 관론(觀論)을 해명했다. 말할 것도 없이 관행론은 깨달음의 이론, 깨침의 해명, 결국 '깨달음의 깨침'인 셈이다. 이를 관과 행으로 분석해 해명하고자 할 경우 관행론은 관론(인식론)과 행론(실천론)으로 나뉘는데, 이 양자를 포괄적인 의미에서 '인식(앎) = 실천(삶)'으로 이해해, 전자를 정태적·동시적 인식론으로, 후자를 동태적·발생적 인식론으로 간주해도 무방할 것이다. 따라서 이제 관행론의 후반부인 행론(行論)을 해명하기 위해 우리가 유념해야 할 것은 관행의 인과적, 발생적인 측면이겠다. 원효에 따르면, 행은 인과 관계로서 "과(果)는 5법원만(五法圓滿), 인(因)은 6행비족(六行備足)을 이른다."[21] 5법(五法)이란 청정법계(淸淨法界)와 4지(四智)를 총칭한 것으로, 과(果)로서의 '5법원만'은 진여와 4지의 합일, 이른바 이지 명합(理智冥合)으로서 관행의 최고 단계인 '지경일여(智境一如)', 곧 인식의 완전태인 '존재·사유 일치'의 경지를 지칭한다. 그리고 6행(六行)은 "처음 신해(信解)로부터 등각(等覺)에 이르는" 보살계위(菩薩階位)의 6등급을 총칭한 것으로, "6행무분별관(六行無分別觀)을 이른다."[22] 그리고 후자는 무생행(無生行)에 의한 무상법(無相法)의 관행(觀行)을 이름은 물론이다.

이와 같은 6행의 인위(因位)가 충만하게 실현될 때, 과위((佛)果位)로서 5법이 또한 원만해지게 된다. 즉 관행(修行)을 통해 제8식이, 즉 진여·생멸, 각·불각의 화합식(和合識)인 아라야식이, 불각과 생멸을 멀리 떠나 청정무구식(淸淨無垢識)인 제9식으로 전변(轉變)해 청정법계가 되고, 제8식은 대원경지(大圓鏡智)로, 제7식인 말나식은 평등성지(平等性智)로, 제6식인 의식(意識, mano-vijnana)은

---

21) 『금강삼매경론』, 은정희, 24.
22) "從初信解乃至等覺立爲六行." 은정희: 24. "行謂六行無分別觀." 『금강삼매경론』, 은정희: 83.

묘관찰지(妙觀察智)로, 그리고 안(眼)·이(耳)·비(鼻)·설(舌)·신(身)의 전(前)5식은 성소작지(成所作智)로 전변해 4지를 이룸으로써, 저 청정법계와 이 네 가지 지혜가 합쳐져 5법이 원만하게 된다. 즉 무상(無相)·실상(實相)의 일진청정법계(一眞淸淨法界)인 진여를 관경으로 하고, 전식성지(轉識成智)한 불과 4지(佛果 四智(佛智))를 관지로 하는 불지(佛地)의 지(智)·경(境) 관계가 이지 명합으로서 '일미진실 무상무생 결정실제 본각이행(一味眞實無相無生決定實際本覺利行)'으로서 일미관행의 진면목이다. 그러기에 (관)행의 인과는 결국 관(행)의 경지와 일미관행으로 합일되게 마련이다.[23]

원효의 『금강삼매경론』은 『금강삼매경』의 「대의」를 일심원(一心源)과 3공해(三空海)의 관계[24]로 진술하고, 「경종(經宗)」을 6품(六品)의 「대의」에서 변증한 후, 「정설분(正說分)」에서 6품을 6분과문(六分科門)으로 해석하기에 앞서, 다시 한번 6품의 대의를 다양한 방식으로 정식화formulate하면서, 일미관행과 섭대승의(攝大乘義)를 약술하고 있다. 우리도 이 과문(科文)을 참조해 불(佛)·각(覺)·관(觀)·행(行)의 '가능성 조건'을 다시 한번 정리해 보자. 원효는 제1무상법품(無相法品)에서 제6여래장품(如來藏品)까지 품목별 대의를 차례로 제시한 다음, "여시6문 관행주진(如是六門 觀行周盡)"으로 6품 전체의 대의를 요약하고 그 연유를 제시하는데, 이는 바로 일심진여의 유전 환멸을 연기(緣起)하는 연유를 해명하는 것이다. 즉 무시 이래로 중생이 무명(無明)·불각(不覺) 상태에서 각종 망상에 떠내려가는 것은 다만 제법실상을 여실히 견성(見性)하지 못하고 취상분별

---

23) "六行滿時 九識轉顯 顯無垢識. 爲淨法界 轉餘八識 而成四智. 五法旣圓 三身斯備. 如是因果 不離境智 境智無二 唯是一味. 如是一味觀行 以爲此經宗也."『금강삼매경론』, 은정희, 24. 강조는 첨가한 것이다.

24) 우선적, 개략적으로 말하자면, '일심원'은 '심·자아·주체'로, '3공해'는 '법·존재·세계'로, 양자 간의 관계는 불일이불이의 일심진여, 일법진여로서 여래장으로 이해할 수 있다.

(取相分別)하는 병환에 연유한다는 것이다. 존재(體)의 현상으로서 상(相)은 불생불멸의 영원상(예컨대, 스피노자의 specie aeternitatis) 으로서는 진상(眞相)·실상(實相)(예컨대, 플라톤의 eidos)이지만 생멸상으로서는 망상·허상(eidola)이 된다.[25] 그러나

이제 그 흐름을 돌이켜 근원으로 돌아가게 하려면 먼저 모든 상을 깨뜨려 없애야 하니, 그러므로 처음에 무상법을 관찰해야 함을 밝힌 것이다. 비록 모든 상을 없애버렸더라도 관찰하는 마음이 남아 있다면, 관찰하는 마음이 오히려 일어나서 본각에 부합하지 못하므로 일어나는 마음을 없애야 하니, 그러므로 두 번째 무생행을 나타냈다. 행위가 이미 일어남이 없어 이제 본각에 부합하며, 이것에 의해 중생을 교화해 본각의 이익을 얻게 하니, 그래서 세 번째 본각이익문을 밝혔다. 만약 본각에 의해 중생을 이롭게 하면 중생이 곧 허상으로부터 실제에 들어갈 수 있으니, 그러므로 네 번째 실제에 들어감을 밝혔다. 안으로의 수행은 곧 모양이 없고 일어남이 없으며, 밖으로의 교화는 곧 본각의 이익으로 실제에 들어가게 하니, 이러한 두 가지 이익으로 만 가지 행위를 구비하되 똑같이 참된 자성으로부터 나와 모두 진성의 공을 따른다. 이 때문에 다섯 번째 진성의 공함을 밝혔다. 이 진성에 의해 만 가지 행이 곧 갖추어져서 여래장 일미의 근원에 들어가니, 그 까닭에 여섯 번째 여래장을 나타냈다. 이미 마음의 근원에 돌아가면 곧 작위함이 없으며, 작위함이 없기 때문에 이루어지지 않는 것이 없으니, 그러므로 6문을 설명함으로써 대승을 포섭한 것이다.(은정희, 82~83)

즉 무상법은 무생행에 의해서만 관행되며, 역으로 무생행은 무상

<hr>

25) ‘eidos’나 ‘eidola’는 다 같이 ‘보인 것’을 의미하는 그리스어지만, 전자는 ‘형상’으로 ‘원형·진상’을 의미하는 데 반해, 후자는 ‘우상’으로 ‘가상·허상’을 뜻하는 인식론적 개념쌍이다.

법과 명회(冥會)해 본각을 순성(順成)하게 마련이다.[26] 이러한 깨달
음의 지평을 지·경 무이(無二)의 관(觀)으로, 그리고 이러한 관은
결국 행(行)의 인과와도 불가분리적이어서, 관과 행이 횡적, 종적으
로 합치하는 일미관행, 『금강삼매경』의 이른바 "일미진실 무상무생
결정실제 본각이행"을 이루게 된다.

상을 짓지 아니하면, 상을 짓는 마음이 생기지 않으니, 무상무생의
마음은 곧 적멸이요 열반인 본래 자성 청정심(本來 自性 淸淨心)이
다. 역으로 자성 청정심에, 즉 진지(眞智)·진심(眞心)·본각(本覺)
에 관조된 제법실상은 진여자상(眞如自相)일 수밖에 없다. 이와 같
이 반영(反映)과 반조(返照)가 동시 동연적인 관행이 지경 무이(智
境 無二), 주객 미분(主客 未分)의 절대 인식 행위다. 만일 아직도
주관은 정신이고 객체는 사물인데, 어떻게 주객 일치가 성립될 수
있는가 하는 전래 인식론의 문제를 제기한다면, 그는 여전히 취상분
별(取相分別)의 단계, 입장에 머물러, 유무(有無)를 초출한 "비유비
무(非有非無)"의 불가사의를 증득하지 못한 셈이다. "대개 있다거나
없다고 말하는 것은 반드시 상대적이어서 있지 않으면 반드시 없는
것이고, 없지 않으면 곧 있는 것이라고…… 모든 배우는 자가 항상
이와 같이 생각하기"[27] 때문에, 유무의 변견(邊見)을 버리는 것이 깨
달음의 첫걸음이다. 『금강삼매경』에서도 초월의 논리를 다음과 같이
적고 있다.

부처님께서 말씀하셨다.
무가 무에 머물지 않고, 무가 아닌 것이 유가 아니니, 유가 아닌

---

26) "無生之行 冥會無相 無相之法 順成本利."『금강삼매경론』, 은정희, 24 ; "行
　　旣無生 方會本覺."『금강삼매경론』, 은정희, 83 ; "相生都泯 是本覺利."
27) "凡言有無 必也相對 不有必無 不無卽有〔…〕凡諸學者 每作是計."『금강
　　삼매경론』, 은정희, 337.

법이 무에 나아가 머물지 않고, 무가 아닌 상이 유에 나아가 머물지 아니하여, 유와 무로써 이(理)를 설명할 수 없다. 보살아, 명칭과 뜻이 없는 상은 사의(思義)할 수 없으니, 어째서인가? 이름 붙일 수 없는 명칭〔無名之名〕은 명칭이 없는 것이 아니고, 사의할 수 없는 뜻〔無意之義〕은 뜻이 없는 것이 아니기 때문이다.[28]

이 경문은 노자의 『도덕경』, 「수장(首章)」을 연상시킨다. 「도체장(道體章)」에 따르면 상도(常道)는 불가언(不可言)이고, 상명(常名)은 불가명(不可名)이며, 무명(無名)은 천지의 시원(始原)이고, 유명(有名)은 만물의 모태이기에, 우리는 상무(常無)에서 천지의 오묘함을 관조하고, 상유(常有)에서 그것의 변제(邊際)를 관조하는 바, 이 양자는 출처는 같으나 이름이 다를 뿐이기에, 이 같은 동일성을 불가사의라 이르니, 부사의(不思議)에 부사의를 더해 일체 오묘의 관문이 된다는 것이다.

불학의 선험 현상학적 이념들

불교는 깨달음의 철학이며, 깨달음의 으뜸은, 바로 앞에서 『금강삼매경』과 『도덕경』의 인용문을 통해 증시되었듯, 자아와 세계, 일심과 일법계, 주체와 객관, 소우주(천지)와 대우주, 불성과 법성 등등이 일즉일체(一卽一切), 일즉전(一卽全)으로서 그 동근원성을 확철대오(廓

---

28) "佛言 '無不住無 不無不有 不有之法 不卽住無 不無之相 不卽住有 非以有無而詮得理. 菩薩 無名義相 不可思議 何以故? 無名之名 不無於名 無義之義 不無於義.'"『금강삼매경론』, 은정희, 337. 이 경문은 뒤에 다시 거론될 것이다. 번역에 문제가 있는 부분 '無義之義'는 바로 명의(名義)의 개념에 부주의한 때문이다. 이 잘못된 번역의 교정에 관해서는 이 책 364~365쪽을 참조하라.

撤大悟)하는 것이다. 그리고 바로 이러한 일대 각행 또는 관행을 명석한 논리로 변증하는 관조(觀照, theoria)가 철학의 주무(主務)이기도 하다. 플라톤은 철학이 "경이(驚異, thauma)에서 출발한다."고 경탄했는데, 이때 경이란 불가(佛家)의 불가사의나 도가(道家)의 오묘에 다름 아니다. 바로 앞에서 나열한 대구(對句) 또는 상관 개념에서 동근원성을 관조한다는 것은 이미 일상적 의미의 언어 또는 진술의 한계를 초출한다는 점에서 불가사의다. "왜냐하면 이름할 수 없는 이름이라 해서 이름이 없는 것이 아니고, 지시할 수 없는 지시라 해서 지시될 것이 없는 것은 아니기 때문이다."[29] 이것은 우리의 이른바 '선험적 의미론'의 과제에 속하는 것으로,[30] 이 경문에 대한 원효의 소문(疏文)에 따르면, 유명지명(有名之名)은 유의지의(有義之義)에, 무명지명(無名之名)은 무의지의(無義之義)에 각각 상당(相當)한다는 것이다. 그리고 전자가 세제(世諦)에, 후자는 진제(眞諦)에 해당되는 것임은 물론이다.

경험적 세계에는 통상 유명지명이 유의지의에 칭당(稱當)함이 자명하다. 하지만 무명지명이라는 개념 자체가 자기모순(인명론(因明論)의 용어로는 자어상위(自語相違)), 즉 개념상의 모순임이 분명한데, 이러한 무명지명이 또 하나의 개념상의 모순인 '무의지의'에 칭당된다는 주장은 논리적으로 어불성설임에도, 불립문자와 언어도단의 초월적 실재에 관한 '진술 아닌 진술'에는 이러한 '무리지지리(無理之至理)'의 역설이 불가피하다는 것, 바로 이것이 불가사의의 명의(名義)다. 일반적으로 '형이상학'을 '초월 철학' 또는 '선험 철학'으로 명명하지만, 실로 일체 철학은 진정한 의미의 형이상학이며 초월 철

---

29) 같은 글. "무의지의(無義之義), 불무어의(不無於義)"를 "사의할 수 없는 뜻은 뜻이 없는 것이 아니다"로 번역하였으나, 우리는 현대 언어철학적 상식에 의해 인용 경문의 '명의(名義)'를 '명칭(名稱)과 지시(指示, reference)'의 상관 관계 (원효의 '명의호객(名義互客)' 관계)를 의미하는 것으로 이해한다.
30) 선험적 의미론에 관한 자세한 논의는 다음 절에서 이루어질 것이다.

학이다. 그리고 우리가 여기서 변증하려는 '불(佛)'의 철학 또는 불교 철학도 당연히 초월 철학에 속하는 것이겠다. 불전(佛典)에 빈번히 등장하는 '이변(離邊)' 또는 '이무유(離有無)'에서 '이(離)'는 다름 아닌 '초월'을 의미한다. 그리고 비(非), 불(不), 무(無), 공(空)의 부정어(否定語)는 모두 '초출인과(超出因果)'나 '이절사구(離絶四句)'의 초월 논리, 선험 논리에 봉사하는 선교(善巧) 방편이다.

우리가 여기서 '초월'을 철학 이론 또는 철학 대상의 성격을 규정하는 개념으로 제시한다 하더라도, 후자의 성격에 대한 선이해(先理解)가 전제되어 있지 않는 한, 전자를 통해 후자를 이해하는 데 별다른 도움이 될 수 없을 것이다. '형이상학'의 '형이상'을 '초월', 즉 '형이하적인 것의 초월'로 이해해, 형이상학을 '초월학'으로 규정할 수 있다 하더라도, 왜 형이상학이 곧 철학과 동일시될 수 있는지에 대한 의문은 여전히 남을 것이기에 말이다. 아리스토텔레스의 『형이상학』 이래 철학의 정체가 '형이상학'으로 공인되어 온 오랜 역사에서 하나의 획기적인 전환이 이루어진 것은 '코페르니쿠스적 전회(轉回)'로 통칭되는 칸트의 '선험 철학 이념'을 통해서다. 그리고 이러한 철학 이념은 독일 관념론을 거쳐 현대 '선험 현상학적 철학'의 이념에 이르기까지 계승, 발전되어 온 것이다. 즉 칸트에서 발단된 근세·현대 철학의 역사는 그대로 선험 철학의 전개사로 간주해도 무방하다.

우선 문제는 '선험적'으로 번역해 오던 'transzendental'을 '초월적'으로 바꿔 쓰게 된 근래의 한국 철학계 일부의 관행이다. 이로 인해 '초월 철학'을 '선험 철학'과는 별도로 새롭게 거론된 것으로 혼동하게 되었다. 게다가 선험 철학 이념의 제창자 칸트와 현상학적 철학 이념의 창시자인 후설마저도 'transzendental'에 관해 판이한 개념 이해를 보이고 있으며, 이것이 바로 양자의 철학 이념을 결정적으로 가르고 있다.

물론 'transzendental'을 'a priori'와 적절히 구분하기 위해, 후자를

‘선험적’으로 그리고 전자를 ‘초월적’으로 옮겨 쓰자는 제안은 충분히 납득할 수 있는 전략임에도 불구하고 우리는 여전히 ‘선험적’을 ‘초월적’보다 선호한다. 그것은, 전자에 따라 칸트에서 후설에 이르는 일련의 철학 사조를 여타의 철학 일반과 구별하고, 플라톤에서 후설까지를 포함하는 일체의 철학 philosophem을 상식 과학으로부터 구별하는, 또는 낡은 용어로 표현해 형이상학을 형이하학으로부터 준별(峻別)하는 확실한 징표 Merkmal로서 ‘초월적’이라는 개념을 유보해 두기 위한 전략적 배려 때문이다. 게다가 철학의 영원하고 본질적인 특수성을 부각시키려는 우리의 변함없는 노력에서는, 일반적으로 대단히 요긴한 것으로 간주되어 온 ‘a priori’와 ‘a posteriori’의 구별이 별다른 철학적 의미를 갖고 있지 않기 때문이다. 따라서 우리가 여기서 사용하는 ‘선험적’과 ‘초월적’은 상이한 개념일 뿐만 아니라, 근자에 ‘선험적’ 대신 사용되는 ‘초월적’으로부터도 엄격히 구분되어야 할 개념임을 유념하는 것이 우리의 논의를 이해하는 데 결정적이다. 말할 필요도 없이, 개념 이해는 ‘개념적 사유일 수밖에 없는 철학’의 전부일 것이기에 말이다. 이러한 용어 사용 문제를 주문(注文)으로 처리하지 않고 본문(本文)에 삽입하는 것도 바로 이러한 배려 때문이다.

　후설은 1923/1924년 『제1철학』 강의 제1부 『비판적 이념사』에서 플라톤·아리스토텔레스의 그리스 철학으로부터 근세 경험론·합리론과 칸트에 이르기까지 서양 철학의 이념사를 비판적으로 개괄한 바 있는데,[31] 우리는 이러한 제1철학의 전형을 동양 고전 철학, 특히 노자와 대승 불교 철학에서도 명증적으로 확인할 수 있었다. 그리고 이러한 철학사적 확인은 우리가 여기서 논의하고 있는 『금강삼매경』과 원효의 철학 저술에서 더할 나위 없이 전형적으로 증득되었으며,

---

31) E. Husserl, *Erste Philosophie*(1923/1924), *Erste Teil, Kritische Ideengeschichte,*(Haag : Martinus Nijhof, 1956) R. Boehm hrsg., Husserliana, Band VII 참조.

우리 논의의 주안점은 바로 이러한 득리(得理)를 표전(表詮)하려는 데 있다. 이때 원효 철학, 특히 『금강삼매경론』에 압축되어 있는 불교 철학을 서양의 초월 철학 이념에 대비해 해명하는 데 가장 친근한 유형이 후설의 선험 현상학이라는 확신에 따라, 우리의 과제는 '원효 불학의 현상학적 해명'으로 확인되었다. 그러므로 이제 우리는 불교 철학 일반에서 증지되는 선험 현상학적 이념들을 개략적으로 소묘함으로써, 아도르노의 이른바 "배열(配列, Konstellation)을 통한 입상(立像)"의 양식으로 불교 철학의 선험 현상학적 성격을 드러내 보일 것이다.

후설은 의식의 근본 성격을 지향성(志向性)으로 정의하고, 의식 작용과 의식 내용의 상관 관계를 노에시스(noesis: 사고 작용)와 노에마(noema: 사고 내용)의 관계로 규정한다. 의식한다는 것은 언제나 일정 대상을 '지향한다 Intendieren'는 것이며, 지향한다는 것은 곧 그 대상에 의미를 부여함으로써 바로 그 대상을 의미체로 구성하는 것을 뜻한다. 일련의 의식 작용을 통해 의미 연관을 구성함으로써 이른바 세계가 현상하게 되는 것이다. 의식, 사고, 인식, 경험은 곧 객관, 대상, 세계, 의미의 현상 이외 별다른 것을 의미할 수 없다. 주관과 객관의 관계를 바로 이러한 노에시스와 노에마의 관계로 증지하기 위한 조치가 '판단중지'와 '현상학적 환원'이며, 환원의 구경처(究竟處)가 선험적 자아의 증득임은 물론이다. 이러한 현상학적 동기를 불교 철학에서 확인하고 이들을 상호 대비함으로써 결과적으로 불교 철학의 진수를 선험 현상학적으로 해명하는 문제가 우리의 주제다. 우리는 현상학의 지향성, 노에시스와 노에마 관계, 판단중지, 현상학적 환원 및 선험적 자아와 같은 철학 이념들을 불교의 일미관행(一味觀行), 심(心)·법(法) 관계, 지관(止觀), 귀원(歸源) 및 일심진여(一心眞如)에 대비해 해명하고자 한다.[32]

1 지향적 성취와 일미관행

칸트에서 헤겔에 이르는 독일 관념론은 근세 철학의 최고봉으로서, 서양 철학사 전체를 통해 가장 체계적인 최초의 철학 사조로 간주해도 무방할 것이다. 독일 관념론의 집대성인 헤겔의『학문 체계 *System der Wissenschaft*』의 서론 또는 정초에 해당되는 제1부『정신 현상학 *die Phänomenologie des Geistes*』(1807)은 '현상학'을 표방한 최초의 본격적 철학 저술이다. 하이데거가 증언한 바와 같이, 당초에 저자 자신이 이 역사적 문건을『의식의 경험의 학문 *Wissenschaft der Erfahrung des Bewußtseins*』으로 표제하려고 기획했을 만큼, '정신 현상학'을 '의식의 경험학'으로 이해한 헤겔의 통찰은 헤겔 정신 현상학의 성격은 물론 현대 현상학의 성격을 이해하는 데도 결정적인 시사를 함의하고 있다. 후설의 현상학을 헤겔의 정신 현상학에 대비하면, 전자는 '의식의 현상학'으로, 결국 '의식의 경험학'으로 규정해도 큰 무리가 없다.

헤겔과 후설에 따르면, 현상학에서는 '존재의 현상'이 '의식의 경험'으로 파악되고, 현상학은 일체 학문의 토대를 정초할 "엄밀한 학문 strenge Wissenschaft" 또는 "제1철학 die erste Philosophie"으로 이해된다. 그것은 곧 "우리와 세계가 하나의 구조적 통일성을 현시하되, 자기 인식, 즉 자기의식을 그 본질적 특성으로 가지고 있다."[33]

---

32) 불교학과 현상학에서 현상학적 이념들을 표본적으로 대비하면서 '환원'에 큰 비중을 두는 것은 우리의 주제가 불학에서 '깨달음이 가능할 조건을 해명하는 것'이기 때문이다. 환원 문제 못지않게 중요한 '구성' 문제를 다루지 못하는 것은 바로 이러한 배려 때문이다. 그리고 지향성은 선험적 자아의 의미 부여 직능이며, 노에시스와 노에마 관계는 선험적 자아의 지향 작용이고, 판단중지와 환원은 선험적 자아를 발견하는 방법적 조치라는 점에서, 선험적 자아의 정체 해명이야말로 철학·불학의 현상학적·관행론적 해명을 통해 수행해야 할 가장 중요한 과업이다. 따라서 우리는 이 문제를 별도의 장을 할애해 비교적 소상히 다루고자 한다.

는 것을 의미한다. 그도 그럴 것이, '세계 없는 우리'나 '우리 없는
세계'는 어떤 실재성이나 의미성도 가질 수 없을 것이기에 말이다.
'우리와 세계는 오직 상관적으로만 존재 의미를 가질 수 있을 뿐이
라는 것'은 거의 동어 반복적 분석 판단에 유비될 수 있을 정도로
자명한 진리이기 때문이다. 일체의 존재, 실재, 실체, 사물, 가치, 당
위는 오직 의식, 인식, 경험을 통해서만 그 의미를 현성(顯成)하고
현상할 수 있다는 말이다. 감성적 직관으로부터 지성적 직관에 이르
기까지, 현상의 경험은 필연적으로 경험의 경험, 즉 자기 경험, 자기
의식, 자기 인식일 수밖에 없다. 의식에서 절대지 das absolute
Wissen에 이르는 의식·경험의 도정이 헤겔의 정신 현상학이라면,
시각(始覺)·여량지(如量智)에서 구경각(究竟覺)·여리지(如理智)에
이르는 관행도정(觀行道程)이 원효의 일미관행이다.

앞서 해명되었듯, 관행은 횡적으로 지(智)가 경(境)을 관조하는 관
(觀)과, 종적으로 관이 관을 인과하는 행(行)의 종횡회통(縱橫會通)
으로 실현된다. 즉 그것은 우선 지와 경이 횡적으로, 인과 과가 종적
으로, 그 다음으로는 지·경과 인·과가 종횡으로 일미관통(一味貫
通)하는 사회적·역사적이며, 현상학적·해석학적인 의식의 경험 도
정이다. 의식의 지향성은, 자기 외적 존재에 의미를 부여함으로써 결
과적으로 자기 자신의 존재 의미를 실현하는 현상 인식론적 성격과
존재 해석학적 성격을 동시에 가지는, 의식 행위의 목적론적 성향을
의미한다. 의식의 경험 현상(또는 현상 경험)은 현상적[生滅門]으로
는 심리 현상으로 경험되지만, 선험적[眞如門]으로는 일미직관(意味
直觀: 직각, 관조)으로 증득된다. 이것이, 현상학이 그처럼 철저하게
심리학주의 Psychologismus[34]를 비판하면서 논리, 의미, 사상을 심리

<hr>

33) E. Craig ed., *Routledge Encyclopedia of Philosophy*, Vol. 4(1998), '헤겔' 항목.
34) '심리학주의'의 표본이 '논리적 심리학주의'인데, 이것은 논리를 인간 심리의 경
    험 현상으로 치부하는 입장으로, 영국의 밀 J. S. Mill이 그 대표적 철학자이다.

작용으로부터 엄밀히 구분하는 까닭이요, 불교가 일미관행을 의식의 주객 분리로부터 의식의 완전 정화, 즉 '청정법계와 전식4지(轉識四智)의 명회'로서 '5법원만(五法圓滿)', '6행비족(六行備足)'에 이르는 관행적 본성을 각행의 요체로 철견(徹見)하게 되는 소이(所外)다. 실로 의식 정화가 9식(識)을 전현해, 한편으로는 무구식(無垢識)이 청정법계로, 다른 한편으로는 여타 8식이 4지(智)로 전성(轉成)되어, 능소평등과 주객여일의 지평을, 즉 불지(佛地)의 불지(佛智)를, 현상학적으로 말하면, 충전적, 필증적인 궁극적 인식을 성취한다는 것은 참으로 경이로운 일이다. 불교학적으로는 심경(心境)이 무이(無二)이기에, 경(境)은 곧 심(心)의 자기 현현이며, 따라서 의식(心識)의 완전 정화는 주객여일의 절대지를 실현한다. 만일 "보는 바 모든 경계는 오직 보는 바의 마음일 뿐"이라면, 마땅히 "여리지(如理智)의 마음"에 상응하는 대상은 "여리(如理)의 경계(境界)"일 수밖에 없기 때문이다.[35]

2 지향연관(志向聯關)과 심법연관(心法聯關)

원효의 증도송(證道頌)으로 인구에 회자되어 온 "곧 마음이 일어나므로 갖가지 현상이 일어나고, 마음이 멸하니 땅막과 무덤이 둘이 아님을 알았다."[36]는 구절은 그가 애독해 마지않았던 『대승기신론』, 「심생멸문」에 나오는, 출처를 밝힐 필요가 없을 정도로 유명한 구절

---

35) "所見諸境　唯所見心." 『금강삼매경론』, 은정희, 344. "如理智心　不攀緣故　攀緣之心　不生起故〔…〕如理之境　離三際故　流變境像　不復現故." 『금강삼매경론』, 은정희, 353.

36) 『대승기신론소·별기』, 은정희, 9. 원문은 『송고승전(宋高僧傳)』, 권4, 「당신라국의상전(唐新羅國義湘傳)」에 등재되어 있다. "則知心生故種種法生. 心滅故龕墳不二. 又　三界唯心萬法唯識. 心外無法胡用別求." 『대정신수대장경(大正新修大藏經)』, 2061, 제50권, 사전부2(史傳部二), 729a.

(心生則種種法生, 心滅則種種法滅)의 변양이다. 그 외에도 심(心)·
법(法)의 상관성에 관해서는 "심외무별법(心外無別法)", "일체유심조
(一切唯心造)", "……心作", "……依心" 등 부지기수의 유심구(唯心
句, mind-only thesis)를 불서(佛書) 도처에서 발견할 수 있다. 이들
은 모두가 존재와 인식의 상관성에 관한 현상학적 표현으로서 의식
의 지향적 구성, 더 정확하게는 의식의 지향적 구성 작용과 그 구성
산물의 상관 관계, 즉 노에시스와 노에마 관계를 나타내는 말이다.
후자의 관계는 일차적, 정태적으로 관행(인식, 경험, 지향)의 횡적, 수
평적 구조인 지(智)·경(境)의 상관성에 해당하는 바, 지가 없는 경
이나 경이 없는 지를 생각할 수 없다는 점에서 양자는 상관적이라
할 수밖에 없겠다. 그러나 지가 아직 유루 전식(有漏 轉識)의 유전
(流轉) 단계에 머물러 있을 경우, 이러한 유루식(有漏識), 염오식(染
汚識)에 현전하는 대경(對境)은, 대질경(帶質境: 지각 대상)이든 독영
경(獨影境: 상상(想像))이든, 결국 무실(無實)한 망상에 불과한 반면,
무루지(無漏智)에 상응하는 대경은 "진속쌍민이지만 불멸"한 정법
(淨法), 즉 제9식 무구식(無垢識)의 전현(轉顯)으로서 청정법계이다.
따라서 지·경, 심·법, 의식·대상, 노에시스·노에마의 상관성에서
전자, 즉 지, 심, 식, 노에시스가 절대성을 가지며, 경, 법, 대상, 노에
마는 전자에 대해 의존적, 상대적이라 할 수 있다.
　바로 이러한 의미에서 현상학적 의식의 지향성은 이미 항상 초월
적이며, '현상으로서의 세계, 경험된 세계'를 '초월적, 선험적 자아의
구성'으로 규정하는 선험 현상학의 실재 및 존재 이해를 '선험적 관
념론'으로 불러도 무방하다. 그것은 실재, 존재, 세계 자체를 그것의
의식, 경험, 인식, 구성의 측면을 도외시한 채, 즉 후설의 이른바 선
험적 환원 이전의 자연적 태도에 머문 채, 물질이나 정신으로 무비
판적으로 환원하는 유물론이나 유심론과는 본질적으로 구별되어야
할 현상학 특유의 입장이다. 후설의 이른바 "선험적 관념론"은 경험

적 관념론과 구별됨은 물론이요, 자연주의적 실재론, 물리론에도 대
비되지 않는 초월적이고 절대적인 관념론이다. 불학의 '일체유심조'
나 '심외무법,' '일법계즉일심(一法界卽一心)'의 유심구도, 현상학의
선험적 관념론과 마찬가지로 존재 인식론적 지위를 가지는 것으로서,
경험적이고 자연적이며 세간적, 속제적인 관념론·유심론과는 아무
런 연관성도 가지지 않는 것이다. 이른바 관념론·유아론(唯我論)의
논쟁은[37] 결코 명증적 인식이나 철학적 인식으로, 또는 투철한 깨달
음으로 증득될 수 없는 나쁜 의미의 형이상학, 한갓 사변적인 형이상
학의 부질없는 논쟁이며 논쟁을 위한 논쟁에 불과한 것이다. 불학 철
학은 지혜, 그것도 세속적 의미의 지혜wisdom가 아니라, 열반 3사
(涅槃三事), 곧 법신(法身)·반야(般若)·해탈(解脫)의 삼위일체를
구성하는 마하반야바라밀[大慧度]을 수증(修證)하는 사유수(思惟修,
dhyana-paramita, tathata-dhyana)로서 일미관행이기에, 자연 실증
주의 논리로부터 자유로우며[超出因果, 不關因緣, 不思因緣. 전서-I:
141], 일체의 쟁론에 예속되지 않는(離絶四句), 이언절려, 언어도단,
불가사의를 오직 오도방편(悟道方便)으로서만 언표하고 논의하는 인
언견언의 학문일 뿐이다.[38]

---

37) '관념론·유아론 논쟁'이란 이를테면 후설의 선험 현상학적 인식론과 같은 입
    장을 '자아 존재 이외의 존재를 인정하지 않는 유아론적 입장'으로 비판, 부정하
    는 견해와 이에 반대하는 견해 사이의 논쟁을 말한다. 불학의 유심론도 이러한
    논쟁의 대상이 될 수 있음은 물론이며, 불교에 대한 부정적 견해는 대부분 이러
    한 근본적 오해에서 비롯되는 것이다.
38) 일원론·이원론, 유심론·유물론, 실재론·상대론, 경험론·합리론, 실체론·현
    상론 등등의 모든 쟁론은 주객 이원론의 상대적 입장에서 생겨난 불가피한 현
    상이며, 구경실재(究竟實在)의 구경각(究竟覺)을 증득하는 불학 철학은 바로
    이 영원한 쟁론을 투탈(透脫)하는 존재＝사유, 실상＝반야를 지향하기 때문
    에, 세간지(世間智)의 논리인 4구(句)를 이절(離絶)하고 세계학이나 자연학의
    인과적 설명을 초과, 초출하는, 이를테면 진공(眞空), 묘유(妙有)의 절대 논리,
    무애자재(無碍自在)의 선험 논리를 선교 방편으로 제시한다. 우리는 이러한 불
    립문자·폐전담지(廢詮談旨)·의언진여의 논리를, 선험적 실재에 대한 언표 의

3 판단중지-본질직관과 지관 수행문(止觀修行門)

현상학은 경험의 학, 의식 경험의 학, 의식 삶 Bewußtseinsleben의 학, 결국 깨달음의 학이다. 그러기에 현상학의 최종 목표는 순수 현상의 인식, 인식의 궁극 원천의 확인이며, 무상정등정각(無上正等正覺)의 증득이며, 그 방법은 현상학적 환원이고 일미관행이다. 현상학적 환원 절차를 세분한다면, 판단중지, 현상적 환원,[39] 본질직관, 선험적 환원 등등으로 구분할 수 있다. 의식 경험 내용을 비판적으로 검토하기 위해서는 우선 존재 수용 Seinsgeltung을 단절하고(판단중지), 존재를 단지 현상으로서만, 즉 의식으로서 의식, 경험 내용으로서 경험, 사고된 것으로서 사고된 것 cogitata qua cogitata으로서만,[40] 잠정 수용하는 조치가 필수적이다. 현상(現象)은 본식(本識)의 견(見)·상(相) 양분(兩分)으로서 전식(轉識)의 현상(顯相)이든 또는 대경(對境)의 현상(顯相)이든 결국은 식상(識相)에 불과하고, 한마디

미를 '선험적 의미론'으로 파악하며, 이 문제는 나중에 소상히 다루게 될 것이다. 다만 우선 한 가지 지적할 것은 불학 철학에서는 역설적으로 언어의 문제가 참된 깨달음에 결정적이라는 점이다.(후설의 현상학도 철학사에 등장한 "모든 대립들의 현상학적 해결"을 위한 새로운 철학 이념을 건립하기 위해 창시된 것이다.(*Encyclopaedia Britannica*, 14th ed. vol. 17, 후설의 '현상학' 항목) ; 신오현 편역, 『심리 현상학에서 선험 현상학으로 —— 후설의 현상학적 심리학 II』(민음사, 1994), 171~175쪽 참조. 그리고 현상학에서도 '선험적 진술'의 문제가 오이겐 핑크의 『제6명상』에서 본격적으로 다루어지고 있다.)

39) 여기서 '현상적 환원'이라고 지칭한 것은 흄적인 Humean '현상론적 환원', 즉 존재, 실재, 실체를 지각, 관념, 현상으로 환원하는 인식론적 조치를 의미하는 것으로 엄밀히 구분하면 후설 현상학적 개념이 아니라, 우리의 설명 전략상 수용한 개념이다.

40) 여기서 'cogitata qua cogitata'란 '사고된 것'을 '사고 대상'으로서가 아니라 '단지 사고된 것', 즉 '사고를 통해 형성된 것', 곧 '사고 내용'을 의미한다. 자연적 태도에서 이해된 존재 문제를 도외시하고, 오로지 존재의 '인식, 의식, 경험'을 문제로 삼을 때, 즉 인식의 확실성과 명증성 또는 깨달음이 문제될 때, 중요한 것은 사고 대상이 아니라 오직 사고 내용뿐이다.

로 제법공상(諸法空相)이기에, 현상(現象)의 경험은 의식의 경험이며, 그러기에 그것은 식외별법(識外別法), 곧 의식으로부터 독립된 존재자가 아니라 지향성의 구성, 성취 산물로서 의미체일 뿐이다. 대륙 합리론의 실체론을 부정하고 극단적인 현상론적 입장을 취하는 흄이 일체 존재를 관념의 다발로 해소, 환원한 인식론적 조치를 현상론적 환원으로 지칭하거니와, 현상론을 현상학으로 발전시킨 후설은 이러한 흄의 혁명적 조치를 현상학적 환원의 예비적 단계로 수용한다.[41] 이른바 "제행무상(諸行無常), 제법무아(諸法無我)"는 일단 유루(有漏)·세간(世間)의 법(法)으로서는 나무랄 데 없는 통찰이며, 말하자면 흄적 현상론의 입장에 비견할 만하다. 그리하여 『금강삼매경』이 "불유지법(不有之法), 부즉주무(不卽住無), 불무지상(不無之相), 부즉주유(不卽住有)"의 무리지지리, 즉 비유비무의 불연지대연[42]

---

41) 후설은 흄을 "선험 철학의 보편적 구체적 문제를 파악한 최초의 철학자"로 극찬하면서 그의 이러한 위대성이 철학사적으로 제대로 평가되고 있지 않다는 사실을 못마땅해한다. 이 점에 대해서는 그의 *Formale und transzendentale Logik: Versuche einer Kritik der logischen Vernunft*(Haag: Martinus Nijhoff, 1974), Paul Janssen hrsg., 제100절 참조. 인용문은 263쪽(1929년 원판, 226쪽)에서 따온 것이다. 이 책 외에도 그의 만년의 저술인 *Die Krisis der europäischen Wissenschaften und die transzendentale Phänomenologie: Eine Einleitung in die phänomenologische Philosophie*, (Haag: Martinus Nijhoff, 1954), W. Biemel hrsg.에서도 도처에서 흄의 탁견을 칭송하고 있다. 이러한 전거에서 우리는 후설이 흄의 현상론적 환원을 그의 현상학적 환원의 첫 단계, 적어도 그 예비 단계로 묵인하고 있는 것으로 간주할 수 있다.

42) 불교 철학의 핵심이요,『금강삼매경』에서 가장 난해한 구절 중 하나이며, 원효가『금강삼매경론』의 「대의」에서 인용하고 있는 한 구절로서, 철학과 불학에 정통한 정신이 아니고서는 그 참뜻을 증득하기 난감하다. 그러나 이 심오한 의미의 한 자락이라도 펼쳐 보이기 위해 간단하게나마 주석을 주석해 본다면 대략 이러하다. 형식 논리에 의하면 유무는 모순 관계에 있기 때문에, 유이면 무가 아니고, 반대로 유가 아니면 무이어야 하는 것은 논리적 필연성이다. 그러나 이러한 필연성은 현상 세계의 경험에 적용되는 논리일 뿐, 진여법계(예지계, 본체계, 선험계, 초험계, 이념계)에는 선험·초월 논리가 지배하기 때문에, "무는 무에 머무는 것이 아니요, 무가 아닌 것이 곧 유인 것은 아니며, 유가 아닌 법이 그대로 무에 머무는 것이 아니요, 무가 아닌 상(相)이 곧 유에 머무는 것도 아

을 설법하는 것도, 모두 다 소박한 실재·실체론적 존재 문제를 논
외에 부치려는 현상론적 환원 조치에 다름 아니다.

일단 존재와 실체 문제가 치지도외(置之度外) 조치되어 존재 타당
성 문제가 효력 정지 처분되어야, 비로소 관행자(觀行者)는 현상·경
험의 문제에만 집중할 수 있는 입지에 들어서게 된다. 그 다음에야
그는 현상, 경험, 관념을 외부 영향으로부터 완전히 자유로운 입장에
서 분석, 배열, 변양, 구성, 해체, 재구성하는 등의 절차를 반복적으로
사고 실험하면서, 마침내 이들에서 일정한 유형 또는 질서에 따라 불
변하는 본질을 직관할 수 있게 된다. 존재, 실체, 실재를 현상, 경험,
관념으로 해체하는 것을 현상론적 환원이라 한다면, 자유로운 상상에
힘입은 본질직관을 통해 후자의 본질 연관을 분별해 내는 것을 후설
은 "형상적(形相的) 환원 eidetische Reduktion"이라 부른다.

『금강삼매경』의 언어로 표현하면, 형상〔所觀法〕은 생멸하는 현상
이 아니라 불생불멸의 이념이라는 점에서 "무상법(無相法)"이며, 본
질직관〔能觀行〕은 감성적인 심리 작용이 아니라 지적 직관이라는
점에서 "무생행(無生行)"이다. 실로 원효가 『금강삼매경』의 「무상법
품」과 「무생행품」을 합위일문(合爲一門)하면서 "섭관행시종(攝觀行
始終)"으로, 그리고 이를 다시 "견상귀본(遣相歸本)"으로 이해한 것

니다."(경문(經文), 은정희, 337). 존재자 전체, 곧 세계의 근거를 묻는 '깨달음
의 차원'에서는 "법상(法相: 존재자 표상)이 공(空)이며, 명상(名相: 언어 표상)
도 공이요, 심식의(心識義: 심리 현상)도 공"(경문, 329)이기에, 여기에는 명(
名)·의(義)가 적용되지 않는다. 그런데 명의는 상호 대당(對當)이므로, 유명
(有名)은 유의(有義)에 무명(無名)은 무의(無義)에 대당·대칭일 뿐, 그 역
(逆)은 아닌 것이다.

따라서 선험 논리를 이제 다시 형식 논리로 전위(轉位)하면, 불유불무(不有不
無)나 역유역무(亦有亦無)는 각각 배중률과 모순율을 범한 것으로 이것은 응당
'무리(無理, 逆理)'요 '불연(不然, 否定)'이라야 하지만, 이것을 형식 논리를 초출
하는 무명(無名)·무의(無義)의 선험적 진술에 다시 전위하면, 이전의 '무리'는
'비(非)무리'가 되고, '불연'은 '비(非)불연'이 되어, 결국 '개유개비, 개유도리'임을
일대 긍정하는 '무리지지리'와 '불연지대연'으로 환귀(還歸)하게 되는 것이다.

은 후설의 형상적 환원 조치를 아주 핵심적, 본질적으로 통찰하고 있음을 선명하게 보여주는 대목이라 하겠다. 그리고 무엇보다도 『대승기신론』, 제4「수행신심분(修行信心分)」, 제5「지관문(止觀門)」에서 '판단중지하고 본질직관'하는 현상학적 방법이 가장 근사하게 유비되고 있음을 볼 수 있다.

이때 '지관'의 '지(止)'는 '판단중지'에, 그리고 '관'은 '본질직관'에 해당되는 것으로 이해해도 무방하다. 지관문에서 "지(止)라 하는 것은 모든 경계상(境界相)을 그치게 함을 말하는 것이고…… 관(觀)이라고 하는 것은 인연생멸상(因緣生滅相)을 분별함을 말하는 것"으로 정의되어 있기 때문이다(『대승기신론소·별기』, 은정희, 366). 또한 일체 존재자에 대한 표상 만들기를 중지하고 외경(外境)으로부터 내심(內心)으로 들어와, 거기서 발견되는 존재자의 표상과 관념을 분별해 그 유형과 본질을 관조하는 것이 현상학적 환원의 두 번째 단계인 형상적 환원임이 분명하기 때문이기도 하다. 참고로, 『대승기신론』에 언급된 '지관'이 후설의 '현상학적 환원'에 근사하게 유비될 수 있을 뿐만 아니라, 법상종(法相宗)의 '5중유식(五重唯識)'관과 화엄종(華嚴宗)의 '10중유식(十重唯識)'관이나 『금강삼매경』의 6품 별현(六品別顯)을 통한 일미관행 등의 관법에 이르면 현상학적 환원과 관행적 귀원(歸原(元·源))의 극치를 볼 수 있다.

4 선험적 환원과 궁귀일심원(窮歸一心源)

생멸 현상과 무관하고, 감성적 직관으로부터 자유로운 불생불멸의 본질, 형상 eidos을 지적 직관을 통해 인식하는 형상적 학문〔形相 直觀智: eidetic science〕은 궁극적으로 본각(本覺)에서 유래한다. '무명(無明)으로 망각, 은폐된 본각', 즉 '불각(不覺)'이 내인훈(內因熏)과 외연훈(外緣熏)에 의해 본각을 상기(想起, 플라톤의 anamnesis)함으로써 본각은 곧 시각(始覺)이 된다. 이를테면 일체의 선천적, 본질적, 형상적 진리는 이미 본각 내에 잠재되어 있었던 것이다. "지(智)는 곧 본(本)·시(始) 양각(兩覺)이며…… 양각은 무생(無生)"[43]이기에 시각이 곧 본각이기도 하다. 그런데 이 시각이 다름 아닌 본각이기는 하지만, 그것은 어디까지나 불각 상태에서 본각 상태로 역류, 귀원하는 환멸연기(還滅緣起)일 따름이기에, 시각이 무명을 멸진해 본각으로 환귀하는 도정이 원효가 그처럼 강조해 마지않는 "귀일심원(歸一心源)"이며, 후설의 선험적 환원이다. 무명불각에서 불각을 떠나, 상사각(相似覺), 수분각(隨分覺)의 단계를 거쳐, 마침내 "구경(究竟)에 가서는 다시 본각과 같아지는 것이니, 이를 시각이라 말하는 것이다."[44] 그것은 마치 "의식의 경험학"인 헤겔의 정신 현상학이 감성적 확실성으로부터 시작해 절대지에 이르는 자각도정(自覺道程)을 변증한 것과 흡사하다.

　원효에 따르면, 무상법을 관조하는 무생행이 이미 본각이며, 본각을 통해 관조된 실제(實際)의 진성(眞性)과 실상(實相)은 이상이성(離相離性), 절제무상(絶諸名相)인 일심진여(一心眞如)·일진법계(一眞法界) 여래장이다. 더 나아가, "상(相)과 생(生)은 본성이 없고, 본각은 근본이 없으며, 실제(實際)에는 변제(邊際)가 없고, 진성(眞性) 또한 공(空)이라면, 어찌 여래장성(如來藏性)이 있을 수 있겠는가?"[45] 어찌 그뿐이랴. 『능가경(楞伽經)』에 "일심을 여래장이라 이름한다."[46] 했으나, "그러나 이미 둘이 없는데, 어떻게 일(一)이 될 수 있는가? 일(一)도 있는 바가 없는데 무엇을 '심(心)'이라 말하는가? 이러한 도리는 말을 여의고 생각을 끊은 것이니 무엇이라 지목할지 모르겠

---

43) "智卽本始兩覺 〔…〕 兩覺而無生."『금강삼매경론』, 은정희, 24.
44) "乃至究竟 還同本覺 是名始覺."『대승기신론별기』, 은정희, 142.
45) "相生無性 本覺無本 實際無際 眞性亦空 何由得有如來藏性."『금강삼매경』, 은정희, 86. 번역은 필자의 것이다.
46) "寂滅者名爲一心 一心者名如來藏."『대정장(大正藏)』, 제16권, 519, a. 1~2행.

으나, 억지로 이름 붙여 일심(一心)이라 하는 것이다."[47]

선험 자아와 일심 진아

이상에서 우리는 불학에서 확인되는 선험 현상학적 이념들을 지향적 성취와 일미관행, 지향연관과 심법연관, 판단중지·본질직관과 지관 수행문 및 선험적 환원과 궁귀일심원의 순서로 개괄했다. 마지막으로 선험적 자아와 일심 진아(一心 眞我)의 대비를 해명할 차례에 이르러, 우리는 이 문제의 각별한 선험 철학적, 불교 철학적 중요성을 부각시키기 위해 이 절(節)을 별개 장(章)으로 독립 표장(標章)하고자 한다. 실로 자아의 문제는 이론적, 실천적으로 인간의 근본 문제일 뿐만 아니라, 심리·정신·사회 철학의 핵심 문제이며, 무엇보다도 제1학문과 제1철학의 이념을 계승한 모든 선험 철학의 궁극적 과제다. 그리고 대승 불학, 그중에도 『금강삼매경』에 전형적으로 예시되어 있는 여래선학(如來禪學)이나 후설의 현상학으로 완성된 초월 철학 또는 선험 철학의 진면목은 바로 이 문제를 해명하는 탁월한, 아니 완벽한 철학적 성격에서 찾을 수 있다고 해도 지나치지 않을 정도다. 바로 이러한 연유에서 우리도 가장 많은 분량을 선험적 자아의 문제를 해명하는 데 할애했고, 우리의 전 과제가 결국 이 문제에 수렴된다〔徧收諸門: 은정희, 83〕 해도 무리가 아니다.

뒤에서 이 문제를 자세히 논의하겠거니와, 그 전에 우선 결론부터 말해보면 대략 이렇다. 지향성 또는 지향적 수행(遂行) intentionale Leistung과 일미관행, 판단중지·본질직관과 지관수행 및 선험적 환원과 궁귀심원의 수행 주체는 한결같이 선험적 자아이며 일심진여의

____

47) "然旣無有二 何得有一. 一無所有 就誰曰心. 如是道理 離言絶慮. 不知何以目之 强號爲一心也." 『대승기신론소』, 은정희, 89.

여래장이다. 아니, 오히려 관행, 판단중지, 환원 및 귀원과 같은 일체의 불학적, 현상학적인 방법론적 조치(선교 방편)의 목표가 바로 선험적 자아와 일심진여의 궁원(窮源)을 증득하는 데 조준되어있다고 말할 수 있다. 만법(萬法)이 유식(唯識)임을 조견(照見)하는 것이나 세계 만물이 '지향적 구성으로서의 현상(現象)'임을 직관하는 것은 세간적, 경험적 자아의 배면(背面)에 초세간적, 선험적 자아가 은장(隱藏)되어 있음을 관조하는 것에 다름 아니며, 이 양면적 자아를 동일한 자아의 상호 보완적 측면으로, 그리고 이 전면과 배면의 자기 분열적, 종합적인 변증법적 통일로서 구체적 자아로 관조하는 자아가 핑크의 "현상학하는 자아", 『금강삼매경·론』의 관행주체(觀行主體(能觀))다.

이러한 일미관행과 선험적 인식생(認識生, Erkenntnisleben)을 통해, 우리는 비로소 '세계 현상(現象)＝세계 구성'이 본래적, 본각적(本覺的), 잠재적인 선험적 자아의 지향적 의미 부여에 기원하고 있음을, 세계 창조 Kosmogonie의 천기(天機)를, 그리고 불가사의의 부사의를 경이의 일심으로 증득하게 되는 것이다. 세속과 초속(超俗)을, 그리고 세제(世諦)와 진제(眞諦)를 불이이불일(不二而不一)로 조견하는 아견(我見)·견성(見性),[48] 즉 관조적 자아가 저 진(眞)·속(俗) 양자 대립 Gegensatz, 곧 경험 세계와 그 선험적 구성 간의 양자 대립과 함께 변증법적 삼위일체를 이룰 때, 이를 핑크는 '절대(絶對, das Absolute)로 규정하며, 그리고 이 절대를 증득하는 지혜를 절대지, 절대학이라 부른다.

이러한 구조를 『대승기신론』에 빗대 말한다면, 『기신론』은 일심을 우선 진여와 생멸로 이분하고, 이 생멸 가운데 다시 진여와 생멸을 양분하거니와, 생멸은 언제나 진여의 생멸일 수밖에 없다는 점에서

---

48) 아견·견성에 관해서는 이 책 334~336쪽 참조.

우선 생멸문은 '진여·생멸의 자기 분열적 자기 종합'이며, 그 다음
으로 일심의 이러한 작용을 관조하는 일심 역시 그 자신을 직접 생
멸에 개입시키지 않으면서 자신의 생멸을 관조하는 방식으로 작용하
는, 이를테면 '생멸문 중 진여와 진여문 중 진여의 자기 분열, 자기
종합'일 수밖에 없는 바, 이러한 대립의 대립을 다시 종합하는 이 삼
위일체적 일심이 절대적인 의미에서 일심진여이며, 전체적이며 구체
적인 선험적 자아로 볼 수 있다는 것이다. 이제 이러한 선험적 자아
의 문제를 더 자세히 해석해 보기로 하자.

　의식은 완결된 존재자가 아니라 부단히 무엇을 '의식하고 있음
Bewußt-Sein'이며, 그것은 곧 부단히 '자기를 벗어나 있음 Außer-
sich-Sein'이고, '자기를 벗어나 그 무엇에 지향(志向)되어 있음'이며,
'무엇에 지향되어 있음'은 '무엇을 넘어 그 무엇의 존재 의미[49]에 지
향(指向)되어 있음'이고, 그것은 곧 '자신에게 결여되어 있는 자신의
존재 의미를 해석해 냄'이다.[50] 한마디로, 의식은 자기 자신을 포함하
는 일체 존재에 대해 초월적, 선험적으로 존재 의미를 해석해 내어
Auslegung 가지도록 '자유롭게 있음 Frei-sein'이고, 있음 자체가 문제
로 되어 있음, 이를테면 '있음 자체를 빚지고 있음 Schuldig-sein'이다.

　선험적 환원이나 귀일심원은 의식이나 일심이 세간적 의미의 존재
나 유(有)가 아니면서도 또한 그 모순인 무(無)도 아니며, 그리하여
의식이나 일심에 의해 해석되는 일체 존재는 의식이나 일심의 지향
적 구성에 불과하다. 따라서 '존재의 '의미"나 '의미 있는 '존재"가 문
제되는 한, 그것은 유(有)도 아니고 무(無)도 아니며, 진(眞)도 아니

---

49) '존재 의미 Seinssinn'는 '존재자 표상으로서 언어적 의미'로부터 엄격히 구분되
　　어야 한다.
50) 의식의 지향적 성격에 대한 이러한 존재론적 해석은 사르트르의 『존재와 무』
　　에 상세히 해명되어 있으며, 이러한 현상학적 존재론의 간결한 이해를 위해서는
　　신오현, 『자유와 비극 ── 사르트르의 인간 존재론』(문학과지성사, 1979), 특히
　　제2부, 제1장 참조.

고 속(俗)도 아니며, 오직 "선험적 주체성의 자기 해석으로서 선험적 현상학 die transzendentale Phänomenologie als Selbstauslegung der transzendentalen Subjektivität"[51]의 부단한 과정이라는 사실을 함의한다. 그것은 일체의 부정과 일체의 긍정을 초월하고 융합하는, 그리하여 일체의 형식 논리를 변증법적으로 지양하는, "무리지지리이며 불연지대연"[52]으로서 불가사의의 부사의다.[53] 원효에 의해 장엄하게 시작(詩作)된 『금강삼매경론』의 「대의」는 바로 의식과 일심 존재의 이러한 언어도단이며 불립문자적인 성격을 절묘하고 정확하게 묘사하고 있다.

현상학의 '선험적 자아'에 유비될 불가의 선험적 자아를 단순히 '일심 진아(一心 眞我)'로 적시하는 데에는 다소의 비약과 무리가 따를 것으로 염려되기에, 우리는 여기서 역시 불가의 고전적 '아(我)' 개념에서 선험적 자아 개념을 선험적으로 연역하는 간략한 구절을 삽입하고자 한다. 불교 상식이나 기초 교리에 따르면, 자아는 무실(無實)한 망상으로 배격되어야 하며, 그 자리에는 차라리 무아(無我)가 대치되어야 한다. 뿐만 아니라 무념(無念), 무상(無常), 무위(無爲), 무루(無漏), 무생(無生)과 같은 표현들이 불가적 덕목으로, 아니 심지어 세제(世諦)적 불교의 지고한 이상으로 존숭, 회자되어 온 어법

---

51) E. Husserl, *Formale und transzendentale Logik*, 104절의 표제이다.

52) 『대승기신론별기』, 은정희, 20 및 『금강삼매경』, 은정희, 20.

53) 원효가 애용하는 불교적 표현인 "불가사의의 부사의"는 후설의 "일체 비의(秘義)의 비의 das Rätsel aller Rätsel"나 하이데거의 "일체 경이 중의 경이 das Wunder aller Wunder"에 유비될 수 있는 것으로서, 또한 '신비', '비장', '천기', '비밀' 등의 표현들과 '가족 유사성'을 가지는 어법이다. 하지만 이것들이 선험(초월) 철학(불학)적으로 사용될 경우에는, 자아와 세계, 언어와 실재, 또는 존재와 존재자의 관계에 관한 궁극적이면서도 자기 명증적인 인식, 곧 구경각(究竟覺)을 지시한다는 점을 명심해야 한다. 인용구는 각각 Husserl, *Krisis*, 앞의 책 12, 208쪽 및 Heidegger, *Was ist Metaphsik?*, 7. Auflage(Frankfurt am Main: Vittrio Klostermann, 1955), 46~47쪽에서 발췌했다.

에서 역연하게 드러나듯, 불교의 공(空)·무(無)·적(寂)·멸(滅) 사
상은 허무주의나 부정주의의 표본으로 오해되기 십상이다. 불교 근
본 교의라는 3법인(三法印)도 그러하거니와[54], 아·무아에 관해 『사
전』을 살펴보면 이러한 감상적 인상을 더욱 분명히 감지할 수 있다.
예컨대 '아(我)'의 항목 아래 그 개념사를 약술한 후,

　　부파 불교(部波佛敎)에서는 모든 것이 무상(無常)이고 고(苦)이고
무아(無我)이고 부정(不淨)이라고 깨달아서, 번뇌를 멸진(滅盡)한 경지
를 궁극적인 열반이라고 하는 데 대해서, 대승(大乘)에서는 모든 것은
원래 공이기 때문에, 그것을 깨달은 경지는 절대적인 자유의 경지로서,
상(常)·낙(樂)·아(我)·정(淨)의 덕(德)을 갖는다고 한다. 그 아(我)
는 범부(凡夫)가 생각하는 소아(小我)와 구별되어, 대아(大我)·진아
(眞我) 등으로 설명된다. ⑥ 아는 또 4종의 아로 분류된다. (1) 범부의
미(迷)한 마음으로부터 생긴 아 (2) 불교 이외의 학파(外道)가 주장하
는 신아(神我, purusa: 장부(丈夫), 인(人), 원인(原人)이라고도 번역
한다.) (3) 실체가 없는데 잠정적(假)으로 이름 붙인 가아(假我), 예컨대
5온(五蘊)으로 구성된 육신을 거짓으로 아(我)라 부르는 경우 (4) 여래
(如來)의 법신(法身)을 의미하는 진아(眞我)……

로 정의되어 있는 반면, '무아(無我)'의 항목을 보면 역시 인도 철학
과 소승 불교의 개념사를 개관하고

　　④ 대승 불교에서는 이 무아설(無我說)이 공관(空觀)과 관련하여
무아란 사물에서 나(영원불멸의 본체, 고정적 실체)가 없다, 곧 무자

---

54) 물론 무아·무상·정적(靜寂)의 탈속적 부정주의는 소승 불교의 3법인이고,
　　세속·초속·환속의 변증법적 삼위일체성을 강조하는 대승 불교는 제법실상의
　　일법인(一法印)을 근본 교의로 삼는다고 하기는 한다.

성(無自性)의 뜻이 있다고 논하여…… 무아……를 설했다.…… 특히 유식종(唯識宗)에서는 3성설(三性說)에 따라…… 3무아(三無我)를 세우고…… 실아실법(實我實法)은…… 무상무아(無相無我), 의타기 (依他起)의 사아사법(似我似法)은 이상무아(異相無我), 원성실성(圓 成實性)은…… 자상무아(自相無我)라고 한다.

고 정의되어 있다. 여기에 인용되지 않은 아·무아의 개념사는 비교 적 자상하고, 여기에 인용된 대승 불가적 무아 개념은 '불교적'으로 는 매우 정연하나 유감스럽게도 철학적으로는 사실상 아무것도 해명 되어 있지 않은 것이나 다름없다. 이러한 소략한 개념 풀이로는 현 상학의 선험적 자아에 유비될 불가의 선험적 자아를 전혀 해명할 수 없는 것이다. 그럼에도 사전을 인용한 것은, 도대체 불교 철학, 깨침 의 철학에서 자아, 특히 선험적 자아가 개략적으로나마 무엇을 의미 할 수 있는가를 잠정 해명하지 않을 수 없는 우리의 처지를 예시하 기 위해서다.

'아(我)'의 원어인 범어 '아트만atman'은 "온갖 것의 근원에 내재해 개체를 지배하고 통일하는 독립 영원의 주체를 의미"하는데, 불교는 이러한 상(常)·일(一)·주(主)·재(宰)의 실체적 자아 존재를 부정하 고 무아설(無我說)을 세웠다. 서양 철학, 특히 현대 영미 분석 철학에 서도, 자아 실체론과 자아 현상론이 비슷한 사정에서 주창되어 왔다. 게다가 '마음과 신체의 관계' 문제에 연루되면서 자아론은 '자아 동일 성self-identity'이나 '인격 동일성personal identity'의 문제와 착종(錯 綜)해 숱한 철학적 아포리아를 양산하기도 했다. 그러나 우리는 여기 서 이러한 그들의 이른바 "심리 철학philosophy of mind"의 문제를 진정한 정통 철학의 문제로 수용하지 않는다. 불가에서, 특히 선불가 (禪佛家)에서 자주 환기되듯, 논쟁arguments이나 쟁론disputes의 대 상이 될 수 있는 것은 결단코 진정한 철학의 주제로 담론해서는 안 된다는 것이 우리의 투철한 증득이기 때문이다. 따라서 우리가 여기서 삽화적으로나마 불가 철학의 자아론을 취급하려는 것도 순전히 철학적 해명 차원에서 수행되는 것임을 분명히 밝혀두고자 한다.

먼저 원효의 불경 읽기를 통해 이 문제 또는 개념이 어떻게 이해되고 있는지를 일별하기 위해 경전 몇 구절을 인용해 보자. 물론 우리가 이러한 절차를 밟는 것은 불경이나 원효의 주해를 권위로 인용하려는 데 있는 것이 아니라, 다만 그것들이 철학적 사유에 자명하게 투시되는 진정한 철학적 사유로 확인되기 때문이다. 먼저 원효가『범망경보살계본사기』에서

> 처음에 "내가 이제"라고 말한 것은 이 노사나불(盧舍那佛)의 '나'이니, 그것은 이미 가아(假我)와 진아(實我)를 성취했기 때문에 '나'라고 이름했다. 그런데 이승(二乘)은 외도(外道)의 신아(神我)는 벗어났기에 비록 가아는 증득했어도 무아(無我)에 집착해 진실아를 증득하지 못한다. 그러나 여래(如來)는 능히 외도의 신아 및 이승의 무아집(無我執)을 벗어났기에, 2아(我)를 증득하면서 동시에 능히 인법이아(人法二我)를 벗어날 수 있게 되는 고로 무비아(無非我)를 증득하고 자재아(自在我)에 득입한다. 만아(慢我)의[55] 존재를 논하지 않으니 아(我)라고 하는 것이다.(전서-IV: 180)

라고 해명한 것은 『열반경종요』에서 "아덕(我德)의 두 가지 뜻은 아견변(我見邊) 및 무아견변(無我見邊)을 벗어나 아(我)도 아니고 무

---

55) '만아'는『전서』에서 역자가 "차별심(差別心)의 아(我)"로 괄호 안에 주석했으나, 우리가 망월(望月)의 사전에서 확인한 바에 따르면, '만아'는 법장(法藏)의『범망경보살계본소(梵網經菩薩戒本疏)』, 제1에서 분류한 6종아(六種我) 중에 제2아로 다만 구생(俱生)만을 성(性)으로 삼는 것으로 유학위(有學位)에 존재하는 "아집", 즉 생득적, 선천적 아집을 지칭한다(『佛敎大辭典』, 권 1, 372 하 참조).

아(無我)도 아니어야 곧 대아(大我)를 얻는다는 것을 이름"(전서-I: 296~297)이라는 말을 부연하는 셈이다. 속제적 의미에서 유아(有我)와 무아(無我)는 유무견변(有無見邊) 또는 증감변(增益邊)과 손감변(損減邊)의 과오를 범하는 것이며, 출세간법에 의하면 유아도 아니고 무아도 아닌, 형식 논리학의 자기모순을 초출하는, 이른바 불연지대연, 무리지지리의 대아(大我)를 증득하는 것이 곧 열반과 해탈이다.

불교 철학의 최고 이념인 열반과 연관해 자아의 문제를 다시 살펴보기로 하자. 『열반경종요』에서 열반 4덕(涅槃四德)의 차이를 해명하면서 원효는 인법 2종아(人法二種我)에 관해 이렇게 쓰고 있다.

> 2종아(二種我)란 법아(法我)와 인아(人我)인데, 법아라고 말하는 것은 실체(實體)라는 의미이며[56]…… 인아라고 말하는 것은 자재(自在)라는 의미다. 자재에는 8종의 의미를 변별할 수 있는 바, 1) 다소자재(多少自在) 2) 대소자재(大小自在)…… 3) 경중자재(輕重自在) 4) 일이자재(一異自在) 5) 대경자재(對境自在) 6) 득법자재(得法自在) 7) 연설자재(演說自在) 8) 보현자재(普賢自在)다……. 이를 별문으로 말하면, 진실아(眞實我)란 열반아(涅槃我)요 자재아(自在我)란 보리아(菩提我)이며, 실을 취해 통론한다면, 양자 별 차이 없기에, 경(經) 중에도 총결(總結)하여 말하기를 "이러한 대아(大我)를 대열반(大涅槃)이라 이름한다."고 한 것이다(전서-I: 326~329).

여기서 '자재' 또는 '자재아'는 경문에 나타난 자재 8의(義)를 보면 주로 '법신(佛身)', '여래지신(如來之身)', '여래일심(如來一心)' 등을

---

56) 우리가 여기서 '실체((實體)'로 표현한 것을 원효는 '체실(體實)'로 표현하며, 경문(經文), 「애탄품(哀歎品)」에서 "이것은 진(眞)이요 이것은 실(實)이며, 이것은 의(依)이고 상(常)이며, 불변역자(不變易者)"라고 인증하고 있으나, 원효의 어법이나 경문의 어의로 보아, 서양 철학 개념으로 '실체'로 언표해도 무방할 것이다.

지칭하는 것이기에, 범부와 이승, 보살에게는 해당되지 않는 것으로 오해되기 십상이다. 하지만 우리의 전략은 여기서 논의하는 불교의 어떤 개념, 어떤 문제도 통속적 의미의 종교나 신앙, 신학의 영역에 개입시키지 않고, 오로지 이성적 인식에 자기 명증적일 수밖에 없는 깨달음의 영역, 진정한 철학의 수준에서 투철하고 투명하게 해명하는 것만을 철학 과제로 수용하는 것임을 다시 한번 상기하자. 그리고 바로 이러한 의미에서 불학이, 아니 적어도 원효의 저술이 우리의 의미에서 철두철미하게 철학적이지 않다면, 우리는 원효의 철학은 물론이요, 원효의 불학에 관해서도 전혀 관심을 갖지 않았으리라는 것을 유념하자.

도대체 여래니 법신이니 하는 것이 무엇인가. 종교적 의미는 논외로 하고 철학적인 것에 국한한다면, 그것은 초월적, 선험적, 출세간적 자아 이외 다른 것일 수 없다. 여래·진여·자재·열반의 존재, 그 당체, 그 주체는 명명백백하게 자아이며, 그것이 인과적·실증적·신비적·환상적 자아가 아니라 그 모든 존재 양태에 선재(先在)하는 제1차적·제1의(義)적 자기 명증의 자아라는 의미에서, 그리고 너무나도 당연하고 자연스러운 자기 존재라는 의미에서, 무가내(無可奈)로 이름한다면 초월적, 선험적 자아라 할 수밖에 없다는 말이다.

우리는 통상 심리·물리적 자아를 구체적 개체로 확인한다. 불가에서 자아를 5온(蘊)의 구성체로 보는 것이 바로 이러한 견해이거니와, 그러나 불교는 이를 실체로 인정하지 않고, 가구(假構)·허구(虛構)라는 의미에서 한갓된 '가아(假我)'로 폄하해 실아(實我)의 존재를 부정한다. 그리고 후설의 현상학적 심리학을 제외한 현대 심리철학에서 물리·심리 복합체로서의 인간에게 이른바 '철학적 자아'의 실재하는가를 문제 삼을 때에도, 경험론, 실증론, 유물론은 그러한 존재를 형이상학적 허구에 불과한 것으로 일축한다. 반면 유신론, 유심론, 인격론은 심신과 인격의 상(常)·일(一)·주(主)·재(宰)자로서 자아의 실재성을 변호하기는 하지만, 그 존재 양상 Seinsweise에 관해서는, 특히 심리·물리 현상과의 연관에서 확인될 수 있는 그 존재론적 위상 ontological status에 관해서는, 적어도 철학적인 수준에서 이렇다 할 자기 명증적 해명을 제시하고 있지 않다. 부파 불교에서도 자아와 5온의 관계를 즉온(卽蘊), 이온(離蘊) 및 비즉비이온(非卽非離蘊)의 세 입장으로 이해했고, 독자부(犢子部)나 정량부(正量部)에서는 5온에 부즉불이(不卽不離)하게 존재하는 아(我)의 실재성을 인정했으며, 경량부(經量部)에서는 가아에 해당하는 세속보특가라(世俗補特伽羅, pudagala = 인격) 이외에 이른바 실아(實我)에 해당하는 승의보특가라(勝義)의 실재성을 인정했는데, 이러한 입장은 『성유식론(成唯識論)』의 비판 대상이 되었다고 한다.[57] 단적으로 말하면, 유(有)·무(無)·증(增)·감(減)에 집착하는 4구 논리로는 열반·진여·해탈과 같은 '비유비무(非有非無)면서 동시에 역유역무(亦有亦無)'인 선험 논리를 증회할 수 없고, 도리어 부질없는 쟁론, 이른바 '사변적 형이상학'[58]의 무실(無實)한 논쟁에 휘말리게 된다는 것이다.

자재아의 '자재'와 연관해 언급된 자재 8의는 모두 대자재신(大自在身)인 여래신심(如來身心)을 언급하고 있으나, 이는 모두 시공(時空)과 명수(名數)를 벗어난 법신자재(法身自在), 현상학적으로 말하

---

57) 『불교학대사전』, '아(我)', '무아(無我)' 및 '보특가라(補特伽羅)' 항목 참조.

58) '사변적 형이상학'은 형이상학의 정체성을 증득하지 못한 자연주의에 의해서는 '비논리적이고 비실증적'인, 따라서 '비과학적이고 무의미적'인 주장으로 구성된 사이비 학문이라는 뜻으로 폄하, 배격된다. 하지만 진정한 의미의 형이상학도 형식 논리에 의해 논증될 수 없고, 감성적 경험에 의해 검증될 수 없다는 의미에서는 역시 사이비 형이상학과 마찬가지로 무의미하고 비과학적이며, 바로 그런 의미에서는 '사변적'이라 할 수밖에 없겠으나, 진정한 사변은, 이를테면 헤겔적 의미의 사변은, 모든 순정 철학의 인식 직능이요 방법이다. 다시 말해, 진술 형식만으로는 순정 형이상학과 사변 형이상학을 구분할 수 없고, 오직 직관, 관조, 증득 방식에 의해서만 양자의 차이가 판명된다. 실로 '사변'이라는 개념을 진정하게 사변적으로 증득하고, '형이상학'을 진정하게 형이상학적으로 사유하는 것은 철학·불학을 이해하는 데 매우 결정적인 중요성을 가지는 것이다.

면 초월 자아 또는 선험 자아에 관해서도 동일하게 적용될 수 있는
술어들이다. 예컨대, 여래(如來)의 8종 자재 가운데 '연설자재(演說自
在)'에 관한 논의 중에는

> 여래가 말한 게송(偈頌)의 뜻은 무량겁을 지나도록 설명해도 그
> 뜻을 다할 수 없다. 그런데도 "내가 설하고 저들은 듣는다."는 일념을
> 내지 아니하며, 또한 일체 법 역시 설할 것도 없다. 그러나 자재하기
> 에 여래는 연설한다.(전서-I: 328)

는 『열반경』의 한 구절이 인용되어 있다. 이 구절은 '자재'의 실의(實
義)에 관해 매우 중요한 의미를 함축하고 있다. '제법공상(諸法空相) =
제법실상(諸法實相)'은 『금강삼매경』의 용어로, '결정실제(決定實際)'
가 이미 결정성이기 때문에 '역무유설(亦無有說)'이다. '제법무아(諸
法無我)'라는 것도 바로 이러한 불가사의의 언어도단을 의미하는 것
으로 증득되어야 할 법문(法文)이다. 불변성과 필연성의 구경진리는
그 누가 말하더라도(말하는 자 즉 연설자의 자아가 부처라 하더라도)
어떤 차이도 없는, 이른바 부처가 있건 없건 사태의 본성 자체가 그
러할 수밖에 없는 것이기에 말이다. 사태 자체와 진여자상(眞如自
相)은 부처가 만드는 것도, 불(佛: 깨달음)이 만드는 것도 아니고, 자
성이 스스로 그러하게 자연(自然)·자여(自如)·자재(自在)·법이(法
爾)이기에, 불연(不然)이면 그것을 실상·자상·자재라 칭당할 수조
차 없다는 것은 분석적 진리다.[59]

---

59) "決定性者 謂眞如性 不可破壞 性自爾故."『금강삼매경』, 은정희, 274 ; "是
實法相 非佛所作 有佛無佛 性自爾故 〔…〕 若不決定 卽非實相故." 같은 책,
91 ; "諸法平等 〔…〕 有佛無佛 諸法性常空 性空卽是涅槃." 전서-I: 213~214 ;
"眞如門中所說理者 雖曰眞如 亦不可得 而亦非無. 有佛無佛 性相常住 無
有變異 不可破壞."『대승기신론별기』, 은정희, 94 ; "有佛無佛 法性常爾 故決
定性." 전서-II: 465 참조.

이제 마지막으로 자아와 여래장의 관계를 살펴보자. 『열반경』, 「여래성품(如來性品)」에 "'아(我)'는 곧 여래장의 뜻이다. 일체 중생이 모두 불성이 있으니, 이것이 곧 '아(我)'의 뜻이다."라는 구절이 있으며, 원효는 이 구절을 『열반경종요』에서 불성(佛性) 문제와 연관해 인용하고(전서-I: 370), 또 이를 『십문화쟁론(十門和諍論)』, 「인법이집화쟁문(人法二執和諍門)」에서도 인용하고 있다.[60] "일체 중생이 모두 불성이 있다.〔一切衆生 悉(皆)有佛性〕"라는 대명제는 가장 인도주의적으로 이해된 불교의 핵심 사상이다. 도대체 중생이란 무엇이던가? 집합적으로는 군생(群生) 또는 생류(生(物)類, sattva)를 뜻하고, 더 좁은 의미로는 정(情), 식(識), 영(靈)을 가진 존재라는 뜻에서 "유정(有情), 함식(含識(情, 靈))"으로 부르기도 하지만, 우리는 일상적 실체·실물의 뜻으로 중생을 이해하는 수준을 넘어, 연기적·발생적, 구조적·분석적으로 더 분명하게 이해할 필요가 있다. 5음(五陰)의 화합이라든가, 생사를 거듭 경유한다든가, 중생심(衆生心)이 일향 자각성(一向 自覺性(현상학적 지향성(志向性)))을 지향(指向)하는 목적론적 성향을 함유한다든가, 생멸유전하면서 처처(處處)에 생(生)을 받는다든가 하는 현상이나 사건, 운동을 동적 의미의 중생 또는 유정으로 이해할 수도 있다는 말이다.

예컨대 『열반경종요』, 「불성(佛性), 출체문(出體門)」을 해설하는 자리에서 원효는 불성에 대한 전래 학설을 6종으로 분류하고, 이 모든 입장을 『대승기신론』의 「일심이문(一心二門)」으로 정리해 버리는 탁월성을 보인다. 그중 불성문을 '중생' 개념과 연관시켜 해명하는 제1, 2, 3의 입장에 대해서는 이렇게 풀이하고 있다.

〔중생지심(衆生之心)은〕 또는 염(染)을 따라 생멸하는 마음이 훈

---

60) "我者卽是如來藏義. 一切衆生 悉有佛性 卽是我義." 전서-I: 370 ; "一切衆生 皆有佛性 卽是我義 我者卽是如來藏義故." 전서-V: 831~832.

습(薰習)하는 힘을 의지하여 두 가지 업을 일으킨다. 소위 고(苦)를 싫어하고 낙(樂)을 구하는 능인(能因)이다. 이것이 근본이 되어 당래(當來)에는 극과(極果)에 이르는 것이니, 이는 셋째분의 주장이 이 본문에 해당된다.

이러한 일심이 염(染)을 따라 전(轉)할 때에 이르는 곳마다 모든 법을 총어(總御)하여, 곳곳에서 생(生)을 받으니, 이를 중생(衆生)이라 부른다. 이는 둘째분의 주장이 이 부문에 해당된다.

이와 같이 중생은 본각(本覺)이 전(轉)하여진 것으로 반드시 부처님의 과위에 이르게 되지만 지금에는 아직 나타나지 아니한다. 그러므로 "본래(當來)할 부처님의 과위(果位)"라고 부른다. 이것은 첫째분의 주장이 이 부문에 해당된다.(전서-I: 379~380)

이러한 풀이는 모두 진여문[染而不染門]의 불과(佛果)로서 현세적(現勢的) 불성이 생멸문[不染而染問]을 통과하면서 점차로 잠세적(潛勢的) 불성종자(佛性種子)가 현세적 불성으로 성숙하는 과정을 설명한 것이다.

이제 불성이 종자의 형태로 중생에 은장(隱藏) 또는 은부(隱覆)되어 있다는 뜻에서 여래장(如來藏), 자세히는 은부여래장이라 부른다면, "10신(十信) 이전이 일체 중생"(전서-II: 605)이든, "넓은 의미로 불·보살까지도 포함"하든,[61] 또는 "심(心)·불(佛)·중생(衆生)이 불일이불이(不一而不二)"(전서-II: 693)이든, 시간성을 무시하면 "여래장불(如來藏佛)이 제중생(諸衆生)"(전서-II: 752)이며, "일체중생 본래일각(本來一覺)"(전서-II: 568, 303)이고, "법신즉시중생본각(法身卽是衆生本覺)"(전서-II: 569)이며, "중생심성(衆生心性)…… 본래일심(本來一心)"(전서-VI: 64~65)이라는 것은 자명하다. 그런데 심생멸(心生滅)

___

61) 『불교학대사전』, 1461쪽 우.

이라는 것이 실상은 심진여(心眞如)의 연기양상(緣起樣相) 이외 별다른 것이 아니라면,『금강삼매경』의 이 말은 참으로 계몽적edifying이라 하지 않을 수 없다.

> 중생과 불성은 동일한 것도 아니고 차이가 있는 것도 아니다. 중생의 본성은 본래 생멸이 없고, 생멸은 그 본성이 본래 열반이며, 성과 상이 본래 진여이니 이는 진여가 움직임이 없기 때문이라.(전서-II: 692)

는 것은 본성상 중생, 불성, 열반, 진여, 법성, 일심 등등이 모두 동일자의 이명, 즉 의미는 다르지만 지시는 동일한 것〔名異 義一(전서-I: 398)〕임을 말한다고 보아도 무방할 것이다.

우리가 앞에서 중생·불성·여래장에 대해 언급한 것은 "'아(我)'라는 것은 곧 '여래장'이라는 뜻이고, '일체 중생이 모두 불성을 가지고 있다.'는 것이 '아'의 뜻이다.〔我者卽是, 如來藏義. 一切衆生, 悉有佛性, 卽是我義〕"라는『열반경』인용문과, "'모든 중생이 모두 불성을 가지고 있다.'는 것이 '아'의 뜻이며, '아'라는 것은 '여래장'이라는 뜻이다.〔一切衆生, 皆有佛性, 卽是我義. 我者卽是, 如來藏義故〕"라는『십문화쟁론』의 인용문을 이해하는 하나의 방편에 불과한 것이었다. 즉 열반·진여·중생·불성·일심·법성의 일실의(一實義)는 '아(我)', 물론 법장(法藏)의 6종아(六種我) 중 마지막 2종아, 즉 자재아와 진아, 통칭해 대아(大我)다. 진실아(眞實我)를 특히 열반아(涅槃我)라 하고, 자재아를 보리아(菩提我)라 부르기도 하지만, 실질적으로 통론한다면 별다른 큰 차이 없이 대아(大我)로 통하며, "이와 같은 대아를 대열반(大涅槃)이라 부른다."(전서-I: 329).

열반·진여의 출세간적 4덕으로서 상(常)·낙(樂)·아(我)·정(淨)은 인법무아(人法無我), 제행무상(諸行無常)의 세간(소승) 법인(法印)과는 전혀 다른 차원에서 이해되어야 한다. 양자는 서로 모순 관계에 있기 때문에 동일한 수준과 논리, 차원에서 보면 모두 부당하지만, 차원을 달리해 핑크의 이른바 "상호 전위mutual transposition"[62]의 입장에서 이해하면 각자가 나름의 타당성을 가진다. 이러한 사정에서 원효가 "당하는 바가 없기 때문에〔역설적으로〕당하지 않는바도 없다.〔由無所當故 無所不當〕"이나 "모두 옳고 모두 틀려 모두가 일리 있다.〔皆是皆非 皆有道里〕" 등의 일견 무정견(無定見)한 듯 보이는 역설적 표현들을 즐겨 사용하는 것이다.

유루 염오(有漏 染汚)의 망식(妄識)으로부터 무루 청정(無漏 淸靜)의 진식(眞識), 무구식(無垢識)의 정법계(淨法界)에 이르는 일미 관행의 수행(修行) 주체가 없다면 '불교', 곧 '깨침의 가르침'은 무의미한 짓거리에 불과할 것이다. 무상정등정각(無上正等正覺)을 향한 무궁한 각행(覺行) 여정의 일심진여자성(一心眞如自性)이 자재아, 진실아, 일대아 이외 그 무엇일 수 있겠는가. 일체 중생은 모두 불성(佛性)과 각성(覺性)을 능섭(能攝), 은복(隱覆)하고 있는 자아의 실의(實義)·여의(如義)이며, 현대적 언어로 표현해 자아의 선험적 지시 Bedeutung, reference가 일심·진여·열반이며, 불성 종자(佛性 種子)로서 여래장이자, 그 현실태(現實態) 또는 과지(果地)로서 불(佛)·보살인 셈이다. 유무의 차원에서 심리와 물리의 복합체를 자아로 확인할 때, 그 자아는 하이데거의 용어로 '존재자 표상'이거나 '표상된 존재자'로서 가아(假我)에 불과하며, 혹은 이른바 '내면적 자아'로 통칭되는 것도 "중생들이 이것을 자기의 '내아(內我)'라고 헤아리지만, 이것은 성품이 공(空)하므로 아(我)가 아니고, 무아(無我)의 이치라야 비로소 참된 나인 것이다."[63]

이제 마지막으로 언급해야 할 것은 선험적 자아의 진수를 직지(直指)하는 "아견(我見)"이라는 개념이다. 우리가 지금까지 언급한 자아

---

62) *Eugen-Fink-Archiv* 31a~b.
63) "衆生計此爲自內我 而是性空故非是我. 無我之理方是眞我." 전서-III: 263.

의 개념이 그러하듯, 아견도 소승적, 세제적으로 이해된 불교 교리에 의하면 극복해야 할 악덕으로 품목지어져 있는 부정적인 개념이다. 우선 우리가 줄곧 표준으로 삼아온 『불교학대사전』까지도 '아견'을 "5견(見)의 하나로 신견(身見)이라고도 한다. 5온(蘊)의 가화합적(假和合的) 존재가 일신(心身)을 상일실체(常一實體)로 생각하는 망견(妄見)을 아견(我見)이라 한다."고 정의하고 있을 정도이다. 망법(妄法)인 아(我)와 연계되어 있는, 유식 법상종에 따르면 제7식(識)에 항상 상응해 일어나는 아치(我癡)·아견(我見)·아만(我慢)·아애(我愛)는 4근본 번뇌(煩惱) 또는 4혹(惑)으로 분류돼서 깨침을 위해서는 기필코 극복 또는 조복(調伏)해야 할 4대 악덕으로 등록되어 있을 정도다.

그런데 우리는 여기서 바로 이 4대 악의 하나인 '아견'을 '아덕(我德)의 조견(照見)'으로 해명하고자 한다. 관행(觀行), 관조(觀照), 진견(眞見), 진관(眞觀), 안견(眼見), 문견(聞見), 견성(見性), 견도(見道) 등등의 개념에서 보듯, 깨달음에서 '봄〔見, 觀〕'이 얼마나 중요한 수행(修行)이 되는가를 쉽게 짐작할 수 있다. 그렇다면 너무나도 당연하게, 봄의 주체는 자아일 수밖에 없으며, 아견은 서양 철학의 자기의식, 특히 사르트르의 "전(前)반성적 자기의식" 또는 "순수 반성적 자기의식"이나 후설 현상학의 선험적 자아에 상응하는 존재 인식론적 의미와 중요성을 가지는 것이어야만 한다. 또한 자각(自覺)·각타(覺他)나 자리(自利)·이타(利他)의 이념이 시사하듯, 깨달음은 철두철미하게 천상천하 유아독존적인 자각의 방식으로 수행(遂行)되고 실현될 수밖에 없다는 것도 자명하게 증득될 수 있을 것이다. 이제 우리는 이러한 대승(大乘)·일승(一乘)적인 출세간적 의미의 자아에 상응하는 '아견'의 선험 철학적이고 일미관행적인 여실의(如實義)를 간결하게 해명할 것이다.

우리의 해명이 진여, 일심, 일승, 열반의 차원에서 수행되고 있는 만큼, 역시 원효의 『열반경종요』, 특히 「불성론」에서 아견에 관한 구절을 인용해 보자.

첫째 '상주불성문(常住佛性門)'이라는 것은 이 경〔열반경〕「사상품
(四相品)」(제7품)에서 "오직 취하여 집착함을 끊을 뿐이요, 아견을 끊
는 것이 아니다. '아견'이라는 것은 이름하여 불(佛)이 되고, '불성(佛
性)'이라는 것인즉 참된 해탈이다……「사자후품(獅子吼品)」 가운데
말하기를 '불성'이라는 것은 '제1의공(義空)'을 이름이며, 제1의공을
'지혜'라 이름한다. 지자(智者)는 공(空) 및 불공(不空)을 견(見)하지
만, 우자(愚者)는 공과 불공을 견하지 못한다.(전서-I: 479~480).

이와 같은 경문들은 명칭이 다른 것들을 들었지만, 다 같이 '자성
(自性)이 청정한 진여의 불성(佛性)'을 나타낸 것이다. 3승(乘)이 한
가지로 돌아오는 것이기에 '일승(一乘)'이라 이름한 것이요, 12인연
(因緣)의 근본이기에 '인연'이라 이름한 것이며, 일체를 떠났기에 이
름하여 '공(空)'이 된 것이고, 성품에 본각(本覺)을 소유하고 있기에
이름하여 '지혜'가 된 것이며, 중생 중에 진실하기에 이름하여 '실의
(實義)'가 된 것이고, 자체를 스스로 비추기에 아견(我見)이라 이름한
것이다〔自體自照 故名我見〕. 이렇듯 이름은 비록 다르지만, 언표하는
본체는 동일하다.〔諸名雖異, 所詮體一〕(전서-I: 483~484)

우리가 여기서 이해하고자 한 아견의 진의는 이 인용문에서 이미
명백히 해명되었다고 할 수 있다. 더구나 이에 앞서 상세히 해명된
진여·열반 4덕(德)의 하나인, 그러나 그 핵심인 일심 여래장으로서
자아 개념을 증회한다면, 여기서 말하는 아견의 실의와 여의도 방회
자재(方會自在)하리라. 이제 이러한 해명만으로도 불학(佛學)의 일
심·진여·진실·자재·열반의 자아가 어떻게 선험 현상학적 철학의
자아에 유비적으로 해명될 수 있는 것인가를 충분하고 필증적으로 증
시할 것이다. 그러나 우리는 아(我)와 아견(我見)의 출세간적 제1의

(義)의 철학적 중요성을 더욱 강조하는 의미에서, 열반삼사인 법신, 반야, 해탈 가운데 반야에 관한 부분을 관행(觀行), 견성(見性)과 연계해 보충 해명하고자 한다. 법신은 자아에 해당되며, 법신이 해탈을 얻는 것은 반야를 통해서이기 때문이다.

반야는 문자반야(文字般若), 실상 반야(實相般若) 및 관조 반야(觀照般若)의 3종 반야로 분류할 수 있으나, 문자반야는 다만 문자로 이루어진 경문(經文)이기에, 이 능전교(能詮敎)에 의해 표전(表詮)되는 취지, 즉 그 소전지(所詮旨) 또는 종의(宗義)를 담고 있는 실상·관조의 2종 반야만이 해명 대상이 된다. '실상'이란 '참된 모습', '참으로 있는 것의 모습'을 의미하지만, 역설적이게도 이 '모습(相)'이라는 것 자체가 '참'이나 '실(實)' 그 자체를 부정하는, 자기 우롱적 self-stultifying, 자기 패배적 self-defeating 복합 미사(尾詞)라는 사실이 실상 개념을 이해하는 데 어려움이 된다. 칸트의 "물자체"나 후설의 "사태 자체Sache selbst"의 경우에도, 물자체는 결코 또 하나의 물(物)일 수 없으며, 사태 자체도 또 하나의 사태를 의미할 수 없다는 데 개념 파악의 어려움이 있기는 마찬가지다.

실상이나 사태 자체는 "실제(實際) 세계에는 없는 것이지만 제1의(義)이기 때문에 있는 것이다. 사람 등도 이와 같아서 제1의에서는 없는 것이지만, 세계이기 때문에 있는 것이다."[64] 따라서 법성, 진여, 일심, 열반, 실상, 자체 등속이 ① 존재한다〔有, 然〕② 존재하지 않는다〔非有, 不然, 無, 空〕③ 존재하기도 하고 또 존재하지 않기도 하다〔亦有亦無〕④ 존재하지도 않고 존재하지 않지도 않는다〔非有非無, 非然非不然〕라는 4종의 종의(宗義)는 "집착을 떠나 설하면 부당함이 없으나, 만일 집착해 말 그대로 해석하면 모조리 무너져버린다."[65] 왜냐하면 위의 4종의는 일체 종의를 언표하는 모든 양식이어

---

64) "如如法性 實際世界故無 第一義故有. 人等亦如是 第一義故無 世界故有." 전서-II: 106.

서 "제종(諸宗)을 모두 적멸시키므로, 여기서 논란을 일으키고자 한다면, 필경에는 어떤 진술도 불가능해질 것이기 때문이다."[66] 또는 문자 그대로 해석하면, 종 ①은 증익방(增益謗(過, 邊))에, ②는 손감방(損減謗)에, ③은 상위방(相違謗)에, 그리고 ④는 희론방(戲論謗)에 걸려들어 모두가 부당한 주장이 되는 셈이기 때문이다. 그러나 명(名)·자(字)가 지시하는 의리(義理)를 염두에 두고 선험적 제1의(義)로 이해한다면, 역으로 모든 주장이 그 나름의 일리를 얻어 무소부당(無所不當)하게 된다. 따라서 일체 종의가 관점에 따라 개시(皆是)이기도 하고 개비(皆非)이기도 하여 개유도리로 이해될 수 있다.

그리하여 제법의 실상은 공상(空相)·무상(無相)이며, 그 자성·실성·진성도 이성(離性)·공성(空性)이며, 그 "실제(實際)는 무제(無際)로써 제(際)를 삼고 있다.[實際以無際爲際]"라는 역설 아닌 역설이 성립한다. 따라서 우리가 단적으로 '실상(實相)'이라 언표할 때에는 언제나 진·여·실·자체의 성·상이 함께 공(空)이면서 불공(不空)이고, 실(實)이면서 불실(不實)이며, 무(無)이면서 비무(非無)인 것이 함의되어 있는 셈이다. 결국 '단지 그렇게 보이는 것'과 '저대로 참이게 그러한 것'의 차이는 주객 분별인가 평등인가, 또는 불교적 용어로 표현해 "경계(대상)과 지혜(주관)이 동일하지 않다는 의미[境智非一之義]"에서인가 "주관과 객관이 둘이 아니라는 관점[能所無二之門]"에서인가의[67] 차이일 수밖에 없는 것이다.

'실상 반야'는 다시 '실상'과 '반야'의 복합 개념인데, 이 요소 개념들이 각각 어떻게 증회되어야 '실상 반야'의 개념을 증득할 수 있을까? 실상은, 하이데거 용어를 빌면 존재 사유 Denken des Seins나 존재 개현 Lichtung des Seins에 유비될 수 있는 것으로, 그 자체가 존

---

65) "離著而說 無不當故. 若有著者 如言而取. 無不破壞故." 전서-II: 47.
66) "有非有俱非 諸宗皆寂滅. 於中欲興難 畢竟不能申." 같은 글.
67) "若約境智非一之義 […] 若依能所無二之門." 전서-II: 86 참조.

재자가 아니라(그러기에 무상지상(無相之相)이다.) 존재 자체로서 이미 항상 존재자의 존재를 개현하는 활동이며, 이와 같이 '존재가 이미 존재자 개현으로서 존재 사유'인 이 특전적(特典的) '존재(실제) = 사유(관행)'가 다름 아닌 반야지혜(般若智慧)이며, 반야와 실상의 이 특이한 관계를 실상 반야라 부르는 것이다. 이에 비해 '관조 반야'란 '제법실상을 관조해 알아내는 지혜'로 정의할 수 있는 것으로, 속제적 인식론의 용어를 빌린다면 인식 주관, 즉 관지(觀智)가 인식(관조) 대상인 실상을 인식(관조)하는 활동을 가진다는 의미의 지혜를 의미한다. 즉 '관조 반야'의 복합사에서 '관조'는 '반야'에 대해 법상종의 이른바 6이합석(六離合釋) 중 지업석(持業釋)에 해당한다. 관조는 반야의 활동일 뿐만 아니라 반야와 동격으로 해석되는 것이다. 그러나 '실상 반야'를 '실상의 반야'로, 즉 의주석(依主釋) 중 속격(屬格)으로 해석할 때, 그리고 이 속격을 주격적 속격 genitivus subjectivus으로 해석할 때, 위에서 언급했듯 하이데거의 '존재 사유'가 '존재의 사유'로, 그리고 '존재의 사유'는 다시 '존재가 사유함(또는 개현함)'으로 해석되는 것과 유비적으로 이해될 수 있다.

따라서 "만일 주객 미분적 접근법에 의하면 [실상 반야와 관조 반야를 통합한] 하나의 실상 반야도 역시 지업석"[68]으로 해석되어, '실상'과 '반야'가 동격으로 이해될 수 있다. '실상이 곧 반야'인 실상이 대승의 일법인(一法印)으로서 제법실상이요, 역으로 '반야가 곧 실상'인 반야가 바로 실상 반야다. 그리하여 '실상 반야'를 "반야의 지혜에 의해 관조된 대경(對境)으로서 일체 법의 진실하고 절대적인 모습. 이것은 반야가 아니지만 반야를 일으키는 근원이므로 반야라 부른다."라든가, "반야에 대해 관조되는 경계로서, 지혜로 증득한 바 이체(理體), 곧 만유(萬有)의 본체"로 정의한 것은[69] 다소 오해의 소

---

68) "若依能所無二之門 亦一實相般若 亦持業釋." 전서-II: 86.
69) 각각 『불교학대사전』, 458쪽과 936쪽 참조.

지가 있는 표현 misleading formulations이라 하겠다.

이와 같이 실상·관조 반야를 별개로 설명하든 혹은 이들을 합쳐 하나의 '실상 반야'로 해명하든, 방금 우리가 "오해의 소지가 있는 표현"이라고 지적한 사전적 정의와 마찬가지로, 웬만해서는 도무지 무슨 말인지를 알아들을 수 없을 것 같은 저 반야 이론들은 도대체 무슨 의미를 가지는 것이며, 또한 이러한 해명들이 우리의 당면 주제인 '선험적 자아'와 어떤 중대한 연관을 가지는 것인가? 자아의 선험성, 초월성을 해명하는 것은 우선적으로 철학적 진리·인식·학문을 경험적 진리·인식·학문으로부터 준별(峻別)하는 근본 문제이며, 이러한 근본 문제를 근본적으로 해명하고 증득하지 않고서는 불학과 철학의 근본 개념들인 여래, 법신, 일심, 진여, 실상, 열반, 법계와 같은 존재론적 개념들이나 본각, 관조, 관행, 반야, 관지, 각행과 같은 인식론적 개념들을 불학·철학적으로 요해(了解)하기가 애초부터 난감하기 때문이다.

예컨대 후설의 선험적 환원·자아나 하이데거의 존재론적 이해·사유 같은 개념들을 철학적으로 요해하기란 철학적 사유 수행이 웬만해서는 거의 절망적일 정도로 불가능하다는 사실을 인정한다면, 우리가 여기서 불학의 실상·관조 반야를 해명하는 것이, 후설과 하이데거가 반세기가 넘도록 줄기차게 추구, 개진한 존재·인식론을 철학적으로 요해하는 것보다 반드시 더 쉬울 것이라는 아무런 근거도 제시할 수 없을 것이다. 양자가 철학적으로만 요해될 수 있는 철학적 문제, 개념이기는 마찬가지기 때문이다. 게다가 철학적 진리는 객관적으로 발견, 습득되고 일률적으로 학습, 전수될 수 있는 실증적·자연적·반복적·대상적 진리가 아니라, 오직 주체적·자각적·일회적으로만 체인, 체득될 수 있는 실존적 삶의 진리이다. 또한 그럼에도 동시에 이러한 진리가 존재한다는 것은 보편적으로 자명하게 증득되어야만 하고, 오로지 그렇게만 증득될 수 있다. 그렇다면 우리가 왜 계속해서 '철학적'의 의미를 강조하고, '불(佛)'을 '부처'가 아니라 차라리 '깨침'으로 읽으려고 안간힘을 쓰고 있는지를 공감할 수 있으리라.

그러면 이제 다시 반야의 문제로 돌아가 이를 총괄적으로 해명한 다음, 철학적 인식이자 불학적 관조인 반야, 곧 하나의 실상 반야가 내승적·일승적 '아견(我見)' 개념과의 본질적인 관계를 현시할 '반야와 유식 3분(唯識 三分)의 관계'를 명백히 증시함으로써, 마침내 관행과 각행, 학문의 주체인 선험적 자아의 문제를 현상학적 철학의 문제로 재확인하게 될 것이다. 원효는 실상 반야와 관조 반야를 차례로 해명한 다음 이 2종 반야를 합명(合明)하는 자리에서, 앞서 그가 "보살을 이루는 긴요한 비장이며, 모든 부처의 진정한 모체이다. 〔成菩薩(提)之要藏에 諸佛之眞母〕"(전서-II: 34)[70]로 규정한 바 있는, 따라서 모든 수행자가 일체 각행의 근거이자 육도만행(六道萬行)의 정점임을 믿어 의심치 않을, '반야'의 진모(眞貌)를 거의 오도송(悟道頌)에 가까운 시적 언어로 무장무애하게 해명해 보이고 있다. 그만큼 반야란 원래 실상과 관조가 "융이이불일(融二而不一)"하게 존재하는 '존재와 인식'의 변증법적 유희 dialektisches Spiel이기 때문이다. 마치 '반야'의 진의(眞義: 진의는 언어 문자의 뜻이 아니라, '반야'가 '참으로 지시하는 것', 이를테면 실제·실상 자체의 의미, 또는 존재 자체의 의미다.)를 언표할 길 없어, 구태여 '지(智(慧))'로 한역(漢譯)하는 대신, 차라리 원어 그대로 음역해 반야로 지칭하듯, 우리도 여기서 원효가 한문(漢文)으로 해명한 문안을 설명하는 대신, 차라리 원문을 그대로 한역(韓譯)해 인용하고자 한다.

〔2종 반야는〕 하나가 아닌 고로 2종으로 가설(假設)하나, 주·객을 떠나 있어 필경에는 서로 다른 것이 아니다. 왜냐하면 보살이 반

---

70) 『한국불교전서』 1-480上에는 "成菩薩之要藏也 諸佛之眞母也."로 기록되어 있다.

야를 수행(修行)할 때, 일체 제법의 성상(性相: 법성(法性)의 양태)이
아(我)이든가 무아(無我)이든가, 상(常)이든가 무상(無常)이든가, 생
이든가 멸이든가, 유(有)이든가 공(空)이든가 하는 이 같은 일체를
도무지 얻을 수 없어서, 일체 객관 표상〔所取相〕도 얻지 못하고, 일
체 주관 인식〔能取之見〕도 일어나지 않으니, 이때에 일체의 인식 관
계〔相見〕를 멀리 떠나게 되어, 제법실상이 무이무별(無二無別), 무시
무종(無始無終), 무생무멸(無生無滅), 비유비공(非有非空)하여 일체
의 말길을 넘어가고, 일체의 마음 간 데가 영영 끊기었음을 절대적으
로 인식〔平等證會〕했으니, 어찌 그 가운데 두 가지 반야가 있다 하
겠는가. 다만 일체 제법이 동연(同然)하지 않음이 없기에 억지로 '제
법실상'이라 이름하고, 일체 분별을 떠나지 않은 바가 없기에 역시
'무분별지(無分別智)'라 이름하는 것이니, 지(智)이면서 실상이 아님이
없고, 실상이면서 지 아님도 없다는 것이다〔無智而非實相, 無實相而
非智〕.(전서-II: 65)

그리고 원효는 용수(龍樹, Nagarjuna) 찬(撰) 『대지도론(大智度
論)』을 인용하면서 「합명2종반야(合明二種般若)」의 이 문단을 이렇
게 보강하고 있다.

보살이 '일체 제법을 상(常)도 무상(無常)도 아니고 아(我)도 무아
(無我)도 아니며 유도 무도 아님 등등'을 관(觀)하는 이러한 관(觀)
도 역시 존재하지 않는 바, 이것을 일러 "보살이 반야바라밀을 행한
다."라고 말하는데, 이 뜻은 일체 관(觀)을 버리고 일체 언어를 멸하
며 일체 심행(心行)을 떠나고, 본래부터 불생불멸하여 열반상(涅槃
相)과 같다는 것이니, 제법도 이와 같아서 이를 제법실상이라 이름한
다.(같은 책, 65~66)

실상·관조 반야에 관한 이 해명에 대해 최초로 제기되는 문제가

> 관조 반야에도 혹여 3분이 있는가? 만약 〔반야를 관하는〕 견분(見
> 分)이 있다면, 어떻게 "무견(無見)"이라 말할 수 있는가? 만일 견분이
> 없다면, 어찌 "관조(觀照)"라 이름하는가? 〔견분 없이〕 자증분(自證
> 分)이 있어 〔반야〕 자체를 증득하는 것이라면, 이 인식 주체(智體)가
> 실상과 같지 아니하거늘, 어찌 "무이무별(無二無別)"이라 말할 수 있
> 는가? 만일 견분도 없고, 또한 자증(自證)도 없다면, 이는 허공과 같
> 을 것이니 "혜(慧)"라 이름할 수 없을 것이 아닌가?(같은 책, 67~68)

하는 물음이다. 위의 질문을 예컨대 사르트르 식으로 바꿔 이해해 보
자. 인간 의식은 언제나 무엇인가를 그때그때의 의식 대상으로 삼으
며, 이때 이 '대상 의식'은 언제나 동시에 '자기의식'을 수반하게 마련
인데, 이러한 자기의식을 사르트르는 '전(前)반성적 자기의식'이라 부
르고 있다. 그런데 의식은 통상 자기 외적 존재를 대상으로 삼으면서
동시에 전반성적으로 자기 존재 자체를 의식하지만, 종종 자기 자신
을 의식 대상으로 삼게 되는 경우가 있거니와, 이때의 자기의식이
'반성적 의식'이라 불린다. 그리고 의식이 자기 존재를 반성하는 경우
에도, 자기를 여타의 존재와 동일한 존재론적 지위를 가지는 존재,
즉 즉자 존재나 사물 존재(존재물, 존재자)로 직접적이고 전체적인 대
상으로 삼는 경우와, 한편으로는 사물 존재를 직접적 대상으로 삼으
면서도 그와 평행적이고 간접적으로 자기 존재를 의식하는 경우가
나뉘는데, 사르트르는 전자를 불순 반성, 후자를 순수 반성이라 지칭
한다. 여기서 대상 의식은 위 인용문의 견분에, 전반성적 자기의식은
자증분에, 그리고 순수 반성은 4분설의 제4분인 증자증분(證自證分)
에 대비될 수 있는 것으로 우선 확인해 두고, 이제 이러한 의식 이론
을 바로 앞에 인용한 반야 문제에 원용(援用)해 보기로 하자.

『금강삼매경』에서, 부처가 대력보살(大力菩薩)에게 이르기를, "보는 바 모든 경계는 오직 마음일 뿐이니, 마음이 환화(幻化)하지 않는다면, 보는 바가 없게 된다."[71] 이 경문에 대해 원효는 『논(論)』에서 "오직 마음이 허망하게 나타나 허망하게 경계를 만들어내었으니, 마음에 허망함이 없어질 때에, 경계를 짓지 않고, 경계가 없어졌기 때문에 마음을 일으키지 않는다."고 했다.[72] 이러한 유심구는 『대승기신론』의 심·법 대비를 위시해 『금강삼매경·론』에서도 도처에서 심(心)·경(境) 대비로 나타난다.[73] 위의 경(經)과 논(論)에서 인용된 문구는 제대로 읽지 않으면 치명적인 오해나 몰이해를 초래할 우려가 없지 않다. 즉 심·법 및 심·경 대비는 세제와 진제에 모두 적용되며, 그때마다 이러한 대비가 진(眞)·속(俗) 전위(轉位)에 따라 이해되어야 한다는 점이 주의를 요한다는 것이다. 세속제(世俗諦)에서 보면 망심(妄心)에는 염법(染法)과 망경(妄境)이 대비되고, 승의제(勝義諦)의 입장에서 보면 무구식(無垢識)이 정법계(淨法界)에, 그리고 여리지심(如理之心)이 여리지경(如理之境)에 대응한다.(『금강삼매경론』, 은정희, 24, 353)

그런데 우리는 이미 앞서 세계실단(世界悉檀, siddhanta)과 제1의(義)실단을 언급하면서, 어떻게 한편에서 보면 없는 것이 다른 편에서 보면 있는 것으로 간주되는가를 살펴보았거니와(전서-II: 104~113, 특히 106 참조), 우리가 여기서 애써 그 정체와 진의를 해명하려는 깨침의 학문(佛學), 지혜사랑(반야바라밀)의 학문(철학)에서 수행되는 일체의 언어 사용은 철두철미 진속전위(眞俗轉位)를 통한 진제, 승의제, 제1의제를 증시하려는 것임은 아무리 강조해도 오히려 부족할 것이다. 이것이 바로 불학에서 유무 4구의 논리에 그처럼 첨예한 주

---

71) "所見諸境 唯所見心 心不幻化 卽無所見." 『금강삼매경론』, 은정희, 344.
72) "唯心妄見 變作境界 心無妄時 則不作境 境界無故 不生心地." 같은 책, 345.
73) 예컨대 "離心無境 離境無心." 『금강삼매경론』, 은정희, 525.

316

의를 기울이고, 『금강삼매경』에서 부처가 자신이 왜 중생설(衆生說)과는 달리 존재와 생성에 관해 언설하지 않는지를 그처럼 강조하는 이유다.[74] 유무와 생멸이 일심의 영상(影像)에 불과하다면, 일심 자체는 불생불멸의 진여실상이어야 하고, 후자는 당연히 유도 아니고 무도 아닌, 이를테면 "유무 초월적인 특유의 존재"[75]이기에, "법성(法性)이 유도 아니고 무도 아닌 것을 안다면, 초발심(初發心)에 곧바로 정각(正覺)을 성취한다."[76]고까지 강조할 수 있었을 것이다.

만약 현실 세계의 경험적 사실과 사물이 존재와 생성의 범주에 속하고, 선험적·초월적 실재는 진공(眞空)과 무위(無爲)의 범주로 지시될 수 있을 뿐이라면, 그리고 후자의 견지에서는 전자가 무〔無常〕이고 후자가 유〔妙有〕인 반면, 역으로 전자의 관점에서는 후자는 공〔眞空〕·무〔眞無〕이고 전자는 유〔俗有〕로 확인되는 것이라면, 그리고 게다가 일체의 대상과 현상이 마음과 의식의 대상과 현상, 즉 대상(對象)하고 현상(現象)하는 마음과 의식 이외 별다른 것일 수 없다면, 위에 반복적으로 언급된 바 제법실상을 관조하는 안목은 이를테면 '심안(心眼)'이라 불러도 무방할 것이다. 또한 그렇다면 마음으로 보는 것은 무상법(無相法), 여리경(如理境)일 것이니, 이렇게 보는 것은 경험적 관점에서는 보지 않는 것〔無見〕에 다름 아닐 것이다.

역으로 제1의(義)에서 보면, 현실 세계의 경험적 대상과 현상은 가상(假像)·염법(染法)이고, 그 경험과 인식의 주체·직능은 망심(妄心)이며, 이에 관해 명명, 진술하는 언어는 망어(妄語)(『금강삼매

---

74) "佛言 '我說法者 以汝衆生 在生說故 說不可說 是故說之'." 『금강삼매경론』, 은정희, 438 참조. 이 경문에 대한 원효의 해석으로는 "衆生卽是一切凡夫 說於無爲 卽在法體 說於有爲 卽生法相. 如是在生之說 不可說於實義." 같은 책, 440 참조.

75) "一心之源 離有無而獨淨." 원효, 『금강삼매경』, 「술대의」, 모두(冒頭) 어구의 강조 부분.

76) "若知法性不有不無 初發心時 便成正覺"(『금강삼매경』, 은정희, 327).

경』, 은정희, 439)에 불과한 것으로 치부될 수 있을 것이다. 따라서
능·소 평등의 승의(勝義)인 열반지(般若智)의 경우, 관지(觀智)는
청정심(淸淨心)이요, 그 대경(對境)인 관경(觀境)은 청정법계(淸淨法
界)이기에, 견(見)이 곧 무견(無見)이며, 시상(實相)이 무상(無相)·
공상(空相)이라서, 결국 견(見)·상(相)이 동분(同分)이고, 견(見)과
자증(自證)이 동분이며, 자증과 증자증(證自證)이 여일(如一)이다. 즉
일체가 평등평등(平等平等)하며, 여의여실(如義如實)이라는 말이다.[77]

　　이 평등한 가운데는 무상(無相)을 상[實相]으로 삼고, 무견(無見)
을 견[正見]으로 삼으며, 자증(自證)이 별개로 없으면서도 자증 아닌
것이 없으니, 이 같은 자증은 증득하지 못하는 바가 없는데, 이는 제
법실상이 자[自體 自證] 아닌 것이 없기 때문이다. 그러므로 이 자
증이 이 견(見) 아닌 것이 없고, 실상을 보는 것은 보는 바가 없는
것이며, 보는 바가 있는 것은 실상을 보지 못한 것이기 때문이다. 그
러므로 이 견분(見分)이 실상(實相) 아닌 것이 없고, 이와 같은 3분
(三分)은 오직 일미[一味般若]이다. 만약 이와 같이 설한다면, 유견
(有見)과 불견(不見)이 무장무애하게 되는 것인즉 이것이 바로 해탈
(解脫)이다.(전서-II: 68)

　　그리고 이 해탈이 법신(法身)과 반야(般若)와 더불어 열반 3사를
구성함은 물론이다. 또한 법신은 선험적[第一義] 자아로서 해탈과

---

77) 원효는 『대혜도경』의 제명(題名)을 풀이하는 가운데 '혜(慧)'의 뜻을 해석하면
　　서 10종의(義)를 제시하고, 이를 마지막 4종의에 요약해 7) 무리무불리의(無離
　　無不離義), 8) 무괴무불괴의(無壞無不壞義), 9) 무지무불지의(無知無不知義),
　　10) 무의무비의(無義無非義)로 열거하고 있거니와, 이들 모두가 비유비무(非有
　　非無)의 쌍비구(雙非句)들임을 유념하는 것은 '반야'의 진의(眞義)·승의(勝
　　義)·실의(實義)·여의(如義)를 증득하는 데 결정적인 중요성을 가지는 것이
　　다. 전서-II: 84 참조.

반야의 주체임도 함께 상기되어야 할 터이다.

이제 다시 이 절의 해명 과제였던 선험적 자아와 진여일심의 대비 (對比) 논의로 돌아가, 지나치게 장황해진 이 절을 마무리할 때다. 선험적 환원의 수행(遂行) 주체는 선험적 자아이며 진여일심이다. 선험적 자아는 경험적 자아가 아니지만, 그렇다고 경험적 자아와 병립하는 또 하나의 자아 존재도 아니다. 그것은 차라리 오이겐 핑크의 이른바 '선(先)존재 Vor-sein' 또는 '비(非)존재 meon'로 불릴 수 있는 것이고,[78] 기껏해야 하이데거의 '탈(脫)존재 Ex-sistenz'로 지칭될 수 있는, 매우 특이한 존재다. 핑크의 1930~1931년 간의 자료 속에서 발견된 그의 사기(私記)에서 우리는 선험적 자아와 경험적 자아의 관계에 관한 아주 중요한 시사를 얻는다. 다소 길지만 해당 문단을 아래에 인용해 보겠다.

이리하여 만일 우리가 다음과 같은 명제를, 즉 세계와 절대 주관성의 대응이, 이러한 종류의 관계가 이미 세간적 존재 관계에 의해 제공된 지시에 정위되어 있기 때문에, 추상적인 것과 '구체적인' 것의 대응 관계가 아니라는 명제를 제시한다면, 그렇다면 우리는, 후설이 이 문제되는 관계를 위와 같은 의미로 규정할 때, 후설의 진술에 대해 전혀 반대하는 입장에 서게 되는 것이 아님을 알 수 있다. 오히려 그와는 반대로 후설에게 자명한 것은, '구성하는 주관성'이 미리 주어진 세계에 속하는 어떠한 의미로도 '실재적(existent)'이 아니고, 이러한 주관성에 시원적으로 고유한 종류의 '존재'('Sein' ureigner Art)를 가진다는 것이다. 절대적 주관성은 존재론적으로 '불투명하며', 즉 확

---

78) E. Fink, *VI. Cartesianische Meditation, Teil 1, Die Idee einer transzendentalen Methodenlehre*. Texte aus dem Nachlaß E. Finks(1932) mit Anmerkungen und Beilagen aus dem Nachlaß hrsg. E. Husserls(1933/1934). H. Ebeling, J. Holl und G. van Kerckhoven hrsg.(Dordrecht/Boston/London: Kluwer Academic Publishers, 1988) "Vorwort" 초안 참조.

정적으로 말하면, 그것은 존재론적 문제가 전혀 아니다. 구성하는 주관성은 단지 주의 깊은, 필연적으로 '거짓된' 개념성 conceptuality에 의해서만 해명되어야 할 성질의 것이다. 비존재적 meontic 개념들에 대한 존재적, 존재론적 개념들의 관계는 주목할 만한 것이다. 이 양자는, 각자가 상이한 영역에 관계하면서 상호 병립하는 것이 아니라, 오히려 상호 전위 mutual transposition하면서 있다.[79]

'선험적 자아와 경험적 자아의 관계'는 물론 '절대 주관성과 세계의 관계'에 귀속되는 문제다. '미리 주어진 세계'는 세간적·세속적 세계, 상식과 자연 과학의 세계, 일상적 인습의 세계, '그것'의 존재와 의미 및 유래에 대해 하등의 비판과 의문을 제기하지 않은 채 당연하게 수용하는 소박하고 일상적인 태도에서 바라본 세계를 의미한다. 이러한 자연적 태도에서 세계와 관계하는 주관이 곧 경험적 자아인데 반해, 세계의 존재는 잠시 도외시한 채, 그 의미 원천을 '일체 의미와 인식의 원천인 자기의식'으로부터 철저히 물을 때 온 세계의 존재 의미가 궁극적으로는 자기의식에서 유래함을 깨닫게 된 자아가 선험적 자아이기에 말이다.

따라서 선험적·현상학적 환원이란, 자연과 세계의 존재론적 지위에 대해 하등의 존재적이고 자연적인[80] 개변(改變)을 초래하지 않은 채, 다만 세계의 존재를 그 의미에서, 즉 그 지향적 구조면에서 자기 명증적으로 이해하려는 인식·이성 비판적 자기반성 행위인 깨달음 이외 다른 아무것도 아니라는 것을 명확히 증득하는 것은 선험 현상

---

79) *Eugen-Fink-Archiv Z-XV* 31a-b. 인용문은 E. Fink, "Translator's Introduction," *Sixth Cartesian Meditation: The Idea of a Transcendental Theory of Method*, (Bloomington & Indianapolis: Indiana University Press, 1988), with textual notations by E. Husserl, R. Bruzina trans. xci쪽에서 온 것이며, 강조는 첨가된 것이다.

80) '존재적·자연적'은 '존재론적·자연론(주의)적'에 대비되는 개념쌍임을 유념할 필요가 있다.

학의 진정한 이념을 이해하는 데 가장 기본적이고 필수적인 과제다. 그렇다면 우리는, 선험 현상학을 관념론이나 유아론이라고 비방하면서 마치 그것이 자연적 세계나 자연 과학적 지식에 대해, 그리고 인간의 사회 역사적 현실성 자체에 대해 모종의 반자연적이고 반과학적이며 비현실적인 태도를 취하는 것으로 못마땅하게 여기는 것은, 선험 현상학과 선험 현상학적 초월 철학에 대한 전적인 오해 때문이라고 감히 단언할 수 있다. 후설이 『위기 Krisis』에서 반복적으로 지적한 '선험적 자아와 경험적 자아의 관계'에서,[81] 그리고 앞에서 인용했듯 핑크가 지적한 '절대 주관성과 세계의 관계'에서, 우리는 선험 현상학의 가장 어려운 아포리아에 관해 명명백백한 이해를 확증받을 수 있게 된 셈이다.

그러면 이제 이렇게 현상학의 문제를 해명하는 것이 우리의 당면한 불학의 문제에, 즉 『금강삼매경론』에서 확인된 귀일심원(歸一心源)의 수행 주체인 일심의 진여·생멸 관계의 문제와, 사실은 앞의 문제와 동일하지만, 자아〔一心之源〕와 세계〔三空之海〕의 관계 문제에 어떻게 연관되는가를 해명할 차례가 되었다. 그것은 다름 아니라 앞에서 간략히 언급되었을 뿐인 '비존재와 존재의 상호 전위' 개념에서 찾을 수 있다. 진여문 중 진여는 선험적, 진제적인 측면에서 본 일심의 불생불멸성을 지칭하는 것이며, 생멸문 중 진여는 경험적, 속제적인 관점에서 본 일심의 생멸상(生滅相)을, 즉 생멸과 불생불멸의 화합상을 지칭하는 것이다. 실상(實相)과 연기(緣起)의 구조 발생적 연관이 유전연기(流轉緣起)나 환멸연기(還滅緣起)의 쌍방으로 지향(指向)할 수 있으나, 후자의 방향으로 일심원(一心源)에 복귀하게 되면 입실제(入實際) 또는 입여래장(入如來藏)을 성취하게 된다. 그리고 일심을 진여·진제(眞諦)의 문(門)으로 보는가, 아니면 생멸·

속제(俗諦)의 문으로 보는가에 따라 관조 시선을 상호 전위함으로써 양자 간에 존재, 비존재가 결정된다. 즉 진여문에 위치하면 진여심은 실상(實相)으로 현현하고 생멸심은 허상(虛像)으로 잠복하는 반면, 생멸문으로 위치를 전이(轉移)하면 그 반대 현상이 현현한다.

다음으로 일심과 3공(空)의 관계를 언급한다면, 일심은 3공의 바다에서 기원해 결국 3공의 바다로 복귀한다. 그러기에 원효는 일심지원(一心之源)은 유무(有無)를 떠나고 3공지해(三空之海)는 진속(眞俗)을 아우른다고 『금강삼매경』의 「대의」에서 진술하고 있는 것이다. 바다에 비하면 샘물은 바다의 외부에 별도의 존재를 가지지 않는다. 그러나 바닷물은 샘물을 통해 독정(獨淨)을 드러내 보일 수 있다. 여기에도 존재와 비존재의 상호 전위가 있을 뿐, 양자가 병립해 존재하지는 않는다. 현상학적으로 말하면, 선험적 자아는 경험적 자아, 인류, 사회, 역사, 자연의 총화로서의 세계에 존재하며, 단지 이 세계를 자신에게 의미 있는 세계로서 명증적으로 자각하기 위한 잠정 조치로 이 세계를 초출〔脫俗, 還元〕하고, 이렇게 이해된 세계를 자신의 현실로 생활하기 위해, 다시 세계로 귀환〔還俗, 融和〕한다.

후설이 "상구보리 하화중생(上求菩提 下化衆生)," "귀일심원 요익중생(歸一心源 饒益衆生)"의 자리이타 정신을 선험 현상학의 목표 이념으로 얼마나 강조하고 있는가는 앞서 언급한 『위기』(특히 제59절)를 보면 충분히 알 수 있다. 원효 불학과 후설 철학의 궁극 이념이 얼마나 근사한 대비를 이루고 있는가를 전거를 통해 증시하기 위해, 다소 길기는 하지만, 결정적인 제59절의 마지막 문단 전체를 인용하고자 한다.

그러나 선험적, 현상학적 전향과 전위 Umstellung를 통해 성취된 소박성이 파괴되면서, 이제 하나의 의미심장한 변화 eine bedeutsame Wandlung가, 심리학 자체를 위해 의미심장한 모종의 변화가 일어난다. 현상학자로서 나는 물론 항시 〔이전의〕 자연적 태도 natürliche Einstellung로, 나의 이론적인 또는 여타의 생활 관심사를 일상적이고 무반성적으로 추구하는 태도로 복귀할 수 있다. 나는 다시금 이전처럼 가장으로서, 시민으로서, 관리로서, '선량한 유럽 사람' 등등으로서, 심지어는 나의 인간 공동체 in meiner Menschheit, 즉 나의 세계 안에 존재하는 인간으로서 활동할 수 있다. 이전과 같이 ── 그렇기는 하지만 전적으로 이전과 같지는 않게. 왜냐하면 나는 더 이상 이전의 소박성을 되찾을 수 없고, 다만 그 소박성을 이해할 수 있을 뿐이기에 말이다.

그렇게 되면 나의 〔이전의〕 선험적 통찰들과 목적들은 이제 다만 비활동적인 것이 되어버릴 뿐이고, 그래도 계속 나 자신의 것들로 남아 있게 되는 셈이다. 뿐만 아니라 내 영생(靈生, Seelenleben)의 경험적 인간적인 자아로서 〔정립된〕 이전의 소박한 자기 객관화 Selbstobjektivation는 〔이제〕 어떤 새로운 운동에 개입되게 된다. 전적으로 현상학적 환원에 결부되어 있는 모든 새로운 양식의 통각(統覺, Apperzeption)들은, 새로운 양식의 언어(비록 내가 불가피하게 일상 언어 Volkssprache를 사용하면서 역시 불가피하게 그 의미를 변경하여 사용할 수밖에 없다 하더라도, 새로운 양식이기는 마찬가지인 그러한 일상 언어)와 함께 ── 이전에는 완전히 은폐되고 언표할 수 없었던 이 모든 것이 이제는 자기 객관화로, 그리고 나의 영생으로 유입되어, 구성적 성취의 지향적 배경, 그 영생의 새롭게 드러난 지향적 배경으로서 통각된다.

나는, 소박하게 존재했던 자아는, 소박한 은폐성의 양식으로 존재한 선험적 자아 이외 다른 아무 것도 아니었다는 사실을 바로 나의 현상학적 연구를 통해 알게 된다. 나에게, 다시금 인간으로서 소박하게 통각된 자아에게, 하나의 구성하는 반대편 Gegenseite이 불가분리적으로 귀속되고, 이리하여 비로소 나의 온전한 구체성 Konkretion이 산출된다는 사실을 나는 알게 되는 것이다. 무한히 확장되고, 서로 완벽히 밀착되어 있는 선험적 직능들의 이러한 전체적 차원에 관해 나는 알게 된다. 이전에는 영적인 것이 그러했듯, 이제는 이 새롭게 유입된 것도 신체를 통해, 본질적으로 항상 함께 구성된 신체를 통해, 세계 내에 구체적으로 자리하게 되는 것이다. 자아·인간은, 이제 나에게 할당된 선험적 차원을 가지고 공간 내의 어느 곳에, 그리고 세계 시간 내의 어느 때에 존재하게 된다. 따라서 모든 새로운 선험적 발견은 자연적 태도로 복귀함에 있어서 나의 영생을 풍부하게 하고, 그리고 (물론 통각적으로는) 모든 영생을 풍부하게 한다.[82]

이상의 인용문에서 우리는 경험·선험, 내재·초월, 속제·진제, 세간·출세간, 망어(妄語)·의어(義語), 유출(流出)·유입(流入) 등등의 상호 전위를 통한 상구보리·하화중생, 귀일심원·요익중생의 불도 이상과 철학 이념이 역연하게 현시되어 있음을 분명히 확인할 수 있다.

그리고 후설의 만년에 그의 조력자, 협력자였던 오이겐 핑크는, 후설을 대신해 초안한 이른바 『제6명상 Sixth Cartesian Meditation』에서 선험 현상학적, 철학적 태도로 극복해야 할 "자연적 태도가 철학함의 출처 Wo-von-aus일 뿐만 아니라 또한 철학함의 귀착 Wofür"이라고 선언하고 있다. 자연적 태도〔立地〕란 세간에서 세인(世人)으로 행세(行世)하면서 취하는 태도 또는 입장, 입지를 말한다. 그것을 단순히 '일상적 태도'로 호칭할 수 없는 것은 그것이 실천적 영역에만 국한되는 일반인의 일상생활뿐 아니라 이론적 활동에 종사하는 전문가의 전공 영역까지도 포괄하는 태도이기 때문이다. 인문·자연 과학은 물론 논리·수리학까지도 자연적 입지에서 수행된 자연적 학문으로

---

82) 더 자세한 내용에 관해서는 신오현 엮어 옮김, 『심리 현상학에서 선험 현상학으로』 참조. 문단은 번역자가 임의로 나눈 것이다.

분류되기에 말이다. 그것은 존재자 총체로서의 세계 내에 등장하는 세간적 존재자로서 여타의 세간 존재자와 관계하는 일체의 태도를 총칭하는 개념이다. 사회·역사·문화적 인습과 전통의 기존 체계를 체계적, 전체적으로 '당연히 존재하는 것으로 비판 없이 수용하는 Seinsgeltung' 한 누구나 우선은 자연적 태도를 취하는 셈이다. 그러기에 설사 우리의 존재 기반으로 수용되어 있는 생활 세계에 대해 비판적이고 수정적인 태도를 취하는 경우라 하더라도, 그것이 그 기반 자체를 통째로 흔들지 않는 한, 이를테면 혁명이 아닌 개혁의 수준에 머물러 있는 한, 그것은 여전히 자연적 태도에 귀속되는 것이다.

그러나 이제 만약 존재자 전체에 관해 그 정체와 유래, 근거와 의미를 근본적이고 총괄적으로 묻게 될 때, 이를테면 하이데거가 그의 『형이상학 입문』 모두(冒頭)에서 다시 문제 삼은 라이프니츠의 물음, 즉 "도대체 왜 존재자이고 오히려 무는 아닌가?"(Warum ist überhaupt Seiendes und nicht vielmehr Nichts?) 하는 근본 물음Grundfrage 을[83] 제기할 때, 우리 자신의 존재자를 포함하는 존재자 전체로서의 세계는 무(無)에 의해 포위되고, 형이상자로서 형이하자를 전체로서 묻는 물음 자체를 통해 우리는 자연적 태도로부터 벗어나 형이상학적 또는 선험적 입지에 들어가게 된다. 그리고 바로 이러한 물음이 하이데거의 말대로 "일체 물음 가운데 최초의 물음"이며, "형이상학의 근본 물음"이다.

형이상학이 시작하는 최초의 물음, 초월의 물음, 선험적 물음은 물

---

83) 『형이상학 입문(*Einführung in die Metaphysik*)』(1953)은 하이데거의 프라이부르크 대학 강의록(1935년 여름 학기)을 출판한 것이며, 문제의 '형이상학의 근본 물음'은 하이데거의 유명한 프라이부르크 대학 취임 강연 「형이상학이란 무엇인가?(*Was ist Metaphysik?*)」(1929)의 결구(結句)에도 등장한다. 그리고 라이프니츠의 이 물음은 야스퍼스의 3부작 『철학 *Philosophie*』, 제1권에 "Warum gibt es überhaupt etwas, warum ist nicht Nichts?"로 표현되어 있다.(K. Jaspers, *Philosophie*, I(Berlin: Springer Verlag, 1956), 57쪽).

론 자연적 태도의 극한에서 바로 자연적 태도를 돌파해 벗어나는 최후의 한계 물음이기도 하다. 이와 같이 세계 전체가 즉자적 절대성을 상실하고, 새로운 물음 주체에 상대적으로 존재하는 동시에 대자적으로 자기 분열 Selbst-Entzweiung한 천지개벽 Kosmogonie을 현상학은 '환원 Reduktion'이라 부른다. 선험 현상학적 환원의 태도에서 세계를 이해할 때, 이전의 세계는 더 이상 자체적 절대 존재가 아니고, 선험적 주관성의 지향적 구성, 즉 의미 부여에 의한 의미 세계 구성의 최종 산물 End-konstitution 이외 다른 아무것도 아닌 것으로 투명하게 이해된다.

일체 제법, 일체 존재자는 선험적 자아의 구성물에 불과하다는 것은 '일체유심조'와 '3계유심(三界唯心)'에 정확히 대비된다. 이것은 형이상학적인 유심론, 관념론이 아니라 굳이 말하자면, 선험적 유심론, 관념론으로 이해해야 마땅한 입장이다. 왜냐하면 자연적 태도에서 본, 즉 즉자적 세계 내 존재자의 입지에서 본 일체 존재와 그 인식 활동 및 인식 성과를 전혀 부정하지 않고, 다만 세간적 존재, 세간적 인식, 세간적 학문의 근거와 기원 및 그 의미와 의의를 투철하게 증득하려는 입장에서, 세계 초월적, 출세간적, 선험적 입지에서 본 세계 존재와 세계 학문의 이해일 뿐이기 때문이다. 즉 세계와 존재자에 대해서가 아니라 자아에 대해, 그것도 익명적 자기 망각적인 자아, 인간 자아, 세간 자아가 아니라, 자각적 자아, 선험적 자아, 부모 미생 이전의 자아에 대해, 그리고 오직 그것에 대해서만 자기 명증적인 투철함으로 증득하고자 하는 '삶으로서의 앎이자 또한 앎으로서의 삶'인 철학, 불학, 대지(大智, 마하반야)만을 목표하는 것이기에 말이다.

표면의 현상 계층으로서의 세계는 그 심층에 선험적 주체의 부단한 구성 작용을 배면으로 배우(配偶)하고 있는 바, 후자를 핑크는 "선험적 우주 창조 transzendentale Kosmogonie" 또는 "구성적 천지 창조 konstitutive Kosmogonie"라 부른다. 전면과 배면이 하나이기에 동일한 하나의 세계가 창조되는 것이고, 동시에 양자는 긴장된 변증법적 대립 Antithesis이기에 세계는 부단히 창조될 수 있다. 선험적 환원이라는 천기누설의 경이 이전에는 세계는 다만 그 자체로 절대적인 하나였지만, 세계 존재의 비밀이 배후의 선험적 자아에 의한 존재 의미 부여라는 사실을 견성(見性)한 후에는 천지창조의 쭈리가 하나의 구체적 선험적 자아로, 즉 일심진여가 여래장으로 존재한다는 사실을 증득한다. 구체적 선험적 자아가 세간적, 경험적, 존재자적 인간 자아와 출세간적, 선험적, 전 존재적 비인간 자아의 일즉이(一卽二)이자 동즉이(同卽異)의 화합이듯, 이러한 구체적 선험적 자아와 '선험적 자아의 세계 구성을 관조하는 자아'의, 그리고 현상학적 자아의, 그리고 현상학적 관조자 Zuschauer의 일즉이이자 동즉이의 수반관계의 이중적 이중성을 총괄해 이를 핑크는 "절대적 absolut", "절대자 das Absolute"로 이름하며, 이것에 관한 인식을 "절대지(絶對智)", 이것에 관한 학문을 "절대학(絶對學)"이라 부른다.

그런데 문제는, 선험적 주체성은 세간을 초월함으로써 세간 존재가 자신의 구성물임을 자각하게 되고, 이러한 자각 자체가 이미 선험적 주체성의 자기 관조, 즉 세계 구성의 관조를 수반하는 것이며, 그것은 결국 선험적 관조 행위(觀行)가 다름 아닌 자기 자신의 세계화임을 확인하는 것이 된다는 점이다. 즉 세간적 인간이 자신이 몸담고 있는 세계 자체가 다름 아닌 자신(선험적 자아)의 구성적 산물임을 깨닫는 것이 세계 초월, 출세간 Entweltlichung이며, 이러한 깨침을 구체적이고 현실적인 것으로 확인하는 것이 곧 자신의 세간화 Verweltlichung일 수밖에 없기 때문이다. 세속 primäre oder eigentliche Verweltlichung · 탈속 primäre oder eigentliche Entweltlichung · 환속 sekundäre oder uneigentliche Verweltlichung의 순환적 통일성이 절대적 삶의 삼위일체성인 것이다. 그리고 이러한 과정이 다름 아닌 상구보리해 하화중생하거나 자리이타하는 '교화본말(敎化本末)'이다.

이제 우리는 핑크의 『제6명상』의 몇 구절을 인용함으로써 그것이 표방하는 '선험적 방법론'의 요체를 해명의 전거로 삼고자 한다.

따라서 현상학적 인식 도정은 자연적 태도에서부터 벗어나 이를 환원적으로 극복하는 데로 들어갈 뿐만 아니라, 선험적 의미 부여에 의존하는 '현상학함의 세계화 Verweltlichung des Phänomenologisierens'에 의해 다시금 자연적 태도로 돌아간다. 그래서 자연적 태도는 철학함의 출처일 뿐만 아니라, 그 귀착이기도 하다. 이러한 태도에서 개별적인 철학 수행자는 자신을 위해, 그리고 자연적 생활 공동체에서 그와 함께하는 타인을 위해 순수 인식 도정을 완주(完走)하는 과업을 인수한다. 만약 그가 처음부터 이렇게 공직 수행자 Funktionär라면, 현상학적 환원 수행은, 우선은 그렇게 보이듯, 그를 모든 인간 세속적인 공동체들과 그 안에 뿌리박고 있는 목표 설정들로부터 밖으로 인도해 자아로서 선험적 실존 Existenz의 무시무시한 고독으로 밀어넣는다.

그러나 환원을 통해 가능해진 선험적 인식의 결과로 그는 다음과 같은 통찰을 확보하게 된다. 즉 타자들은 선험적으로 함께 실존하는 타자들로서 그와 함께 단절 없는 삶의 공동체를 유지할 뿐만 아니라, 자연적 태도 자체가 선험적 실존을 바로 그들 자신에게 의식되어 있지 않은 선험적 주관성의 일정한 제한된 삶의 상황으로서 가지고 있기도 하다는 통찰을 말이다. 자연적 태도는 '즉자적으로 an sich' 선험적이지만, '대자적으로 für sich'는 아니다.[84] 그것은 어떤 점에서는 선험적 주관성의 자기 밖에 있음 Außersichsein의 상황이다.[85] 선험적 삶이 '대자적으로 되어가는 Fürsichwerden' 과정은 단순히 필연적으로 자

---

84) 여기서 '즉자적'이니 '대자적'이니 하는 용어들은 물론 헤겔의 변증법적 용어에서 차용된 것이며, '비자각적 · 무의식적 · 익명적'이나 '자각적 · 자기의식적'으로 이해해도 무방할 것이다.

85) 'Außersichsein'은 문자 그대로 직역하면 '자신을 벗어나 있음'으로 결국 '자기망각'이나 '몰아(沒我)'를 의미하는 말이다.

연적 태도로부터 나와야 할 뿐만 아니라, 철학하는 자가 또한 타인들이 지금 처해 있는 입지로 되돌아가야 하는 것이기도 하다. 이는 철학하는 자가 결국에는 선험적인 삶의 공동체에서 타인들과 함께 서겠지만 그들은 아직도 자연적 태도의 한정된 상황에 사로잡혀 있기 때문에, 그러한 타인들을 위해 이 철학하는 자가 그들과 함께 철학한다는 바로 그 점에서 그러하다.

따라서 현상학함의 표현 Äußerung 필연성 또는 현상학적 개진 Explikation 필연성은 일차적으로 그 가장 깊은 원천이 일체의 선험적 삶의 형이상학적 통일성에서 발원하는 일체 철학함의 의사소통적 경향성에 근거한다. 그럼에도 우리는 여기서 그것을 증시할 수는 없다. 그러나 우리가 알 수 있는 것은, 현상학함의 학문화 Verwissenschaftlichung가 현상학함을 진술적으로 드러내는 것으로 시작하거니와, 선험적 교화적인 충동에서 aus transzendentalpädagogischen Impulsen 자라나는 것처럼 보이는, 하나의 경향성 Tendenz, 즉 일체 포괄적인 공동적 선험적 삶의 보편적인 자기화 Fürsichwerden로의 경향성이라는 사실이다.[86]

세계 집착에서 세계 초월을 거쳐 마침내 세계 귀환으로 순환하는 이와 같은 주관적·상호 주관적, 또는 개체적·공동체적 인식 삶의 자연적·선험적인 구조를 다시 역사적 차원에서 해명하는 핑크의 탁월한 통찰력의 한 단면을 다음 구절에서 확인할 수 있다.

그러나 마치 선험적 세계 초월이——다름 아닌 비(非)본래적인 세계화를 통해——"현상 Erscheinnung"으로서 세계에 귀착되듯, '추상적인' 세계 역사 Weltgeschichte에 사로잡힌 상태로부터 탈출하는 것도 다시 세계 역사로 귀착되는 것이다. 현상학함은 서양 정신사 가운데 일

---

86) E. Fink, *VI. Cartesianische Meditation*, 109~110쪽. 원문의 한 문단을 편의상 세 문단으로 나누었다.

정한 역사적 상황 안에 '등장한다.' 세계사 Welthistorie 구성의 선험
적 주제화는 구성하는 삶 자체로부터 포괄되고 함께 휩쓸리며, 구성되
어 있는 시간 맥락 가운데서 세계화된다. 그러나 현상학적 구성이 '인
간학적·실존적인' 성격 규정(그리고 경우에 따라서는 비판)을 통해 성
취될 수 없듯, 마찬가지로 현상학함도 그 자체로는 '역사화하는' 해석
'historisierende' Interpretation을 통해 해명될 수 없다.[87] 그것은 역
사 내, 인간 정신사 내에서 성장한 여하한 '철학소(哲學素, Philoso-
phem)'가 아니다. 그것〔현상학함〕은 다만 그 현상에 따라서만 그러한
것〔그러한 철학소〕이다. 지금까지의 모든 철학들은 근본적으로 자연
적 태도의 지평 안에 머물러 있다. 즉 그러한 철학들은 그 자신들의
고유한 역사성 Geschichtlichkeit을 다만 세간적 역사성 weltliche
Historizität으로만 파악했을 뿐이기에, 역사의 선험적 차원은 그들에
게 은폐되어 알려지지 못했다.(같은 책, 142~144쪽)

주석 87번에서 언급한 바와 같이, 바로 이 자리에 후설의 장문 방
주가 일련 번호 469번으로 첨가되어 있다. 여기서 개진된 후설의 견
해는 우리가 이미 위에서 주석 82번으로 인용한『위기』제59절의 마
지막 문단을 보완해 주고 있으므로 우리는 문제의 방주 첫 번째 문
단을 아래에 옮겨보기로 한다.

현상학에 수반하는 실존적 기능은 —— 실존의 선험적 문제들은 —— 한
층 더 고차적인 문제로서 현상학에 등장한다. 발표 전체를 통해 기피
되어야 할 것은, 마치 현상학의 속화(俗化) 행위 Mundanisierung[88]가,

---

87) 여기에 부가된 후설의 방주는 본문 분량으로는 2쪽에 해당되며, 그것은 이 문
　　제에 관해, 즉 선험적 현상학의 방법론과 연관해 가장 중요한, 특히 불교 철학
　　과 연관해 결정적인 내용을 담고 있으므로 이 주석을 본문 중에 인용한다.
88) 'Mundanisierung'은 'Verweltlichung'의 라틴어적 표현으로 '속화', '세속화', '세계
　　화' 등등으로 읽을 수 있다.

현상학하는 그리고 현상학적으로 제시된 선험적 성취의 항상적인 심리학화 행위와 마찬가지로 단지 착오와 오해를 불러일으킬 뿐인 나쁜 일인 듯 보이게 하는 것이다.

그러나 인간은 그의 인간성을 선험적 인식에서 돌파하면서 이로써 하나의 새롭고 한층 더 고차적인 인간성을 성취한다. 이러한 인간성에서 그는 스스로를 선험적 자아로서, 즉 자기 자신을 인간으로 객관화하고 선험적 맹목성의 특수한 태도에서부터 선험적 자기 인식으로 들어선 그러한 자아로서 알고 있다. 더 나아가 그는 이러한 고차적 입지에서 필연적으로 함께 가면서 일체의 성취를 선험적으로 인간화하고, 역사적으로 객관화한 것으로 발견해야 한다. 이제 일체의 선험적인 것을 세간성으로 되돌려 투사하고 zurückprojiziert, 이 새로운 세간성에서 세간적 삶을 규정하면서, 그는 하나의 새로운 세간적 현존의 가능성을 선험적 자기 인식에서 획득한다.

그러나 선험적으로 그때그때 새롭게 인식된 것을 항상 다시 자기 안에 수용하는 이 동적인 세간성은 이차적 구성에서 유래하면서 계속되는 것으로 항상 이해된다. 선험적으로 명료해진 인간성에서 인간의 삶은 우직한 자연적 삶, 진지한 현상학자에게 전혀 더 이상 실제로 복원되어서는 안 될, 그러한 자연적 삶과는 근본적으로 구별된다. 그의 삶은 하나의 새로운 삶이며, 그리고 이 새로움에 선험적 태도의 변화가, 즉 선험성 안에 주제적 방향의 의미 변화가 귀속된다. 그의 '자연적 태도로의 복귀'는 그에게 상관자인 세계의 주제화이다. 그는 오직 그의 선험적 자기의식에서 그에 대해서만 상관자의 인식 의미를 가지는 바로 이 상관자에게 의지한다. 그리고 그에게 이제 세계 자체는 세계에 유입되는 선험적인 것에 새로운 차원을 입수한 것이 된다. 그러나 그는 또한 근본 생기(生起) Grundgeschehen와 그의 절대적 선험적인 역사성 Historizität의 사건 Ereignis과 현상학적 환원의 출현에 관한, 그리고 근원적으로 우직한 의미에서의 세계, 그 안으로 개현(開顯)된 선험적인 것이 유입되어 있고, 그리고 계속 유입되는 그러한 세계에 관한 선험적 인식도 가진다.[89]

바로 그러한 사정으로 세계는 그에게 한갓 통속적인 의미에 (그리고 또한 실증 과학적인 의미에) 선험적인 설명 Aufklärung을 더한 세계가 아니라, 오히려 그에게 새로운 세계적 의미의 세계이며, 그리고 그의 세계 삶과 타인들과의 공동체 삶은 하나의 새로운 세계적 양식 Stil을 가지며, 세계 내 인간인 그에게 새로운 과제를 제공한다.(같은 책, 143쪽)

선험적 언어·의미론과 인식·학문론

이상에서 우리는 현상학적 환원이 세계의 배후에서 세계를 구성적으로 창조하는 선험적 자아를 즉자 상태에서부터 자각적 대자 상태로 고양시키는 자기 각성에 그 목표를 두고 있음을 해명했다. 그리고 이러한 현상학적 환원을 통한 선험적 자각 이후 줄곧 이러한 환원 입지를 견지하면서 '선험적 구성을 통한 세계 창조'를 관조하는 새로운 경험, 핑크의 이른바 "이론적 경험 theoretisches Erfahren"을 선험적 인식 삶의 양식으로 성취한다는 것을 해명했고, 그 다음에는 이러한 경험을 세간적 삶의 양식으로 개진해 일체 중생들로 하여금 남김없이 자각에 이르도록 교화하려는 선험적 충동을, 전체를 묶어서 말하면 '상구보리 하화중생'의 방식으로 자리이타하는 보살 정신을 증득하게 된다는 사실을 해명했다. 이러한 해명을 좀 더 불교적으로 바꾸어 표현한다면, 우선 현상학의 근본 개념들을 불학 용어와의 유별 대비[類比]에서 이해할 필요가 있다. 도대체 우리가 그처럼

―――――――――

89) 위의 세 문단은 원문 한 문단을 임의로 나눈 것이다.

강조하는 '현상학적'이라는 것은 불학적 용어로는 무엇을 의미하는 가? 또 그것은 '철학적'이라는 것과 어떤 관계에 있는 것인가?

'현상학'은 '현상에 관한 학문'이며, '현상'은 마치 로크의 '관념 ideas'처럼, 존재자의 측면에서는 '드러(나타)나는 모습'이자 인식자의 측면에서는 '경험된 모습'을 의미하는 애매한 개념으로서, 결국 '드러 나는 것을 드러나게 함'을 의미하는 것이다. 그리하여 '현상학'은 '드 러나는 것을 드러나게 하는' 이 원초적 사태를 자기 명증적으로 증 득하는 학문, 즉 칸트적으로 표현해 '경험의 가능성의 근거를 주제화 하는 철학'이다. 불학적으로 바꾸어 말하면, 현상학은 일심의 근원을 자각하는 학문, 결국 깨달음의 학문, 줄여서 불학 이외 다른 것이 아 니다. 핑크는 『명상』에서 "현상학함 Phänomenologisieren"을 그의 이 른바 "선험적 방법론"의 주제로 삼고 있거니와, 그는 이 "현상학함" 을 "선험적 철저성에 미친 철학함 das zur transzendentalen Radikalität gebrachte Philosophieren"으로 이해한다. 그런데 이 '선험적 철저성' 은 원효의 '일심지원'에 다름 아니고, 따라서 '선험적 철저성에 미침' 은 곧 원효의 '궁귀일심원'을 의미한다. 이제 '철학함'을 '각행(覺行)' 으로 대치할 수 있다면, '현상학함'은 각행의 관조를 의미하는 '관행 (觀行)'으로 대치할 수 있으리라.

우리가 또 하나 각별히 유의할 것은 앞에서 언급한 핑크의 이른바 "이론적 경험"이라는 개념이다. 그것은 이른바 경험주의가 이해하는 이론이나 경험과는 아주 판이한 이론, 경험 및 이론적 경험을 의미 하기 때문이다. 현상학적 환원 이후에 성취되는 인식, 경험, 진리, 이 론, 언어, 학문 등속의 선험적 삶의 양식은 환원 이전의 자연적 입지 에서 이루어진 세간적 인식, 경험, 진리, 이론, 언어, 학문 등속과는 차원이 다른 것이다. 그것은 이를테면 원효가 『금강삼매경론』의 「정 설분(正說分)」에서 "이미 마음의 근원에 돌아가면 곧 작위함이 없기 때문에 이루어지지 않는 것이 없다."[90]는 경지의 것이다. 그것은 유루(有漏)·유위(有爲)와 무루(無漏)·무위(無爲)만큼이나 다른 것이다. 그것은 마치 하이데거가 존재 사유를 존재자 표상과 구별하고, 칸트가 지성적 직관을 감성적 직관으로부터 구별하며, 로크의 관념 이론을 계승한 버클리가 관념을 신(神)적 지각으로서 원형적 관념 archetypal ideas과 인간적 지각인 모형적 관념을 구분한 것에 유비될 수 있다. 현상학적 철학이나 대승 불학은 물자체와 현상, 신적 지성과 인간적 지성, 지성적 직관과 감성적 직관을 유별(類別)하지 않는다. 그것은 다만 관행의 단계적 차이에 불과할 뿐, 유(類)적 차이에 속하는 것은 아니다. 즉 중생의 여래장인 본각은 무명에 의한 음영의 차이에 지나지 않고 자체적, 절대적 실체를 가지지 않는다. 핑크는 이러한 통찰을 서양 철학의 역사 안에서 이렇게 확인해 주석하고 있다.

철학적 인식의 생산성은 이미 철학자들, 아직도 자연적 태도에 사로잡혀 있었던 철학자들에 의해 예감되어 있다. 예컨대 이미 독일 관념론은 다음과 같은 사실을 인식하고 있다. 즉 인간적 인식과 신적 인식 간의 형이상학적 차이를 이루는 바 '원형적(原型的) 지성 intellectus archetypus'과 '모형적(模型的) 지성 intellectus ectypus' 간의 전통적 대립이 기실은 인간적 인식과 비인간화된 entmenscht 철학적 인식의 대립을 의미한다는 것이다.[91] '지성적 직관'의 개념은, 무엇보다도 (헤겔의) '사변적 인식 spekulative Erkenntnis'과 함께, 현상학을 수행하는 '이론적 경험'의 생산성에 관한 진정한 예료(豫料)다.[92]

그리스 어원적으로 '이론 theoria'이 '관조(觀照)'를 의미하는 것이

---

90) "旣歸心源 卽無所爲 無所爲故 無所不爲." 『금강삼매경론』, 은정희, 84.
91) 여기 '인간적 인식과 비인간화된 철학적 인식의 대립'은 대립 항목의 순서가 역으로 되어 있는 셈이다. '비인간화된 철학적 인식'은 초월적, 선험적, 진제적 인식을 의미하는 것으로 당연히 '원형적 지성'에 상응하는 것이다.
92) Eugen Fink, 앞의 책, 86쪽.

라면, '이론적 경험'은 '관조적 경험'으로 이해할 수 있으며, 후자는 불학적으로는 '이관(理觀)'을 의미하는 것으로 이해되어, 다시 원래의 '이론적 경험'으로 돌아온다. 감성적 직관으로부터 산출된 지각 경험 Empirie, experience[93]을 토대로 귀납적, 추론적인 경험 과학(이론)이 성립된다면, 지성적 직관을 통한 관조적 경험 Erfahrung으로부터 철학적 인식인 선험적 학문이 존립한다고 할 수 있다. 그리고 이러한 철학적 인식의 출발점이 자연적 입지에서 벗어나 (초월)세간적 경험을 가능하게 하는 또는 현상학적으로 말해 세간적 인식을 구성하는 (선험적) 인식 원천으로 시선을 전향하는 인식 태도의 일대 반전 revolution으로서 현상학적 환원이다. 보조국사(普照國師)의 유명한 화두 "회광반조(廻光返照)"도 이를테면 이러한 선험적 환원 조치 이외 별다른 것이 아니다.

　이러한 반조를 통해 조견(照見)된 것은 경험적 사물(事物)이나 사상(事象)일 수 없고 선험적 도리(道理)와 형상(形相: 플라톤의 eidos)일 수밖에 없다. 경험적 차별 세계(속제 차별)에 대한 관찰과는 근본적으로 다르게, 선험적 예지계(진제 평등)에 대한 관조는 일즉일체(一卽一切)를 일거에 직관하는 무분별지(無分別智)다. 그것은 스피노자의 이른바 "신즉자연(神卽自然)을 하나의 직관 안에 투시해 버리는 '직관지(直觀智)'에 유비될 수 있는 것이기도 하다.

　이와 같이 경험적, 추론적 분별지와 선험적, 직관적 일체지(一切智)의 근본적인 차이를 철두철미하게 증득하지 않는 한 불학과 철학은 아직 존재하지 않는 것과 마찬가지다. 분별지를 떠나야 반야지(般

---

93) 'Empirie'나 'experience'는 다 같이 그리스어 'empeira'에서 유래하며, 다만 '시도(試圖)'를 의미하는 그리스어 'peira'의 어간에 접두어 'em-'과 'ex-'의 차이가 있을 뿐이다. 그러나 구태여 차이를 둔다면, 전자는 '시도 중에'를, 그리고 후자는 '시도에서부터, 시도를 통해(經驗)'를 의미하는 것으로 구별할 수 있기는 하다. 특히 'experience'는 그리스 어원적 라틴어 'experior'에 소급되기도 하는데 역시 '시도함'을 의미한다.

若智)를 증득할 단초가 마련될 수 있으며, 역으로 반야지를 증득해야 비로소 분별지의 분별성 및 제한성을 또는 그 근원과 근거를 투시할 수 있고, 이 양자를 제대로 구별하기 위해서는 너무나 당연하게도 이 양자를 순환적으로 자리바꿈해 보지 않으면 안 된다. 분별지에서 무분별지로 초출하고 다시 무분별지에서 분별지로 환귀하는 인식 운동을 부단히 반복해야만 진지(眞智)의 전모를 체인(體認)할 수 있게 된다. 진제·속제·중도제의 3제론적 진리관도 바로 이러한 사정에 연유하는 것이리라.

핑크의 이론적 경험과 후설의 선험적 경험에 대한 이해를 돕기 위해 위에서 지나가면서 언급한 '이관(理觀)' 개념을 부연해 보자. '이(理)'는 '사(事)'와 상관 개념을 구성하는 것으로서 "이(理)는 절대 평등의 본체, 사(事)는 만유 차별의 현상계를 말한다."[94] 그리고 '이관'은 "만법의 실성을 관하는 것" 또는 "진여의 이(理)를 관하여 명합하는 것"이며, 이와 대비되는 '사관(事觀)'은 "인연법(因緣法)을 따라 생멸하는 현상계의 도리를 관하는 것"이다.[95] '관(觀)'은 물론 '관찰(觀察)', '관상(觀想)', '관조(觀照)'의 '관'이며, '관'의 대상이 상(像, image)이든, 상(想, idea)이든, 또는 상(象, phenomena)이든, 상(相, eidos)이든 간에 결국에는 일체 법이 심식(心識)으로 총섭될 수밖에 없다는 점에서, 관법은 관심(觀心)이고, 이관(理觀)이든 사관(事觀)이든 모두 관심이다.

이리하여 일체 관문(觀門)은 회심반조(回心返照)하는 관조일 수밖에 없기 때문에 현상학적 환원에서 시작되는 철학, 불학이 존립하게 된다. 문제는 결국 마음이 지은 것을 마음이 조견하면서 증득된 것의 진실성, 본래성, 자연성이다. 우리는 일상적으로 진리를 사리(事理)와 그것에 대한 우리의 관념이 일치하는 데서 성립하는 것으로

---

94) 『사전』, '이사(理事)' 항목.
95) 같은 책, '이관(理觀)' 항목.

생각하며, 이렇게 인식된 것을 이론, 학문으로 간주한다. 그러기에 이미 실재를 떠나 관념(데카르트의 cogitata, 로크의 ideas, 스피노자의 ideata, 후설의 noema)을 문제 삼는다면, 거기서 이미 진리의 문제, 인식론의 문제가 사라지게 되고, 따라서 관심(觀心)으로서 관조에만 종사하는 철학은 현실(現實)과 실재(實在)의 문제를 도외시하는 공허하고 무용한 사변 speculation에 불과한 것으로 폄하해 실증학이 아닌 일체의 학문을 사이비 학문, "형이상학"으로 비난하기 십상이다. 만약 철학, 특히 형이상학을 진정한 학문으로 변증하려면, 바로이 관심으로서의 관조 행위의 진리성과 생산성을 자명하게 해명하지 않으면 안 된다. 그리고 철학의 역사는 바로 이러한 과제를 해명하고 석명(釋明)해 온 역사에 다름 아니다.

그렇다면 과연 선험적, 관조적 경험과 인식은 어떤 의미의 경험이며 인식이라는 말인가? 예컨대 제행무상, 제법공상, 제법무아 등속의 경험은 세간적이고 지각적인 경험이 아니라, 일체의 세간적 지각 경험 전체를 넘어서서 그 의미나 근거를 물을 때, 문득 그러나 너무나 구체적으로 절실하고 투명하게 체인되는 경험이다. 선험 현상학적 환원의 경우처럼 세계 내적 존재자 전체를 그 자체로서, 그리고 그 전체성에서 물을 때, 하이데거의 존재 경험이나 후설의 "경이 중의 경이" 또는 핑크의 "이론적 경험"을 체험하게 된다. 현상학적 진리, 예를 들어 "세계 현상은 선험적 자아의 구성물에 지나지 않는다."라든가, "인간은 세계 실단에서는 존재하는 것이지만 승의(勝義) 실단에서는 5중(五衆)의 가구물(假構物)에 불과한 반면, 진여는 승의제에서는 참으로 존재하는 것이지만 세계 현실에서는 경험되지 않는 것이다." 등속의 주장은 분명 선험적, 관조적 경험이요 인식이다.

관조적 경험과 인식은 관찰적 경험 및 인식과는 달리 객관적 증거로 검증되지는 않지만, 주체적이고 자각적인 자기 명증성에 의해 증득된다. 그렇다고 해서 이러한 경험과 인식이 실증적이고 자연적인 경험이나 인식에 토대를 두고 추론된 이차적, 고차적인 것이라는 뜻은 결코 아니다. 도리어 전자가 후자의 토대, 근거, 기원을 제시해 그것의 정체성과 한계성을 투명하게 경험하고 인식하게 해주는 원초적이고 근본적인 경험, 인식이다. 선험적 인식이 왜 경험적 인식의 가능성 근거가 되는 것인가를 우리는 바로 이 선험적 인식 자체의 정체성을 확인함으로써 분명히 증득할 수 있게 된 셈이다.

지금까지 모든 철학적·불학적, 초월적·선험적, 관조적·이론적, 형상적(形上的)·상외적(象外的)[96] 진리, 인식, 진술, 이론, 학문이 경험적이고 실증적이며 자연적인 그것들과 근본적으로 다르다는 것을 분명히 요해했다. 우리는 이제야 전자의 개진 Explikation과 진술 Predikation의 문제를 특히 선험적 언어·의미론의 관점에서 간략히 해명하고자 한다.

우선 우리가 여기서 문제 삼고 있는 선험적 의미론은 '상호 주관적 선험 철학'의 양식으로, 후설의 선험 현상학의 이른바 "유아론적이고 관념론적인" 한계를 극복하려는 한 시도로 제창된 새로운 패러다임의 선험 철학, 이를테면 '언어적 선험 철학'으로부터 엄밀히 구별되어야 한다. 담론 윤리나 의사소통이론의 선험 철학적 양식이라고 할 하버마스의 '보편적 화용론 universal pragmatics'이나, 심지어 아펠의 '선험적 의미론'은 모두가 칸트적 의미의 선험 철학, 즉 이상

---

96) '형상적'이란 '형이상적'이라는 관용어를 우리가 편의상 약기한 것이며, '상외적'이란 '형이상'의 '형(形)'에 대해서 '상(象)'을, '상(上)'에 대해서는 '외(外)'를 뜻하는 것으로 읽어도 무방할 것이다. '상외(象外)'란 원래 보조국사의 대표적 저서로 '보조 이후 조계종의 지침서로서 이조 500년을 거쳐 오늘에 이르기까지 불교도의 교과서가 되고 있는' 『법집별행록절요병입사기(法集別行錄節要幷入私記)』에 등장하는 '상외지리(象外之理)'에서 유래한 것으로, 우리가 보기에 그것은 『주역』, 「계사(繫辭)」에 유래한 '형이상학'에 정확히 대응하는 개념이다. 우리는 바로 이 '상외'라는 용어에 유비해 '형상(形上)'이라는 개념을 조어한 것이다. 그 근거로 보조국사의 표현이 등장하는 문장을 인용한다. "法有不變隨緣者然象外之理直說難證."(김달진 역주, 『보조국사전서』(고려원, 1988), 313쪽.)

적 언어와 담론, 의사소통 상황의 '가능성 조건'을 묻는 데 정위되어 있는 시론들이기 때문이다.[97] 우리가 언급할 선험적 의미론은 불학의 이른바 '이언절려, 불립문자, 언어도단, 불가사의'의 언어·의미론이다. 즉 선험적이고 초월적인 경험과 실재, 인식을 진술적으로 언표하는 언어, 의미, 논리에 관한 반성적 고찰이다. 따라서 우리의 '선험적 의미론'은 차라리 오이겐 핑크의 '선험적 술어(述語)'론이나, 『금강삼매경』의 '명의(名義)'론에 가까운 것으로, 우선 '선험적 용어론', '선험적 말 쓰기' 정도로 이름 붙여도 무방할 것이다. 이 문제는 특히 원효의 불교 철학 이해와, 특히 인구에 회자되어 온 화쟁론과 전체적, 본질적으로 관련되는 아주 중요하고 매우 교화적인 주제임에 틀림없겠으나, 여기서는 '명(名)·의(義)'의 문제를 간략히 언급만 하겠다.

'명(名)'은 '이름' 또는 '일컬음'을 뜻하며, '칭(稱)'은 '이름', '일컬음' 또는 '맞음〔合當, 契合〕'을 의미한다. 따라서 '명칭(名稱)'은 '이름으로 지칭함'이며, 후자의 행위(언어 행위: speech act)에는 반드시 당해 대상이 지칭되어야 한다. 이러한 지칭 대상이 바로 '의(義, artha)'다. 그런데 『불교학대사전』에는 "의〔義〕. 범어 artha의 번역. ① 의미(意味)·뜻. ② 도리(道理). ③ 의의(意義)·가치·이익 등의 뜻."이라 기록되어 있다. 그러나 『중영불학사전 A Dictionary of Chinese Buddhist Terms』[98]에 의하면, '의(義)'가 범어 'artha'의 의미로 사용될 경우 "object, purpose, meaning, etc"(410a)를 뜻한다고 적고 있으며, 때로는 이(理)에 대한 '사(事)'를 "artha"(248a)로, 또 '경(境)'을 "artha"

---

97) J. Habermas, "Was heißt Universalpragmatik," *Sprachpragmatik und Philosophie*, (Suhrkamp, 1976), Karl-Otto Apel ed. ; Karl-Otto Apel, *From a Transcendental-semiotic Point of View*(Manchester and New York: Manchester Univ. Press, 1988), Marianna Papasstephanou ed.

98) *A Dictionary of Chinese Buddhist Terms*(London: Kegan Paul, 1937), W. E. Soothill & L. Hodous ed.

(421b)로 번역하고 있기도 하다. 그리고『금강삼매경』을 영역한 로버트 버스웰은 '명의(名義)'를 평범하게 "name or meaning"으로 번역하고 있다.[99] 어쨌든 현대 언어 철학의 의미론에 따르면, '의(義)'는 '지시 reference'로 이해되어 마땅하다고 하겠다.

원효는 "능소상대(能所相對(주객 관계))"와 함께 "명의호객(名義互客)"이라는 표현을 사용한다.(『금강삼매경론』, 은정희, 330, 364) '명(名)'은 '의(義)'에 이르고, 역으로 '의'는 '명'에 이르기 때문일 것이다. 예컨대1, '사과'라는 명칭은 사과에 언급(refer)되고, 사과는 '사과'라는 말에 이르기(또는 미치기) 때문이다. 양자는 마치 저울에 달아〔稱量〕 평형을 이루는 것으로 비유될 수 있다. 이것을 원효는 '칭당〔稱當〕'으로, 그 역을 '부칭(不稱)'이나 '부당(不當)'으로 표현하고 있다.(같은 책, 339) 그는 또 "명언(名言)과 상의(相義)가 쌍"(같은 책, 360)이 됨으로 "명구문(名句文)을 능전상(能詮相)"으로, "소전상(所詮相)을 당명지의(當名之義)"(같은 글)로 설명하고 있기도 하다. 여기서 확실해진 것은 능전명과 소전의가 칭당과 대당(對當)의 관계, 즉 언어의 '의미와 지시' 관계라는 점이다. 이것은 현대 언어철학의 의미론에서 획기적인 전환점을 마련한 프레게 G. Frege의 '의미 Sinn와 지시 Bedeutung 구별'에 유비될 수 있는 것이기도 하다. 예컨대, '금성'과 '효성'은 의미는 다르지만 동일한 one and the same 행성을 지시한다.

그런데『불교학대사전』이 "명의불이(名義不離)"를 "세상 모든 것의 사법(事法)은 명(名)과 의(義)가 떨어지지만, 모든 불·보살의 명호와 다라니만은 명과 의가 떨어지지 않고 실체(實體)와 명성(名聲)이 둘이 아니고 하나임을 말함"으로 정의하고 있다는 사실이 각별한 주의를 요한다. 이것은 바로 우리가『금강삼매경』에서 우리의 선험

---

99) R. E. Buswell Jr., *The Formation of Ch'an Ideology in China and Korea, The* Vajrasamadhi-Sutra, *a Buddhist Apocryphon*(Princeton, N. J.: Princeton Univ. Press, 1989), 213쪽 참조.

적 의미론(결국 명의론)의 전거로 삼고 있는 경문의 비의를 해석하는데 도움이 되기 때문이다. 이 책 302쪽에서 이미 인용한 바 있는 문제의 경문을 은정희 번역문에서 다시 살펴보자.

부처님께서 말씀하셨다.

무가 무에 머물지 않고, 무가 아닌 것이 유가 아니니, 유가 아닌 법이 무에 나아가 머물지 않고, 무가 아닌 상이 유에 나아가 머물지 아니하여, 유와 무로써 이(理)를 설명할 수 없다. 보살아, 명칭과 뜻이 없는 상은 사의(思議)할 수 없으니, 어째서인가? 이름 붙일 수 없는 명칭[無名之名]은 명칭이 없는 것이 아니고, 사의할 수 없는 뜻[無義之義]은 뜻이 없는 것이 아니기 때문이다.

여기서 "무명지명(無名之名)"과 "무의지의(無義之義)"는 결정적인 중요성을 가진다. 위의 번역문을 제대로 음미할 수 없는 것은 바로 '명의(名義)'의 개념을 철견하지 못하고, 양자의 구별을 유의하지 못했을 뿐만 아니라, '의'를 '사의'로 오역하는 실수를 범했기 때문이다. 『사전』이 잘 정의하고 있듯, 사법(事法: 世諦)에서는 명과 의가 호객관계에 있기 때문에, '무의지명(無義之名)'이나 '무명지의(無名之義)'는 '개념상의 모순', 원효의 이른바 "자어상위(自語相違)"에 해당하지만(『대승기신론소·별기』, 은정희, 101), 이법(理法: 眞諦)·불법(佛法)에서는 원효가 풀이한 대로,

무명지명은 유의지의(有義之義)에 부당(不當)하고…… 무의지의는 유명지명(有名之名)에 부칭(不稱)하지만, 무명지명은 무의지의에 당(當)하기 때문에 "불무어명(不無於名)"이라 말하고, 〔역으로〕 무의지의는 무명지명에 칭(稱)하기에 "불무어의(不無於義)"라 말한다. 이와 같이 명의가 있지 않으면서 또한 없지도 않으니, 이러한 도리로

말미암아 불가사의하다.(『금강삼매경론』, 은정희, 339, 번역은 필자의
것이다.)

다시 말해, 선험적·초월적 차원에서는 명의가 없기에 명의호객도
성립하지 않지만, 여전히 무명이 무의와 칭당하다는 점에서 무명도
명이며 무의도 의로 유비적으로 또는 상호 전위의 방식으로, 원효의
표현을 빌면, "어떻게 말할 것인지 알지 못하여 억지로 [명의라] 부
르는 것이다."[100] 언어는 현상계·경험계·사법계(事法界)에서 존재
자를 표상하고 의사소통을 하기 위한 방편으로 자연적, 사회 역사적
으로 성장된 것이다. 따라서 그것은 명의호객이 성립되지 않는 선험
적 실재나 경험을 표현하기에는 전혀 부당하다. 언어는 존재의 명의
이고, 선험적인 것은 이를테면 비(非)존재이거나 선(先)존재이거나
또는 탈(脫)존재이기 때문이다.

예컨대 사과, 개, 군대, 빨강 등속의 경험적 사물 및 그 속성은 명
의가 분명해, '사과'는 개가 아니라 바로 사과를 지시하고, '군대'는
대학이 아니라 군대를 이름하며, 사과의 색깔은 '검정'이 아니라 '빨
강'으로 이름한다. 이와는 대조적으로 '일심', '불도', '반야', '열반' 등
속의 선험적 실재의 명의는 위의 부류의 이름에 비하면 다만 유비적,
암시적, 전위적으로만 이름으로 새겨들을 수 있을 뿐이기에, 자체적
이고 독립적으로는 무명(無名) 또는 억지로 '무명지명(無名之名)'으
로 통용될 수 있을 뿐이다. 이름이 이러하건대, 그 지시(義)는 어떠
하겠는가? 아무도 경험적 의미에서 후자 부류의 '무명지명'이, 전자
부류의 이름이 그 대상을 지시하듯 어떠한 것을 지시하고 있는지를
말할 수 없다. 단적으로 말하면, 경험적·세제적 언어는 선험적·진
제적 실재에 직접적, 자체적으로 적용될 수 없다. 바로 이 때문에,

---

100) "不知何以言(目)之 强號(名, 爲, 說, 稱)立名." 전서-I: 38, 141, 677 ; II: 65,
　　　267 ; III: 247 참조.

전자를 명명, 지시, 진술하는 것이 불립문자, 언어도단, 불가사의라고 토설하지 않을 수 없는 것이다.

후설은『위기』제59절 말미에서 선험적, 현상학적 환원에 수반되는 일대 변혁을 언급하면서 "오로지 현상학적 환원에 결부되어 있는 새로운 종류의 통각은 새로운 종류의 언어를, 비록 내가 불가피하게 일상 언어를 사용하고 따라서 그 의미가 불가피하게 변형되더라도, 역시 새로운 언어를 수반하게 마련"이라는 문구를 삽입한 것 이외에는 선험적 언어에 관해 별다른 해명을 하지 않았다. 그런데 후설은 그의 협력자인 핑크가 이른바『제6명상』제10절「선험적 진술」에서

현상학하는 언표는 한편으로 말들의 자연적 의미를 변형하고, 그럼에도 불구하고 다른 편으로는 (모두가 존재의 개념들일 뿐, 선존재의 개념들이 아닌) 세간적 개념들과 용어들을 가지고 새로운 선험적 의미를 표현할 수 있을 뿐이기 때문에

라고 언급했을 때, 이에 관해 후설은 아래와 같은 방주(傍註)를 달아 놓았다.

세간적인 것을 선존재적인 것으로 변형하는 경이 Wunder —— 바로 그것이 문제이고 현실적으로 해결할 수 있는 문제다. 현상학적 언어는 원리상, 마치 선험적 현상, 세계가 오직 변형된 존재 의미, 세계로서만 의미를 가지듯, 오직 변형된 자연적 언어로서만 의미를, 가능성을 가진다.(방주 295)

그리고 핑크는 한 문단 뒤에

현상학적 관조자가 자신의 선험적 인식을 언표하기 위해 자연적 언어에 제기한 요구 때문에 자연적 언어가 받게 된 수난은 그것의 외적 단어 형식의 '변형'이 아니라, 그것의 지시 방식 die Weise ihres Bedeutens의 변형이다. 현상학을 수행하는 자아의 언어 기능에 들어가면, 단 한 개의 단어도 자연적인 의미를 보존하지 못하고, 이제 오히려 특정 어휘를 가지고 지시된 자연적 지시 의미 die mit der bestimmten Vokabel indizierte natürliche Bedeutung는 그 자체가 선험적 말뜻 Wortsinn을 위한 오직 하나의 지시 Anzeige로서만 봉사한다.

고 쓰고 있거니와, 바로 이 강조된 문구에 대해서도 후설은 "〔이 지시란〕 누구를 위한 것인가? 청자를 위한 것인가, 독자를 위한 것인가? 그러나 그도 이미 현상학적 입지에 들어가 있어야만 하고, 그리고 그가 이미 스스로 현상학자라면, 이미 전향된 자연·현상학적 언어 die umgewendete natürlich-phänomenologische Sprache를 보유하고 있는 사람이다."(방주 305)라고 했다. 마찬가지로 하이데거도 존재자 표상에 대비되는 불가언설적(不可言說的, unsagbar) 존재 사유를 언표하기 위해 불가피하게 사용되는 자연적 언어를 "형식적 지시·시사·가설 formale Anzeigen, Hinweise, Gerüste"[101]로 이해하고 있다. 이것들은 모두 선가(禪家)적인 "지월(指月)"에 유비되는 것이다.[102]

---

101) M. Heidegger, *Ontologie: Hermeneutik der Faktizität*(Frankfurt am Main: Vittorio Klostermann, 1987), 16, 80, 85쪽 ; *Sein und Zeit*(Tübingen: Max Niemeyer, 1963), 151쪽 참조. 여기서 '가설(假設)'은 '잠정적 방편적인 시설'을 의미하는 것으로서, 가정된 이론을 이미하는 '가설'과는 전혀 다른 뜻을 가진다.

102) 이 문제에 관한 더 자세한 논의는 신오현, 『절대의 철학 —— 제일철학의 임무와 목표』(문학과지성사, 1993), 11~65쪽 및 Oh-Hyun Shin, "Non-relative Conception of Reality and the Task of Philosophy: A Heideggerian Critique of Pragmatic Realism," *Paths to Human Flourishing: Philosophical Perspectives, Proceedings of the International Philosophy Conference in Seoul, August 19~20, 1992*(Korean Philosophical

철학이 언어에 가장 집중적인 관심을 기울인 것은 20세기의 언어 분석 철학에서이고, 그 상징적 표본은 비트겐슈타인의 처녀작 『논리 철학 논고 *Tractatus Logico-Philosophicus*』(1921)다. 이 『논고』의 지대한 영향을 받은 빈 학단의 주도 멤버 카르납 R. Carnap은 하이데거의 『존재와 시간』(1927)이 출간된 다음 해에 『세계의 논리적 구성 *Der Logische Aufbau der Welt*』을 출간한 바 있다. 언어 구조의 분석을 통해 세계 구조를 이해하려는 언어 철학에서 일상·자연 언어 사용의 철학적 결함을 극복하기 위해 이상(理想)·인공 언어를 안출하려 한 것은 당시의 사정을 감안하면 충분히 이해할 수 있는 일이다.

그런데 이러한 언어 분석 철학과 함께 20세기 철학의 쌍벽을 이루는 의식(지향성) 분석 철학, 곧 현상학적 철학의 창시자 후설은, 전자의 일상·자연 언어는 물론이고 논리·철학 언어로 제창된 이상·인공 언어까지도 자연적 태도에서 수행된 자연적 학문의 언어로 치부한다. 후설과 핑크에 따르면 언어는 생래적으로 자연적 태도에 기반하는 것이며, 따라서 자연적 태도를 이절(離絶)한 선험적 태도에서 증득된 경험, 인식과 이론, 학문을 개진하고 언표할 수 없다. 그리하여 교화 방편으로 선험적 진리를 세인에게 전달해야 할 경우에는 결국 무가내로 자연 언어를 형식적인 지시 수단으로서 가차(假借)할 수밖에 없게 된다.

불학 역시 세간어를 문어(文語), 망어(妄語)라 하고 출세간어를 의어(義語), 실어(實語)라 하여 엄격히 구분하지만, 실어(實語)·여의(如義)라 하더라도 세간에 소통되기 위해서는 결국 이언진여를 의언진여로 잠정전위(暫定轉位)해 인언견언하지 않을 수 없다. 따라서 자연적 태도, 불각 상태에 놓여 있는 사람에게는 여전히

Association, 1993), 174~200쪽 참조.

'깨달음을 지시하는 명칭'은 '지시가 있는 지시'에는 부당하기 때문에 '명칭 없는 명칭'이기는 하지만, 그래도 '지시 없는 지시'에는 해당되기 때문에 '명칭이 없는 것은 아니'라고 말한 것이다.…… '깨달음이 체인한 지시'는 '명칭 있는 명칭'을 지칭하지 않기 때문에 '지시 없는 지시'가 되지만, 그래도 '명칭 없는 명칭'은 지칭한다는 의미에서는 '지시가 아주 없는 것은 아니'라고 말한다. 이와 같이 명칭과 지시가 있지도 않으면서도 또한 아주 없다고도 할 수 없는 이와 같은 도리는 불가사의하여[103]

선험적 경험의 선험적 의미를 전혀 이해할 수 없게 된 나머지, 위의 인용문이 자인하듯 애오라지 '불가사의'한 것으로만 치부하고 말기가 십상이다. 그러나 여기서 '불가사의'란 그저 '이해 불능'을 의미하는 것이 아니라, 다만 형식 논리나 실증 경험의 방식으로는 알아차릴 수 없다는 것을, 그럼에도 선험 논리나 선험적·관조적 인식을 통해 투명하게 증득될 수 있는 것을 의미한다.

우리는 지금까지 여러 번 선험적 환원으로부터 진정한 철학인 형이상학이, 관조(觀照)·관행(觀行)이, 조견(照見)·견성(見性)이 시작될 수 있다는 것을 강조한 바 있다. 이러한 입지(立地)·견지(見地)가 확보되지 않는 한 저 '무명지명'이 지시하는 '무의지의'를 직관할 수는 없다. 진여, 여래, 해탈, 열반, 일심, 실상, 여의 등속의 명칭들이 무엇을 지시함(이름)인지를 증지할 수 없는 것이다. 현상학적 환원은 우선적으로 존재 이념 Seinsidee을 환원해야 하는 바, 그것은

---

103) "佛所說名 不當有義之義 爲無名之名 而當無義之義 故言不無於名也〔…〕佛所體義 不稱有名之名故 爲無義之義 而稱無名之名 故言不無於義也. 如是不有名義 而亦不無名義 由是道理 不可思議也."『금강삼매경』, 은정희, 339. 여기서 "불소성명(佛所說名)"이나 "불소체의(佛所體義)"의 '불(佛)'은 '부처님'으로 번역하는 것이 상식이겠으나, 우리는 '깨달음'으로 읽었다.

곧 귀일심원(反流歸源)을 위한 우선적 조치가 유무(有無)의 망념을 떠나는 처방인 것과 다르지 않다.

원효가 『금강삼매경』의 「대의」 진술을 "무릇 일심의 근원은 유·무를 떠나 홀로 맑음[夫一心之源 離有無而獨淨]"으로 시작하는 것도 바로 이러한 사정에 연유한다. 유무의 모순을 벗어나면, 결과적으로 일체의 모순 관계를 벗어나 이분법적 대립으로부터 자유로울 수 있게 된다. 그리하여 유인 것만도 아니고, 무인 것만도 아니라면, 유이기도 하고 무이기도 하며, 유도 아니고 무도 아닐 수 있다고 말할 수 있게 되어, 결국 형식 논리학의 3대 법칙인 동일률·모순율·배중률의 지배를 받지 않고 무애자재하게 사유하고 언표할 수 있게 되는 것이다. 이리하여 선험적 경험과 인식에 관한 일체의 진술이 개시개비하여 개유도리하다는 어불성설이, "설하는 말이 환중에 오묘히 계합한다.[能說之語 妙契環中]"[104]라는 일대 역설이 성립한다. 핑크의 통찰대로, 현상학적 환원은 세간적 존재 이념의 환원(앞의 책, 80~81), 인식·학문 이념의 환원(같은 책, 153), 명증성 이념의 환원(같은 책, 167)과 함께 언어의 환원(103)으로 충실되는 것이다. 존재와 비존재의 이념이 환원되면, 진리와 허위의 이념도, 명증(明證)과 부증(不證)의 이념, 학문과 이론의 이념, 그리고 마침내 진술과 언어의 이념까지도 선험적 경험과 인식의 차원으로 환원되게 마련이기 때문이다. 존재자 표상에 관여하는 일체의 경험, 진리, 인식, 명증, 이론, 언어의 개념과 이념들이 존재 사유의 차원에서는 '존재론적 차이'를 가진다는 하이데거의 현상학적 존재론도 마찬가지다.

---

104) '환중(環中)'이란 『장자(莊子)』, 「제물론(齊物論)」의 한 구절 "彼是莫得其偶謂之道樞 樞始具環中 以應無窮"에서 따온 것이다. 번역을 생략한 채 '환중'의 전의(轉義)만을 간단히 말하면, 이원적 대립이나 그 중간을 초출해 원융자재함을 의미한다.

결론

  우리는 이상에서 원효의 철학, 원효의 불교 철학, 원효 불교의 철학을 선험 현상학적으로 해명하면서 다음과 같은 사실을 확인했다. 원효의 사상은 근본적으로 철학 사상이며, 철학 사상이 어떠한 것인지를 가장 전형적으로 예시한 철학자가 다름 아닌 원효다. 그리하여 원효 사상의 철학성을 변증함으로써 결과적으로 철학의 정체성을 증득하는 데 커다란 성과를 얻은 것이다. 뿐만 아니라, 현대 철학에서 철학의 정체성 문제를 가장 치열하게 철학적으로 천착하는 데 성공한 선험 철학의 전형, 후설과 핑크의 선험 현상학을 '불교 철학의 전형으로 증시된 원효의 대승 불학'에 대비해 해명함으로써, 수반적으로 불학 일반의 순정 철학적 성격과 함께 선험 현상학적 철학 일반의 정체성도 증득할 수 있게 된 셈이다.

  철학은 종교나 신학과는 달리 신앙이나 도그마가 아니라 궁극적인 것을 명증적으로 자각하는 보편학이다. 명증적 자각이라는 점에서 철학은 자아론이지만 보편학이라는 점에서는 선험적 필증성을 수반해야 한다. 철두철미하게 주체적 체험이어야 하면서도 동시에 인류적 보편성을 가지는 철학적 인식의 이 역설적 성격은 철학을 여타의 학문으로부터 엄격히 구분할 것을 요구한다. 종교도, 문학이나 예술도, 형식 과학이나 내용 과학도 아닌 철학이 자기 정체성 문제를 자체적으로 내포하고 있다는 것은 당연히 철학의 운명이다. 전자가 모두 존재자 표상이라면, 철학은 존재자 표상을 넘어 어떠한 표상도 아닌 존재 자체를 증득하고자 한다.

  존재자 표상을 이절하기 때문에 철학적 경험과 인식은 선험적이며, 이언절려의 불가사의일 수밖에 없다. 존재자 표상인 세계 경험을 '전체로서 그리고 관조적으로' 경험하는 선험적 경험이기에 철학은 곧 체인하는 삶으로서 인식이다. 또한 이러한 선험적 명증성은 경험적 언어로 직접 표현될 수 없고, 다만 경험을 통해 현상하면서 그 선험적 유래를 지시하는 유비의 방식으로, 선가(禪家)의 지월과 같은 "다만 선험적 말뜻에 대한 지시로서만 nur als Anzeige für einen transzendentalen Wortsinn"[105] 언표되고 진술될 수 있을 뿐이다.

유무를 떠나기에, 철학과 불학은 절대 인식의 절대적 표현인 절대학이다. "절대학의 주체는 절대자이며"(같은 책, 166), "절대학의 대상도 절대자이고"(같은 책, 163), "절대학의 인식 양식 Erkenntnisweise, 즉 절대자의 자기 인식 양식도 그 자체로 절대적이다"(같은 책, 167). 철학이 엄밀히 말해 '존재자 이론', 즉 세계학으로서 존재하는 것이 아니라 오직 절대학, 즉 철학 수행 Philosophieren으로서만 생동하며, 이러한 철학 수행을 그 선험적 원천에 소급하는 것이 현상학 수행 Phänomenologisieren이라면, 이제 불학은 수순반야행(隨順般若行)으로서 각행(覺行)이고, 각행의 철저한 수행(修行)으로서 관행(觀行)이라 이해해도 무방할 것이다. 이제 우리는 핑크의 절대학에 대한 결구를 인용함으로써 이 글을 마무리하고자 한다.

현상학 수행이 자신을 조직하는 구성적 지향점인 절대학은 절대자의 대자 존재의 현실성으로서 절대자가 자신을 절대적으로 인식하는 생동적인 진리의 체계이다.[106]

---

105) E. Fink, 앞의 책, 96~97쪽.

106) 같은 책, 169쪽. '절대학'이라는 학문적 위상이 함의하듯, 절대학에 대한 핑크의 이 간결한 진술은 불학, 철학의 이념과 정체성을 후설의 이른바 필증적 명증성으로써 확연대오(廓然大悟)하지 못한 사람에게는 그저 무의미한 언어유희에 불과한 것으로 치부될 것이다. 이해를 돕고자 이 문장을 풀어 써본다면 대략 이러하다. 현상학적 관조가 지향하는 것은 이러한 관조를 통해 증득된 '이론적 경험'을 체계화해 하나의 학문을 조직하는 것 sich Organisieren인데, 이렇게 조직된 학문이 절대적 학문 die absolute Wissenschaft이고, 이 절대학은 절대적인 것이 자기 자신에 대해 존재하는 현실성이며, 절대자가 자신을 절대적으로 아는 것이

생동하는 진리다. 그리고 이러한 절대적 진리 인식의 체계가 곧 절대학이다. 이러한 절대학의 이념은 원효의 『대승기신론소·별기』나 『금강삼매경론』, 「대의」에 절묘하고 달관적인 필치로 표현되어 있다. 이들 원효의 대표작을 일이관지(一以貫之)하는 화두는 대승·일심·여래장이며, 이 세 가지 화두는 동일자의 이명에 불과하다. 대승·일법계·열반·여래장과 같은 의어(義語)는 무가내로 붙인 가명(假名)에 지나지 않기에 말이다. 그는 『소(疏)』에서 '대승'의 정체를 소언공적(蕭焉空寂)해 일체 포괄적이면서도 일체 침투적인, 주자(周子)의 표현을 빌면 "무극이태극(無極而太極)"인 절대로서 이언절려의 불가사의로 증득하며, 『별기(別記)』에서는 같은 표현을 '불도(佛道)'에 적용한다('한국불교전서', I, 698 및 677쪽 대비). 그런데 이 "대승법은 오직 한 마음만 있어 이 한마음 밖에는 다시 다른 법이 없다.〔大乘法 唯有一心 一心之外 更無別法〕"(『소』, 은정희, 57). "자체를 법이라 이름하는 바, 이제 대승중 일체 제법은 모두 별개의 실체를 두지 않으며〔皆無別體〕, 다만 일심을 사용함을 그 자체로 삼는 것이기에 …… 제법 자체가 오직 이 일심일 뿐이다."(같은 책, 80) 뿐만 아니라 생성소멸과 같은 "4상(四相: 生住異滅)이 동시에 있으니 이는 일심에 의해 이루어진 것이며, 일심을 떠난 밖에는 따로 자체가 없다.〔離一心外無別自體〕"(같은 책, 171)는 것이다. 원효 불학의 백미라 할 『금강삼매경』, 「대의」의 모두 진술 "일심의 근원은 유·무를 떠나 홀로 맑으며, 3공의 바다는 진·속을 아울러 깊고 고요하다〔一心之源 離有無而獨淨 三空之海 融眞俗而湛然〕"라는 구절은 곧 일심진여와 법성진여, 일심과 일법계의 절대 관계를 지시하는 것이다. 이것은 실로 불학과 철학의 정체성을 활연관통(豁然貫通)하게 증시하는 철학적 진술의 대의라 하겠다.

〔보론 1〕

깨달음이란 무엇인가?[1]

문제의 성격

1 인식론적 역리(逆理) ── 메논의 퍼즐 Meno's Puzzle

플라톤의 대화편『메논』에서 대화 주도자인 소크라테스가 대화 상대자 메논의 입을 통해

그러나 당신이 그것이 무엇인지를 전혀 알지 못할 때, 당신은 그것을 어떻게 찾으려 하는가? 도대체 당신은 어떻게 당신이 알지 못하는 어떤 것을 당신의 탐색 대상으로 설정하는가? 다시 말해, 설사 당신이 그것에 곧바로 마주친다 하더라도, 당신이 발견한 것이 바로 당신

---

1) 이 글은 강남대학교 초청 특강(2002.5.30)에서 발표되고, 같은 학교 황필호 교수와 인하대학교 김영호 교수가 논평한 바 있는 강연을 약간 수정하고, 불가피한 경우에 간략한 각주를 첨가한 것이다.

이 알지 못했던 것이라는 것을 당신은 어떻게 알려 하는가?

라고 질문했을 때, 그는 바로 '우리가 아직 알지 못하는 것이 무엇인가를 앎', 즉 '무지(無知)의 지(知)'라는 패러독스를 지시하고 있는 것이다. 그리고 나서 소크라테스는 "모색하고 학습하는 것은 전적으로 상기(想起, anamnesis)에 의하는 것"이라고 대답함으로써, 유명한 '인식 상기설[2]'을 제시하고 있다. 여기서 우리가 제기하는 '깨달음이란 무엇인가?'라는 물음도 역시 우리가 이미 깨달음이 무엇인가를 알아채고 있을 경우에만, 바로 그것을 염두에 두고 다시 제기할 수 있는 것이 아닐까? 즉 '이미 깨달은 이만이 깨달음이 무엇인지를 깨달을 수 있을 뿐'이라는 역설이 우리의 물음 앞에 가로놓여 있는 것은 아닌지.

그런데 문제를 더욱 어렵게 만드는 것은, 이 물음이 통상적으로 제기되는 물음, 이를테면 '인간이란 무엇인가?'나 '이성이란 무엇인가?'라는 식의 물음과는 차원이 다른 것인지도 모른다는 데에 있다. 만일 우리가 인간과 이성이 무엇인가를 확연히 알게 되었다면, 우리는 다시, "그렇다면 앎이란 무엇인가?"라고 되물을 수도 있기에 말이다. 이것저것에 관한 분별지(分別智)를 넘어, 도대체 '앎 그 자체가 무엇인가'를 단도직입적으로 묻는다면, 우리는 이 물음을 어떻게 처분해야 하는가? 인간이나 이성 따위가 무엇인지 이미 알고 있는 우리가 그것을 염두에 두고, 다시 인간, 이성 따위가 무엇인지 묻는다는 것과 동일한 차원에서, 우리는 이번에도 역시 우리가 이미 알고 있는 '앎' 그 자체를 다시 묻는 것이라고 말할 수 있을까? 게다가 '깨달음이 무엇인가'라는 우리의 당면 물음도 '앎이란 무엇인가'와 같은 종류의 물음이라고 말할 수 있을까?

---

2) '인식 상기설'이란, '우리가 무엇을 알 수 있는 것'은 '우리가 이미 알고 있었으나 지금은 망각하고 있는 것'을 상기함으로써 가능하게 된다는 이론이다.

‘인간이란 무엇인가’에 대해 “인간은 이성적 동물이다.”라고 대답
하는 것은 ‘정의(定義) = 피정의항의 최근류 + 종차(definiendum =
genus proximum et differentia specifica)’라는 아리스토텔레스의 ‘정
의의 정의’ 공식에 부합하는 것이다.[3] 그리고 “총각이란 무엇인가?”
에 대해 “총각은 독신 남성이다”라고 대답하는 것은 이른바 분석 판
단에 의한 것이다. ‘총각’이라는 주개념(主槪念)을 분석하면 ‘독신 남
성’이라는 빈개념(賓槪念)이 도출되기 때문이다. 그런데 ‘인간이 이
성적 동물임’을 아는 것은 ‘총각이 독신 남성임’을 아는 것과는 다르
다는 주장이 철학과 논리학의 오랜 확신이었다. 그것은 ‘총각이 독신
남성’이라 하는 것은 의문의 여지없이 순전히 말뜻과 어법의 문제인
데 반해, ‘이성이란 무엇인가’는 ‘인간이 무엇인가’와는 또 다른 물음
에 속한다는 생각에서였다.

그러나 ‘총각은 독신 남성’이라는 주장과 ‘총각은 총각’이라는 주장
은 그 논리적 가치가 다르다는 점에 착안하면, 후자는 동어 반복의
논리적 진리지만, 전자는 그렇지 않다는 것이 1949년에 선포된 콰인
의 혁명적인 주장이다. 총각은 그것이 무엇을 의미하든 ‘총각은 총각
임’에 의문의 여지가 없지만, ‘총각’과 ‘독신 남성’이 동의어인가 하는
것은 결코 논리적인 차원에서 자명하게 해소될 문제가 아니기 때문
이다.

그렇다면 경험을 통하지 않고는 어떤 대상에 대해서는 물론이요,
어떤 어의(語義)에 대해서조차도 확연히 알 수 없다는 결론이 나온
다. 그렇다면 어의, 즉 개념적 인식에만 종사하는 학문이, 이를테면

---

3) ‘인간 = 이성적 동물’이라는 정의는 아리스토텔레스의 정의, 즉 분석적 정의의
   표준 사례로 자주 언급되는 것으로서, 정의하고자 하는 주개념, 즉 피정의항 de-
   finiendum인 ‘인간’을, 정의하는 빈개념, 즉 정의항 definiens인 ‘이성적 동물’과 동
   의어로 등식화하는 데서 성립된다. 여기서 ‘이성적 동물’은 ‘인간’의 최근류 개념
   인 ‘동물’과, ‘동물’이라는 유개념에 속하는 종개념, 예컨대 ‘짐승’과 ‘인간’의 종
   적 차이성[種差]인 ‘이성’을 결합한 것이다.

‘철학이 적법한 학문으로 존립할 수 있는가’뿐만 아니라, ‘도대체 깨달음이라는 앎의 양식이 의미 있게 거론될 수 있는가’라는 심각한 문제에 직면하게 된다. 왜냐하면 얼핏 보아 깨달음이라는 것도 대상에 관한 표상지(表象知)에 속하는 것이라기보다는, 오히려 이미 알고 있는 개념을 그것과 동의어로 대체하여 보다 더 명료하게 인식하는 개념지(槪念知)에 속하는 것으로 생각되기 십상이기 때문이다. 이리하여 이제 경험적 인식을 ‘사실 과학’ 또는 가장 포괄적인 의미로 ‘자연학’으로 규정한다면, 자연학 이외 어떠한 학문적 인식도 존립할 수 없다는 결론을 피할 수 없게 된 셈이다.

2 해석학적 순환 Hermeneutic Circle

어의를 해명하는 것을 ‘해석’으로 정의한다면, 어의 해석에 관한 이론과 담론을 ‘해석학’으로 정의해도 무방할 것이다. 해석의 대상에는 고전, 경전, 법전, 문헌 등이 거명될 수 있고, 그에 따라 해석학도 세분화될 수 있을 것이다. 그런데 만일 문제의 문헌이 철학 문건이라면, 그리고 그것이 철학 문건일 수 있는 근거가 그 문건이 철학 언어로 구성되어 있기 때문이라면, 이러한 철학 언어에 대한 해석은 철학적 해석이고, 바로 이러한 철학적 해석 담론이 철학적 해석학이다. 우리는 바로 앞에서 언어 외적 문제라면 그 문제의 학문적 해결은 과학에 의존하는 것이겠으나, 언어 이해의 문제라 하더라도, 결코 한 단어를 다른 단어에 의해 동의어적으로 완전히 대체할 수 없다면, 언어 의미의 문제는 불가피하게 어의 해석의 문제로 귀착될 수밖에 다른 도리가 없다는 사실을 확인했다.

이제 만약 과학이 아닌, 즉 자연을 탐구 대상으로 삼지 않는 학문이 존재하고, “그러한 학문의 가장 유력한 후보가 철학”이라는 주장이 철학의 가장 오랜 전통이라면, 따라서 철학은 객관적 사실이 아니라 '주관적(?) 의미'를 탐구 대상으로 삼는 특수 학문이라는 결론을 피할 수 없다면, '철학'은 결국 '철학적 해석학'일 수밖에 없다. 예컨대 이성, 인식, 정신, 진리, 윤리, 논리, 자유, 정의, 의미 같은 이를테면 '비(非)대상적인 실재'가 존립한다면, 이들은 모두 철학적 해석학의 소관사가 될 수밖에 없다는 것이다.

대상적 인식은 비언어적인 것을 언어로 파악하는 과학이라는 점에서 원리적으로 언어와 주관에 상대적이며, 따라서 모든 과학이 자인하듯 '가설적'이라는 한계를 극복할 수 없다. 그리고 비대상적 인식은 언어를 언어로 이해할 수밖에 없다는 점에서, 철학적 해석도 항상 '다시 해석될 수밖에 없는' 잠정적 처지에 있기는 과학이나 마찬가지다. 이러한 한계는 과학이건 철학이건 모든 학문의 운명이다. 그런데 과학과 철학의 결정적 차이는 전자가 객체적, 대상적 지식인 데 반해 후자는 주체적, 자각적 지혜라는 양자의 비대칭성 asymmetry에 있다. 후자는 자신을 관조해 자신의 면목을 일신하지만, 전자는 자기 외적 대상을 관찰해 외계의 지식을 누적한다. 그리하여 자기 인식을 목표하는 철학적 해석학은 '시(始) = 종(終)'과 '분(分) = 만(滿)'이 '동시 순환'적이다. 자기 자신은 그 본성상 자기 동일성과 자기 전체성을 항상 보존해야 한다는 점에서, 시작과 종착이 여일하고, 부분과 전체가 원만(圓滿)하기 때문이다. 사물과 마찬가지로 자기 자신은 자신의 미래와 과거를 분리할 수 없고, 그리고 바로 그 때문에 자신의 부분을 온전한 자신으로부터 분석할 수 없다. 시작과 종착, 부분과 전체가 언제나 순환적으로 공생하는 인간의 존재, 이 존재의 표현인 철학적 언어의 이러한 특성을 '해석학적 순환'이라 부른다.

3 교화적 목적론 Pedagogical Teleology

주체적이고 자각적인 인식은 언제나 '자기 상기(想起)·자기 순환'

적이다. 지와 무지, 시작과 귀착 및 부분과 전체가 모두 상호 모순 개념이라는 점에서 '무지의 지', '목적의 지' 및 '전체의 지' 등은 '부재(不在)의 현재'와 같은 퍼즐이요 패러독스이며, 순환 논증의 오류를 범하는 것처럼 보이지만, 그것은 형식 논리학이 지배하는 우리의 관념 세계, 즉 객체적, 대상적, 표상적인 지식 체계에 적용될 경우에 발생하는 모순, 역리, 오류일 뿐이다. 의식, 정신, 의미가 문제되는 '인식 = 삶'의 세계, 즉 주체적, 자각적이며 지향적(志向的)인 '존재 = 사유', '일심 = 법계'의 경우에는 그러한 역리가 도리어 자생적, 천성적인 순리가 된다.

현대 철학의 표본인 현상학은 의식의 본성을 지향성(志向性)에서 찾고 있거니와, 의식의 지향성이 '사람 = 삶 = 앎'의 구성적 본성이다. 의식함은 의미를 지향(指向)함이요, 의미를 지향함은 도래하는 미래의 의미를 '삶 = 앎'의 목표로 의도, 의향함이다. 근원적인 의미에서 앎이란 외적 사물에 대한 표상이나 관념, 이론의 형성이 아니라, 바로 자기 자신의 존재 의미를 목적론적으로 기도(企圖)함이다. 실존적 앎은 존재 의미를 자각함이요, 자기 발견, 자기 교육, 자기 형성 이외 다른 아무것도 아니다. 실재의 설명과 배비(配備)가 과학과 기술의 소관이라면, 실존의 해명과 기도는 철학과 수행(修行)의 문제라고 하겠다. 전자가 기계적, 인과론적이라면 후자는 교화적, 목적론적이다. 인식, 해석, 교화는 사람의 삶과 앎을 구성하는 삼위일체적 현실성이다.

앎과 깨침

지금까지 우리는 깨달음이 무엇인가를 물으면서, 우선 인식의 역리성, 해석의 순환성 및 교화의 목적론적 성격을 간략히 상호 보완적으로 해명했다. 그것으로 우리가 의도한 것은, 깨달음과 연관해 문제되는 앎이 대상적·표상적·가설적인 지식과는 근본적으로 판이하게, 우리 자신의 존재 자체를 구성하는 한 저러한 역리와 순환을 그 본성으로 가지고 있다는 점을 지적함으로써, 우리의 물음이 지향(指向)하는 목표를 우선적으로 시사하는 것이었다. 즉 상식이나 과학과는 본질적으로 다른 시각에서 이 물음이 해명되어야 한다는 것을 미리부터 분명히 하려는 것이었다. 그렇다면 이제 우리가 본격적으로 물어야 할 것은, 깨달음이 과학적 지식과는 판이한 어떤 종류의 앎인가 하는 문제다. 즉 깨달음이 과학과는 다르다고 단지 부정적, 차전적(遮詮的)으로 말막음하는 데 그치지 않고, 깨달음 그 자체를 긍정적, 표전적(表詮的)으로 해명하는 데로 말머리를 돌려야 하는 것이다. 깨달음이 무엇인지, 그것은 또 어떻게 가능한지, 그리고 깨달음이 성취되면 그것은 우리의 삶에 어떤 의미와 의의를 가지는지, 즉 '깨달음의 이익〔覺利益〕'은 무엇인지 하는 등등의 물음으로 말이다.

1 '깨달음'의 어의

그렇다면 이제 다시 물어보자. 과연 깨달음이란 무엇인가? 이렇게 묻기를 시작하자마자 우리는 막막한 느낌에 당혹감을 피할 수 없다. 스스로 깨닫지 않은 채로는 결코 깨달음에 이를 수 없을 텐데, 바로 그 깨달음이 무엇인지조차 깨닫지 못하고서야, 그 무엇을 깨달은들 우리가 정말 다름 아닌 바로 그것을 깨달은 것인지를 어떻게 알 수 있을 것인가. 즉 깨달은 사람만이 깨달음 그 자체가 무엇인지 알 수 있는데, 그렇다면 역으로 깨달음이 무엇인지 알아야 깨달은 사람이 될 수 있다는 인식론적 역설에 다시 부딪히게 된다. 이러한 곤혹을 잠시 피하기 위해 우리는 물음 양식을 바꾸어, 깨달음이란 무엇인가 라는 본질적 질문 대신, 단순히 '깨달음'이란 무엇을 의미하는 '말'인가라는 의미론적 물음 semantic question을 제기해 볼 수 있다.

어의를 알고자 할 때, 우리가 손쉽게 할 수 있는 일은 사전이나 자전을 참고하는 것이다. 한 우리말 사전을 보면 '깨닫다'를 '(사물의 이치나 본질을 모르다가) 궁리나 생각 끝에 환히 알게 되다'로 정의하고 있다. 그리고 '깨닫다'와 동족어(同族語, cognate)로 '깨치다'가 있는데, '깨치다'는 '깨달아 알게 되다'로 정의되어 있다. 공통 어간인 '깨다'는 아마도 수면·방심·망각에서 깨어나 제정신을 차리는 지각 작용을 일컫는 것일 터이고, '닫다'는 '내닫다'에서 보듯, 한 상태에서 다른 상태로의 빠른 이동을 의미할 수 있으며, '치다'는 '마주치다', '미치다', '부딪치다' 등등의 용례에서 짐작되듯, 동작이나 경험의 성숙 또는 완료를 뜻하는 것으로 이해할 수 있을 것이다. 게다가 '깨다'를 파괴 또는 해체를 의미하는 것으로, 그리고 '까다'의 피동형으로서 '깨고 나옴', 곧 출산이나 출생을 의미하는 것으로 이해할 수 있다면, 이제 '깨닫다'와 '깨치다'의 사전적 의미는 대충 짚어본 셈이다. '허물을 깨닫다'나 '한글을 깨치다'의 경우 두 단어가 '알다'와 거의 같은 의미로 사용될 수 있음을 보거니와, 문제는 '깨달음'과 '앎'의 단적인 의미 구분이 아니라, 오히려 문제되는 '깨달음'이나 '앎'이 어떤 종류의 것인가를 한층 깊게 천착하는 일이라 하겠다. 여기서부터 우리는 관용적인 사전적 정의에서 벗어나 자각적이고 명증적인 사유, 곧 철학적 사유를 통해 깨달음의 정체를 본격적으로 해명하기로 하자.

2 앎과 학문의 두 가지 종류

우선, 앎에는 어떤 종류가 있는가? 크게 주객 이분적인 앎과 주객 미분적인 앎으로 양분할 경우, 전자를 객체적, 대상적, 표상적, 자연적인 정상적 ordinary 앎으로 규정한다면, 후자는 주체적, 비대상적, 비표상적, 초자연적인 비상한 extraordinary 앎으로 이해할 수 있다.

더러는 후자를 선험적인 출세간적 extramundane 앎으로, 전자를 경험적인 세간적 앎으로 구분하기도 한다. 물론 과학은 전자에, 철학은 후자에 속한다. 이러한 의미의 과학을 'science'의 번역어로 간주한다면, 분명 철학은 science가 아닌, 'non-science' 또는 'something non-scientific'으로 규정할 수밖에 없게 된다. 그러나 'science'를 앎(knowledge, 그리스어로 episteme)으로 이해한다면, 철학도 모종의 science, 이를테면 선험적 출세간적 science로 이해할 수 있고, 이 경우 science는 '과학'이 아니라 이른바 과학과 비과학을 포괄하는 '학문'으로 번역되어야 하고, 이 학문이란 앎과 마찬가지로 진리 인식 행위 및 활동을 의미하는 동시에 또한 그 결과로서 진리 인식 체계를 의미하는 애매한 개념이다. 이제 우리는 앎을 학문과 동의어로 이해하고, 앎 중에 '깨달음'을 특별히 '철학적인 앎' 또는 '철학적인 학문'(줄여서 '철학')으로 이해하고자 한다.

근대 과학에 의하면, 진정한 학문 또는 참된 앎은 '객관적인 것을 객관적으로' 포착한 관념 체계(판단, 이론)로 규정된다. '객관적인 것'이 '주관에 대(對)립(立)해 있는 객체 ob-ject, Gegen-stand'를 의미하는 것이라면, '객관적으로'는 '주관을 개입시키지 않고 엄격히 중립적인 입지에서'를 의미하는 것이다. 전자가 과학적 탐구 대상을 지칭하는 개념이라면, 후자는 과학적 탐구 방법을 지시하는 개념이다. 객관적인 것을 객관적으로 인식하는 것이 인식 목표라면, 당연히 주관적 개입은 최소한으로 통제되어야 한다. 어느 누가 이런 의미에서 과학의 이상을 부정하랴. 문제는 바로 '비(非)객관적인 것'의 인식과 함께 시작된다. 객관적 학문으로서 과학은 물론 객관 대상이 아닌 것의 인식 가능성을 전적으로, 그리고 단적으로 부인한다. 자연 질서에 순응하지 않는 것 또는 초자연적인 어떤 것을 억지로 인정해야 한다면, 과학은 그것을 '우리가 정상적으로 알 수 없는 그 무엇'으로 가상하고, 이를 "형이상학적"이라고 비하하고 배격하며, 이러한 가상적(假象

的) 존재자에 대한 앎을 객관적 보편타당성이 결여된 '사이비 학문 pseudoscience'으로 폄하, 배척한다.

이와 같은 〔사이비〕 논리에 의거하면 적법한 학문을 자연학 physical science에 국한시킨 다음, 초자연학(meta-physical science = meta-physics)을 적법 학문의 테두리 밖으로 추방하는 것은 거의 논리적인 귀결에 가까운 것이다. 결국 문제는 과학이 형이상학을, 문자 그대로는 초자연학을 배격하는 논리적 타당성 여부에 있는 것이 아니라, 과학이 학문의 적법성을 자연학에 제한한 자의적 횡포, 실로 지극히 반과학적·비학문적인 위세, 곧 사이비 논리에 있는 것이다. 이러한 지적 횡포 intellectual vandalism에 의해, 전통적으로 가장 적통적(嫡統的)인 학문이요, 여전히 독자적인 학문 autonomous science으로 충분히 정당화될 수 있는 '철학'이, '깨달음의 앎'이, 일거에 불법화된 것은 순전히 역사적 우연에 속하는 일이다.

3 깨달음의 인식정체성

그렇다면 이제 초자연적·출세간적·선험적인 앎·진리·학문의 복원을 위해 '깨달음의 인식 정체성' 해명에 인식론적 고삐를 더욱 죄어보기로 하자. 당면 작업을 효과적으로 수행하기 위해 우리는 이제부터 객관적 학문, 즉 현대 과학의 객관성과 학문성, 정초성 같은 것은 전적으로 도외시하고, 오로지 주관성의 학문이 어떻게 가능한가에만 전념하자. 우선 분명히 해둘 것은, 인간 현상은 물론 인간의 심리 현상까지도, 아니 어쩌면 정신 현상마저도 그것이 자연현상으로 취급되는 한, 객관적 학문 대상에 귀속된다는 '과학의 주권(主權)'에 하등의 이의를 제기하지 않는다는 우리의 관용과 양보이다. 주체성의 주권은 도대체로 객체성의 영토권과 무관한 것이기에 말이다. 미리 밝혀둔다면, '깨달음의 앎'이자 결국 '깨달음의 깨달음'인 이른바 '철학적인 앎', 곧 '철학'은 인간학주의 anthropologism, 심리학주의 psychologism, 논리학주의 logicism를 철저히 배격하고서야 비로소 존립할 수 있는 것이다.

이제 우리가 묻는 것은, 과연 초자연적이고 출세간적인 것, 과학의 이른바 형이상학적인 것은 존재하지 않는 것인가, 더 구체적으로 말하면, 선험적 실재·현실에 대한 선험적 인식·학문은 절대로 불가능한 것인가이다. 우리는 결코 과학적 학문 이상을 유린하지 않은 채로, 그러한 비과학적 실재와 그것에 관한 인식이 가능할 뿐 아니라, 더 나아가 모든 과학, 모든 앎이 근원적으로는 바로 이러한 인식에 소급될 수밖에 없다는 것을 어떠한 과학적 증거보다도 더 명증한, 아니 모든 증거의 실존적, 존재론적 근거와 기원이 되는 자기 명증성으로 투명하게 해명해 보일 것이다.

선험적이고 출세간적인 현실·실재는 어떠한 것이며, 이러한 현실·실재를 경험하고 인식하는 것은 어떻게 가능한가? 문자 그대로 풀이하자면, 선험적인 것은 경험에 선행하는 것이고, 출세간적인 것은 세간을 초출하는 것으로서, 『주역』의 '형이상자 = 도(道)'와 『노자』의 '상도(常道)'에 해당하는 것이다. 세간적인 것을 경험하기 이전에 이미 존재하는 선험적 실재는 당연히 세간적 경험에 의해 경험될 수 없는 것으로서, 오히려 일체 세간을 경험할 수 있게 하는 선행 조건이다. 실증적인 존재자로서 인간 현상과 심리 현상은 세간적이고, 따라서 세간 학문의 대상이지만, 이를테면 나의 육신, 나의 마음과 함께 세간에 존재하는 일체의 사물과 사태, 사건을 경험하고 인식하는 주체도 역시 이 주체에 의해 경험되는 객체들과 동일한 세간 사물, 사건인 것인가? 출세간적이란 세간을 넘어 어디 다른 세간에 있음을 뜻하는 것이 아니라, 세간적인 것을 하나의 의미 있는 전체로 관찰, 관상, 관조하는 또 하나의 시선이나 관심을 지칭하는 것일 뿐이다.

마찬가지로 형이상자란 형이하자의 상부에 또는 그것의 저편에 있는 또 하나의 존재자를 지시하는 것이 아니라, 형이하자를 형이하자로서, 존재자를 존재자로서 또는 존재자를 그 전체성으로 경험하는 하나의 주체성을 지칭하는 것이다. 어느 누가 존재자 전체 그 너머에 있을 또 다른 존재자로서 상정된 형이상자의 실재성을 인정할 것이며, 또한 어느 누군들 존재자가 존재자로서 경험되기 위해 반드시 전제되어야 할 경험 주체의 실재성을 부인할 수 있으랴. 너무도 자연스럽게 그 존재를 인정할 수 있는 바로 이러한 경험 주체성이 세간적인 존재자의 존재를 경험하며, 동시에 이러한 세간적인 경험의 주체성을 이를테면 선험적으로 경험한다고 말할 수 있다. 일체 존재의 일체 경험이 선험적 주체성에 의해 경험된다는 이 일대사(一大事)가 플라톤의 '경이 중의 경이'요, 노자의 '중묘지문(衆妙之門)'이며, 불가의 '불가사의'요, 비트겐슈타인의 '신비'이고, 이러한 선험적인 경험과 인식이 바로 우리의 '깨달음'이다.

4 자기 존재와 자기 인식의 동일성

철학의 역사를 통해 그처럼 오래고 끈질기게 철학자를 괴롭혀왔던 '고질 중의 고질병'이 이른바 '형이상학의 정체성 문제'다. 이를테면 이(理), 기(氣), 도(道), 불(佛), 법(法), 성(性), 심(心), 물(物), 형(形), 질(質), 신(神), 영(靈) 등등으로 다양하게 지칭되어 온 초감각적, 초자연적, 초경험적인 형이상자의 궁극적 실재는 무엇인가, 그리고 이러한 형이상자에 관한 학문인 형이상학이란 어떻게 가능한 것인가가 그 주된 물음이었다. 우리는 앞에서 형이상자의 가장 단순명료한 전형을 선험적 주체성으로 확인한 바 있다. 그와 함께 경험과 자연과 세계를 초출, 초월, 선험한다는 어법의 구도와 의미를 간략히 해명하기도 했다. 이제 우리의 주제 '깨달음의 정체성 해명'에

한 발짝 더 다가서기 위해, 선험적 주체성의 개념을 명증하게 해명하고자 한다.

우리는 위에서 '자연과 세간을 초출하는 것'이 곧 '경험, 인식된 세간에서부터 이 경험, 인식 행위의 주체성으로 시선, 관심, 주의를 전회하는 것'을 의미한다고 해명했다. 선험적 주체성은 경험적 자아와 구별되는 또 하나의 자아가 아니라, 동일한 경험 자아의 이면 또는 배면이기에 우리는 의도적으로 선험적 '자아'나 '주체'로 부르지 않고 그냥 '주체성'으로만 확인했다. 그러나 선험적 주체성이 경험적 자아의 선험적 측면임을 양해한다면, 우리는 지금부터 선험적 주체성을 일괄해 선험적 자아로 확인함으로써 경험적 자아와 대비적인 의미로 사용하고자 한다. 비트겐슈타인의 형이상학적·철학적인 자아이든, 후설의 선험 현상학적인 자아이든, 불가의 승의제(勝義諦)·제1의제(義諦)적인 자아이든, 이들은 모두 인간이나 인격, 인심과는 엄밀히 구분되어야 할 철학적 자아, 곧 깨달음의 자아임을 유념해야 한다. 철학적 자아는 생리·심리·물리·사회·인간적인 자아가 아니기는 하지만, 그렇다고 해서 후자의 자아에 유사한, 그러면서도 그와 대립하는 또 하나의 자아, 이를테면 제2의 자아인 것도 결단코 아니기에 말이다.

세간, 자연에 존재하는 것은 인격과 자아와 인심이고, 이것 외에 또 다른 선험적 자아가 존재할 거처로서 또 다른 세간, 자연을 명증하게 상정할 수는 없다. 아니 오히려 오직 하나의 전체적인 세간, 자연을 구성하고 정립하는 것이 바로 선험적 자아인 것이다. 따라서 후자의 의미 부여 행위를 떠나서는 여하한 세간, 자연도 의미 있게 거론되거나 질서 있게 경험될 수 없다. 이른바 마크로코스모스 Macrokosmos는 필연적으로 미크로코스모스 Microkosmos의 자기 외현(外現), 자기 표출일 수밖에 없기 때문이다. 비트겐슈타인적인 비유를 든다면, 세간, 자연에 입지해 있는 경험 자아가 세간, 자연을 전체로 원만하게 조망하기 위해 한 걸음 뒤로 물러서거나 한 단계 위로 올라서는 입장 변경 행위를 비유적 언어로 초월, 초출이라 부르는 것이다.

이렇게 세계를 조망하는, 그리고 그 조망을 통해 세계를 바로 그렇게 구성하고 창출하는 행위 자체를 또다시 관조하는 행위가 선험적, 현상학적인 '경험'이요, 불가적 '관행(觀行)'이며, 우리의 이른바 '깨달음'이다. 깨달음의 행위를 불가의 용어로 '각행(覺行)'이라 부른다면, 관행은 각행을 투철하게 수행하는 한 방법이라 하겠다. 각행, 관행에서 보듯 선험적 인식은 '인식이 곧 행위'인 각별한 인식이요, 이 행위의 주체가 바로 선험적 자아다. 그리고 선험적 자아에 있어서는 '인식 = 행(行)'이고 '인식 = 생(生)'이며 또한 '존재'다. 결국 선험적 자아 그 자체가 선험적 인식이요 동시에 선험적 존재인 것이다. 선험적 세계에서는 '자아 = 인식 = 존재', 즉 '자아 = 자기 인식 = 자기 존재'가 된다. 인식과 존재가 여일하고, 인식 주체와 인식 대상이 평등한 이 특수한 인식, 이 불가사의한 앎이 깨달음이다.

깨달음과 철학

우리는 위에서 깨달음과 앎의 관계를 해명하면서 전자가 후자의 가장 수승(殊勝: par excellence)한 형태임을 변증했다. 즉 주객이 미분이거나 또는 주객이 평등한 앎이 보편지(正遍智) 또는 정등각(正等覺)이며, 이것은 완전한 앎과 온전한 깨달음이 하나가 되는 '각오(覺悟)'인 것이다.[4] 또한 우리는 이러한 '앎 = 깨달음'을 '자기 = 인

____

4) 여기서 언급된 '평등'이나 '각오'는 순전히 불교 = 철학적인 의미의 전문 용어임을 유념해야 한다. 특히 후자는 하이데거의 실존론적·존재론적 근본 개념인 'Ent-schlossenheit'에 정확히 유비되는 개념이다.

식 = 존재'로서 등식화했다. '인식과 존재가 평등한' 인식 존재는 당연히 세간·자연 존재자로서 경험 자아가 아니라 선험 자아, 이를테면 노자의 "천지가 시작되기 이전에 이미 활동하고 있는 것〔有物混成 先天地生〕'(『도덕경』, 제25장)〕이다. 천지만물 이전의, 부모 미생 이전의 자기로서 선험적 자아라는 것은 이른바 '형이상학적 사변 metaphysical speculations'의 산물이 아니라, 세간, 자연 안에 살면서 세간, 자연과의 관계를 통해 자기 정체성을 자각하는 자는 누구나가 명증하게 증득할 수 있는 자명한 자기 실상이며 진리다. 그것은 우주론, 본체론이나 인간 윤리 실천 문제와는 별개인 가장 근본적이고 가장 명증한 자기 정체성 확인이다. 이제 이러한 '깨달음의 깨달음'을 동서 고금의 철학 이념의 정통 근간이 되는 고전 철학 유형을 통해 간명하게 고증해 보이는 것으로 우리의 해명을 마무리하고자 한다.

1 깨달음과 수순반야(隨順般若) —— 불가 철학

불교는 싯다르타 Gautama Siddhārtha의 궁극적 깨달음을 가르치는 종교면서도, 석가모니 Sākyamuni를 종주로 표방하기보다는 '불타 Buddha', '부처' 또는 그냥 '불(佛)'로 약칭하는 것이 상례인 것을 보면, 불교가 '깨달음'(범어 'Buddha'의 한문 번음(飜音)인 '불타(佛陀)'나 '불(佛)'의 한글 번역어)을 얼마나 강조하고 있는지를 충분히 짐작할 수 있다. 뿐만 아니라 불경 sutra이나 불경의 철학적 논의 s'astras에서 자주, 그것도 결정적인 진리를 해명할 때, "이것은 불(佛)이 지은 것이 아니라서 불(佛)이 있거나 말거나 간에 본성이 그러한 필연적 진리"라고 단호하게 선언하는 것을 보아도 불교는 문자 그대로 '깨달음을 깨치고〔自覺〕 깨우치는〔覺他〕 근본적 가르침〔宗敎〕'이다.

따라서 당연히 불교의 궁극적 이상과 목표는 '부처가 되는 것, 곧 깨달음을 이루는 것〔成佛〕'이다. 같은 논리를 기독교에 적용해 '기독

교의 이상과 목표는 하나님이 되는 것'이라고 주장한다면, 여지없이
독신죄(瀆神罪)에 걸릴 것이다. 더구나 부처가 되는 것도 나 밖의
부처를 따로 섬기고 따름으로써가 아니라, 나의 자성(自性)을 철견하
는 견성(見性)으로써만 가능하다고 가르침에 있어서야 두말할 필요
가 없다. 이것이 왜 불교가 통상적이고 서양적인 의미의 종교가 아
니라, 철두철미하게 철학으로 정체 확인되어야 하는지에 대한 확연
한 근거다.

불교 중에서도 가장 불교적인 대승 불교에서 구도와 수행의 실천
덕목인 6바라밀 가운데 제6바라밀인 반야[智慧]바라밀을 '제불(諸
佛)의 진모(眞母)'로 표장(標章)하는 것도 깨달음을 얼마나 중시하는
지를 말해 주는 것이다. 어디 그뿐이겠는가. 대승 불교의 가장 대승
적 종파인 선종(禪宗: 선불교)에서는 일체의 교리, 교의가 오직 깨달
음의 방편으로서만 의미를 가진다는 것을 증득해, 이른바 불립문자,
교외별전(敎外別傳), 직지인심(直指人心), 견성성불(見性成佛)을 구
도와 수도의 지고 지선한 이상으로 확신할 정도다.

불학은 진리를 세간·출세간, 세속·탈속, 속제·진제로 양분하고,
특히 후자를 승의제, 제1의제로 존숭한다. 이것은 그대로 우리가 위
에 언급한 경험·선험, 자연·초자연, 세간·출세간, 과학·철학의
구분법에 해당하는 것이다. 고타마 불타의 탄생게(誕生偈)인 "천상
천하 유아독존"은 인간과 심리, 존재의 출세간적 성격을 극적으로
표징(標徵)하는 장엄하고 혁명적인 선언이다. 세계와 자연을 그 전체
성에서 대등하게 마주하는 자아인 유아독존적 자아는 명명백백하게
우리가 말하는 선험적 자아, 즉 형이상학적 주체이며 철학적 자아,
깨달은 자아다. 이러한 깨달음, 즉 '자기·존재·인식'이 삼위일체인
이러한 앎은 세 측면에서 그 정도를 변별할 수 있다. 첫째는 깨달음
의 명도(明度)가 명증한가 아닌가[證, 不證], 둘째는 그 범위가 부분
인가 전체인가[遍, 不遍], 그리고 셋째는 깨달음의 심도(深度)가 구

경에 미치는가 아닌가〔究竟, 不究竟〕다.

이 세 가지 기준을 완벽히 충족시킨 깨달음이 바로 석존(釋尊)이 구현, 현시한 삼약삼보리(anuttara-samyak-sambodhi: 無上等正等覺, 최고의 깨달음)요, 이른바 범부, 중생과 보살은 불도를 성취하고자 수행(修行)하는 사람들이다. 그것이 가능한 것은 모든 중생이 본래부터 불성(佛性)과 각성(覺性)을 본각(本覺)으로 자체 안에 구족(具足)하고 있기 때문이다. 따라서 발심수행(發心修行)해 부단히 본각에 대등한 시각(始覺), 즉 등각(等覺)을 성취하고자 일미관행으로 '자각(自覺)해 각타(覺他)하면서 각행궁만(覺行窮滿)'에 이르는 길이 깨달음의 도정이다. 한마디로 반야에 수순(隨順)하는 길이 불도이고, 불도에 관한 교학(敎學)이 불학이며, 그리고 불학의 이념은 본질적으로 그리스의 철학 이념에 정확히 대등하다.

2 깨달음과 솔성(率性)·순천(順天) ── 유가 철학

고전 유학의 4서(四書)나 바로 이 4서를 표장하는 신유학은 그 최고 형태에서, 그리고 그 핵심 간요에서 철학적임을 자임하고 있다. 이를테면 주자(朱子)는 『중용장귀(中庸章句)』의 모두(冒頭)에서 "일리(一理)에서 시작해 도중에 만사(萬事)로 흩어지고 끝에는 다시 일리로 합해지는데, 방출하면 6합(六合)에 가득 차고 말아 들이면 밀장(密藏)으로 되돌아오는" 학문을 "실학"[5]으로 규정한 정자(程子)를 인용하고 있는데, 이때 '실학(實學)'이란 바로 철학을 지칭하는 것이다. 여기서 '일리(一理)'란 물론 문맥상으로는 『중용』의 근본 원리를 지칭하는 것이지만, 원효 불교의 '일심(一心)·일법(一法)·일도(一道)'와 마찬가지로, 대우주(천지, 천하)의 축소형으로서 소우주(천지),

---

5) "始言一理 中散爲萬事 末復合爲一理. 放之則彌六合 券之則退藏於密. 其味無窮 皆實學也."

곧 서구 철학의 미크로코스모스에 해당하는 것이고, '만사(萬事)'란 '만물(萬物)'과 함께 '천지·천하 만물 everything in the world'에 해당되는 것이어서, 결국 전자는 선험적 자아를, 그리고 후자는 경험적 세계를 의미하는 것으로 이해할 수도 있기 때문이다. 그러기에 이 현상학적인 '선험적 자아' 또는 불가 철학의 진제평등(眞諦平等)한 일심진여가 '방출'되면 '6합(六合)', 즉 동·서·남·북·상·하의 일체 공간으로 확산, 차별되고, 다시 수렴되면 선험적 자아의 일심·일법·일도의 여래장으로 되돌아와 감추어지는 것이다.[6]

'우주'란 영어로 'universe'라 언표되는데, 이는 '단일(單一)'을 의미하는 전철 'uni'와 '회전'을 뜻하는 'versum'의 합성어인 라틴어 'universum'에 유래한다. 결국 우주란 이 '하나'에 의해 포섭되는 만유의 범위 또는 이 '일자'에 의해 일이관지하게 질서 지어지는 만물의 통일적 구조를 의미하는 것이다. 따라서 이 '하나'는 정확히 '우주'의 구성 원리로서 불가의 '일심', '일리', '일도', '일법'에 해당되는 것이다. 아마도 고대 그리스 철학자 헤라클레이토스 Heraclitus의 단편에 등장하는 유명한 문구 "하나의 전체 또는 하나인 전체 또는 하나로서의 전체 'Εν παντα"도 『화엄경』의 우주론적 구성 원리인 '일즉일체(一卽一切) 일체즉일(一切卽一)'에 다름 아니리라. 이 구성 원리가 없는 우주는 무의미한 것임을 투철하게 증득할 때, 비로소 우리는 인간과 자연, 자아와 세계(우주, 천지)의 참뜻을 증득할 수 있는 입지에 들어가게 된다. 이렇게 깨달음의 상태에 거처하는 것은 아마도 『금강삼매경』의 "입실제(入實際)"에 상응할 것이다.

---

6) 원효는 마명(馬鳴)의 『대승기신론』을 주소(註疏)하면서 종체(宗體)를 밝히는 허두에 '대승'을 가리켜 "크다고 말하고 싶으나 안이 없는 것에 들어가도 남김이 없고, 작다고 말하고 싶으나 밖이 없는 것을 감싸고도 남음이 있다."고 묘사한 바 있다. 여기서 '대승'은 바로 '일심'을 지칭하는 것인데, 이러한 '일심'은 그대로 '일리'를 의미하는 것으로 보아도 무방하다.

자아와 우주의 대대(待對)에 관한 이러한 이해는 신(新)유가의 대표적 저서에서 일이관지하게 점철되어 있다. 편의상 몇 개의 범례를 들어본다면,[7] 맹자의 유명한 명제 "만물이 모두 자아에 비장(備藏)되어 있다."(『맹자』, 7A: 4)를 장자는 "만물이 모두 자아에서 유래한다."로 해석한다.[8] 여기서 "유소우아(有素于我)"란 '자아에 바탕을 두다' 또는 '자아에 근본을 가지다'로도 해석될 수 있는 문구로서 맹자의 "비우아(備于我)"보다 우리가 의도하는 의미를 더 정확히 드러내는 표현이다. 소강절(邵康節)은 "천지만물의 도(道)는 인간에서 죄다 보이는 것"[9]이라고 표현하는가 하면, 주자(朱子)는 역으로 "하늘에 근본을 두지 않은 채 자아에 갖추어진 것은 하나도 없다."[10]고 표현하기도 하고, 단적으로 "인간을 하나의 소천지"[11]로 규정하기도 한다. 그런가 하면 이른바 심학파(心學派)의 태두인 육상산(陸象山)은 "우주가 곧 나의 마음이요, 나의 마음이 곧 우주"[12]라고 이해하고, 그의 전통을 계승한 왕양명(王陽明)의 "마음 밖에 이치가 없고, 마음 밖에 사태가 없다."[13]라는 단언은 마치 "심외무법(心外無法), 심외무물(心外無物)"을 주창하는 불가의 유심구를 방불케 한다.

육왕(陸王) 학파에 정면으로 대립하는 정주(程朱) 학파의 집대성자 주자(朱子)도 "밝은 덕은 사람이 하늘로부터 얻은 것이어서 공허하고 신령하여 어둡지 않고[虛靈不昧], 모든 이치를 구비함으로써 만사에 부응하는 것"이고, "그 이치가 같기 때문에 한 사람의 마음으로써 천하 만물의 이치를 알지 못할 바 없다."고 말한다.[14] 이와

---

7) 신오현, 『자아의 철학』(문학과지성사, 1996), 229~254쪽 참조.

8) "'萬物皆備于我'言萬物皆有素于我也." 장재(張載), 『정몽(正蒙)』, 「지당편(至當篇)」

9) "天地萬物之道盡於人矣." 소강절, 『황극경세서(皇極經世書)』, 5: 7a.

10) "無一不本於天而備於我." 주희, 『중용장귀(中庸章句)』, 제1장 주(注).

11) "蓋人便是一箇小天地也." 강영(江永), 『근사록집주(近思錄集注)』, 1: 21.

12) "宇宙便是吾心, 吾心卽宇宙." 육상산, 『상산전서(象山全集)』, 22: 5a.

13) "心外無理, 心外無事." 왕양명, 『양명전서(陽明全書)』, 1: 11b.

같이 사람, 자아, 마음, 자기, 의지는 모두가 천지, 천하, 만물, 우주에 대대(待對)하는 상관 개념으로서 일자 없이 타자가 존재할 수 없는 것들이다. 그러기에 왕양명은 성(性), 천(天), 명(命), 심(心)을 동일자의 이명(異名)으로 이해하고, "심(心)이 곧 도(道)이고 도가 곧 천(天)이며, 심을 알면 도를 알고 천을 안다."[15]고 단언한다. 주자도 천(天), 명(命), 성(性), 이(理)를 동일자의 관점 차이로 분간한 다음, "종합적으로 말한다면, 천이 곧 명이요, 명이 곧 성이며, 성이 곧 이"[16]라고 해명한다.

이제 결론적으로 말하면, "우주가 시작되기 이전에 자아가 존재할 수 없고, 역으로 자아가 존재하기 이전에 우주가 존재할 수 없으며,"[17] "그 동정에 단서가 없고 그 음양에 시작이 없는즉, 사람은 대개 하늘로부터 분리된 적이 없고 하늘 역시 사람으로부터 분리된 적이 일찍이 없었다."[18] 그러기에 "사람에 역행하고 하늘에 순행하는 자가 일찍이 있지 않고, 사람에 순행하고 하늘에 역행하는 자도 일찍이 없으며," 따라서 "하늘과 사람은 하나의 이치라서 감응에 어그러짐이 없으니, 사람 일에 최선을 다하면, 천리에 불응하는 경우가 없다."[19]고 할 수 있었던 것이다.

이와 같이 유가에도 천명으로서의 인간의 본성을 천명대로 따르는

---

14) "明德者, 人之所得乎天, 而虛靈不昧, 以具衆理而, 應萬事者也.", "以其理之同故, 以一人之心, 而天下萬物之理, 無不能知." 주희, 『대학장귀(大學章句)』, 경문주(經文注).

15) "心卽道, 道卽天. 知心卽知道知天." 왕양명, 앞의 책, 16a.

16) "合而言之則, 天卽理也, 命卽性也, 性卽理也." 이광지 찬, 『성리정의(性理精義)』, 9: 5a.

17) "天之未始不爲人而人之未始不爲天也." 주희, 『대학혹문(大學或問)』.

18) "其動靜無端, 其陰陽無始則, 人皆未始離乎天, 而天亦未始離乎人也." 주희, 『근사록』, 1: 16 주(注).

19) "天人一理, 感應不差. 人事之苟盡則, 未有不應之天理." 이율곡, 「천지인사책(天地人事策)」, 『율곡전서습유(栗谷全書拾遺)』, 권6.

것이 인간의 도리이며, 이 도리를 구하여 닦아가는 것을 교학(敎學)으로 규정하고 있다.[20] 천심과 인심이, 그리고 천도와 인도가 불가분리적으로 동근원적이고 동심원적이어서, 인심에 내재하는 단초로서 천심(天心)·천도(天道)·천리(天理)를 복기초(復其初)함이 곧 복성(復性)으로서 자각(自覺)인 것은, 불교에서 일심 여래장으로서 본각(本覺)을 기동(起動)함을 시각(始覺)으로 이해하는 것과 마찬가지다. 그리고 구도(求道)하고 호학(好學)하는 방식으로 천도(天道)인 성(誠)을 희구하는 성지자(誠之者)나 사성자(思誠者)가 철학자요 불자임은 물론이다. 왜냐하면 그리스적인 철학의 이념에 따르면, '철학(φιλοσοφία = philosophia)'은 'sophia를 Φιλέω함'을 의미하는 복합 명사인데, '소피아'는 '지혜', 즉 '완전지(完全智) = 전지(全知)'를, 그리고 'Φιλέω'는 '사랑함〔好, 愛〕', 즉 '따름〔率, 順〕'[21]을 의미하는 것으로, 결국 복합 명사 '애지(愛智), 호학(好學)'은 유가 철학적으로 '솔성(率性)과 순천(順天)'이고, 불학적으로는 '수순반야'에 다름 아니기 때문이다. 또한 솔성과 순천은 아래서 언급될 도가의 도학 이념인 "요묘(徼妙)를 관조하고저 희구함"[22]과도 잘 부합되는 유가의 철학 이념이다.

3 깨달음과 관묘(觀妙)·관요(觀徼) —— 도가 철학

도가 철학의 화두는 말할 것도 없이 도(道)이고, 도 철학의 최고 경전은 물론 노자의 『도덕경』이며, 도경의 종요는 『도덕경』, 수장(首

---

20) "天命之謂性, 率性之謂道, 修道之謂敎."『중용(中庸)』, 수장(首章).
21) '솔(率)'이나 '순(順)'은 모두가 '따르다', '본받다', '실천하다'를 의미하는 개념이고, '성(性)'은 '천명(天命)'과 동의어이며, '솔성(率性)'은 '성을 따름·실천함'을, '순천(順天)'은 '천명을 따름·실천함'을 의미해, 결과적으로 '솔성'과 '순천'이 동의 개념이다.
22) "故常無欲以觀其妙 常有欲以觀其徼." 노자,『도덕경』, 제1장.

章)에 간명하게 압축되어 있다. 한문 59자를 게송(偈頌)처럼 안배한 이 문건은 『반야심경(般若心經)』이나 『대학(大學)』의 「경문(經文)」에 비견할 역사적인 '경문'임에 틀림없다. 숱한 주석에도 불구하고 논란이 끊이지 않는 이 간결한 문건은 오직 '깨달음의 철학'으로 깨달을 때에만 그 철학적 의미를 활연관통하게 증득할 수 있는 것이다.

깨달음의 철학인 불교의 선지식(善知識) 가운데 이 비장의 문건을 깨달음의 철학으로 증득한 경우를 예시한다면, 주저 없이 명 대의 유명한 승려 감산 덕청(憨山 德淸)의 『노자도덕경해(老子道德經解)』와 오대산 김탄허(金呑虛)의 『현토역주 도덕경(懸吐譯註 道德經)』을 들 수 있다. 탄허 스님은 대부분의 주해가 「도체장(道體章)」으로 명명하는 수장(首章)을 「관묘장(觀妙章)」으로, 그리고 제2장을 관묘에 대비되는 「관요장(觀徼章)」으로 제명(題名)하고 있다. 즉 제1장에서 도의 체(體)·용(用)을 언급하고 제2장에서는 용(用)을 부연하는 것으로 이해한 것이다. 도체(道體)·도용론(道用論)이니 본체(本體)·실천론(實踐論)이니 혹은 우주론·인생관이니 또는 형이상학·윤리학이니 하는 일체의 논쟁은 불가 표현으로 '요의경(了義經)'인 『도덕경』을 '깨달음의 철학'으로 활연관통하게 증득하지 못한 오해나 미요해(未了解)에 기인한다. 불가 경전의 해석학적 원리인 '4의(依)·4불의(不依)'의 개념을 빌어 말하자면, 철학 문건은 요의경론(了義經論)이어야 하고, 철학 문건의 철학적 이해는 언제나 반드시 요해, 즉 비트겐슈타인의 표현을 빌면 "완전 명료성(complete clarity)"을 지향해야 한다. 우리도 바로 이러한 원리에 따라 '깨달음'이라는 본론의 주제를 해명해 왔다.

이제 다시 도경의 수장을 철학적으로 이해하면, 그것은 모든 진정한 철학이 언제나 그러하듯, 선험적 진리를 선험적으로 언표한 아주 탁월한 철학적 진술이다. 상도(常道), 상명(常名), 상유(常有), 상무(常無) 등등에서 '상(常)'은 선천지(先天地)와 선경험(先經驗)을 지시하는 매우 결정적인 '철학 개념'이요 '깨달음의 말씀'이며, '진정한 의미에서 형이상학적인' 언어다. 이 수장은 물론이요, 경문 전체를 일이관지하게 이해하기 위해서는 '도(道)'나 '덕(德)'이 인간, 인격, 심리의 차원, 즉 자연과 세계 경험의 지평을 넘어서는 초월적, 출세간적, 선험적 의미에서 사용된 형이상학 개념임을 반드시 증득해야 한다.

마크로코스모스와 미크로코스모스, 대천지와 소천지 또는 후천지와 선천지의 대비, 그리고 단적으로 경험적 자아와 선험적 자아의 대비에서, 전자를 후자의 원형을 통해 절대 자명하게 관조, 증득하려는 매우 특수한 앎의 방식을 우리는 선험적 경험과 인식, 철학적 인식, 곧 깨달음의 전형으로 이해한다. 유무(有無), 요묘(徼妙)는 바로 이러한 대비이며, 상유(常有)와 상무(常無)를 요묘로 관조하는 것이 깨달음이요, 이러한 깨달음의 담론이 철학 언어다. 이미 언급한 바와 같이, 우주 또는 세계를 'universe'라 언표하거니와, 이 'universe'의 'uni-'는 하나, 단일, 통일을 의미하며, 이 하나를 통해 돌고 도는 우주에서 이 하나가 바로 원효의 '일심'이며, 노장(老莊)의 '태일(泰一)'이요, 헤라클레이토스의 '일자(一者)'이며, 하이데거의 '존재'다. 철학의 주제는 바로 이 '하나'요, 이 하나의 존재에 관한 개념적 사유, 즉 '포일(抱一)'(『도덕경』 제10, 22장)이나 '견소포박(見小抱樸)'(제19장), 또는 '수중(守中)'(제5장)이나 '집중(執中)'(『중용』), 또는 불가의 '심일경성(心一境性)'이나 '선정(禪定)·정려(精慮)'[23]에 해당하는 하이데거 의미의 '존재 사유'가 곧 '철학함＝사유수(思惟修)'다.

4 깨달음과 지혜사랑 —— 서양 철학

서구 철학의 전통은 '철학'의 어원에서부터 그리스적이다. 그리

---

23) '선정'과 '정려'는 범어 dhyāna의 구역·신역이고, '타연나(馱衍那)'는 음역이다. 특히 이를 '사유수(思惟修)'로 번역한 것은 우리의 이해에 매우 적합한 것이다.

스·라틴어 모두에서 "philosophia = philo + sophia"로 표기되는 이 어휘는 현대 서구 언어에도 그대로 남아 있다. '지혜사랑〔愛智〕'으로 번역되는 '필로소피아'는 동시대의 중국 고전 전통에서 공자의 '호학(好學)'과 대비적으로 막연히 이해되어 왔다. '지혜'나 '사랑'이 정확히 무엇을 의미하는 것인지, 그리고 '지혜를 사랑함'은 정확히 무엇을 어떻게 하는 행위를 의미하는 것인지는 발원지인 서구를 전통에서나 서양 철학을 수용한 동양의 전통에서도 명확히 이해되지 못했다. 서양 철학이 일본을 통해 수입된 것은 빨라야 19세기경이었을 것이고, 철학의 정체 해명에 관한 본격적인 논의는 원산지에서도 20세기에 접어들어서야 시작되었다.

그런데 우리가 이러한 진부한 사실을 언급하는 것은, 오늘의 안목에서 회고해 볼 때 철학의 개념을 어떻게 규정해야 하는가가 그리스에서보다 동양 고전 전통에서 훨씬 더 치열하게 논의되었다는 사실을 환기시키기 위해서이며, 그 핵심이 역시 우리가 줄곧 해명해 온 대로 '깨달음의 담론'이라는 것을 지적하기 위해서다. '존재 = 사유'를 확인한 파르메니데스나, 로고스 logos와 피시스 physis의 '일즉일체성'을 통찰한 헤라클레이토스에서부터, 바로 이 사실을 오늘에 환기시킨 하이데거의 '존재 = 사유'에 이르는 서구 전통은 우리가 위에서 스케치한 유·불·도가의 깨달음 담론의 수준에서 한 발짝도 더 나아가지 못했다. 이는 '철학 = 사유'의, '깨달음 = 앎'의 시원적이고 구경적인 본질을 나타내고 있다고 할 수 있다.

플라톤은 철학이 경이에서 발원하는 것으로 이해하거니와, 이러한 놀라움은 자연과 심원(心源)을 명상을 통해 관조함으로써 존재와 인식 간의 신비한 조화를 발견하는 데서 연유하는 것이다. 도대체 우리는 어떻게 '무엇'을 다름 아닌 바로 '그 무엇'으로 알 수 있는 것인가? 이제야 우리는 우리가 서두에서 제시한 '메논의 퍼즐'로 다시 돌아오게 되었다. 자연과 세계의 질서가 '하나'를 통해 조화와 통일을 이루어가듯〔天道流行, 造化萬物, 天地位焉, 萬物育焉〕, 이 천지 자연질서의 축소형이 우리 인간 안에, 각 사람의 마음 안에 그대로 대응하고 있다는 놀라운 사실이 이른바 아테네의 관조자나 노(魯) 나라의 경천자(敬天者)로 하여금 실용과 실천을 넘어서는 '앎을 위한 앎(眞智)'을 희구(사랑)하게 했을 것이다.

어떻게 깨달음이라는 이 독특한 앎의 양식이 가능한 것인가? 그것은 마크로코스모스가 우리 마음 안에 축소형으로 비장되어 있기 때문이다. 그것이 플라톤의 이데아이며, 유가의 천성(天性)이며, 불가의 본각(本覺)이요, 도가의 상도(常道)다. 무명(無明)과 인욕(人慾) 때문에 잠시 은폐되어 있던 이 본각이 자각(自覺)의 기동(起動)에 의해 환기, 시각(始覺)됨으로써, '삼보리(正等覺)'를 향한 길고도 외로운 각행(覺行)·관행(觀行)·수행(修行)의 도정, 즉 "지신(至神)을 향한 정신의 여정 Mentis itinerarium ad Deum"[24]이 시작되는 것이다.

---

24) 이 문구는 성 빅토르의 리처드 Richard of St. Victor가 고안한 것이며, Ernst Bloch, *A Philosophy of the Future*(New York: Herder and Herder, 1970), John Cumming trans. 66쪽에서 재인용되었다.

모던 철학에 나타난 불학 이념[1]

물음의 성격

우리는 가끔 '종교와 철학의 관계'에 관한 담론에 관여할 경우, 관계항의 개념을 규정하지 않고 곧바로 이 관계 자체를 논의하려 드는 것을 자주 목격하게 된다. 예컨대 '기독교와 철학', '유교와 철학', '도교와 철학'이나 '불교와 철학'과 같은 논제가 있는가 하면, 아예 처음부터 '기독교 철학', '유교 철학', '도교 철학'이나 '불교 철학'을 주제로 설정하는 것을 볼 수 있다. 유・불・도교가 기독교적인 의미에서 종교가 아니라는 것을 강조하기 위해, 또는 유・불・도교가 종교인가 아닌가는 묻지 않으면서 그 전적(典籍)에서 철학적인 측면을 종교적인 측면으로부터 분리해 별도로 논의하기 위해, '교(敎)' 대신

---

1) 이 장은 원래 '근대 이후 인문학에 나타난 불교관'을 주제로 한 중앙승가대학교 제2회 학술 세미나에서 철학 분야를 대표해 「근대 이후 철학에 나타난 불학 이념」의 표제 하에 발표한 것을 수정 보완한 것이다.

‘가(家)’를 표제 개념으로 대체해 유가·불가·도가 철학을 운위하는
경우에도 사정은 마찬가지다. 우리는 여기서 ‘종교와 철학의 관계’
문제에 개입함이 없이, 불학 또는 불교학이 본질적으로 ‘깨달음의 교
학’이라는 사실을 증득하고 서양 철학이 깨달음의 학문임을 철학사
적으로 증지함으로써, 불학 이념이 곧 철학 이념임을 전제한 다음,
어떻게 이러한 불학 이념이 철학 이념과 함께 모던 철학을 통해 점
점 더 명증하게 개현(開顯)되어 왔는가를 간략히 소묘하려고 한다.
이것은, 역으로 말하면 ‘근대 이후의 철학에 나타난 불교관[2]’을 소묘
하는 전략이다.

혹자는, 불학을 철학과 동일시하면서 철학 이념의 전개 과정을 통
해 동시에 불학 이념의 개현 과정을 읽어내려 하는 우리의 시도에
우선 동의한다 하더라도, 하필이면 왜 ‘근대 이후’로 제한하는가에
대해서는 또 다른 설명을 요구할 수도 있을 것이다. 우리는 ‘근대 이
후’란 적어도 철학적인 의미에서는 후설의 이른바 “데카르트에서부
터 현재까지 von Descartes bis zur Gegenwart”의 시기를 지칭한다고
본다. 차츰 더 분명하게 규정되겠지만, 우리의 의미에서 ‘근대 이후’
는 ‘고대’나 ‘중세’와는 판이하게 단순한 연대기적 구분의 의미를 넘
어 각별히 철학적인 의미를 함축하는 ‘모던 시대 modern age’, 즉 ‘신
시대 Neuzeit’를 뜻하는 개념이다. 의식의 시간성에 대한 자각(自覺)
이 ‘새로운 시간’의 철학적인 함의이며, 의식의 시간성을 자각하는
것은 곧 주체성의 자기성을 자각하는 것이다. 그리고 주체성의 자기
이해는 바로 이 주체성에 의해 이해되는, 또는 더 철학적인 말로, 주
체성에 의해 비로소 그 의미가 부여되는 세계성의 자각이라는 ‘인간
의식과 인식의 일대 전환 revolution’을 수반하는 것이다.

후설은 그의 필생 과제인 ‘보편 철학 이념 정립’을 위해 선험 현상학

---

2) 바로 앞에서 언급한 바와 같이, 이것이 원래 이 글쓰기에서 요청받은 논제다.

의 이념을 정립했는데, 이 현상학적 철학이란 다름 아닌 '구경실재(究
竟實在)를 궁극적 명증을 통해 종국적으로 정초하는 학문'이다. 그에
따르면, 이러한 철학 이념은 플라톤에서 그 위대한 단초가 마련되었고,
17세기 데카르트의 '명상'과 함께 복원되었으며, 데카르트에서 현재에
이르는 모던 철학의 전개 과정을 통해 마침내 자신의 현상학에 이르러
'선험 철학의 최종 형식 Endform der Transzendentalphilosophie'으로
낙착되었다는 것이다.[3] 그런데 그의 '현상학 입문'의 최종 형태인
『위기』에서 투철하게 해명된 선험 현상학의 종국 이념은, 우리의 어
법으로 표현해 '깨달음의 교학' 이외 다른 아무것도 아니라는 것이
우리의 투철한 깨달음이다. 그렇다면 이제 모던 철학에 개현된 불학
이념을 추적하려는 우리의 과제가 철학적, 불학적으로 무엇을 의미
'할 수밖에 없는지'를 이해할 수 있을 것이다.

이제 좀 더 자세히 언급해야 할 문제는 '모던'의 시대 구분 개념에
관한 것이다. 국어사전에 따르면 '근대'와 '근세'는 넓은 의미로는 동
연 개념으로서 고대와 중세에 이어지는 제3기를 지칭하는 것이며,
양자의 차이는 프랑스 혁명을 기점으로 근세를 전·후기로 양분할
경우, 그 전기를 좁은 의미의 '근세'로, 후기를 좁은 의미의 '근대'로
부른다는 것이다.[4] 이 경우 근세는 중세와 근대 사이를 지시하는 데
반해, 근대는 근세 이후 현대까지를 지시한다는 것이다. 하버마스의
증언에 따르면, 현대적 의미로 '근대'를 역사적 맥락의 시대 구분적
인 개념 Epochenbegriff으로 사용한 철학자는 헤겔이다. 하버마스는

　　　'신시대 neue Zeit'는 '현대 moderne Zeit'이다. 이것은 동시대인의

---

3) E. Husserl, *Die Krisis der Europäischen Wissenschaften und die transzendentale Phänomen-
   ologie: eine Einleitung in die Phänomenologische Philosophie*, 2. Auflage(Haag: Martinus
   Nijhoff, 1962), W. Biemel hrsg., Husserliana, Band VI, 제14절 참조.
4) 신기철, 『새우리말 큰사전』 참조.

영어·프랑스어 관용법에 대응하는 것이었다. 'modern times' 혹은 'temps modernes'라는 표현은 1800년경에 바로 그 이전 3세기를 지칭하는 것이었다. 신세계의 발견, 르네상스 및 종교 개혁이라는 1500년경의 이 3대 사건은 현대와 중세 사이의 시대 경계선 Epochenschwelle을 형성한다.[5]

라고 말한다. 물론 근대, 근세, 현대를 총칭해 '근·현대'로 언표할 수 있겠으나, 우리는 이하에서 중세 이후 현대까지를 원어 그대로 '모던'으로 표기하고자 한다.

그렇다면 이제 여기서 우선적 문제는 바로 '모던적임 Moderne'의 개념이다. '모던'을 의미하는 영·독·프랑스어는 모두 후기 라틴어 'modern(us)'에서 유래하는데,[6] 후자는 지금을 기점으로 소급할 수 있는 동질적인 시간을 의미한다. 바로 이러한 '시간적 유행(流行)'의 의미 또는 '유행의 시간성'이라는 의미에서 '모던'과 결부된 모든 의미가 생겨난다. 그리고 유행의 주체는 다름 아닌 유행하는 시간을 유행적으로 공유하는 사람, 즉 '모던 사람'이다. 그래서 이제 '우리의 시대 nostrum aevum'는 '새로운 시대 nova aetas'로 개명(改名)된다.

---

5) J. Habermas, *Der philosophische Diskurs der Moderne: Zwölf Vorlesungen*(Frankfurt am Main: Suhrkamp, 1985), 13쪽.

6) 공통어간 modern은 후기 라틴어 modern(us)에서 유래하고, 후자는 modus의 단수 탈격 mod(o)에 시간을 나타내는 형용사 어미 ernus를 결합한 형태로서, '바로 전에' 또는 '이제 막'을 뜻하는데, 전의(轉義)해 '이제 막 만들어진', '최신 유행의' 또는 '신식(新式)의'를 뜻하는 형용사 또는 명사적 형용사다. 따라서 독어 Moderne는 Modernität와, 프랑스어 moderne는 modernité와 같은 의미로 사용되는데, Modernität나 modernité는 영어의 modernity에 해당하는 단어이다. 우리는 앞으로 이러한 엄밀한 의미의 modern을 '근대'나 '현대' 혹은 '근·현대'로 번역하지 않고, 편의상 원어 그대로 발음해 '모던' 또는 '모던적'으로 언표하고, modernism도 그대로 '모더니즘'으로, modernization은 '모던화'로 적는다. 그리고 '모던'에 이미 시간 개념이 함의되어 있으므로 '모던 시대'의 '시대'는 중복된 잉여 개념으로 보고 생략한다.

단순한 연대기적 시간 개념이 공간적 시간, 후설의 이른바 "삶의 세계적 시간" 개념으로 전환되고, 이제 '삶의 세계'의 유행이 과거로부터 미래로 진행하는 것이 아니라, 미지의 미래로부터 도래한다는 획기적인 사고 전환이 이루어진다. 여기에는 과거 인습에 대한 비판, 반대, 부정과 함께 새로운 시작과 모험, 혁신의 정신·태도가 함축되어 있게 마련이다.

그 주제로 보면 고대 철학은 "'고고(考古)'의 철학", 즉 "'단초(端初, Arche)'에 관한 철학"이라는 점에서 신유가적 언어로 '복초론(復初論)', 원효의 어법으로 '귀원론(歸源論)' 또는 미셸 푸코의 '인식의 고고학 archéologie du savoir'이다. 이에 비해 모던 철학은 중세의 '원형 일탈(原型逸脫)'로부터 고대 전통을 회복하고 고전을 복원한다는 의미에서 새로운 시작, 그것도 미래의 도래에 의해 새로워진 시작을 주제로 삼는다. 이를테면 '미래가 현재한 과거 future past'가 모던이다. 새로운 시작은 새로운 인식의 시작이며, 새로운 인식은 곧 새로운 지평의 개현이나 미래의 도래, 임재를 의미한다. 실체론과 존재론에서 인식론으로의 전회가 모던 철학의 새로운 시작을 특징짓게 된 것도 이러한 의미에서 이해할 수 있을 것이다. 모던 철학의 창시자 베이컨 Francis Bacon이 "인식은 힘이다."라고 강조해 말한 것도 마찬가지 경우다.

모던 철학자들이 그들의 당대를 '신시대'로, 그리고 이 신시대를 '신식 시대 moderne Zeit'로 이해한 것은 모던 철학의 본질뿐만 아니라 철학 자체의 본질도 함께 규정한 것이다. 바꾸어 말하면, 이러한 시간 의식은 인간의 인식 양식에 근본적 변혁을 초래할 수 있는, 철학적으로 아주 중요한 의미를 함축한다. 이러한 시간 의식의 차이를 우선 선언적으로 예시한다면, 불가의 '생멸 시간'과 '불생불멸 또는 적멸 시간', 스피노자의 '지속 시간'과 '영원 시간', 하이데거의 '존재자 표상 시간'과 '존재 사유 시간' 등등의 차이는 곧 상식·과학과 철학·도학의 차이에 해당하는 것이다. 단지 연대기적 의미에서 고대와 중세로부터 구별되는 모던 철학을 거론할 수 있는가 하면, 근원적 의미, 획기적 의미의 시간으로서 '모던적임(근대성·현대성)의 철학 Philosophie der Moderne'도 거론할 수 있는 바, 후자의 의미에서 모던 철학을 전자의 방식으로 표현한 것이 진정한 모던 철학이라 하겠다.

그러고 보면, 러셀 B. Russell이 『서양철학사』(1946)에서 철학을 고대 철학, 가톨릭 철학 및 모던 철학으로 3분해 모던 철학에 근대 철학과 현대 철학을 망라했건, 혹은 히르슈베르크 Johannes Hirschberg가 『철학사』(1955)에서 러셀의 모던 철학을 근대 철학 Philosophie der Neuzeit과 현대 철학 Philosophie der Gegenwart으로 양분했건 그것은 철학적으로 사소한 문제에 속하는 것이다. 이들은 모두 '모던'의 철학적 또는 철학 역사적 의미를 이해하는 데 맹목적인 데 반해, '모던'을 지금까지도 "미완의 프로젝트"로 파악하고 『현대성의 철학적 담론』을 강의한 하버마스나, "데카르트로부터 현재까지의 모던 철학"의 일관성과 내재적, 목적론적 필연성을 그리스 철학 이념의 복원 Nachstiftung과 변양 Abwandlung 또는 진전 Fortgang으로 간주하는 후설이 한층 더 철학적으로 의미심장한 통찰을 제시하고 있다고 할 수 있다.[7]

도대체 무엇 때문에 우리는 시대 구분 용어를 가지고 이렇게 장광설을 늘어놓는 것인가? 철학은 사실을 기술하는 대상적, 표상적 학문이 아니라, '원리상 기술이 불가능한 것'을 무가내로 기술하는 것이기에, 그 모든 기술에는 자체적, 본질적으로 자기 명증적인 깨달음이 수반되어야 하기 때문이다. 또한 일체의 철학적 진술은 '진술 아닌 진술'로서 그 진리 타당성을 진술 외적인 것으로부터 검증받을 수 없고, 오직 진술하는 마음 자체에 의해, 결국에는 진술 그 자체에

---

7) J. Habermas, 앞의 책 ; E. Husserl, 앞의 책, 제6, 15, 16, 73절 참조.

의해 자명하게 증득되지 않으면 안 되기 때문이다. 따라서 모던 철학이 과학적 지식 체계가 아닐진대, 그것이 '모던'이라는 타이틀[8]에 의해 정체가 확인되어야 할 것이라면, 바로 그 '모던'이라는 것도 당연히 철학적으로 이해되어야 할 개념이다. 그렇다면 16세기 이래의 모던 철학(르네상스의 철학, 17~18세기의 합리론·경험론의 체계, 19세기의 과도기 철학, 20세기의 위기 철학)은 그 이전 시대와는 달리 어떻게 '유별나게 철학적'인 이념을 표방하고 있으며, 그리고 그 근원적인 철학 이념은 어떻게 전개되어 온 것인가? 게다가 이러한 모던 철학 이념은 불학 이념과 어떤 의미에서 대비, 대조적으로 이해될 수 있을 것인가? 이것이 우리가 이 논의에서 해명해야 할 주제다.

'모던적'의 철학적 의미와 모던 철학의 주제

'모던'이 라틴 어원적으로 '최근'과 '최신'을 동시에 의미하는 말이라면, 이 말을 객체에 적용할 경우 '모던적인 것'은 '가장 가까운 시기에 만들어진 가장 새로운 것'을 지칭한다. 그리하여 패션이나 스타일을 유행 양상(모드)의 상징으로 간주하는 것도 모던의 객체적, 대상적인 의미를 나타내는 것이다. 그런데 이 유행이라는 것은 한편으로 '진부한 것을 버리고 과감하게 최신식을 창출하는 것'을 의미하는 동시에, 불가피하게도 '이미 유행하는 것을 인습적으로 추종하는 것'을 의미한다. 바로 이러한 유행 자체의 애매성 때문에 모든 유행은 유행 아닌 것으로 낙착되게 마련인 자기 패배적이고 자기 우롱적인 특성을 내포하고 있다. 이러한 의미로 20세기나 21세기나 유행의 세기임에 틀림없

---

8) '모던'이란 용어는 고대, 중세, 근세와 같은 단순한 시대 구분적인 개념이 전혀 아니라는 점을 유념해야 한다. '모던'은 연대기적으로 근대, 근세, 현대 또는 근·현대로 구분되는 시기의 특성, 즉 당대인의 의식 구조를 특징짓는 개념이다.

다는 점에서, 우리는 여전히 모던적인 시대에 살고 있는 셈이다.

유행(흘러감)은 그 본성상 끊임없이 흘러가는 것이어서, 유행을 만드는 패션(만듦)은 부단히 새로 다시 만들어지게 마련이고, 유행을 쓰는 스타일(씀)은 계속 다시 씌어질 수는 있어도 완전히 새롭게 씌어질 수는 없는 법이다. 그것이 바로 '모드 mode'의 운명이다. 철학의 고전적 용어에 실체와 속성 및 양상이라는 개념군이 전승되어 있거니와, 여기서 '양상'이란 바로 자체 존재인 '실체의 양상', 곧 '불변체의 가변 양태(變樣)'를 의미하는 것이다. 양상이 제아무리 다양하게 변하더라도, 본성상 동일한 실체의 가능적 변양일 뿐이고, 이것은 또한 '변양'의 운명이기도 하다. 여기에 유행 및 변양의 가변성, 다양성과 함께 그 무상(無常)·무실(無實)·무상성(無償性)이 존립하며, 따라서 모던적 의식이 종당에는 허무 의식으로 전락할 운명이 예료(豫料)되어 있었던 것이다. 결국 모더니즘이 조만간 포스트모더니즘과 조우할 운명이라는 것도 바로 이 모더니즘의 품 안에 잉태되어 있었던 셈이다.

구약 성서 「전도서」에 기록되어 있듯, 태양 아래 새로운 것은 없는 법이다. 새로운 것을 부단히 새롭게 만드는 행위 자체가 무가내로 낡아지는 것이기에 말이다. 만약 이 세상에 항상 새롭기에 계량과 평가가 불가능한 절대 가치가 존재한다면, 아마도 그것은 '존재와 생성이 여일한, 그리고 모든 가치 평가의 원천적 모태'인 생명, 삶 그 자체뿐일 것이다. 생로병사와 생주이멸(生住異滅)의 영원한 자연법칙에 따라, 생자(生者)는 필멸(必滅)이기에, 중생의 번뇌도 필수적이다. 이와 같은 삶의 필연적 문제를 과학적으로 해결할 수 없다면, 중생은 초인적이고 초과학적인 종교에 기탁하거나 아니면 '자각에 의한 문제의 '해소''를 지향(志向)하는 철학적 사유 수행에 참여하는 수밖에 별다른 길이 없을 것이다. 철학적 수행의 길이 곧 깨달음의 도정이며, 모든 진정한 철학·불학·도학은 이 제3의 길,[9] 깨달음의 길을 지시〔例示·證示〕하는 학문이다. 즉 그것은 '깨달음에 관한 깨달음'을 희구하고, 이 이중적 깨달음의 체험을 이웃에게 지시하는 교학이다. 이를테면 삶에서 그 부정인 사멸을 제거할 수는 없지만, 그 필연성을 투철하게 자각한다면 번뇌하는 무명 무실한 삶을 떠날 수 있다는 것을 깨달은 두 번째 삶은 생주이멸(生住異滅)의 4상(相)으로부터 해탈한 것으로 볼 수 있지 않겠는가.

깨달음은 부단히 새로워지면서도 결코 낡아지는 법이 없는 또 하나의 모던적 현상이다. 그것은 외부로부터 공급되는 지식이나 표상의 축적, 변양, 향수가 아니라, 안으로부터 샘솟아 나오고 깨어·깨고 나오는 자생적 창출의 체험, 곧 삶 그 자체이기 때문이다. 여기서 지식과 지혜, 소유와 존재, 과학 기술과 철학 수행의 결정적인 차이가 확연히 드러난다. 그렇다면 외부로부터 유입될 수 없는 깨달음의 원천은 무엇인가? 미래에 현출될 양식을 오늘에 연출하는 것이 과학 기술적인 유행이라면, 철학적인 '사유 = 수행(修行)'의 혁신은 미지의 미래에서 도래하는 것이 아니라, 단초의 회복〔復初: 주자(朱子)〕, 원천으로의 회귀〔歸源: 원효〕, 이데아의 상기(플라톤), 귀근복명(歸根復命:『도덕경』)과 같은 방식으로,『대승기신론』의 표현을 빌면, 본각(本覺)을 시각(始覺)하는 방식으로 본래 면목, 본래 자기를 원형 회복하는 자기 각성이라는 의미에서 탁월한 형식의 깨달음이다.

그러기에 모던적 철학은 당대인의 기억 속에 흔적으로 남아 있는, 융 C. G. Jung의 이른바 집단 무의식적인 전승, 이를테면 고전 철학의 인문주의 전통의 재생·부활·갱신(르네상스)이라는 방식으로 새롭게 시작하려는 것이다. 이렇게 중세로부터 획기적으로 전향하기 위한 가장 확실한 단초를 마련한 모던 철학의 창시자 데카르트가 '고독한 명상'의 방식으로 철학적 사유의 전형을 예시한 것은 결코 우

---

9) 러셀은『서양철학사』,「서문」에서 철학을 과학과 신학의 중간적인 학문으로 규정하고 있다.

연이 아니다.

역으로 말해, 데카르트적인 사유 방식에서 모던 철학의 단초적 전형을 확인한 철학적 '역사 편찬 방식 historiography'은 전혀 우연이 아니라는 것이다. 모던 철학은, 적어도 우선은 중세의 계시 신학을 자연·이성 신학, 철학적 신학으로 대체하고, 개인주의를 봉건국가주의에 우선시키며, 왕권신수설을 사회 계약설로 바꾸고, 실체·존재론의 근거를 현상론과 인식론에서 찾는다. 신에서 인간, 인간에서 개인, 개인에서 개인의 경험, 개인의 경험에서 고독한 명상, 고독한 명상에서 명증적 자기 인식으로의 전이가 모던적 문화를 모던적 철학으로 수렴되게 했다. 한마디로, '모던 시대'는 그 철학적 성격에 의해 '유별나게 모던적'이었다는 말이다.

모던 철학의 이념 계보와 불학 이념

모던 철학에서는 세 줄기의 계보를 확인할 수 있다. 교과서적인 해석에 따르면, 데카르트와 스피노자로 대변되는 대륙 합리론, 흄에 의해 파국을 맞은 영국 고전 경험론과 카르납에서 콰인에 이르는 현대 논리 경험론, 그리고 합리론과 영국 경험론을 절충하거나 지양한 칸트와 후설의 선험 철학이 모던 철학의 3대 패러다임이다. 그러나 여기서는 주제에 충실하기 위해 이 교과서적 모던 철학 패러다임을 약간 수정하면서 ① 데카르트, 스피노자, 버클리의 실체론적 절대적 관념론, ② 흄의 현상론적 개연적 관념론 및 ③ 후설의 선험적 절대적 관념론의 3대 계보로 확인하고자 한다.[10]

---

10) 모던 철학을 관념론으로 통일하는 것은 불학이 근원적으로 관념론이요, 관념론의 완성인 선험적 관념론이 전래의 관념론과 실재론을 회통하듯, 대승 불학의 관념론을 속제적 관념론과 실재론을 회통하는 제1의제 승의제의 관념론으로 볼

1 실체론적 절대적 관념론

1) 데카르트

데카르트의 고백에 따르면, 남에게 뒤떨어지지 않을 지성과 열성을 가졌다고 자부하던 그는 당대 유럽의 가장 우수한 교육 기관에서 가장 우수한 학자들로부터 가장 우수한 학문을 전습(傳習)했음에도, 그것을 통해 아무것도 확실한 진리로 확신할 수 없었을 뿐만 아니라, 자신의 삶에서 가장 중요한 문제를 해결하는 데에도 아무런 도움을 얻지 못했음을 절감했다고 한다. 그리하여 그는 자신의 힘으로 이 문제를 해결하기 위해, 오직 자기 자신과 '세상'이라는 위대한 책에만 의지해 결연한 자세로 고독한 구도 여정에 올랐다. 세상 견문과 자기 성찰을 통해 학문 방법과 필생의 과제를 확인한 후, 마침내 오랜 사고 실험의 최종 결산인『제1철학을 위한 성찰』(1641)이 세상에 나오기까지 20여 년의 세월이 흘러갔다.

'자기'와 '세상'을 양극, 쌍축으로 대대(待對)시킨 그의 이른바 '사고 실험'이란, 불가적으로 말하면 참선 수행에 진배없는 것이다. 진정한 철학을 면대할 때마다, 우리는 선가(禪家)의 이른바 '선나(禪那) = 사유수(思惟修)'에서 하이데거가 '존재 사유 das Denken des Seins'로 규정한 철학적 사유의 가장 탁월한 전형을 확인하게 된다. 또한 '불학'이란 문자 그대로 '철학'임을 거듭 증득하게 된다는 것이 우리의 오랜 '사유 수련'의 고백이다. 이제 모던 철학 불후의 고전『성찰』에서 데카르트 철학을 면밀히 성찰해 보자.

데카르트는 자신의 걸작을 'Meditationes'로 명명하였거니와,[11] 이

______

수 있기 때문이다.

11) 라틴어 meditatio는 contemplatio와 유사한 의미를 가지는데, 후자는 com(ana)와 templum의 합성어이고, 그것은 그리스어 'ana + theoria'나 'theoria'에 해당하는 말이다. 그리고 templum은 영어의 temple과 같이 '사원'을 의미하는데, 절을 뜻하는 '사(寺)'는 '寸土'로 파자(破字)하면 '작은 땅'을 뜻하니, 이는 라틴어

말을 '성찰', 즉 '반성적 고찰'이나 '명상'으로 번역하는 것은 선·불가의 '묵상(默想)'이나 '묵조(默照)' 또는 '관조(觀照)'나 '관행(觀行)'과 함께, 아주 특별한 철학적 혹은 철학 방법론적인 의미를 가지는 것이다. 반조(返照)와 반성(反省)[12]은 세상으로부터 시선과 관심을

---

tempus의 그리스 어원 τεμενος(témenos)가 '특수 목적으로 격리된 작은 공간'을 의미하는 것과 좋은 대조를 이룬다. 그리고 templum은 tempus의 축소어 또는 지소어(指小語, diminutive)이다. 여기서 특수 목적이란 특수 존재를 위한 기도나 명상, 헌신을 뜻한다.

12) '반성'이라는 개념이 철학적인 의미로, 즉 여기 우리의 경우처럼 '깨달음 담론'에 사용될 때에는, 그 참뜻을 아무리 강조해도 결코 충분할 수 없을 만큼 각별한 주의를 요하는 아주 중요한 개념이다. 후설 현상학이 그러하듯, 그것은 우선은 자연적 태도에서 수행되는 '심리(학)적 경험적 반성' 또는 다른 말로 '인간(학)적 반성'으로부터 엄격하게 구별되어야 할 '선험적·초월론적 반성'을 의미하는 것이다. 불가적 용어로 환언하면 전자는 '세속제적(世俗諦的)'인 데 반하여 후자는 진제적(眞諦的)·제일의제적(第一義諦的)이라 말해도 좋을 성질의 반성이다. 이 '우선은 서로 엄격하게 구분되어야 하지만 결국 또는 본래 하나이기도 한' 반성의 두 가지 개념을 사태 자체에 상응하게 철두철미 증득하지 않는 한 철학적 인식도 깨달음의 깨달음도 결단코 증득될 수 없다. 선험적, 철학적 반성 곧 선적 명상의 진면목은 그것이 '반조'의 단계에 도달해서야 비로소 확연하게 드러나게 마련이다. 주·객, 심·법 이분법적 세간적 인식 양식이 완전히 지양되어 원효의 저 『금강삼매경론』의 경지무이(境智無二), 인과불리(因果不離)의 일미관행(一味觀行)의 지평에서 절묘하게 이루어지는 반조적 관조는 '실상(實相)이 그대로 (그 실상의) 관조(觀照)이고 또한 관조는 이미 언제나 실상(을 관조함)'인, 즉 그 자체가 실상 아닌 지(智)가 존립하지 아니하는 동시에 그 자체 지가 아닌 실상도 성립하지 않게 되는 관조인 것이다. 부연하면 반조란 심리적, 경험적 반성처럼 대상 지향적 시선을 주관 내면에로 되비추어보는 그러한 심리 현상이 아니라, 역으로 이를테면 실상 자체에서부터 지성에로 되비추어오는 선험적 경험이라는 말이다. 현상학의 모던적 창시자 후설이 내건 "사태 자체에로!"라는 방법적 표어가 시사하는 것도 결국에는 선험적 환원을 통한 혁명적인 인식 전환을 의미하며, 그의 계승적 혁신자 하이데거가 "현상학"을 "사태 자체가 그 편에서 자신을 드러내는 그대로 함께 드러나게 참여하는 (존재) 경험 또는 존재의 현상"으로 정의하는 것은 모두 보조 국사가 그처럼 강조하는 "회광반조(廻光返照)의 공능(功能)"인 바, 이러한 앎이 깨달음이요 진지(眞智) 또는 (반야)지혜이다. 이것은 파르메니데스에서 데카르트를 거쳐 후설, 하이데거에 이르는 정통 서양 철학의 철학 이념을 일이관지하는 철학적 인식의 핵심 종지 그 자체다.

돌려세워 자기에게로 회향하는 조치 Einstellung이며, 명상과 묵상, 묵조는 모두 세상의 빛을 어둡게 함으로써 세상 관심을 자기에게로 집중하는 조처요, 침묵은 세상 소리(世音)를 차단한 가운데 '자기 소리〔一音·圓音〕', 결국 우주의 소리, 신의 소리'를 들으려는 방법적 임시 조처다.

연구, 조사, 실험, 관찰과 같은 과학적 방법 조작 methodological operations과는 판이하게, 아무것도 보이지도 들리지도 않는 곳에서 성찰자가 저 홀로 듣고 보려는 것, 그리고 그렇게 들리고 보이는 것은 결국 무엇이겠는가? 그것은 일상의 세상 경험 가운데 적어도 우선 자기 자신에게라도 분명하고 확실한 것, 즉 본질과 보편, 불변, 영원의 원형이자 형상, 진여, 실상이라 불리는 것들이며, 이것을 보는 안목이 반야지혜이고, 이렇게 보는 것이 견성(見性)이며, 이러한 관행(觀行) 이론이 불학이요 철학이다. 이리하여 데카르트는, 이 세상 모든 것〔一切法相〕과 그것들에 관한 일체 언설을 한갓된 몽상〔諸法空相〕이라 가정할 경우에도, 그래도 의심의 여지없이 확실히 증득되는 것을 '사유하는 자아의 존재 Cogito ergo sum'로 간파하고, 아르키메데스적인 이 하나의 '발견이자 발견을 위한' 원리를 "제1철학의 제1원리"로 갈파한다.

그것이 무엇이라도, 설령 신이라 하더라도 그것이 나에게 어떤 의미라도 가지려면, 우선 '그 무엇'으로 확인되지 않으면 안 된다는 것은 해석학적 원리이기에 앞서 분석적 진리다. "우리는 어떤 것이 어떻게 여타의 것들로부터 구별되는지를 모르고서는 그것이 무엇인지 알 수 없다. 그래서 동일성 identity은 존재론과 한통속이다."[13] 그리고 "동일성 없이는 아무런 존재도 없고, 의미의 동일함 없이는 아무런 의미도 없다."[14] 데카르트는 개념 파악의 진리성 기준을 '명석판

---

13) W. V. Quine, "Ontological Relativity," *Ontological Relativity & Other Essays*(New York and London: Columbia University Press, 1969), 26~68쪽, 인용은 55쪽.

명성clara et distincta'에 두었거니와, 명석성은 개념 자체의 투명성을, 그리고 판명성은 다른 개념과의 차별성을 의미하는데, 이것도 방금 인용한 콰인의 명제와 같은 의미다. 개념의 내포와 동시에 그 외연을 알아야 비로소 그 개념을 제대로 파악한 것이기에 말이다.

세상 삼라만상(諸法)은 속제차별상(俗諦差別相)을 이루고 있으나, 제행무상(諸行無常)이기에 제법무아(諸法無我)일 뿐만 아니라, 일체 존재는 언어와 인식에 상대적이라는 콰인의 '존재론적 상대성' 원리에 따라서도, 현상계의 차별성은 절대적인 실체·실재성을 가질 수 없게 마련이다. "아무것도 절대 확실한 것은 없다."는 것을 의심의 여지없이 확신하는 존재가, 적어도 절대적인 존재의 확실성을 묻고 있는 한에는, 절대적으로 확실하게 존재한다는 이 사실은 절대자도 어찌할 수 없는 필연성, 원효가 즐겨 쓰는 말로 결정성이다. 그리고 석존의 탄생게라는 '천상천하 유아독존' 역시 데카르트의 "나는 생각하는 존재이고, 따라서 나는 생각하는 한 존재한다."와 함께 가는 것이다. 신까지 포함하는 일체의 비아(非我)를 자아로부터 명석판명하게 구별하는 데카르트 철학의 모던적 철저성을 우리는 그의 "제1철학 제1원리"에서 발견할 수 있다.

만일 데카르트의 방법적 원리가 여기서 그치고 말았다면, 그의 『성찰』은 결코 모던 철학의 기념비적인 문건으로 존숭받을 수 없었을 것이다. 절대 확실한 존재와 인식이 존립할 수 있는가를 모색하는 방법적 회의가 수렁에 빠졌을 때 그가 취한 최후 수단이 일체의 세상사를 외면하고 오로지 자아의 사유 활동 자체로 전회하는 것이었고, 그 결과 그는 그 안에서 '사유 = 존재'인 사유 실체res cogitans로서 자아를 발견했던 것처럼, 이 회의의 늪에서 사유하는 자아가 잠시도 머뭇거릴 수 없는 곤경에서 벗어나는 또 하나의 비책을 그는 '신의

---

14) W. V. Quine, *From Stimulus to Science*(Cambridge, Mass.: Harvard University Press, 1995), 75~76쪽.

390

존재'에서 찾아냈다. 그가 사람들의 권유에 따라 짐짓 신의 존재를 추론적으로 증명해 보이기는 했으나, 이것은 아직 사유하는 자기 존재의 절대 확실성을 증득하지 못한 사람들의 이해를 돕기 위한 하나의 방편이었을 뿐, 그 자신은 이미 사유하는 자아의 존재의 명증성과 함께 신의 존재의 필연성도 확연하게 증득했던 것이다. 즉 선험적 반성을 통해 지눌 스님의 이른바 '회광반조의 공능'을 실현, 증득했던 것이다.

사유한다는 것이 그냥 멋대로 상상하는 것이 아니라, 개념을 명석판명하게 파악하고, 판단과 진술을 참이게 하며, 추리와 논증을 타당하게 하는 진리 인식 활동에 종사하는 것을 의미할진대, 우리는 이제 진리 인식이 도대체 어떻게 가능한가를 묻지 않을 수 없다. 플라톤이 소크라테스의 대담 상대인 메논의 입을 빌어

> 그러나 당신이 그것이 무엇인지를 전혀 알지 못할 때 당신은 어떻게 그것을 찾으려 하는가? 도대체 당신은 어떻게 당신이 알지 못하는 어떤 것을 당신의 탐색 대상으로 설정하는가? 다시 말해, 설사 당신이 그것에 바로 마주친다 하더라도, 당신이 발견한 것이 당신이 알지 못했던 것이라는 것을 당신은 어떻게 알려 하는가?[15]

라고 질문했을 때, 그는 바로 '우리가 아직 알지 못하는 것이 무엇인가를 앎', 즉 '부지지지(不知之知)'라는 패러독스를 지시하고 있는 것이다. 그리고 나서 그는 소크라테스의 대답을 통해 "모색하고 학습하는 것은 전적으로 상기(想起, ἀνάμνησις)"(81d)라는 유명한 '인식상기설(認識想起說)'을 제시하고 있다. 회의한다는 것은 바로 이 회의를 통해 회의의 종식, 즉 물음의 해소가 가능하다는 것을 전제한다. 어

---

15) Plato, *Meno*, 80d. 번역은 필자의 것이다.

떻게 이러한 역설의 해소가 가능한 것인가? 그것은 전지전능하고 진실무망(眞實無妄)한 선신(善神, 자성, 본각)이 존재하기 때문이다. 내가 회의함은 이를테면 나의 사유에 동반하는 전지(全知)에게 물음을 제기함이요, 계속 회의함은 계속 전지에게 해답을 상의함이며, 마침내 회의의 종식에 이름은 전지와 완전한 합의에 이름을 의미한다. 자아와 대립하는 지신(至神)이 아니라 자아와 공존하는 선신은 자아 인식의 완성을 위한 상기와 지시의 동반자임을 일미관행의 한가운데서 증득하는 셈이다. 이러한 선신의 존재를 자아 인식의 가능성 담보로 증득하는 것이 '제1철학의 제2원리' 또는 '제1원리의 부수 원리'다.[16]

2) 스피노자

데카르트의 철학을 극단으로 철저화한 것이 스피노자의 '지신 = 실체 = 자연' 철학이다. 여기서 우리가 '지신'이라고 언표한 것은 '지극한 정신' 또는 '절대 정신'을 일컫는 개념이다. 마치 장자(莊子)가 지극한 인간, 이상(理想) 인간, 인간의 이데아, 완전한 인간, 인간의 완전태를 '지인(至人)'으로 명명하듯이 말이다. 아무 수식어가 없는 '신(神)'은 막연하게 '인(人)'에 대립된, 사람이 용훼할 수 없는 성역의 존재자로 생각되기에, 우리는 철학적 신학의 주제 개념을 예컨대 데카르트의 경우에는 '선신'으로, 스피노자의 경우에는 '지신'으로 지칭하고자 한다. '인'보다는 '인간'이 더 구체적이듯이, '신' 보다는 '선신'이나 '지신'이 더 개념적인 인상을 주기도 하기에 말이다.

앞서 데카르트의 방법적 회의가 '사유하는 자아의 존재 근거'로 '존재하는 사유의 가능 원천'을 '선신'이라 이해했듯, 스피노자는 '인식 삶'의 최종 목표인 '지복(至福)'을 '지성 개선(知性改善, intellectus

---

16) 신오현, 「근세 철학에 있어서 신의 문제 —— 데카르트의 경우」, ≪성곡논총≫ 제16집(1985) 참조.

emendatione)'에서 찾고, 지성의 완전태를 '지신'으로 증득했다. 그리하여 그는 학문의 최고봉을 '지복의 학문'인 '윤리학'으로 확인하고, 윤리학의 주제를 '지복의 실현 방법'에, 즉 '어떻게 인간적 지성이 지신적 지성에 합일할 수 있는가' 하는 문제에 둔다. 그리하여 윤리학은 스피노자의 제1철학일 뿐 아니라 스피노자 철학 체계의 완결판이라 할 수 있다. 그런데 그의 윤리학은 얼핏 보아서는 매우 놀랍게도, 그러나 자세히 보면 너무나 당연하게도 『기하학적 방식으로 논증된 윤리학』이다. 여기서 주제로 제시된 5대 개념, 즉 지신, 정신, 정서, 예속, 자유 중에 가장 중요한 것은 최상위 개념인 '지신'과 최하위 개념인 '정서affectus'인데, 그는 지신과 정서까지도 기하학적 방식으로 논증하려 했던 것이다.

  '기하학적 방식'이란 개념의 명확한 정의와 직관적인 공리, 공준을 전제로 명제 및 정리를 필증적으로 연역하는 논증 방식이다. '신과 인간 및 인간의 행복'에 관한[17] 번쇄(煩碎)한 사변에 영일이 없는 스콜라 철학으로부터 가장 단호하게 결별할 수 있는 수단으로서는 수학·기하학이 안성맞춤이다. 모던 철학이 대체로 수학과 언어에 민감했지만, 누구도 스피노자처럼 윤리학을, 신과 정신을 기하학적 방법으로 논증하려 할 만큼 철저히 반(反)스콜라적이지는 못했을 것이다. 스피노자를 아는 사람은 누구나 그의 『윤리학』을 알지만, 이 『윤리학』의 초고에 해당할, 이를테면 "원형 윤리학proto-ethica"으로 지칭할 수 있을 그의 유작 『신과 인간 및 인간의 행복에 관한 단편』을 잘 아는 사람은 드물 것이다. 이 저술의 주제는 스콜라적이지만, 그것을 해명하는 방법은 판이하게 모던적이다. 우리는 여기서 중세와 근세의 계속성과 단절성을 함께 조망할 수 있는 탁월한 범례를 찾아볼 수 있다. 도대체 기하학적 방식이란 '신과 정신의 형이상학'과 연

---

17) '신과 인간 및 인간의 행복에 관하여'는 스피노자의 단편 제목이다.

관해 무엇을 의미하는 것인가? 단적으로 말하면, 그것은 후설의 이른바 '필증적인 명증성apodiktische Evidenz'을 뜻하는 것으로, 불가적 의미의 '증득'에 해당한다.

스피노자의 지신은 초월적인 인격신이 아니고, 세계를 창조하고 관리하는 세계 내재적 원리도 아니다. 즉 스피노자의 신은 기독교적인 신도 아니요, 그렇다고 딱히 존재 신학적인(혹은 '철학적 신학'적인) 철학자의 신도 아니다. 그의 지신이 서구 지성사에 언급된 이 두 종류의 신이 결단코 아니라는 점에서, 그의 '철학 = 지신·지복론' 역시 서구적인 의미의 신학도 윤리학도 아니다. 바로 이 때문에 스피노자는 비트겐슈타인과 함께 서구 전통의 예외자 또는 이단자로 간주되기도 하며, 이들의 철학과 인간에 대해 분분한 논란이 그치지 않는다.[18]

스피노자의 경우처럼 지신과 지복의 본질적, 근원적인 관계를 올바로 이해하는 것이 인간 존재의 궁극적인 문제이며, 그러기에 이것은 철학의 근본 문제이기도 하다. 이 문제와 함께 모든 철학의 근본 문제는 결국 지각과 추리를 넘어서는 깨달음을 통해서만 증득될 수 있는 것이다. 논증과 실증밖에 알지 못하는 서양 학문이 어떻게 증득의 인식 양식이 존재한다는 사실을 증득할 수 있겠는가? 신(神)과 도(道)를 학문의 정통 영역으로부터 추방하는 과학의 한계 안에 철학은 이미 존재하지 않는다. 우리는 여기서 스피노자가 어떻게 '지신 = 지복'의 문제를 증득하게 되었는지를 상론할 여백을 가지고 있지 않다. 다만 선언적으로 단언한다면, '자기 원인 = 자기 존재 = 자기 인식'인 존재 양식, '존재 = 생성 = 인식'의 방식으로 '존재함'이 지신의 존재라 하겠다.

지신은 '하나이자 전체(Εν παντα, 一卽一切)'인 실체이며, 지신의

---

18) 신오현, 「비트겐슈타인과 스피노자의 비교 연구」, ≪철학≫ 제31집(1989, 봄), 95~122쪽 참조.

활동은 일체의 연장(운동)과 사유(지성)가 이사무애(理事無礙), 사사
무애(事事無礙)하게 영원부터 영원까지 필연적으로 생생화육(生生化
育)하는 대자연 그 자체다. '영원의 형상' 아래서 관조하면, 그것은
일법계 대총상(一法界 大總相)이요 일심진여지만, '지속'이라는 측면
에서는 인연을 따라 생멸하는 일심 여래장이다. 이때 영원상 아래
일법계 대총상을 일심으로 관조하는 것은 불립문자, 언어도단의 불
가사의에 속한다. 이는 물론 오직 기하학적 명증성에 의해서만 직관
될 수 있는 것이며, 이러한 '직관적 학문 scientia intuitiva'이 다름 아
닌 철학이요 불학이다.[19]

3) 버클리

앞서 거론한 데카르트와 스피노자는 의심할 바 없이 대륙 합리론
의 계보에 분류되지만, 버클리는 대부분의 교과서에서 로크와 흄 사
이에 배치해 영국 경험론의 중간 정거장으로 취급되고 있다. 러브 L.
E. Loeb는 이러한 모던 철학 분류법을 "표준 학설 standard theory"
이라 부르면서, 이와는 다른 기준에 근거해 합리론과 경험론의 계보
를 재편성한다.[20] 그러나 우리는 여기서 이러한 사료 편찬 방법론에
는 개입하지 않을 것이며, 다만 모던 철학자 가운데 불학과 연관해
세 번째 인물로 버클리를 소개하려 할 뿐이다.

우선 버클리는 신부이기는 하지만 데카르트, 스피노자와 함께 신
을 가장 중요한 철학 개념으로 간주하는 자연·이성 신학자이기도
하다. 더 나아가 데카르트가 사유 실체와 연장 실체의 '실체 이원론
substantive dualism'을, 그리고 스피노자가 유일실체(唯一實體)의 속

---

19) 스피노자의 철학을 불학적인 관점에서 형이상학적으로 해명한 논문으로는 신
   오현, 「스피노자에 있어서 신의 문제 —— 원효 철학적 관점에서 본 형이상학적
   해명」, ≪성곡논총≫ 제26집(1995), 119~185쪽 참조.

20) L. E. Loeb, *From Descartes to Hume: Continental Metaphysics and the Development of
   Modern Philosophy*(Ithaca and London: Cornell University Press, 1981) 참조.

성으로 사유·연장 '속성 이원론double aspects theory'을 주창한 데 반해, 버클리는 '사유 실체 일원론spiritual monism'을 변호한다. 이는 사유하는 신 이외의 일체 존재물은 신의 지각에 불과해, 결국 '존재한다는 것은 지각하거나 지각되는 것 Esse est aut percipere aut percipi'임을 의미한다.

　버클리의 대표작 『인간 인식의 원리 A Treatise Concerning the Principles of Human Knowledge』(1710)는 156개의 소절(小節)로 구성된 소고(小考)로서, 인도의 불교 철학자(論師)인 세친(世親, Vasubandhu)의 「유식이십송(唯識二十頌)」에 자주 비교될 정도로 철저한 유심론을 표방한다. 지각되지 않는 어떠한 존재도 그 정체성을 알 수 없고 '존재하는 것은 오직 지각되어 있는 것'으로 확인될 수밖에 없다면, 지각으로부터 독립된 존재, 이를테면 '물체material substance'란 개념상의 모순으로서 관념상으로마저도 존재할 수 없는 것이 된다.

　일반적으로 그 존재의 실재성이 자명한 것으로 간주되는 산하대지(山下大地)의 일체 자연과 두두물물(頭頭物物)은 모두가 '관념들의 다발'일 뿐만 아니라, 이른바 자연법칙이라는 것도 기실은 지각 관념 혹은 관념 지각의 질서와 규칙 이외 아무것도 아니라는 것이다. 상식적으로 어불성설인 이 잠꼬대 같은 헛소리가 투철한 사유와 함께 급기야 '자명한self-evident' 철학적 진리로 증득될 때, 도리어 이제껏 만민이 꿈에서라도 부인할 수 없었던 저 '자명한obvious' 상식이 말도 안 되는 난센스로 역전된다. 지각한다는 것은 관념을 생산한다는 것이며, 따라서 지각 작용 이외 일체의 사물과 대상, 자연은 지각하는 마음 속에 지각되어 있는 관념의 다발에 불과하다. 그러기에 지각되지 않는 것은, 즉 관념의 다발로 지각하는 마음에 의해 확인되지 않는 것은 그 자체로 또 하나의 관념 다발일 수는 없다. 즉 영혼이나 정신, 마음과 같이 지각 작용으로서만 존재하는 실체에 대해서는 그 누구도 하등의 관념을 형성할 수 없다. 바꾸어 말하면, 지신과 일심은 불립문자와 언어도단의 불가사의에 속한다는 말이 된다.

　지각 주체와 지각 대상의 구분에서, 주체만이 실체이고 대상은 주체의 지각 내용, 즉 관념에 불과할 뿐 결코 실체일 수 없다. 도대체 '관념 ideas'이란 무엇인가? 그것은 지각을 형성하는 의미체 또는 생각의 자료다. 인간의 경우 실제로 우리 감관에 각인된 지각 관념이나, 우리 마음의 능동과 수동에 유념함으로써 지각된 반성 관념 또는 기억과 상상의 도움으로 형성된 기억·상상 관념을 구분할 수 있다. (『인간 인식의 원리』, 허두) 플라톤의 이데아와 같은 원형 관념은 전능한 정신인 신의 마음속에 영원에서 영원까지 불변하게 존재하고, 인간의 마음속에 존재하는 관념은 신적 관념의 모사(模寫)로서 오직 신의 지각에만 전적으로 의존해 존재한다. 그래서 신은 지각하는 그대로 원형 관념을 산출해 진여 세계, 즉 자연 실재를 창조하지만, 인간은 신이 인간의 마음에 각인하는 관념을 지각함으로써 간접적으로만 자연을 지각하는 셈이다.

　만약 인간이 스스로 산출할 수 없는 원형 관념을 신의 지각 또는 관념 사용에 의존하지 않은 채 제멋대로 지각한다면, 그가 지각한 것은 신의 지각 흔적인 자연 실재가 아니라 허구의 세계인 이미지일 뿐이다. 신의 '지각'은 그대로 '실재의 창조'이고, 따라서 자연과 세계는 신의 지각으로서 이를테면 '보이지 않는 신의 보이는 언어'에 비유될 수 있기에, 인간이 실재 세계를 지각하는 것은 이를테면 신의 언어를 해독하는 것과 마찬가지다. 불가적으로 말하면, 신의 관념은 일심진여이고, 인간의 관념은 오직 신의 지각에 따라 신의 원형 창출 관념대로 함께 지각함으로써만 일심진여에 수순하는 정념(正念)이 될 수 있다. 신의 지각은 본각이고, 신의 지각의 모상(模像, ἔκτυπος)인 인간의 지각은 상사각(相似覺)인 셈이다.

흄은 일반적으로 버클리의 '관념 이론 theory of ideas'을 계승한 영국 경험론의, 즉 관념 이론의 완성자로 자리매김된다. 그러나 버클리가 정신적 실체만을 인정하고 '물체'를 '지각의 다발'로 환원하는 절대적 관념 일원론자인 데 반해, 흄은 물질적 연장 실체뿐만 아니라 정신적 사유 실체도 철저히 부정한다는 점에서 극단적 현상주의, 철학적 급진주의, 학문적 회의주의가 역연하게 드러난다. 우리가 흄을 관념론자라 하는 것은 그의 경험론이 '경험 ἐμπειρία'을 '지각 = 관념을 가짐'으로 간주하는 지각·관념 이론이기 때문만이 아니라, 일체의 대상 자체 object in itself를, 심지어는 마음까지도 지각의 다발로 환원하는 관념 위주의 존재·인식론을, 즉 관념 일원론을 주창하기 때문이다.

그에 따르면 우리가 이 세상에서 맨 처음 만나게 되는 것은, 또는 같은 말로, 우리의 마음에 맨 처음 등장하는 것은, 우리 영혼 soul에 각인된 인상이다. 감각적, 반성적 인상 이전에 이 세상에 무엇이 존재하는지 우리는, 또는 우리 마음은 전혀 알지 못한다. 이러한 인상이 시간의 경과에 따라 그 '생기와 선명성 vivacity and liveliness'을 상실하면서 관념으로 퇴색, 고착되고, 이 단순 관념이 상상력에 의해 복합과 추상을 거듭하면서 각종 관념을 만들어낸다. 이 인상과 관념을 총칭해 '지각'이라 부르거니와, 흄에게는 사물의 '현상 appearances'과 마음의 지각이 그 외연에서 일치한다. 그의 선구자 로크가 한편으로는 사물의 '성질 qualities, properties'을, 다른 한편으로는 우리 마음의 지각과 사고의 직접적 대상을 뜻하는 애매한 개념으로 '관념'을 사용한 것과는 매우 판이하게, 흄은 지각으로부터 구별되는 객체적 성질을 단호히 부인하는 것이다. 우리는 이러한 존재·인식론적 입장을 '실체론 substantialism'에 대비되는 '현상론 phenomenalism'으로 부르고 있다. 불가적으로 말하면, 속제의 관점에서 제행무상과 제법무아의 이법인(二法印(原理))은 현상론적 입장을 표방하는 셈이다.

경험론의 창도자인 로크의 경우에는 인(人)·법이아(法二我)의 입장을, 그리고 버클리의 반(半)현상론은 인아(人我)·법무아(法無我)의 입장을 견지하는 데 반해, 흄은 인무아(人無我)·법무아(法無我)의 전(全)현상론으로 급진한다. 모던 철학의 선구적 학파인 대륙 합리론은 본유 관념설에 의존하는 이성 위주의 연역 체계를 가장 근본적이고 이상적인 진리 인식 방법으로 이해했고, 이에 반대해 영국 경험론은 본유 관념과 본유 인식의 가능성을 전적으로 부인하면서 일체 진리 인식의 유래를 경험에서 찾고자 했다. 그러나 이후 영국 경험론이 점차 '물자체'의 실재성과 실체성을 부인하는 현상론으로 철저化하면서, 마침내 관념 이외에는 어떤 실재도 인식할 수 없다는 극단적 회의주의로 낙착한 사실은 모던 철학의 모던적인 성격을 이해하는 데, 그리고 모던 철학의 불학적 이념을 읽어내는 데 매우 결정적인 중요성을 가진다. 게다가 이 초창기의 모던 철학인 절대적 관념론과 개연적 현상론이 20세기 철학의 양극화를 초래하는 단초가 되었을 뿐만 아니라, 어떤 면에서는 양자 통일을, 더 나아가서는 세계 철학의 일대 통합과 회통을 지향해 왔다는 '철학 역사적인 philo-sophical-historical' 인식은 철학과 불학의 전망에 거의 필수적인 과정이라 할 만하다.

우리는 마지막으로 데카르트와 흄의 관념론을 회통, 지양한 후설 현상학의 선험적 절대 관념론 논의로 나아가기에 앞서, 방금 논의한 흄의 경험론 논의에 간략한 주석을 달아놓고자 한다. 왜냐하면 '후설의 현상학'이 '데카르트 철학의 현대판' 또는 '현대판 데카르트주의'라면, 당연히 '고전적 영국 경험론의 현대판' 혹은 '현대판 흄주의'도 함께 거론되어야 마땅할 것이기 때문이다. 그러나 모던 철학에서 불학 이념을 조명하고자 하는 우리의 시도에서, 후설의 현상학을 논의하는 것과 같은 의미, 같은 비중에서 현대 경험론을 거론할 수 없겠기 때문에, 이것을 별도 논의하는 대신 '흄에 대한 부록' 정도로라도 언급하고 지나가고자 하는 것이다.

현대판 경험론이라면 그 대표적인 유형으로 '논리적 경험론 logical empiricism'을 거론하는 데 이의를 제기할 사람은 없을 것이다. 그런데 퍼트넘이 "가장 위대한 논리 경험론자"로 지목한 콰인은

> 지나간 두 세기에 경험론이 개선을 향해 전향하는 다섯 개 지점이 확인된다. 첫째는 관념으로부터 단어로의 이행이고, 둘째는 명사 terms 로부터 문장으로의 의미론적 초점의 이행이요, 셋째는 문장으로부터 문장 체계로의 의미론적 초점의 이행이다. 그리고 넷째는 화이트 M. White의 문구로 표현해 방법론적 일원론으로서, '분석적·종합적'이라는 이원론의 파기이고, 다섯째는 자연주의 naturalism로서 자연 과학에 선행하는 제1철학의 목표를 포기함[21]

이라고 진단한 바 있다. 그가 여기서 "지나간 두 세기"라고 언급한 것은, 정확히 말하자면 아마도 '경험론의 선언문'으로 추앙되는 흄의 『인성론』(1739~1740)에서부터 '논리 경험론의 교과서'로 공인된 에어의 『언어·진리·논리』(1936)에 이르는 기간을 일컬을 것이다. 그리고 최후 단계인 자연주의의 단계는 콰인 자신의 '도그마 없는' 자연주의 경험론의 단계를 지칭한다.

실로 흄의 급진주의는 콰인에 와서 그 절정에 이른 듯하거니와, 그 핵심을 예거(例擧)한다면, 우선 자연·사회, 사회·심리, 실재·인식, 경험·언어, 사실·약정, 분석·종합 판단, 상식·과학, 과학·철학, 실증·사변, 사리·논리, 내용·형식 등등의 모든 전통적 경험

---

21) W. V. Quine, "Five Milestones of Empiricism," *Theories and Things*(Cambridge, Mass.: Harvard University Press, 1981), 67쪽.

론의 이원론적 도그마를 근거 없는 것으로 논박한다. 또한 존재는 인식과 언어에 이중적으로 상대적이고(지시 불확정성 indeterminacy of reference), 언어의 의미는 언어와 이론의 전체적인 맥락에 상대적이며(번역 불확정성 translational indeterminacy), 따라서 과학은 경험적 증거에 의해 과소 규정적(under-determination of science)이라는 그의 이른바 3대 불확정성 명제를 들 수 있다.

여기서 우리가 유념해야 할 것은, 이원론을 부정하면서 그가 상관적인 2항(項) 중에 하나를 버리거나 일자를 타자로 환원하지 않고, 양자 간의 확연한 경계선을 흐려놓음으로써 일자를 고착시키는 도그마를 경계하려 한다는 점이다. 우선 일차적, 잠정적으로 편의상 구분된 경계선은 종당에는 결국 흐려지게 마련이기에 말이다. 바로 여기서 상식과 과학, 과학과 철학의 연속성을 볼 수 있고, 인간 '인식과 문화'의 역사적 상대성과 그 진화적 성격이 드러난다. 다시 말해, 만약 형이상학을 과학적인 것으로 만든다면 그것은 동시에 과학을 형이상학적인 것으로 만들지 않을 수 없다는 것이다.

이러한 현대판 경험론에서 우리가 조망할 수 있는 불학 이념은 대체로 다음과 같다. 언어를 떠난 실재, 사물, 사건을 실재하는 대로 인식하거나 기술할 수 없다는 것은 역으로 말하면, 자체(自體), 자재(自在), 자상(自相), 실상(實相), 실제(實際), 열반(涅槃), 해탈(解脫), 법신(法身), 여래(如來), 진여(眞如) 등등은 불립문자, 언어도단, 불가사의에 속한다는 말과 같은 뜻이 된다. 결국 콰인의 존재론적 상대성은 불학의 초월론적 절대성과 또 하나의 상대성, 상보성을 이룬다. 예컨대 이언진여는 필연적으로 의언진여와 대대함으로써만 그 각각의 진면모를 드러낼 수 있는 것이다.[22]

---

22) 콰인의 논리 경험론의 핵심 명제인 '존재론적 상대성' 원리에 함축되어 있는 불교 철학적인 함의에 관해서는 Oh-Hyun Shin, "Philosophy and the Thesis of Ontological Non-Relativity," *Philosophy and Culture*(1999), Vol. 1, No. 1, 91~122쪽

3 후설의 선험적, 절대적 관념론

실체론적 절대적 관념론과 현상론적 개연적 관념론을 통합, 지양하면서 제3의 관념론을 건립한 것이 후설의 선험적 관념론 또는 선험 현상학적 관념론이다. 그런데 이 최후 형태의 관념론을 더 자세히 소묘하기 전에, 우선 우리가 지금까지 스케치한 관념론의 유형들을 총괄해 보기로 하자. 먼저 데카르트의 사유·연장 실체 이원론에서 인간 인식의 절대 확실성은 사유 활동의 자기 확실성에 한정되고, 연장의 확실성을 확보하기 위해서는 사유 실체와 연장 실체 모두를 포괄하는 절대 정신으로서 신의 존재를 요청하지 않을 수 없다. 즉 연장 실체, 곧 물체에 관한 인식의 확실성도, 인식의 확실성이 문제되는 한 역시 정신의 자기 확실성에 의존하지 않을 수 없겠지만, 이때에는 사유 존재의 절대 확실성이 문제되는 것이 아니라, 자기 이외 존재에 관한 인식의 확실성이 문제가 된다. 그러므로 존재의 인식이 다름 아닌 바로 그 존재의 인식임을 확신하기 위해, 그 존재에 관한 나의 인식이 나만의 자의적인 인식이 아니라, '나의 존재와 나 아닌 존재'를 함께 창조하고 보존하는 동시에 그것을 자기 인식하는 절대 정신의 창조 활동에 동참하고 있는 것이라는 사실이 전제되지 않으면 안 된다.

데카르트의 이 복잡한 우회 절차를 생략하고 처음부터 사유·연장 속성을 공유한 유일·절대 실체인 신의 존재로부터 출발하는 것이 스피노자의 절대 관념론이다. '실체'의 개념에 충실하게 사유하면, 실체는 '일즉일체, 일체즉일'이어야 하며, 시간과 공간을 총망라하는 영원불변, 보편하고 무한한 종류의 무한 속성과 양상으로 활동하고 현출하는 존재일 수밖에 없다. 신의 존재 구성적 본질인 무한 속성 가

<hr>

참조. 여기서 필자는 불교 철학적 안목을 『금강삼매경』에 두고, 콰인의 존재론적 상대성 원리를 비판한 다음, 그 대안으로 초월론적 절대성을 제시했다.

운데, 우리에게 인식 가능한 두 종류의 속성이 사유와 연장 또는 지성과 운동이라면, 신은 그 일부가 사유이고 다른 일부가 연장인 것이 아니라, 신은 온통 사유이고 동시에 항상 통째로 연장이다. 그런데 우리의 인식이 지성의 활동이라면, 너무도 당연하게 그 지성은 신의 지성이고 신의 사유인 데 반해, 실체가 아니라 신의 존재 양상에 불과한 우리의 사유는 결국 신이 사유하는 양상 이외 다른 아무 것도 아니다. 바로 이런 의미에서 스피노자의 철학을 실체론적인 절대적 관념론이라 부를 수 있게 된다.

버클리의 경우에도 신은 유일한 완전 실체요, 인간 정신은 신의 모상(模像)이며, '연장 실체'는 개념상의 모순이다. 사람들이 소박하게 '자연'이라고 보는 것은 문자 그대로 소박한 자연적 견해일 뿐, 언어의 의미에 충실하게 사유하면 그것은 기실 '신의 지각'으로서 '관념들의 다발'에 불과한 것임을 증득할 수 있다는 것이다. 즉 자연은 존재하는 것인가, 아니면 신의 지각에 불과한 것인가 하는 문제는 보기 나름이라는 것이다. 적어도 버클리의 지각·관념 이론에 따라 일관되게 사유한다면, '자연은 일련의 지각에 불과하다.'는 현상론적 환원론이 버클리의 관념 일원론 또는 절대 관념론이다. 이러한 관념 이론은 어떤 점에서는 로크의 후계요 또 어떤 의미에서는 흄의 선구라고 볼 수 있다. 그러나 정신의 절대 실체성을 주창한다는 점에서 데카르트-스피노자의 계열에 속하는 버클리의 관념론은, 일체의 실체를 부정하는 흄에 의해 절반은 계승되고 절반은 폐기되는 반면(半面) 실체론이며 반면 현상론이다.

흄에게 일차적인 것은 감각적 인상이며, 인상이 퇴색되어 관념이 되고 관념이 복합되어 자유와 정직과 같은 추상 관념이 되며, 책상이나 산하와 같은 사물 관념이 된다. 사물과 대상 자체와 같은 것이 존재하는 것인지, 존재한다면 그것이 무엇인지는 오직 신만이 알 수 있을 뿐이요,[23] 사람이 아는 것은 그 '무엇'으로 알려진 '일개 관념 체계 a system of ideas'일 뿐이라는 것이다. 현대 경험론자인 콰인도 '고대의 신화나 현대의 물리학은 원리적으로는 동등한 인식론적 신분이다.'라고 주장한다. 그의 대표적 저서 『말과 대상 *Words and Objects*』 (1960)이 시사하듯, 우리 인간 세계에는 말과 사물이 불가분리적인 일체로 존재할 수밖에 없는 것이다. 오랫동안 상식과 과학의 신념이었던 '말과 사물의 일치가 진리'라는 진리 대응설은 '말과 말의 일관성이 진리'라는 진리 일관설에 자리를 내주게 된 셈이다. 경험론이 결국 관념 이론의 한계를 벗어날 수 없었던 것은 얼핏 보아 참으로 놀라운 역설처럼 보인다. 하지만 '경험'이라는 개념을 철학적 명증성에 이르기까지 철저히 사유해 본다면, 흄-콰인적인 경험론 Humean-Quinean empiricism의 경험 개념을 수용하지 않을 수 없다.

그러나 더욱 놀라운 것은 현대 경험론의 선구였던 흄의 관념 이론이, 현대 경험론과는 판이한 또 하나의 현대 철학 주류를 형성한 현상학에 매우 중요한 단초를 제공하고 있다는 사실이다. 최근에 '분석 철학 1세기'를 결산하면서, 분석 철학의 기원이 러셀과 무어 같은 영국 철학자뿐만 아니라, 프레게, 마이농, 볼차노, 브렌타노, 후설 같은 독일과 오스트리아 철학자들에까지 소급된다는 사실을 추적한 것이 사람들을 놀라게 한 적이 있었다. 하지만 선험적 관념론인 현상학이 경험적 관념론자 흄에게서 또 하나의 실마리를 찾고 있다는 사실을 상기하면, 그것은 기실 너무나 당연한 일이다. 흄의 회의론적인 관념 이론에 의해 해체된 근세 실체론 체계는 더 이상 형이상학적 전제로 가정할 수 없게 된 것이다. 흄을 우회해서는 아무도 실체론을 재건할 수 없게 되었다는 역사적 사실이 흄의 획기적인 위상을 잘 드러낸다. 설사 누군가 데카르트로 되돌아간다 하더라도, 되돌아 나오는

---

23) 로크나 흄이 "오직 신에게만 호소할 수 있을 뿐이다."라든가 "오직 신만이 아는 일이다."라고 말하는 것은 실제로 신의 존재를 믿는다는 것이 아니라, '인간의 능력과 인식의 한계를 넘어서 있다.'는 것을 겸손하게 표현하는 수사에 불과하다.

길에 흄을 함께 데려오지 않고서는 새로운 실체 이론을 구축할 수 없다는 말이다. 즉 현상론을 수용하고서야 현상론의 근본적 취약성을 보강한 새로운 실체론의 초석을 제자리에 놓을 수 있게 되었다.

그러기에 이미 17~18세기 합리론·실체론과 경험론·현상론의 양대 철학 체계를 건축 기법적 architectonic으로 조정, 절충하고 이를 재정립함으로써 근세 철학을 하나의 통합 체계로 집대성한 칸트 이후에도, 20세기 신생 철학이 등장하기까지 상당한 조정 기간이 필요했던 것이고, 이 과도기의 철학이 19세기의 위기 철학이었던 셈이다. 우리가 이제부터 논의하고자 하는 후설의 선험적 관념론도 바로 이러한 '유럽 학문의 위기' 탈출을 위한 혁신적인 처방 이론으로 제시된 것이다.

후설은 일체의 사변(思辨)·사구(思搆)를 떠나 "사태(事態)·사안(事案) 자체 Sache selbst"를 직관하고자 했고, 사태 자체에 이르는 방법적 조처를 "현상학적 환원"이라 명명했다. 사태 자체로 소급하는 제1단계 조치가 '판단중지'인데, 이는 '존재 타당성 문제', 불가적으로 표현하면 '유무(有無)의 문제'를 불문에 부치는 방법적 조치다. 이는 어떤 개념, 언어, 판단들에 해당하는 사물·사태가 존재·존립하는가 하는 어려운 문제를 묻기에 앞서, 우선 그것이 무엇을 의미하는가 하는 문제부터 검토해 보려는 시도다. 그러고 나서 관조자는 마치 이 세상에 관념밖에 아무것도 존재하지 않는 것처럼 가정하고, 오로지 상상 작용만을 가동해 이를테면 우리 마음 안에 있는 관념들 자체의 의미 질서를 명석판명하게 정리, 직관한다. 이러한 직관은 경계 사물을 지각할 때 사용되는 감성적 직관이 아니라, 칸트가 오직 신(神)에게만 인정한 지성적 또는 지적 직관에 해당한다.

판단중지와 본질 직관은 『대승기신론』의 '지관(止觀)', 즉 "일체 경계상을 중지하고 인연생멸상을 분별"[24]하는 절차에 유비될 수 있다. 또는 마치, 현대 분석 철학이 전래 형이상학을 비판할 때 형이상학이 사용하는 개념은 아무것도 지칭하지 않고, 또 그러한 개념들로 구성된 형이상학의 주장은 무의미한 사이비 명제로서 아무런 의미도 갖지 않는 것이기에, 이러한 무의미한 문장이 어떤 사태를 기술하는가 하는 문제는 처음부터 제기조차 될 수 없다고 반박하는 극단적 조치에 비유될 수도 있을 것이다. 그러기에 후설은 일체의 대상 세계가 마음이 지은 관념이 아닌 어떤 실체성도 부대(附帶)하지 않는다는 흄의 존재·인식론적 철저성을 그렇게도 높이 평가했던 것이다. 그리하여 흄의 현상론적 결론은 후설의 현상학적 전제가 되었던 것이고, 바로 이 전제에서 극단적인 철학적 회의론이 아니라 명증적인 철학적 실재론, 즉 선험적 관념론을 정초한 것이 그의 선험 현상학이 증득한 최고의 성취다. 현상론을 현상학으로 변모시킨 것이다.

흄과 후설을 판이하게 갈라놓은 결정적 계기는 세간·경험적인 '입장·태도·입지 Einstellung'에서 초월적·선험적 입장·태도·입지로의 혁명적인 '전회(轉回, Umstellung)'다. 이러한 입장 변경을 넓은 의미의 '현상학적 환원 phänomenologische Reduktion' 가운데 흄적인 '현상론적 환원 phenomenalistic reduction'을 제외한 좁은 의미의 '현상학적 환원', 곧 '선험적 환원 transzendentale Reduktion' 또는 '선험 현상학적 환원'이라 부른다. 존재 문제에 대한 판단중지 이후 자유로운 변양을 통한 본질 직관이 성취되면, 이를테면 세계가 있거나 말거나, 적어도 우리에게 의미 있는 세계가 존재하기 위해서는, 사유하는 자아, 일체 존재에 의미를 부여하는 자아, 이렇게 사유하면서 '의미를 부여하는 자아'를 다시 관조하는 자아가 필연적으로 먼저 있어야 한다는 사실을 증득하게 되는데, 바로 이러한 자아 또는 주체를 선험적 자아, 선험적 주체성이라 부른다. 우리가 의도적, 반성적으로 이러한 현상학적 환원 조치를 취하지 않아도, 우리의 의

---

24) "所言止者 謂止一切境界相 〔…〕 所言觀者 謂分別因緣生滅相." 「수행심신분(修行信心分)」, 지관문(止觀門).

식은 의식이 존재하는 한 항상 이미 행(行)·주(住)·좌(坐)·와(臥), 어(語)·묵(默)·동(動)·정(靜)의 일체 존재 양상에서 지향적 수행(志向的 遂行), 즉 '의미 부여를 통한 세계 현출'의 방식으로 존재하는데, 이러한 지향 수행 주체가 다름 아닌 선험적 주체인 것이다.

일상적이고 무반성적이며 자연적인 세상살이Weltleben에서 이러한 선험적 주체성은 경험적 주관·자아에 은폐된 채 망각되어 있는데, 현상학적 환원에 의한 반성을 통해 세상살이의 초월 지평에서 출세간적인 자아와 그 수행(遂行)을 증득하게 될 때, 우리의 '의식 삶 Bewußtseinsleben'과 '인식 삶 Erkennensleben'에는 일대 변혁이 이루어진다. 이제 더 이상 나는 세계 내적인 존재자로서 '세상살이에 휩쓸려가고 사물 객체의 인과 질서에 수동적으로 순응(流轉緣起)'하는 하나의 객체적 존재자가 아니라, 도리어 '나를 포괄하는 세계 전체'와 그 안에서 내가 겪어가는 세상살이가 오로지 나 자신의, 나의 선험적 자아의 지향적 수행과 성취 이외 다른 어떠한 것일 수도 없다는 것을 명증하게 자각한 존재다. 이러한 반성적 자각이 성취되기 이전에 이미 항상 내가 익명적으로, 혹은 사르트르의 표현을 빌면 "전(前)반성적으로" 알고 있던 것이 나의 본각(本覺)이며, 자각적으로 본각을 가동시킨 것이 시각(始覺)이라 할 수 있으나, 기실은 본각과 시각이 원래부터 하나였던 것이다.

본각이 시각과 동일하다면, 당연히 선험적 자아는 경험적 자아와 동일하게 마련이다. 그러나 이때 동일하다는 것은 둘이 아니라는 말이며, 둘이 아니라고 해서 그대로 하나라고 말하는 것도 반드시 정확한 것은 아니다. 의식, 자각, 주체, 자아 같은 것은 명수(名數)가 아니어서 둘도 아니고 하나도 아니며, 같지도 않고 다르지도 않은 것이다. 수량, 명칭뿐만 아니라, 존재·비존재 또는 유·무의 범주도 세간적인 존재자에 적용하듯 출세간적이고 초월적이며 선험적인 존재 그 자체에 적용할 수는 없는 일이다. 빈 학단의 논리 경험론이 형이상학의 언어가 논증, 실증의 범위를 넘어서 있다는 의미에서 무의미하고, 따라서 형이상학은 경험론적 의미에서 학문이 아닌 사이비 학문일 뿐라고 선언한 것은 너무나 당연하다. 이러한 선언 자체가 너무나 자명해obvious 거의 무의미하게 들릴 정도다.

이러한 선언에 비하면, 진여, 열반, 법성 등등이 불립문자, 언어도단, 불가사의여서 긍정과 부정이 동시에 가능하다(개시개비)는 불가적 선언은 비할 수 없을 정도로 의미심장하고 자기 명증하다고 할 수 있다. 선험 현상학적 입지에서 보면, 물리적, 심리적 실체를 부인하는 흄의 현상론은 아직 선험적, 초월적 지평에 맹목적이어서, 그의 현상론적 무아관(無我觀)은 역시 너무나 당연하고 자연스러운 견해로 이해할 수 있다. 그러나 정말 선험적 자아가 없다면, 실체를 현상으로 환원해 '자아 실체는 존재하지 않는 한갓 허구'라는 주장마저 할 수 없었을 것이다. 이러한 환원과 직관의 주체가 다름 아닌 선험적 자아임이 분명하기에 말이다. 흄의 무아(無我) 이론을 전개하는 주체가 다름 아닌 그의 선험적 자아다.

후설의 선험 현상학을 가리켜 '관념론과 유아론으로 무장한 둔세(遁世) 철학'이라 혹평하는 무례와 무식을 자주 목도하거니와, 이는 전적으로 순정 철학의 정체를 오인하는 데서 비롯된 것으로 단정해도 무리가 되지 않으리라. 후설은 우리의 일상적 생활 세계 Lebenswelt를 무시하지 않을 뿐만 아니라, 도리어 객관적 학문이 자신의 토대인 생활 세계를 간과한 채 스스로 인간과 세계에 대해 가장 합리적인 설명을 제시한다고 자만하는 "위대한" 착각을 줄기차게 일깨우고자 바로 이 '생활 세계의 현상학'을 통해 과학의 기원과 토대를 드러내 보이려 한다. 데카르트의 방법적 회의가 그러하듯, 후설의 현상학적 방법도 우선은 고독한 명상을 통해 자기 주체성의 원천을 절대 명증하게 확인함으로써 자아의 인식 삶이 하나의 이성 원천에서 유출되는 것임을 증득한다.

그러나 일심의 원천을 증득하는 나의 이성, 나의 의식, 나의 영혼은 이미 자연인의 그것이 아니라, 속제 차별을 넘어서는 일체 평등의 보편적, 우주적인 것이다. 우리가 선험적 주체성이니 이성이니 영혼이니 하는 것은, 속제 차별을 초출하는 출세간의 입장·관점에서 본다면, 나의 자아에 이미 인류적 자아가 혼융되어 있는 것임을 논리적, 분석적, 기하학적 자명성으로 증득하는 것이다. 바로 이러한 입지, 관점을 마련하는 현상학적 방법이 다름 아닌 선험적 환원이다. 이에 우리는 더 이상의 설명을 대신해 후설 자신의 간절한 호소가 담긴 결정적인 몇 구절을 인용해 보고자 한다.

이리하여 철저하고 완벽한 환원은 그것과 함께 우선은 절대적으로 자신을 고립시키는 순수 심리학자의 절대적으로 유일한 자아로 인도하는 바, 그는 더 이상 인간으로서 그리고 '세계 내에 실재로 존재하는 것'으로서 자기 타당성 Selbstgeltung을 보유하는 것이 아니라, 철저한 환원을 통한 그의 보편적이고 순수한 지향성의 순수 주체이고, 이 지향성의 제반 지향적 함축을 가지는 그러한 순수 주체이다. 이것은 필증적인 자아이며, '그 자신 내에 필증적으로 포함되어 있고 개현될 수 있는' 그의 지향성들 내에 필증적으로 존재한다.(『위기』, 260쪽)

판단중지는 개별 영혼 내에서 [수행되는] 개별 환원에서만 잘못되는 것이 아니라 또한 영혼에서 영혼으로 진행되는 개별 환원으로서도 잘못되는 것이다. 모든 영혼은 현상학을 통해 체계적으로 전개될 수 있는 단일한 통일성, 즉 개별 주체들의 '삶의 흐름들 Lebensströme'을 상호적으로 함축하는 지향성의 통일성을 형성한다. 소박한 실증성이나 혹은 객관성의 관점에서 보면 상호 외재적인 것 Außereinander이 내부로부터 보이면 지향적인 상호 내재 Ineinander이다.(같은 글)

필증적인 인식으로 통칭되는 것과 선험적 오성에서 일체 철학의 원지반(原地盤, Urboden)과 원방법(原方法, Urmethode)을 특징짓는 것의 철저한 대비가 여기서 발견된다. 바로 이러한 원지반, 원방법과 함께 자기 자신에게로 오는 절대적 이성의 담지자로서, 그의 필증적인 대자 존재 Für-sich-sein 안에 그의 동반 주체들 Mitsubjekte과 일체 가능적인 동반 철학자들을 포괄하는 자로서, 철학하는 자아의 가장 심오하고 가장 보편적인 자기 이해 Selbstverstand의 철학이 시작된다. 〔이것은〕 (인류 전체로서 세계에 객관화되어 있는) 절대적 상호 주관성을 그 안에서 이성이 몽매 중에, 해명 중에, 대낮같이 밝은 자기 이해의 운동 중에, 무한한 과정 중에 있는 그러한 상호 주관성으로서 발견하는 것이며, 항상적인 '세계 구성'의 선험적 삶에서 절대적인(종국적인 의미에서 선험적인) 주체성의 필연적이고 구체적인 존재 방식을 발견하는 것이요, 그리고 그와 상관적으로 "존재하는 세계"를 새롭게 발견하는 것인데, 이 세계의 존재 의미는 선험적으로 구성된 의미로서 이전 단계에서 세계와 세계 의미, 세계 인식으로 일컬어진 것에 대한 새로운 의미를 제시한다.(같은 책, 275쪽)

그러나 이 난해한 구절을 제아무리 잘 이해한다 하더라도, 그것만으로는 아직 아무것도 이룬 것이 없다. 불가적 표현을 빌면, 그것은 기껏해야 해오(解悟)의 수준에 그칠 뿐, 진정한 의미의 철학적 이해, 철학적 인식인 증오(證悟)를 증득하기까지는 아직도 멀고도 험난한 길이 가로놓여 있다는 것을 후설은 잘 이해하고 있다. 바로 여기에 앞서 언급한 '대비(對比)'의 철학적 의미, 선험 철학적인 의미가 숨겨져 있으며, 후설이 최후의 저서에서까지, 자신의 최측근마저 선험 현상학적 환원과 판단중지의 진의를 오해할 수밖에 없게 만든 천 년 묵은 업장(業障), 지장(智障, Denkgewohnheiten)(『위기』, 268쪽)을 탄식한 근거가 발견된다. 다시 두 구절만 더 인용해 보자.

판단중지의 공허한 일반성은 아직 아무것도 밝혀주지 않고, 다만 입구일 뿐인데, 이 입구를 통과해야만 순수 주체성의 세계를 발견할 수 있다. 실제로 이것을 발견하는 것은 구체적이고, 최고로 난감하며, 세련된 작업의 문제다.(같은 책, 260쪽)

관념론과 실재론에 관한 지금까지의 모든 논의들은, 모색되었으나 발견되지 않은 채로 모든 인식 이론들의 배후에 놓여 있는 진정한 문제의 의식에까지는 아직 밀고 나가지 못했으니, 하물며 선험적 환원을 진정한 자기 인식과 세계 인식으로의 입구라는 그 어려운 의미에서 파악했을 것인가(같은 책, 266쪽).

그렇다면 이제 우리가 다시 물어야 할 것은, 왜 우리는 모던 철학 전체를 관념론의 입장에서 조명함으로써 거기서 불학적 이념을 간취하려 하는 것인가, 게다가 어떤 근거에서 후설의 선험적 관념론을 유사 이래 모든 철학적 이원론을 확연히 지양한 가장 철학적인 '존재·인식론'으로 간주하는 것인가이다. 철학의 입장 또는 형이상학의 입장은, 과학의 입장 또는 형이하학의 입장과는 차원이 판이하게, 세간이라는, 존재자의 세계에 머물러 있지 않다. 그러기에 후자의 입장, 실증 학문 또는 후설의 이른바 "자연적 학문natürliche Wissenschaften"의 입장에서는 실재론·관념론 혹은 절대론·상대론과 같은 논쟁이 얼마든지 가능하고, 이 양극적인 입장은 결코 명증하게 실증verifica-tion될 수도 위증falsification될 수도 없는 과학의 이른바 "형이상학적" 입장이다. 그러나 자명성과 명증적인 체인 증득을 유일한 생명으로 삼고 있는 철학과 불학은 저러한 나쁜 의미의 형이상학, 말하자면 '과학적 형이상학', '자연주의 형이상학'이라 할 수 있는 자기 우롱적이고 자기 패배적인 학문과는 본질적으로 다르게, 일단 세간적인 문제에는 직접적으로 관여하지 않는다.

　그러므로 실재론·관념론 논쟁은 결단코 철학의 문제, 철학의 소관사가 아니다. 아직 진정한 철학에, 진정하게 형이상학적인 철학에 맹목적인 범부(凡夫)와 외도(外道)가 철학과 형이상학을 일러 '관념론' 또는 '언어 유희'라고 폄하하고 있는데, 이러한 주장은 그야말로 그들의 의미에서 "형이상학적"인 사변에 불과한 무의미의 극치라 단정해도 무방할 것이다. 철학은 본질적으로 언어에만, 관념에만, 인식에만 관여하는 아주 특이한 학문이지만, 이러한 학문도 그 나름의 존재 이유와 유용성을 가진다. 초월적, 출세간적 입장에서 절대 자기 명증을 목표하기에 세간·객관 지식을 치지도외(置之度外)하는 데 대해, 어찌 다시 세간적인 의사소통성과 실증성, 실용성을 요구할 수 있다는 말인가? 한마디로, 선험적 관점, 곧 철학의 관점, 형이상학의 관점에서 보면 "철학과 형이상학이 관념적"이라는 지탄은, "형이상학 또는 형이상학적인 철학이 비실증적"이라는 규탄과 함께, 오히려 동어반복적인 분석적, 필연적 진리라 하지 않을 수 없다. 묻노니, 도대체 철학과 형이상학이 다른 그 무엇일 수 있다는 말인가? 그것은 세계가 물질적·물량적인가 또는 정신적·심리적인가 하는 문제, 즉 유물론·유심론의 문제와는 하등의 관계도 없는 전혀 다른 차원의 문제다.

　선험적 관념론의 문제는 실재론·관념론의 문제를 초월해 있다. 그것은 유무(有無)의 존재자 문제, 세간적 지식의 문제가 아니라, 그 이전에 그것의 가능 조건과 존재 의미를 묻기 위해 필연적으로 선재(先在), 선행되어야 할 '대지혜광명(大智慧光明)'으로서 깨달음의 문제이기 때문이다. 불가의 '삼계유심'이나 '일체유심조' 등의 유심구도 같은 맥락에서 이해해야 함은 물론이다. '삼계유심'은 경험적이고 세간적인 의미에서는 관념론으로 비방될 수 있을지언정, 선험적이고 출세간적인 의미에서는 관념론·실재론 논쟁과 전혀 무관하다는 것을 증득하지 않은 채로는 여하한 철학과 불학 논의도 무의미하게 된다.

후설의 선험적 관념론과 연관해 또 하나 유념해야 할 것은, "선험 현상학이 진실과 진리의 선험성과 초월성을 지나치게 강조한 나머지 세속적 현실을 무시한다."는 가당치도 않은 오해다. 현상학은 현실을 무시하지 않을 뿐만 아니라, 실재 세계에 관해 하등의 변개(變改)나 평가도 의도하지 않는다. 현상학은 오직 현실과 세계가 나에게 어떠한 의미를 어떻게 가지는가를 자명하게 자각할 수 있도록 나를 안으로부터 깨우칠 뿐이다. 현실 세계, 후설의 이른바 "생활 세계" 또는 "세상살이"에 판단중지를 내리고 또는 존재자의 세계에 괄호를 치고 나의 의식 삶 안으로 관조해 들어간다 하더라도, 이러한 탈속은 세상을 등지는 것이 아니라, 다만 세상을 더 명증하게 이해하기 위해 전략적으로 한 걸음 물러서보는, 또는 한 단계 올라서보는 잠정 조치에 불과한 것이다. 선험적 환원을 통해 선험적 자아로부터 비롯되는 우주 전모를 일별하고 다시 돌아가는 곳은 물론 다름 아닌 세계 현실이요 세상살이다. 처세(處世)·탈속(脫俗)·환속(還俗)을 순환적으로 반복하면서 세계와 자아의 관계를 자각적으로 체인하고, 세상살이와 의식 삶이 다 같이 선험적 자아의 지향적(指向的) 구성, 성취임을 증득할 때, 자아도 세계도 더 이상 따로 돌아가는 존재자가 아니고, '자아의 세계'이자 곧 '세계의 자아'임이 분명해진다. 우리는 이제야, 그리고 이미 진정한 깨달음에 들어가 있는[入實際] 셈이다.[25]

____

25) 후설의 '선험적 관념론'에 관한 탁월한 해설을 위해서는 E. Fink, *VI. Carte-sianische Meditation, Teil 1, Die Idee einer transzendentale Methodenlehre*(Dordrecht / Boston / London: Kluwer Academic Publishers, 1988), H. Ebeling et al. hrsg., 제12절을 참조하라. 그리고 후설의 철학 이념에 관해서는 신오현, 「현상학적 철학 개념——후설의 제1철학 이념」, 《철학》 제46집(1996년 봄), 93~143쪽 참조하고, 불학의 현상학적 해명에 관해서는 신오현, 「원효-불교-철학——선험 현상학적 해명」, 《원효학연구》 제6집(2001, 12), 163~203쪽 및 기타 논문 참조하라.

결론

지금까지 우리는 데카르트에서 후설에 이르는 모던 철학의 흐름을 '관념론' 또는 '관념 이론'의 표제 아래 간략히 일별하면서, 동시에 이러한 철학 이념의 전개 과정에서 간취될 수 있는 불학 이념의 전개 과정을 조망했다. 한편으로 실체론은 중세의 신(神)을 세계와 인간 위에 군림하는 전지전능한 지고 지선의 존재자의 위치에서부터 인간의 존재로, 하이데거적인 난해한 의미의 '존재'를 억지로 세속어로 바꾸어 말한다면, 인간의 정신으로 전위시키고, 그 안에서 현상적·경험적인 정신과 본체적·선험적인 정신의 관계를 발견하는 방식으로 신을 인성화하는 동시에 인간을 신성화하는 전략을 구사한다. 이로써 실체론은 신의 문제, 즉 '지신(至神)과 정신(精神)의 관계' 문제를 일거에 해소할 수 있었다.

이것은 곧 순수 이성과 경험 이성의 관계 문제에 해당하며, 인간의 자유와 자각에 교화적, 목적론적 정당성을 부여하는 과제에 다름 아니다. 그리하여 인간은 우선 자아로 인식되고, 자아는 우선 정신으로 이해되며, 그리고 정신이 절대적이라고 말할 때 그것은 세간적, 경험적인 사실 문제와 전혀 별개의 의미를 가진다. 인간을 이성 존재 또는 정신 존재로 이해한다는 것은 개개인이 인류 보편성을 분유(分有)하고 있다는 발상이며, 이 보편성을 자각하고 함양하는 길이 자기 계발과 자기 교육의 도정이며, 선험적 자아의 경험적, 세간적인 구현이다. 불학에서 진여와 생멸을 본각과 시각의 관계로 이해하고, 본각으로의 부단한 접근, 친화, 등본(等本)이 무상정등정각(無上正等正覺)을 향한 구도, 수도행인 것과 같은 이치이다.

다른 한편으로는 경험론은 '경험'을 '관념의 지각'으로 파악함으로써, 지각 대상의 사물자체적인 성격을 박탈하고 다만 지각 대상으로만 간주해, 결국 '사물'이 '관념의 다발'로 환원, 해소되는 현상론에 귀착한다. 이미 지신이 정신에 내재하는 것으로 이해되고 이제 이 정신이 파악하는 대상이 관념에 불과하다면, 더 이상 존재의 문제에 관여하고 집착하지 않아도 정신의 존재와 진리의 인식이 자체 내적으로 담보되는 셈이다. 이것은 불가에서 유무(有無)의 문제, 존재자와 공무(空無)의 문제를 심외무법(心外無法), 제법공상(諸法空相)으로 파악하고 '마음과 세계의 관계' 문제를 오로지 마음만의 문제로 간주해, 일미관행을 통한 각행궁만(覺行窮滿)을 수행(修行)의 정도로 확신하는 것과 매한가지다.

원효가 『금강삼매경론』의 「대의」에서 존재·인식의 쌍축을 일심(一心)과 3공(三空)으로 규정하고, 일심의 원천을 유무를 떠난 독정(獨淨)에, 3공의 바다를 진속(眞俗)을 아우른 담연(湛然)에 비유한 것은 모두 천상천하 유아독존의 탄생게에 부합하는 존재론적, 인식론적 발상이다. 인간은 세간적, 경험적으로 이미 언제나 사회 역사적이고, 나와 남은 무가내로 우리 안에 동거한다는 것은 너무나 당연한 이치지만, 투철한 자각을 위해서는 출세간적, 선험적 입지에 정위(定位)하지 않을 수 없는 것도 지극히 자명한 이치기에, 일심을 인생 항해의 대승으로 삼고 있는 보살도(菩薩道)가 '귀일심원(歸一心源) 요익중생(饒益衆生)'이나 '상구보리 하화중생'의 '자리이타'를 지향(志向)하는 것도 너무나 당연하다. 존재자의 문제에서가 아니라 깨달음의 순서상으로 볼 때, 각자의 깨달음을 위해서는 각자가 먼저 자각하고 나서야 비로소 여타 중생을 깨우치는 데로 나아갈 수 있기에 말이다.

대륙 합리론과 영국 경험론은 칸트에 의해 절충적으로 종합된다. 합리론의 능동적 이성은 경험론의 수동적 경험을 구성함으로써 인식이 성립된다는 주장이 바로 그것이다. 밖에서 주어지는 경험 소재에 이성으로부터 창출되는 범주를 적용하는 판단력의 주체는 선험적 통각(統覺)이다. 우리의 모든 판단 작용에 수반되는 의식 일반, 보편적 의식, 선험적인 의식이 사유하는 자아 Ich denke, Cogito다. 그러나 칸트의 사유 자아는 인간 인식의 보편성을 담보하는 인식론적 요청 개념에 그치는 것인데, 이러한 의식 일반을 구체적, 존재론적 주체, 곧 선험적 자아로 증득한 것이 후설의 현상학이다. 그것은 단순히 인식의 보편성을 담보하기 위한 방법론적 전략에서 고안된 요청 개념이 아니라, 일체 의식의 자기 초월적 지향 능력이며, 일체 대상을 규정(規整, Konstituieren)하는 인식 성취다. 그러므로 선험적 자아가 곧 경험적 자아이고, 따라서 선험적 자아에는 신체도 포함된다. 본능이나 충동도 지향적이며, 지향적으로 구성적이고, 여타의 지향 존재와 자연, 사회, 역사적인 지향 관계에 있는 것이다. 현상학적 철학의 이념은 후설에 와서 완성된 것이며, 특히 모던 철학의 현상론적, 현상학적 모티브가 후설 현상학 속에 가장 선명하고 체계적인 형태로 융합되어 있다. 따라서 후설 현상학은 서양 철학, 특히 모던 철학에서 불학의 각행과 관행 이념을 가장 탁월하게 현시한 철학이라 할 수 있다.[26]

후설에 따르면, 그리스 철학의 단초에서부터 철학 이념의 전개사는 동시에 현상학 이념의 전개사였으며, 특히 근세 이래의 모던 철학은 급속도로 현상학 이념을 실현해 오는 것이고, 자신의 현상학적 선험 철학은 비로소 철학의 진정한 방법과 이념을 현상학적으로 명시적이고 본격적으로 천명한 것이다. 이것은 철학에 적용되는 그대로 불학에도 적용될 수 있는 말이다. 다시 말해 근세 이후의 철학은 철학의 자기 정체성 확인과 확립에 점증적, 가속적으로 몰두해 왔고, 그것은 결국 철학의 근본 이념인 깨달음의 정체 확인과 확립에, 즉 본각과 시각의 관계 정립에 헌신해 온 것에 다름 아니라는 것이다. 다시 한번 강조해 말한다면, 근세 이후의 서양 철학의 전개는 불학 이념의 전개에 다름 아니라고 결론 내릴 수 있다.

---

26) 불학의 현상학적 해명에 관해서는 신오현, 「원효 불교 철학 —— 선험 현상학적 해명」, ≪원효학연구≫ 제6집(2001. 12), 163~203쪽 참조.

신오현

서울대학교 철학과와 같은 학교 대학원에서 박사 과정을 마치고 미시간 대학교에서 「사르트르의 자아 개념」으로 철학 박사 학위를 받았다. 뉴욕 주립대학교(버펄로)에서 동양 철학과 한국 철학을 강의한 바 있으며, 현재 경북대학교 교수이다. 지은 책으로 『자유와 비극—사르트르의 인간 존재론』, 『자아의 철학』, 『철학의 철학』, 『절대의 철학』, 『원효의 사상과 그 현대적 의미』(공저), 『인간의 본질』(편저) 등이 있고 옮긴 책으로는 『칼 마르크스의 사상』, 『사르트르의 철학』, 『현상학적 심리학 강의 1』, 『현상학적 심리학 강의 2—심리현상학에서 선험현상학으로』 등이 있다.

원효 철학 에세이

1판 1쇄 펴냄 • 2003년 9월 30일
1판 2쇄 펴냄 • 2004년 9월 10일

지은이 • 신오현
펴낸이 • 박맹호
펴낸곳 • (주) 민음사

출판등록 • 1966. 5. 19. (제16-490호)
서울시 강남구 신사동 506 강남출판문화센터 5층 (135-887)
대표전화 515-2000 • 팩시밀리 515-2007
www.minumsa.com

값 20,000원

ⓒ 신오현, 2003. Printed in Seoul, Korea

ISBN 89-374-5432-7 94150
ISBN 89-374-5420-3 (세트)